Kompetenzen von Lehrkräften

Empirische Erziehungswissenschaft

herausgegeben von

Rolf Becker, Sigrid Blömeke, Wilfried Bos,
Hartmut Ditton, Cornelia Gräsel, Eckhard Klieme,
Rainer Lehmann, Thomas Rauschenbach,
Hans-Günther Roßbach, Knut Schwippert,
Ludwig Stecher, Christian Tarnai, Rudolf Tippelt,
Rainer Watermann, Horst Weishaupt

Band 55

Waxmann 2015
Münster • New York

Stefan Meier

Kompetenzen von Lehrkräften

Eine empirische Studie zur Entwicklung
fachübergreifender Kompetenzeinschätzungen

Waxmann 2015
Münster • New York

Dissertation der Deutschen Sporthochschule Köln
1. Gutachter: Univ.-Prof. Dr. Claus G. Buhren
2. Gutachter: Univ.-Prof. Dr. Martin Bonsen
Vorsitzender des Promotionsausschusses: Univ.-Prof. Dr. Wilhelm Bloch
Datum der Disputation: 24.03.2014

Bibliografische Informationen der Deutschen Nationalbibliothek
Die Deutsche Nationalbibliothek verzeichnet diese Publikation in der
Deutschen Nationalbibliografie; detaillierte bibliografische Daten sind im
Internet über http://dnb.d-nb.de abrufbar

Empirische Erziehungswissenschaft, Band 55
ISSN 1862-2127
Print-ISBN 978-3-8309-3200-0
E-Book-ISBN 978-3-8309-8200-5

© Waxmann Verlag GmbH, 2015
Steinfurter Straße 55, 48159 Münster

www.waxmann.com
info@waxmann.com

Umschlaggestaltung: Pleßmann Design, Ascheberg

Zusammenfassung

Seit den wenig zufriedenstellenden Ergebnissen deutscher Schüler in internationalen Leistungsvergleichsstudien, wie z.B. PISA (u.a. Baumert, Klieme et al., 2001), sind auch die Lehrer als zentrale Akteure des Bildungssystems stärker in den Blick genommen worden. So wird doch eine implizite Wirkungskette (Terhart, 2012) unterstellt, die sich über eine gut funktionierende Lehrerbildung, kompetentes Lehrerhandeln bis auf die Lernleistungen der Schüler auswirkt. Neben fachspezifischen Kompetenzen spielen hierbei auch fachübergreifende Kompetenzen eine wichtige Rolle (Baumert & Kunter, 2006; König & Seifert, 2012b). Diese hohe Bedeutung, die dem Faktor Lehrer respektive der Lehrerbildung zugewiesen wird, steht jedoch, besonders was die fachübergreifenden Kompetenzen betrifft, in einem direkten Gegensatz zum Vorhandensein lehrerbildungsbezogener Forschung (z.B. Cramer, 2012), sodass unklar ist, welchen Beitrag die Lehrerbildung zur Kompetenzentwicklung leistet.

Daher betrachtete die vorliegende Arbeit die Entwicklung fachübergreifender pädagogischer Kompetenzen von Lehrern auf individueller Ebene (Blömeke, Kaiser & Lehmann, 2008). Hierzu wurde eine Studie konzipiert, die die subjektiv wahrgenommene Kompetenzentwicklung (nach Oser & Oelkers, 2001) angehender Lehrer über einen Zeitraum von drei Jahren erfasst. Flankierend wurden die Selbstregulationsstile (nach Schaarschmidt & Fischer, 2008) sowie individuelle Lernvoraussetzungen der Befragten berücksichtigt. Der Zeitraum wurde so gewählt, dass drei Phasen der Lehrerbildung tangiert wurden.

Die Ergebnisse weisen darauf hin, dass sich die Befragten über den Zeitverlauf als zunehmend kompetenter erleben, obschon es sich nicht um eine lineare Entwicklung handelt. Vor allen Dingen der Berufseinstieg korrigiert die bisherige Wahrnehmung. Des Weiteren begünstigen bestimmte individuelle Lernvoraussetzungen diesen Prozess. Ausgeglichene selbstregulative Fähigkeiten erweisen sich als zuträglich im Sinne einer persönlichen Ressource. Jedoch markieren auch sie den Berufseinstieg aus der Perspektive der Befragten als besonders sensible Phase.

Letztlich ermöglichen die Ergebnisse der vorliegenden Studie Implikationen für einzelne Phasen der Lehrerbildung.

Abstract

Since the unsatisfactory results of German students in international achievement assessments such as PISA (e.g. Baumert et al., 2001), teachers have also been the focus of more scrutiny as central players in the educational system. Nevertheless, an implicit chain of effects (Terhart, 2012) is assumed, which effects properly-functioning teacher education, through competent teacher behaviour right up to the learning performance of the students. In addition to subject-specific competences, interdisciplinary skills also play an important role (Baumert & Kunter, 2006; König & Seifert, 2012). However, this high level of importance, which is given to the role of teachers and thus respectively to teacher education, stands in direct contrast to the presence of teacher education related research (e.g. Cramer, 2012), particularly with regard to interdisciplinary skills, so it is unclear what contribution teacher education makes to the development of skills.

Therefore, this thesis looks at the development of interdisciplinary teaching skills of teachers on an individual level (Blömeke, Kaiser & Lehmann, 2008). To this end, a study was designed that observed the perceived skills development (according to Oser & Oelkers, 2001) of prospective teachers over a period of three years. In addition, the self-regulation styles (according to Schaarschmidt & Fischer, 2008), as well as the individual learning requirements of the respondents were considered. The period was chosen so that three phases of teacher education were affected.

The results indicate that the respondents experience themselves as increasingly competent over time, although it is not a linear development. Above all, career entry corrects the previous perception. Furthermore, certain individual learning requirements favour this process. Balanced self-regulation skills prove to be beneficial in terms of a personal resource. However, they also highlight career entry as a particularly sensitive period from the perspective of the respondents.

Ultimately, the results of this thesis provide implications for individual phases of teacher education.

Inhalt

1 Einleitung: Zielsetzung und Überblick

Das deutsche Bildungssystem steht seit den Diskussionen um das Abschneiden seiner Schüler[1] bei den internationalen Leistungsvergleichsstudien wie z.b. PISA (u.a. Baumert, Kieme et al., 2001) oder TIMSS (u.a. Bos et al., 2008) unter Beobachtung: „Zwischen Dezember 2001 und Juli 2002 – also in acht Monaten – erschienen im SPIEGEL 61, im FOCUS 91 und in der ZEIT 160 Artikel, die sich auf PISA und die Folgen bezogen" (Tillmann, 2007, S. 24). So wundert es kaum, dass die „gesamte Öffentlichkeit [...] seit gut zehn Jahren [...] nachdrücklich darüber belehrt" (Terhart, 2011b, S. 54) wird.[2]

Parallel zu diesen öffentlichen Diskussionen wurden auch intensive bildungspolitische und bildungswissenschaftliche Diskurse geführt und bestehende Eckpfeiler des Bildungssystems intensiv auf den Prüfstein gestellt. Im Zuge dessen wurde die sogenannte Outputsteuerung installiert, die Standards und Kompetenzen als Zielgrößen schulischer Bildung formuliert. Wenngleich diese Begriffe, wohl nicht zuletzt wegen der ihnen auferlegten hohen Bedeutung, kontrovers diskutiert wurden und weiterhin werden (u.a. Bellmann & Müller, 2011; Herzog, 2002, 2008a; Neuweg, 2005b), hielten sie auch Einzug in die Lehrerbildung (vgl. KMK, 2004a, 2004b, 2008).

Denn schließlich sind die Lehrer als verantwortliche Akteure für die (zukünftig besseren) Leistungen der Schüler ausgemacht. So beschreibt z.b. Hattie auf der Grundlage seiner Metaanalyse (2009) Lehrer als „major players in the education process" (Hattie, 2012, S. 22) und Terhart (2007, S. 37) stellt nach Sichtung einschlägiger Literatur fest: „Auf den Lehrer kommt es an!" Offenbar wird dem Faktor Lehrer vor diesem Hintergrund eine hohe Bedeutung beigemessen:

---

1   Die männliche Form wird in dieser Arbeit zur besseren Lesbarkeit verwendet, die weibliche ist dabei stets impliziert.

2   Oelkers (2003, S. 85ff.) führt die „hysterische öffentliche Diskussion über PISA in Deutschland" vor allem auf die Unkenntnis darüber zurück, was PISA ist und was eben nicht. Eine hinreichend differenzierte Auseinandersetzung spricht er der geführten Debatte in weiten Teilen ab.

„Das wichtigste Kapital von Schulen sind die Schüler und ihre Lehrkräfte. Das zu sagen, ist nicht trivial [...] Leistungen der Schüler kommen nicht einfach selbstorganisiert zustande, sondern verlangen korrelative und dazu passende Leistungen der Lehrkräfte [...]." (Oelkers, 2003, S. 120-123)

Dieser Umstand beruht auf der unterstellten impliziten Wirkungskette zwischen Lehrerkompetenzen, Lehrerhandeln und Schülerleistungen (Helmke, 2009; Lipowsky, 2006; Oelkers, 2009; Terhart, 2012). Da behauptet wird, dass die Kompetenzen von Lehrern in den jeweiligen Phasen der Lehrerbildung entwickelt werden (Baumert & Kunter, 2006; Blömeke, Reinhold, Tulodziecki & Wildt, 2004; Kunter et al., 2011), rücken diese ins Zentrum des Interesses.

Diese hohe Bedeutung, die dem Faktor Lehrer respektive der Lehrerbildung zugewiesen wird, steht jedoch in einem direkten Gegensatz zum Vorhandensein lehrerbildungsbezogener Forschung, sodass unklar ist, welchen Beitrag die Lehrerbildung tatsächlich zur Kompetenzentwicklung leistet (Hascher, 2011, S. 418). Larcher und Oelkers (2004, S. 129) haben hierfür folgende Formulierung geprägt: „Wenn es eine Krise in der Lehrerbildung gibt, dann ist es wesentlich eine Krise der fehlenden Daten."

Diese Situation hat sich zumindest für die mathematisch-naturwissenschaftlichen Unterrichtsfächer im Hinblick auf einzelne Phasen der Lehrerbildung verändert (z.B. Blömeke, Kaiser & Lehmann, 2010a, 2010b; Kunter et al., 2011). Auch bezüglich der fachübergreifenden pädagogischen Kompetenzen sind in jüngster Zeit mehr Forschungsaktivitäten zu verzeichnen (z.B. König & Seifert, 2012b; Schubarth, Speck & Seidel, 2010).

Ein Forschungsdesiderat bestand jedoch lange Zeit darin, die Entwicklung fachübergreifender pädagogischer Kompetenzen phasenübergreifend und damit im Längsschnitt zu überprüfen (Blömeke, 2007; König & Seifert, 2012b; Schaefers, 2002; Terhart, 2002). Daher wurde die hier dargestellte Studie konzipiert, die die subjektiv wahrgenommene Kompetenzentwicklung angehender Lehrer erfasst. Die vorliegende Arbeit dokumentiert das Studiendesign, die theoretischen Bezugspunkte sowie Analysen und Ergebnisse der in der Studie generierten Daten.

Dieses erste, einleitende Kapitel gibt einen Überblick über die der Arbeit zu Grunde liegenden Zielsetzungen sowie die entsprechenden Analysen. Im Anschluss daran werden die einzelnen Kapitel zusammengefasst, um in aller Kürze die als wesentlich erachteten theoretischen, methodischen und ergebnisbezogenen Merkmale der Arbeit darzustellen, bevor diese anschließend ausführlich dargelegt werden.

1.1 Zielsetzungen

Vor diesem Hintergrund fokussiert die vorliegende Arbeit vier Zielsetzungen, wobei das Hauptaugenmerk auf der Dokumentation fachübergreifender Kompetenzen angehender Sportlehrkräfte zwischen dem Abschluss der ersten universitären Lehrerbildungsphase und dem Berufseinstieg und damit der dritten Phase der Lehrerbildung liegt.

In einem ersten Schritt wird die dimensionale Struktur des eingesetzten Testinstruments zur Erfassung fachübergreifender Kompetenzen empirisch überprüft (Kap. 5.1). Anschließend wird das subjektive Ausprägungsniveau der Kompetenzeinschätzungen und dessen Entwicklung im Zeitverlauf untersucht (Kap. 5.2). Des Weiteren interessieren Beziehungen zu Faktoren wie individuellen Lernvoraussetzungen (z.B. spezifische Vorerfahrungen) oder auch selbstregulativen Fähigkeiten (Kap. 5.3). Schließlich wird näher betrachtet, welche dieser Faktoren die Kompetenzeinschätzungen der Befragten besonders beeinflussen (Kap 5.4).

1.2 Überblick

Die theoretischen Grundlagen und empirischen Befunde zum Forschungsgegenstand, fachübergreifende Kompetenzen von Lehrern, werden in Kapitel 2 sowie in Kapitel 3 dargelegt.

In einem ersten Schritt (Kap. 2) werden hierfür unterschiedliche Perspektiven, mit denen Lehrerforschung typischerweise betrieben wird, vorgestellt und daraufhin geprüft, ob bzw. inwiefern sie geeignet sind, Kompetenzen angehender Lehrer zu untersuchen und somit zu einer begründeten Konkretisierung der eigenen Forschungsperspektive zu gelangen.

Da sich die vorliegende Arbeit mit Einschätzungen fachübergreifender Kompetenzen von Lehrern befasst, bedarf es zunächst (Kap. 3) einer Kontextualisierung von Kompetenzen im Bildungssystem. Dies ist notwendig, da der Kompetenzbegriff offenkundig kein genuiner Begriff des Bildungssystems ist. Schließlich verbindet sich die Verortung seiner selbst in diesem Kontext mit bestimmten Ansprüchen und Hoffnungen, die zumindest erklärungsbedürftig sind. Es zeigt sich, dass die dem Begriff zugeschriebene hohe Bedeutung bei gleichzeitig inflationärer Begriffsnutzung zu unscharfen Konturen führt. Dabei werden unter dem Kompetenzbegriff jeweils unterschiedliche Aspekte verschiedener Begriffsführungen subsummiert. Das Kapitel versucht auf diese Problematik einzugehen, indem verschiedene Begriffsführungen erläutert und auf den Kontext von Lehrerkompetenzen transferiert werden. Daran anknüpfend wird thematisiert, wie die Lehrerbildung als Ort der Kompetenzentwicklung zur Generierung ebensolcher Kompetenzen beitragen und wie dies wiederum durch entsprechende (Mess-)Verfahren überprüf- und sichtbar gemacht werden kann. Hierfür werden unterschiedliche Ansätze diskutiert, die auch in den im Folgenden vorgestellten empirischen Arbeiten zum Einsatz gekommen sind. Neben der Kompetenzentwicklung werden auch Beziehungen zu weiterer Faktoren wie z.B. persönlichen Dispositionen im weitesten Sinne beschrieben.

Es sind diese theoretischen und empirischen Bezugspunkte, die zu den in dieser Arbeit fokussierten Zielsetzungen führen und im zu Grunde gelegten Forschungsdesign in Kapitel 4 aufgehen. Hier werden die Datengrundlage und das methodische Vorgehen der durchgeführten Studie beschrieben. Außerdem wird das methodische Vorgehen reflektiert, indem seine Möglichkeiten und Grenzen aufgezeigt und diskutiert werden. Zusätzlich werden allgemeine Anmerkungen zu den Datenanalysen gegeben sowie einzelne Analysen entlang der Zielsetzungen der Arbeit erläutert. Dies erfolgt explizit an dieser Stelle, um das anschließende Kapitel der Ergebnisdarstellung zum Zwecke einer besseren Lesbarkeit hiervon zu entlasten.

Die Darstellung der Ergebnisse (Kap. 5) orientiert sich an den Zielsetzungen der Arbeit: Zuerst werden die dimensionale Struktur der Kompetenzeinschätzungen und der Verlauf jener Einschätzungen im Längsschnitt vorgestellt. Anschließend werden sowohl Zusammenhänge zu als auch der Einfluss unterschiedlicher Faktoren auf die Einschätzungen fachübergreifender Kompetenzen dargelegt. Das Kapitel ist insofern bewusst bedeutungsarm gehalten, als dass als besonders relevant erachtete Ergebnisse im folgenden Diskussionskapitel (Kap. 6) interpretativ aufgegriffen werden, wobei erneut die Zielsetzungen der Arbeit Orientierung bieten. Die Ergebnisse werden vornehmlich im Hinblick auf Implikationen für die Lehrerbildung diskutiert. Hiervon ausgehend werden mögliche weitergehende Forschungsfragen (Kap. 7) formuliert.

2 Lehrerforschung – Forschungsperspektive

Im Mittelpunkt der vorliegenden Arbeit stehen die Kompetenzen von angehenden Lehrern. Der Untersuchungsgegenstand kann somit im weitesten Sinne als Lehrerforschung bezeichnet werden, die wiederum häufig aus drei verschiedenen Forschungsperspektiven betrachtet wird, welche mehr oder weniger unabhängig zu- bzw. nebeneinander stehen (vgl. Terhart, Bennewitz & Rothland, 2011): auf der einen Seite Forschungskonzepte mit psychologischem Theoriehintergrund (Kap. 2.3), die zumeist mit quantitativ-empirischen Verfahren arbeiten und auf der anderen Seite eher qualitativ-empirisch angelegte Forschungen, welche sich des soziologischen Theoriehintergrunds (Kap. 2.2) bedienen. Als dritte Kategorie bleibt, wie Tillmann (2011, S. 234) formuliert, „quer dazu" noch die Aktionsforschung (Kap. 2.1), die sich primär damit befasst, dass Lehrer selbst ihren eigenen Unterricht erforschen. Daher kommt die Aktionsforschung auch ohne jegliche theoretischen Vorkonstruktionen/-annahmen oder Setzungen aus (vgl. Tillmann, 2011).

Diese Forschungskonzepte werden zunächst skizziert und hinsichtlich ihrer Anwendbarkeit auf den Untersuchungsgegenstand hinterfragt, sodass anschließend eine begründete Konkretisierung der eingeschlagenen Forschungsperspektive möglich ist, mit der die Kompetenzen angehender Lehrer betrachtet werden (Kap. 2.4).

2.1 Aktionsforschung

Die Aktionsforschung stellt den ältesten Ansatz der Praxisforschung dar und geht auf Lewin (1946, 1948) zurück. Er versteht darunter die Erforschung von Bedingungen und Wirkungen sozialer Aktivitäten, aus der in der Folge Ableitungen bzw. Konsequenzen für soziale Aktivitäten geschaffen werden können:

> „The research needed for social practice can best be characterized as research for social management or social engineering. It is a type of action-research, a comparative research on the conditions and effects of various forms of social action, and research leading to social action. Research that produces nothing but books will not suffice." (Lewin, 1948, S. 202-203)

Das Hauptaugenmerk besteht seiner Meinung nach darin, Forschungsergebnisse aus der Praxis selbst zu erschaffen, welche direkt in die Praxis zurückgespiegelt werden können und dort nutzbar sind. Als leitende Begründung für ein solches Vorgehen nimmt er an, dass Forschungsergebnisse nur wirksam in die Praxis umgesetzt werden und damit auch für diese hilfreich sind, wenn sie in der Praxis ankommen, was er durch das typische Anfertigen wissenschaftlicher Publikationen als nicht zwingend gegeben ansieht. Sein Vorgehen sieht drei Teilschritte vor, die in einen sogenannten Gesamtplan münden:

„The first step then is to examine the idea carefully in the light of the means available. [...] If this first period of planning is successful, two items emerge: namely, 'an overall plan' of how to reach the objective and secondly, a decision in regard to the first step of action. Usually this planning has also somewhat modified the original idea. [...] [The second step is, S. M.] composed of a circle of planning, executing, and reconnaissance or fact finding for the purpose of evaluating the results [...] preparing the rational basis for planning the third step, and for perhaps modifying again the overall plan." (ebd., S. 205-206)

Thematisch zielt Lewin primär auf Beziehungsverbesserungen zwischen unterschiedlichen ethnischen und religiösen Gruppen ab. Die Aktionsforschung ist daher eher als eine Arbeitsrichtung zu verstehen, welche in verschiedenen Bereichen, z.B. Public Health (vgl. Unger, Block & Wright, 2007), der Pflege (vgl. Sparrow & Robinson, 1994), der Sozialarbeit (vgl. Steward, 1994), der Entwicklungszusammenarbeit (vgl. Valla, 1994) und in Wirtschaftsunternehmen (vgl. Probst, Raub & Romhardt, 2010) anzutreffen ist.

Für den Kontext der Lehrerbildung ist das primäre Ziel der Aktionsforschung, die „Praxis zu erforschen und weiterzuentwickeln. Diese forschende Tätigkeit von PraktikerInnen soll zur Entwicklung der Qualität pädagogischer Praxis beitragen, die Professionalisierung der Lehrkräfte befördern und wissenschaftliches Wissen über diese Praxis generieren" (Altrichter & Feindt, 2001, S. 214). Im Kern ist es so, dass Lehrer ihre eigene Praxis erforschen, reflektieren und daraus Folgerungen für ihr weiteres Handeln ableiten. Für den Kontext der Lehrerforschung können sieben Merkmale zusammengetragen werden:

Forschung und Entwicklung liegen in den Händen der Praktiker selbst und werden somit in einem Prozess erarbeitet (1). Dies hat zur Folge, dass sich die Praktiker nicht als Objekte der Forschung, sondern als deren Akteure begreifen (2). Praxisforschung funktioniert stets in langfristigen Zeitabständen, so dass die gewonnen Ergebnisse analysiert und interpretiert werden können, um hieraus neue Praxisinnovationen zu entwickeln (3). Um nicht lediglich diese eine Perspektive, die des Praktikers, einzunehmen und dadurch potentielle Forschungsabsichten unnötig einzuengen, werden immer auch weitere Personen beteiligt (4). Praxisforschung findet stets in Gruppen statt. Das hat zur Folge, dass auch das Lernen und Innovieren neuer Praktiken aus der Forschung heraus als gemeinsame Aufgabe verstanden wird (5). Die Zielsetzung der Aktionsforschung ist eine Verbesserung der stattfindenden Praktiken: „greater social justice for all" (Somekh, 2006, S. 7). Daher kann sie auch nicht wertneutral konzipiert sein (6). Forschungsmethodologisch stehen qualitative Zugänge im Vordergrund, denen eine höhere Eignung zum Verstehen sozialer Praktiken zugeschrieben wird (7) (vgl. Altrichter & Feindt, 2011, S. 215/216).

Die Grundidee Lewins (1946, 1948) einer in der Praxis entstehenden Forschung, welche zur Weiterentwicklung ihrer selbst beiträgt, scheint hier noch deutlich durch. Dadurch, dass Lehrerhandeln in einem sehr dynamischen Kontext verortet ist, besteht gewissermaßen eine Verpflichtung zur Erforschung des jeweiligen Handelns (Elliott, 1998, S. 157). Eben jene Verpflichtung zur Reflexion der Praxis mahnt auch Schön (1983, S. 68) an, wenn es um „research in the practice context" geht. Er betitelt sein Buch in diesem Kontext weiterhin als *The Reflective Practitioner* (s. auch Kap. 2.2.2.1). Er geht davon aus, dass Praktiker nicht – wie in anderen Berufen üblich – primär auf technisches Wissen zurückgreifen, da dieses für ihre mehrdeutigen bzw. zukunftsoffenen beruflichen Anforderungen nicht adäquat erscheint. Sie setzen zwar auch solche Wissensformen ein, erweitern diese aber um eine Handlungserfahrung, welche durch die Reflexion in der jeweiligen Handlung entsteht (ebd., S. 60ff.). Damit betreiben *Reflective Practitioner* ständig Praxisforschung im Sinne Lewins.

In der Konsequenz ergibt sich hieraus für die Lehrerbildung die Hinwendung zu mehr Praxisforschung. Diese findet sich auch in Form von unterschiedlichsten Ausbildungsangeboten wieder (z.B. Altrichter & Fichten, 2005; Altrichter & Mayr, 2004; Feindt, 2007).

So beschreibt Feindt (2007) forschungsorientierte Lehrveranstaltungen in Form von kleineren schul- und unterrichtsbezogenen Forschungen, die sich im Rahmen von Fallstudien mit ersten Unterrichtserfahrungen der Studierenden befassen. Im Ergebnis können anhand dessen Optimierungsmöglichkeiten für einzelne Bereiche der universitären Lehrerbildung erarbeitet werden (ebd., S. 69ff.). Zudem zeigt sich, dass die durch die forschungsorientierten Lehrveranstaltungen ausgelösten Reflexionsprozesse eine sehr viel stärkere Verantwortungsübernahme seitens der Studierenden auslösen als die üblichen Lehrveranstaltungsformate. Das Anschließen der Praxis an die universitäre Lehrerbildung wird daher ausdrücklich als entwicklungsförderlich angesehen (vgl. Combe, 2001; Helsper, 2000). Mit Forschungswerkstätten im Sinne der Praxisforschung beschäftigen sich auch weitere Autoren, wobei diese besonders den Aspekt der sachlichen Kommunikation unter Studierenden selbst als besonders fruchtbar ausweisen, der als Kontrastpunkt zum übrigen Studienverlauf wahrgenommen wird (vgl. Michalek & Spitz, 2004; Reh & Schelle, 2000).

Die Vorteile der Aktionsforschung liegen somit darin begründet, dass die Lehrer selbst als „Akteure des Forschungsprozesses" (Tillmann, 2011, S. 235) agieren. Forschungsfragestellungen entstehen aus der aktuellen pädagogischen Praxis und leiten sich dementsprechend weniger aus wissenschaftlichen Bezugstheorien ab.

2.2 Soziologische Lehrerforschung

Die soziologische Lehrerforschung teilt sich auf in den strukturtheoretischen Professionsansatz (s. Kap. 2.2.1) sowie in die kulturtheoretische Perspektive (s. Kap. 2.2.2). „Beide Ansätze gehören zur Familie der qualitativ-rekonstruktiven Forschung, beide haben ihre theoretischen Wurzeln in soziologischen, kulturtheoretischen, z.T. auch psychoanalytischen Ansätzen" (Tillman, 2011, S. 233). Erstgenannter fokussiert explizit einzelne Fälle des Lehrerhandelns, um hieraus die idealtypische Struktur des Lehrerhandelns rekonstruieren zu können. Letztgenannter rückt insbesondere die *sozialen Praktiken* im Sinne von Aushandlungsprozessen, zu denen auch das Lehrerhandeln gezählt werden kann, in den Mittelpunkt. Charakteristisch für beide Ansätze ist, dass weniger die Individuen – hier die jeweiligen Lehrpersonen – als die strukturellen Bedingungen des Lehrerhandelns erforscht werden (vgl. Bennewitz, 2011, S. 207; Helsper, 2011, S. 149; Tillmann, 2011, S. 233/234).

2.2.1 Strukturtheoretischer Professionsansatz

Der strukturtheoretische Professionsansatz zum Lehrerberuf bedient sich traditioneller soziologisch-strukturtheoretischer Annahmen (z.B. Luhmann, 1984; Marshall, 1963; Parsons, 1951; Weber, 1972), von denen jedoch lediglich die für den Transfer sowie die Erläuterung des strukturtheoretischen Professionsansatzes zum Lehrerberuf notwendigen Merkmale skizziert werden. Weitere Merkmale soziologisch-strukturtheoretischer Annahmen werden nicht berücksichtigt, hierfür muss auf die Originalquellen verwiesen werden.

Im Zentrum dieser soziologisch-strukturtheoretischen Annahmen stehen die Funktionsweisen der Gesellschaft als Ganzes. Im Sinne Luhmanns besteht diesbezüglich die Notwendigkeit der Ausdifferenzierung in funktionale Teilsysteme aufgrund zunehmender Komplexität ihrer selbst. Die *„Differenzierung* des Gesellschaftssystems, und zwar mit Hilfe einer Änderung des Differenzierungsprinzips" (Luhmann, 1977, S. 89) ist indiziert. „Sie besteht in einer allmählichen Umstellung [...] auf funktionsspezifische Bildung von Teilsystemen" (ebd.). Das bedeutet, dass z.B. das Teilsystem Wirtschaft eine spezifische Funktion innerhalb der Gesellschaft besitzt, die es von anderen Teilsystemen unterscheidet, ebenso wie z.B. das Religionssystem, das Wissenschaftssystem usw. Unter Zuhilfenahme binärer Codierung entstehen die Funktionen von Systemen: „Der positive Wert bezeichnet im System das, [...] womit man etwas anfangen kann; [der negative, S. M.] dient nur der Reflexion der Bedingungen, unter denen der positive Wert eingesetzt werden kann" (Luhmann, 1996, S. 35). Angewendet auf z.B. das Rechtssystem entspricht diese binäre Codierung einer Aufteilung in „Recht – Unrecht".

Für das Erziehungssystems hält Luhmann (1986, S. 194) fest, dass es „seine Funktion in der Änderung von Menschen hat". Die Funktionssysteme stehen in Kommunikation zueinander und besitzen keine Wertigkeitszugehörigkeit in der Gestalt, dass das eine Teilsystem höherwertiger ist als andere Teilsysteme. Nicht der Einzelne als Individuum erfährt aus diesem Blickwinkel eine besondere Bedeutung, sondern vielmehr seine Zugehörigkeit zu bestimmten Funktionssystemen. Den jeweiligen Systemen liegen zudem bestimmte Elemente zu Grunde, die sie als Einheit erscheinen lassen und hierdurch von anderen Teilsystemen und der Umwelt trennen. Sowohl die Kommunikation als auch soziale Handlungen stellen hierbei die System konstituierenden Elemente dar. So ist man entweder Teil eines Systems oder außerhalb des Systems, in der Umwelt (vgl. Luhmann, 1984, S. 30ff.; s. auch 240/241). Im Hinblick auf das Element Kommunikation ist darüber hinaus noch auf die Besonderheit der doppelten Kontingenz zu verweisen, welche auf Parsons (1951, S. 16) zurückgeht:

„There is a *double contingency* inherent in interaction. On the one hand, ego's gratifications are contingent on his selection among available alternatives. But in turn, alter's reaction will be contingent on ego's selection and will result from a complementary selection on alter's part. Because of this double contingency, communication, which is the preoccupation of cultural patterns, could not exist without both generalization from the particularity of the specific situations (which are never identical for ego and alter) and stability of meaning which can only be assured by 'conventions' observed by both parties."

Grundsätzlich bedeutet doppelte Kontingenz hiernach, dass man sich in der Kommunikation in einer wechselseitigen Einlassung auf das jeweilige Gegenüber befindet, ohne die genaue Absicht dessen zu kennen. Dieses gilt im Sinne Parsons für *ego* sowie für *alter* gleichermaßen. Seine Lösung dieser doppelten Kontingenz besteht in stabilen Konventionen, die beide Interaktionspartner berücksichtigen, um miteinander zu kommunizieren. Demgegenüber zweifelt Luhmann (1984, S. 149) die „Konsensunterstellung" Parsons an. Er votiert dafür, die Unbestimmbarkeit solcher Kommunikationssituationen bestehen zu lassen und geht davon aus, dass Kommunikationspartner den für ihre Kommunikation notwendigen Rahmen innerhalb ihrer Kommunikation selbst abstecken. Diese Aushandlung fasst er sogleich als strukturbildend auf (ebd., S. 153-162).

In Anlehnung an z.B. Luhmann wird auch dem Lehrerhandeln unterstellt, eine eigene Strukturlogik zu besitzen. Das Augenmerk der Forschung liegt nunmehr darauf, die zu Grunde gelegte Struktur des Lehrerhandelns zu bestimmen und einen Idealtypus daraus abzuleiten, der die „allgemeinen, fach- und altersstufenübergreifenden Struktureigenschaften bzw. die Strukturlogik und -dynamik der pädagogischen Beziehung zwischen Lehrer und Schüler" (Oevermann, 2002, S. 20) ausführt. Im Kern geht es nicht, so Helsper (2011, S. 149), „um die Spezifik (als Fach, Klassenstufe etc.), sondern um die übergreifende Grundstruktur der Lehrer-Schüler-Beziehung." Oder abstrakter formuliert, die „Erfahrungsbewegung zwischen Ich und Gegenstand" (Combe, 2006, S. 34). Die Struktur der Lehrer-Schüler-Beziehung kann daher als Kern dieses strukturtheoretischen Ansatzes gekennzeichnet werden, sie wird auch als „Arbeitsbündnis" (Oevermann, 1996, S. 115) bezeichnet. Insgesamt erscheint das Lehrerhandeln hiernach als ein primäres Reflektieren und Rekonstruieren von individuellen Schüler-Lehrer-Beziehungen, welche z.T. sehr weit reichen können, wie im Folgenden unter Rückgriff auf wissenschaftliche Erkenntnisse dezidierter beschrieben wird (s. auch Helsper, 1996; Stichweh, 1996).

Die Strukturlogik des Lehrerhandelns (1) besteht in der „Gewährleistung einer körperlich-seelischen und sozialen Integrität der Person und des gesellschaftlichen Nachwuchses" (Oevermann, 1996, S. 142). Der Kern des Lehrerhandelns liegt in erster Linie in der Wissensvermittlung und in zweiter Linie in der Normvermittlung begründet, wobei die Vermittlung von Normen explizit auf die Befähigung zu einer adäquaten Verantwortlichkeit gegenüber sich selbst sowie gegenüber seines eigenen Umfelds abzielt, so Oevermann (ebd., S. 142ff.) weiter. Helsper (2007, S. 568) charakterisiert die Normvermittlung darüber hinaus als „universalistisch-öffentliche Bildung" und bestärkt Oevermanns Ausführungen als Achtung gegenüber sich selbst und gegenüber anderen Personen.

Ergänzend dazu wird eine „therapeutische Dimension" (ebd.) beschrieben (2), welche zu Stande kommt, da Schüler mit dem Eintritt in das Schulsystem „noch nicht autonom-handlungsfähig" (Helsper, 2011, S. 152) sind. Diese Dimension ist auch kritisch „als Prophylaxe gegen Psychopathologien der Identität" verstanden worden (Baumert & Kunter, 2006, S. 472). Sie bezieht sich jedoch primär auf den sozialkognitiven Entwicklungsstand der Schüler, welcher zum Eintritt in die Schule noch nicht umfassend ausgebildet ist und zielt auf die Ausbildung lebenspraktischer Autonomie ab, welche kognitive, symbolische, sozialkognitive, emotionale und motivationale Bereiche tangiert (vgl. Helsper, 2011, S. 152; Oevermann, 1996, S. 142ff.). Hierin wird die therapeutische Dimension gesehen und nicht in der von Baumert und Kunter unzulässig reduzierten Sichtweise einer Prophylaxe von Psychopathologien der Identität wie Helsper (2007, S. 568) repetiert:

> „Man kann das auch in ‚PISA' formulieren: Die Risikogruppe jenes Fünftels der Schüler, die nicht die grundlegendsten Lesefähigkeiten besitzen, sind für Exklusionskarrieren prädestiniert, als gesellschaftliche Produktivkraft vergeudet, aus der Teilhabe am öffentlichen Leben weitgehend ausgeschlossen [...] Das gestalten die Schule und die Lehrkräfte von der ersten Klasse an mit."

Darüber hinaus wird der Lehrer als Krisenlöser und Kriseninitiator in der Form verstanden (3), als dass er ständig in den Bildungs- und Entwicklungsprozess der Schüler eingreift. So trägt er einerseits zur Lösung von Krisen bei. Andererseits sorgt er dafür, dass in spezifischen Milieus entstandene Wissensbestände

durch Krisen irritiert werden und zu reflektierten neuen Wissensbeständen führen (vgl. Helsper, 2011, S. 152). Diese Annahmen unterstützt auch Oevermann
(2002, S. 35): „Der Pädagoge ist also der Strukturlogik seines Handelns nach
Geburtshelfer im Prozess der Erzeugung des Neuen und nicht umgekehrt, wie
im Nürnberger Trichtermodell, Agentur der Anpassung des neuen Lebens an
das alte Wissen und die alten Normen."

Diese Zuschreibungen an das Lehrerhandeln unterliegen einer Unsteuerbar-
keit (4), welche in der häufig anzutreffenden Differenz zwischen Handlungsin-
tention und -ergebnis begründet liegt; „die Unterrichtsstunde kann zu jeder Zeit
situativ in eine nicht gewollte Richtung entgleiten", so Kurtz (2009, S. 47). So
eröffnet jede Unterrichtssituation dem Lehrer einen Möglichkeitsspielraum an
Handlungen. Die jeweils ausgewählten Handlungen unterliegen dem Risiko,
nicht angemessen zu sein, was im Luhmannschen Sinne als doppelte Kontingenz verstanden werden kann. Diese kommen in der Unbestimmbarkeit des
kommunikativen Aushandlungsprozesses zwischen Lehrern und Schülern zum
Ausdruck. „Alles, was der Lehrer im Unterricht aufgrund seiner Planung tut,
wird von anderen Teilnehmern beobachtet, die Beobachtung löst Reaktionen
aus, die im Voraus nicht geplant werden können" (Luhmann, 1985, S. 87/88).
Zudem gilt jene doppelte Kontingenz bzw. der Möglichkeitsspielraum an Handlungen für den Lehrer wie auch für den Schüler (vgl. Combe, 2005; Combe &
Kolbe, 2008; Helsper, 2011; Oevermann, 1996; Tenorth, 2006).

Insgesamt wird das Lehrerhandeln daher als komplex und riskant bewertet,
an dessen Ende die „Krisenhaftigkeit der Handlungspraxis [...] als Normalfall
akzeptiert wird [...]" (Combe & Kolbe, 2008, S. 859). Auf dieser Grundlage
deutet sich an, dass Lehrerhandeln kaum standardisierbar ist. Baumert und
Kunter (2006, S. 471) unterstellen diesen Ausführungen gar, die „ständige Dro-
hung des Scheiterns herauszuarbeiten" bzw. „die Arbeit von Lehrerin und Lehrer als unlösbare Zumutung zu beschreiben" (Tenorth, 2006, S. 582). Selbst
Oevermann (2002, S. 32) als Verfechter dieses Ansatzes spricht diplomatisch
von einer „Zukunftsoffenheit" und Combe (2005, S. 70) von einer „sisyphusar-
tigen Bewährungsdynamik". Der Vorteil dieses Zugangs zum Lehrerhandeln
liegt jedoch in der Akzeptanz einer Fehlerkultur aufgrund des Möglichkeitsspielraum an Handlungen sowie der Betonung, dass es sich beim Lehrerhandeln
nicht um eine technisierbare Strukturlogik, sondern um eine kontextuelle Ei-
genlogik handelt, die „kein zweckrational angewendetes, quasi-technisches
Regelwissen im Sinne von „Wenn-Dann"-Regeln (nach dem Muster auf x folgt
stets y) darstellt (Combe & Kolbe, 2008, S. 861)".

Transferiert auf die Lehrerbildung ergibt sich an erster Stelle die Frage, wie ein solches professionelles Handeln durch die Lehrerbildung erzielt werden kann. Kann ein derartig situativ-fluktuatives bzw. stetig neu zu konstruierendes Handeln durch die Lehrerbildung erreicht werden? Es ist dann auch nicht verwunderlich, dass erhebliche Forderungen an die Konzeption von Lehrerbildung gestellt werden. Hiernach müsste sie neben Begründungswissen und Methoden vor allen Dingen die rekonstruierende Fallarbeit umfassen (vgl. Helsper, 2007, S. 571/572; Oevermann, 1996, S. 177/178).

Pauli und Reusser (2006, S. 792) konstatieren diesbezüglich: „Was in anderen Disziplinen, wie z.b. der Medizin längst selbstverständlich ist, fehlt bisher im Bereich der Lehrerberufe: eine pädagogische Kasuistik des professionellen Lehrerhandelns." Die Fähigkeit zum Erschließen des jeweils Singulären, des einzelnen situativ gebundenen Falles wird stärker betont (vgl. Helsper & Kolbe, 2002). Im Mittelpunkt dieser kasuistischen Prägung der Lehrerbildung stehen somit zum einen das beständige Lernen an einzelnen Fällen in der Praxis, zum anderen „kollegiale Praxisgemeinschaften, die sich den Modus der offenen, krisenhaften Erfahrung zu Eigen gemacht haben" (Helsper, 2011, S. 157). Für die Lehrerbildung resultiert hieraus, dass sie stärker als zuvor, das zur Rekonstruktion der Fälle notwendige Wissen ausbilden muss, da dieses als essentielle Grundlage zukünftigen Lehrerhandelns bewertet wird (vgl. Combe & Kolbe, 2008). Helsper (2004, S. 72) unterstreicht dieses weiterhin durch folgende Abgrenzung: „Im Unterschied zum technischen Expertenwissen, das aus allgemeinen Sätzen auf Einzelphänomene schließen kann, bedarf professionelles Handeln sowohl der allgemeinen kategorisierenden Zuordnung als auch der Rekonstruktion in der Logik und Sprache des Einzelfalls." Abschließend muss zu diesen Forderungen jedoch festgehalten werden, „dass bislang kaum Rekonstruktionen zur *rekonstruktiven Fallarbeit* vorliegen" (Helsper, 2011, S. 163).

2.2.2 Kulturtheoretische Perspektive

Als ein weiterer Ansatz orientiert sich die kulturtheoretische Perspektive des Lehrerberufs erkenntnistheoretisch an anthropologischen, ethnologischen und soziologischen Traditionen. Primär wird mit einer ethnographischen Forschungsstrategie verfahren, welche aus Großbritannien überliefert ist (s. Garfinkel, 1967; Goffman, 1971). So fokussierte Garfinkel in seinen Forschungen soziale Aktivitäten wie z.b. sprachliche Alltagssituationen. Hauptgegenstand seiner Untersuchungen ist die Frage danach, was jene Aktivitäten entscheidend hervorbringt und erhält

„The following studies seek to treat practical activities, practical circumstances, and practical sociological reasoning as topics of empirical study, and by paying to the most commonplace activities of daily life the attention usually accorded extraordinary events, seek to learn more about them as phenomena in their own right." (Garfinkel, 1967, S. 1)

Anders formuliert versucht Garfinkel die Leistungen, die zur Koordinierung und Strukturierung von z.B. sozialen Interaktionen beitragen, empirisch gestützt heraus zu arbeiten. Insofern geht es ihm primär um die strukturellen Rahmenbedingungen von sozialen Interaktionen. Für sein Vorgehen prägt er den Begriff ‚ethnomethodologisch‘:

„I use the term ethnomethodology to refer to various policies, methods, results, risks and lunacies with which to locate and accomplish the study of the rational properties of rational actions as contingent ongoing accomplishments of organised artful practices of everyday life." (Garfinkel, 1972, S. 309)

Charakteristisch für dieses ethnomethodologische Vorgehen sind demnach der Einsatz verschiedener empirischer Methoden, um das fokussierte *everyday life* hinsichtlich seiner Rahmenstrukturen zu untersuchen. Garfinkel geht also davon aus, dass Alltagssituationen und Alltagshandeln stets neu verhandelt werden müssen, um als soziale Aktivitäten zu funktionieren. Damit unterstellt er jedem sozialen Akteur eine gewisse Leistungsfähigkeit, die Rahmenbedingungen funktionierender sozialer Aktivitäten herzustellen. Kern seiner ethnomethodologischen Untersuchungen ist die Analyse sozialer Aktivitäten und Interaktionen, ausgehend von den Individuen bzw. Subjekten selbst: „Ethnomethodological studies analyze everyday activities as members' methods for making those same acitivies visibly-rational-and-reportable-for-all-purposes, i.e. 'accountable', as organizations of commonplace everyday activities (ebd., S. VII)".

In dieser Tradition untersucht auch Goffmann die Interaktionen zwischen Menschen, auch er fokussiert primär die Elemente des Verhaltens in den Interaktionssituationen. Hierzu zählt er z.B. Gestik und Mimik, aber auch Haltungen körperlicher und geistiger Art. Der Kern seiner Analysen liegt, ähnlich wie schon bei Garfinkel, darin, die soziale Organisation der Interaktionen und nicht das in der Interaktionssituation befindliche Individuum zu erforschen: „Es geht hier also nicht um Menschen und ihre Situationen, sondern eher um Situationen und ihre Menschen" (Goffman, 1971, S. 6). Ziel der Forschung in Anlehnung an Garfinkel und Goffman ist, die Grundelemente sozialer Aktivitäten und Praktiken zu bestimmen. Diese sind nach Hörning und Reuter (2006, S. 113)

„jene tagtäglichen Interaktionen, die eine bestimmte vertraute Handlungsnormalität im Alltag begründen. Soziale Praktiken umfassen reguläre, geordnete und sich wiederholende Handlungsweisen, mit denen die Gesellschaftsmitglieder ihre Alltagswirklichkeit organisieren und Sinn erzeugen."

Hierüber wird die Annäherung an den Kulturbegriff angebahnt. Denn Kultur wird im aktuellen Tun des Menschen ersichtlich, das sich beständig wandelt, gedeutet und hergestellt wird, wobei es primär um die Interpretation von Wirklichkeit bzw. um Denotationen von Bedeutungen geht. Kultur wird daher als flexibles Konzept angesehen, das Menschen durch eigenverantwortlich konstruierte Bedeutungsgewebe herstellen (vgl. Geertz, 1999, S. 9). Damit rücken der Kulturbegriff und der Begriff der sozialen Praktiken zusammen. Vor diesem Hintergrund wird ein Kulturverständnis entwickelt, das Kultur als soziale Praktiken versteht (vgl. Bennewitz, 2011; Liebau & Zirfas, 2004). Dieses Verständnis wird von Herzog (1999, S. 232) unterstrichen:

„Kultur ist ein offener und instabiler Prozeß der Auseinandersetzung und des Aushandelns von Bedeutungen, der sozial, emotional und kognitiv kompetente Akteure mit unterschiedlichen Interessen und unterschiedlichem Status zueinander in Beziehung setzt und bei einer Einigung oder Kompromißbildung zu vorübergehender sozialer Abschließung und Grenzziehung führt."

So gesehen ist der Rückschluss, dass soziale Praktiken zu Kultur führen, zulässig. Die zentralen Aspekte der Forschung von Garfinkel und Goffman, nämlich die geforderte Leistungsfähigkeit von Menschen, die Rahmenbedingungen sozialer Praktiken ständig neu herstellen zu können, wird an den Kulturbegriff weitergegeben. Auch Herzog spricht von Auseinandersetzungs- und Aushandlungsprozessen, die durch kompetente Akteure zu leisten sind. Der Forschungsanspruch liegt hiernach in der „Kombination von exakter [...] Beschreibung – was wird getan und wie wird es getan [...] – und einer indirekten Re-

konstruktion von praktischen Wissensbeständen – was wird implizit vorausge-
setzt, was wird gewusst, wenn x betrieben wird?" (Reckwitz, 2009, S. 173/174).
Im Sinne einer praxeologischen Theorie können neben der Ebene der sozialen
Praktiken drei weitere Analyseebenen unterschieden werden:

- Kulturelle Codes bezeichnen die Sprachen einer Kultur, wobei neben der
  Routine- und Wiederholungsstruktur, der situativen und kontextuellen
  Adaptivität auch die Struktur der Widersprüchlichkeit und Heterogenität
  betrachtet wird.
- Die Materialisierung betont die Bedeutung zweier materieller Instanzen,
  des menschlichen Körpers und materieller Artefakte für die Entstehung
  und Realisation sozialer Praktiken.[3]
- Subjektivierung bedeutet, dass das in sozialen Praktiken kultivierte Sub-
  jekt unterschiedliche Dispositionen und Schemata im Bereich Psyche
  und Körper integrieren muss (vgl. ebd., S. 173ff.).

Übertragen auf den Kontext der Lehrerforschung bedeutet dieses, dass die
„alltägliche pädagogische Praxis" (Bennewitz, 2011, S. 192), die für den Kontext des Lehrerhandelns auch als „doing teacher" (ebd.) bezeichnet wird, im
Mittelpunkt des Interesses steht. Das Lehrerhandeln wird somit als soziale Praxis verstanden, da auch hier ein Prozess des Aushandelns gefordert ist, wie er
schon bei Garfinkel (1967, 1972) und Goffman (1971) beschrieben wird. In
Anlehnung an Bennewitz (2011), Liebau und Zirfas (2004) wird der pädagogischen Praxis ein Kulturverständnis unterstellt, sodass forschungspragmatisch
von einer kulturanalytischen Perspektive gesprochen werden kann.

Für das Lehrerhandeln bedeutet diese kulturanalytische Perspektive weiterhin, dass das *wie* der Herstellung auf der praktischen Ebene fokussiert wird.
Der bzw. die Untersucher halten sich für einen Zeitraum im Untersuchungsfeld,
der Schule, auf und setzen verschiedene empirische Methoden ein, wobei die
teilnehmende Beobachtung als die prominenteste Methode gilt. Mit Reckwitz
(2008, S. 191ff.) kann das Vorgehen daher auch als Praxistheorie bezeichnet
werden. Der Vorteil dieser Herangehensweise wird in der Analyse von leibhaf-
tigen Praktiken, ohne diese werten zu wollen, gesehen. Vielmehr geht es darum,
an ihnen teilzuhaben, um ihr Zustandekommen im jeweils spezifischen situativen Kontext beschreiben zu können. Das Kernanliegen ist demnach die Sicht-

---

3   Hiermit wendet sie sich bewusst gegen die Entmaterialisierung des Sozialen, die in
    vielen Sozial- und Kulturtheorien betrieben wird (vgl. Reckwitz, 2003, S. 290ff.).

barmachung und Rekonstruktion, die zur Herstellung des tatsächlichen Lehrerhandelns führen (vgl. Bennewitz, 2011; Thole, 2010).

Für die Forschung zur Lehrerbildung ergibt sich hieraus ein Problem, da sie nicht explizit im Interesse dieses Zugangs steht. „Vielmehr sind die Forschungsarbeiten von schulpädagogischen Fragestellungen getragen und richten ihren Blick auf die gesamte Unterrichtssituation" (Bennewitz, 2011, S. 202). So fokussieren Reh und Rabenstein (2008) die Lernkultur von ausgewählten Ganztagsschulen mit der Absicht, die „je fallspezifisch zu rekonstruierende Art und Weise von Lehrenden und Lernenden einer bestimmten Lerngruppe oder Schule, Lernen aufzuführen" (ebd., S. 141) zu bestimmen. Insgesamt lassen sich zwei Dimensionen zur Erfassung der Lernkultur unterscheiden.

Die Differenz zwischen Vermittlung und Aneignung (1) beleuchtet die jeweils eigenständige Aneignung von Wissen auf Seiten der Lernenden. Dabei ist stets unplanbar, inwiefern die Lernangebote des Unterrichts von den Einzelnen angenommen werden. Demgegenüber lassen sich vier Ebenen der Differenzherstellung (2) unterscheiden, welche sich an die vier Analyseebenen sozialer Praktiken von Reckwitz anlehnen: die körperliche Formung der Lernenden durch das Lernen, Sinn- und Deutungszusammenhänge durch stattfindende Interaktionen, Umgang mit Unterrichtsmaterialien auf der materiellen Ebene sowie räumliche und zeitliche Disposition durch die Gestaltung von Räumen und Zeiten in der Schule (vgl. Kolbe, Reh & Idel, 2008; Reh & Rabenstein, 2008).

Als weiterer Forschungsbereich deutet Meier (2007, S. 17ff.) die Leistungsbewertung in Schulen an. Seine These lautet dabei, dass die Praktiken der Lehrpersonen durch das Leistungsprinzip gebrochen werden und somit eine starke Fokussierung und Verengung auf die Leistungsbereitschaft und Leistungserbringung erfolgt. Dadurch dass der Fokus der kulturtheoretischen Perspektive auf der Unterrichtssituation liegt, können „beruflich-habituelle Unterschiede" (Cloos, 2007, S. 188) markiert werden.

Für den Kontext der Lehrerbildung resultiert hieraus die Möglichkeit, dass eine Berufskultur von Lehrern erarbeitet werden kann. Diese zeichnet sich im Sinne Goffmanns durch die Hervorhebung der Situationen und ihrer Menschen aus. Das zeigt sich insbesondere in der teilnehmenden Analyse stattfindenden Lehrerhandelns, in der das *wie* pädagogischer Praxis in den Mittelpunkt rückt. Die Aufarbeitung des kontextuell gebundenen Einzelfalls wird somit zur Stärke und zum Rückrat der kulturtheoretischen Perspektive. Darüber hinaus ermöglicht eine erarbeitete Berufskultur von Lehrern den Vergleich mit weiteren qualitativ-rekonstruierten Berufskulturen (vgl. Bennewitz, 2011).

2.3 Psychologische Lehrerforschung

Die psychologische Lehrerforschung wird in den Persönlichkeitsansatz (s. Kap. 2.3.1) und in das sogenannte Experten-Paradigma (s. Kap. 2.3.2) unterteilt. Beiden Forschungsansätzen geht es „stets darum, bestimmte Aspekte der Lehrer-Subjekte (Eigenschaften, Kompetenzen) zu definieren, zu operationalisieren und mit standardisierten Fragebögen und Tests zu erforschen", so Tillmann (2011, S. 232). Diese individuumszentrierte Ausrichtung ist als besonderes Charakteristikum beider Ansätze zu betonen. Sie unterscheiden sich insofern, als dass der Persönlichkeitsansatz stärker die theoretischen Grundlagen der Persönlichkeitspsychologie, so z.b. die *Big Five* oder das Fünf-Faktoren-Modell, referiert (Mayr, 2011, S. 127/128). Demgegenüber geht Krauss (2011, S. 173-178) beim Experten-Paradigma von den kognitionspsychologischen Grundlagen der Expertiseforschung, z.b. Differenzierung in Novizen und Experten aufgrund ihres vorhandenen Wissens, aus (vgl. auch Tillmann, 2011).

2.3.1 Persönlichkeitsansatz

Der Persönlichkeitsansatz, häufig auch als Persönlichkeits- oder Eigenschafts-Paradigma bezeichnet, hat als ein Teil der psychologischen Lehrerforschung eine lange Tradition. Er bezieht sich auf die theoretischen Annahmen der Persönlichkeitspsychologie. Grundsätzlich sind aus dieser zwar weitere divergierende Paradigmen bekannt – das psychoanalytische, das behavioristische und das auf biologische Prozesse zielende Paradigma (für weitere Erläuterungen s. z.b. Asendorpf, 2007) – jedoch wurden diese nicht auf den Kontext der Lehrerforschung übertragen. Daher wird im Folgenden das Eigenschaftsparadigma näher erläutert.

Im Kern geht es beim Eigenschaftsparadigma darum, die Vielfalt des menschlichen Erlebens und Handelns durch eine möglichst überschaubare Darstellung von Dimensionen greifbar und beschreibbar zu machen. Zuerst ist ein System aus 16 Primär- und vier Sekundärfaktoren (Cattell, 1965) und später nach Eysenck und Eysenck (1985) das Drei-Faktoren-System entworfen worden. Beide können als Vorreiter des heute verwendeten Referenzmodells gelten. Dieses ruht primär auf einer Analyse von Eigenschaftsbezeichnungen aus Wörterbüchern, anhand dessen Personen eingeschätzt wurden. Anschließend konnten durch Analysen und Klassifikationen fünf empirisch abgesicherte Faktoren belegt werden (vgl. Mayr, 2011, S. 127/128; Mayr & Neuweg, 2006, S. 176/187). Diese nicht näher gekennzeichneten Faktoren benannte Goldberg (1981, S. 159) dann als die „Big Five", welche dem Ansinnen nach Beschreibbarkeit und Greifbarkeit menschlichen Handelns und Erlebens in der Form nachkommen, als dass sie fünf abstrakte und breite Dimensionen aufzeigen. Rückblickend resümieren John et al. (2008, S. 114) daher auch:

„What personality psychology lacked was a descriptive model, or taxonomy, of its subject matter. One of the central goals of scientific taxonomies is the definition of overarching domains within which large numbers of specific instances can be understood in a simplified way."

In diesem Kontext können diese fünf Dimensionen daher als globale Persönlichkeitsmerkmale verstanden werden. Costa und McCrae (1985; 1987, 1999) ergänzen jene in ihrem Fünf-Faktoren-Modell durch Sekundärfacetten (s. Tab. 1).

Tabelle 1: Faktoren und Facetten des Fünf-Faktoren-Modells (vgl. Mayr, 2011, S. 128).

Faktor	Facetten
Neurotizismus	Ängstlichkeit, Reizbarkeit, Depression, Soziale Befangenheit, Impulsivität, Verletzlichkeit
Extraversion	Herzlichkeit, Geselligkeit, Durchsetzungsfähigkeit, Aktivität, Erlebnishunger, Frohsinn
Offenheit für Erfahrungen	Offenheit für Phantasie, Ästhetik, Gefühle, Handlungen, Ideen des Normen- und Wertesystems
Verträglichkeit	Vertrauen, Freimütigkeit, Altruismus, Entgegenkommen, Bescheidenheit, Gutherzigkeit
Gewissenhaftigkeit	Kompetenz, Ordnungsliebe, Pflichtbewusstsein, Leistungsstreben, Selbstdisziplin, Besonnenheit

Hiernach können die Eigenschaften von Personen beschrieben werden, wobei die Facetten die jeweiligen Faktoren inhaltlich genauer beschreiben sollen, da diese relativ abstrakt gehalten sind. Zudem wird davon ausgegangen, dass die Facetten Konstrukten entsprechen, die auch abseits des Fünf-Faktoren-Modells geprüft werden können, was durchaus als Vorteil angesehen wird (Ostendorf & Angleitner, 2004, S. 10). Anzumerken bleibt allerdings, dass sich jene Facetten weniger klar replizieren lassen als die Faktoren, was Untersuchungen in verschiedenen Settings belegen (vgl. John et al., 2008). Darüber hinaus ist zu erwähnen, dass die einzelnen Faktoren gering miteinander zusammenhängen und daher nicht ausschließlich als voneinander unabhängig dargestellt werden können. Ostendorf und Angleitner (2004, S. 109) weisen in diesem Kontext Korrelationen bis zu .40 aus (vgl. hierzu auch Borkenau & Ostendorf, 2008, S. 9-12 und 17ff.).

Transferiert man diese theoretischen Annahmen auf das Lehrerhandeln, zeigt sich ebenso das Bestreben, das Handeln und Erleben von Lehrern in übersichtlicher Form zu beschreiben. Erste Beschreibungen formulierten sogenannte Tugendkataloge, welche auf Forschungen aus der ersten Hälfte des 20. Jahrhunderts beruhen. Diese stellen Orientierungspunkte für Lehrer dar, z.B. Tugenden des „sittlichen Charakters [...], vorbildliche[n, S. M.] Lebenswandel[s, S. M.] [...], innerer Wahrhaftigkeit [...]" (Döring, 1931, S. 396). Es wird davon ausgegangen, dass es sich um „Pädagogen von so echter Art" (Spranger, 1958, S. 14) handelt, welche „für das Erziehertum geradezu geboren" (ebd.) sind. Einige Jahrzehnte später stehen weniger orientierende Tugendkataloge, die Mayr und Neuweg (2006, S. 184) als „idealisierende Übertreibungen des Persönlichkeitskonzepts" werten, im Zentrum als vielmehr die Identifizierung von Persönlichkeitsmerkmalen, die den Berufserfolg von Lehrern determinieren. Insbesondere unter Bezugnahme auf angloamerikanische Studien können Lehrpersonen detailliert beschrieben werden. So werden „temperament [...] attitudes" (vgl. Getzels & Jackson, 1963, S. 575ff.; Withall & Lewis, 1963, S. 709ff.) besonders hervorgehoben. Die Erkenntnisse sind insgesamt jedoch als „Binsenweisheiten" (Pause, 1970, S. 1501) abgetan worden.

Fortan ist die jeweilige Situation des Lehrerhandelns mehr betont worden als die persönlichen Dispositionen (vgl. Mischel & Peak, 1968). In Anlehnung an die allgemeine Persönlichkeitsforschung stellte sich jedoch alsbald heraus, dass die Persönlichkeit eine hohe Konstanz aufweist, welche kaum durch Studien- und Arbeitsbedingungen oder auch Lebensumstände beeinflusst werden kann (z.B. Caspi, Roberts & Shiner, 2005; McCrae et al., 2000), was ebenso für Lehrpersonen angenommen wird (Mayr, 2011, S. 126). Als Konsequenz daraus steht wiederum die Frage nach der Lehrerpersönlichkeit im Fokus. So betitelt z.B. Gudjons (1982) einen Aufsatz mit „Lehrerpersönlichkeit im Aufwind". Nun rückt jedoch die Perspektive der erfahrungsoffenen und sich stetig weiterentwickelnden (Lehr-)Person in den Mittelpunkt des Interesses: „Das Selbst zu sein, dass man in Wahrheit ist" (Rogers, 1976, S. 167). Diese Entwicklungslinien wirken in den heutigen Ansätzen zur Persönlichkeitsforschung von Lehrpersonen nach, wie folgendes Zitat zeigt:

„Da muß man nicht viele Worte machen: Wer nicht musikalisch ist, sollte nicht Musiker werden wollen. Und mit der Philosophie ist es wie mit der Musik: ‚man hat es', oder ‚man hat es nicht' [...] Wenn Erziehenkönnen eine menschliche Qualität ist, über die jemand verfügt oder eben auch nicht, dann kann man sie nicht durch Lernen und Üben aneignen. [...] es gibt ihn *wirklich*, den ‚geborenen Erzieher'." (Herrmann, 2002, S. 19)

Treffenderweise bezeichnet Herrmann (ebd.) diese Engführung auf die persönlichen Dispositionen von Lehrern selbst als langen Abschied und rückt die Frage danach, was genau Lehrer identifiziert bzw. wie sie eben solche werden, in den Mittelpunkt. Insgesamt handelt es sich nunmehr um einen eher pragmatischen und stärker evidenzbasierten Ansatz, bei dem es darauf ankommt, das „Ensemble relativ stabiler Dispositionen, die für das Handeln, den Erfolg und das Befinden im Lehrerberuf bedeutsam sind" (Mayr & Neuweg, 2006, S. 183) zu markieren. Solche persönlichen Dispositionen werden als eine Variable professionellen Lehrerhandelns angesehen (vgl. auch Baumert & Kunter, 2006).

In Anlehnung an die Vorarbeiten von Goldberg (1981) und Costa und McCrae (1985) werden auch die *Big Five* auf das Lehrerhandeln angewandt. So stellt Mayr in einer Längsschnittuntersuchung (1994–2005) per Pfadanalyse die Beziehung zwischen den *Big Five* (gemessen durch das Fünf-Faktoren-Modell), den Lernwegen im Beruf (Information, Übung, Erfahrung, Kollegen) und der Kompetenz in verschiedenen unterrichtsrelevanten Tätigkeiten (Kontrollieren und Beurteilen, Eingehen auf spezielle Bedürfnisse, Soziale Beziehungen fördern, Unterricht gestalten, Kooperieren mit Eltern/Kollegen) dar. Hierbei zeigt sich, dass „personale Merkmale Einfluss auf die berufliche Kompetenz nehmen, meist indirekt über ihre Wirkung auf Kompetenz fördernde Lernprozesse, teilweise aber auch direkt" (Mayr, 2010, S. 81).

Insbesondere den Persönlichkeitsmerkmalen Extraversion, Gewissenhaftigkeit und Offenheit kann in diesem Kontext eine zentrale Rolle zugewiesen werden. Demgegenüber wird Introversion als Risikofaktor „für ertragreiches Lernen und in weiterer Folge für die Unterrichtskompetenz" (Mayr, 2007b, S. 164) gesehen. Angemerkt werden muss zudem, dass eine weitere Pfadanalyse mit dem Prädiktor Interessen bezüglich der Höhe der Varianzaufklärung der Pfadanalyse des Prädiktors Persönlichkeitsmerkmale unterlegen ist (vgl. Mayr,

2010, S. 80ff.). In Bezug auf den Einsatz des Fünf-Faktoren-Modells hält Mayr (2011, S. 130) fest: „Die Facetten erlauben demnach eine differenzierte Aussage darüber, welche Aspekte den Effekt ausmachen, der sich in den breiten Faktoren nur in gemittelter Form niederschlägt." Die Quintessenz liegt also darin, dass eher enge Persönlichkeitsfaktoren wie die Facetten des Fünf-Faktoren-Modells Korrelationen zu weiteren Prädiktoren (z.b. Lernwege im Beruf) des Lehrerhandelns erklären, jedoch häufig unter der Signifikanzschwelle verbleiben. Demgegenüber korrelieren die weiten Faktoren des Fünf-Faktoren-Modells geringer mit anderen Prädiktoren, werden jedoch in aller Regel signifikant. Daraus leitet Mayr ab, dass Forschungen die Faktoren aufschlüsseln sollten, um einen forschungszieladäquaten Abstraktionsgrad auswählen zu können (Mayr, 2011, S. 129/130).

Weitere Untersuchungen betrachten den Zusammenhang persönlicher Dispositionen mit weiteren berufsrelevanten Faktoren, wofür auch Mayr (ebd., S. 127) argumentiert: „Dieses eröffnet eine relativ gute Möglichkeit, andere Konzepte einzubinden – etwa wenn es um die Frage der Genese der Eigenschaften geht [...]." So lassen sich anhand von Cluster- und Diskriminanzanalysen persönlicher Dispositionen, Motiven zur Studien- und Berufswahl sowie Selbsteinschätzungen des Studienverlaufs drei Gruppen von Lehramtsstudierenden beschreiben: riskant, engagiert bzw. pragmatisch Studierende. Hervorgehoben werden muss an dieser Stelle, dass die Risikostudierenden das Lehramtsstudium trotz Zweifel hinsichtlich der beruflichen Eignung wählen und bezüglich ihrer Selbsteinschätzungen über den Studienverlauf (zwischen 1998 und 2003) ungünstigere Werte angeben. Darüber hinaus lässt sich festhalten, dass genau diese Studierenden deutlich häufiger an Burnoutsymptomen leiden (Rauin, 2007, S. 61-64; Rauin & Meier, 2007, S. 119ff.). So resümiert Rauin (2007, S. 64) dann auch: „In jedem Fall sollten Instrumente und Prozeduren entwickelt werden, mit deren Hilfe berufliche Eignung und Fähigkeiten besser feststellbar sind [...]." Eine vergleichbare Passungsproblematik zwischen Persönlichkeitsmerkmalen und beruflichen Anforderungen, welche sich negativ auf die Berufsausübung auswirkt, bestätigt auch Schröder (2006). Die Potsdamer Lehrerstudie (Schubarth, Speck & Seidel, 2007) konstatiert ebenfalls diesen Umstand, ergänzt jedoch einen Vergleich der beruflichen Belastung unter Zuhilfenahme des Instruments AVEM (Schaarschmidt & Fischer, 2008) mit weiteren Berufen. Demnach weisen Lehrer häufiger riskante persönliche Merkmalsausprägungen auf als die Vergleichsgruppen. Rothland (2009, S. 117/118) merkt an, dass lediglich bedingt vergleichbare Berufsgruppen in die Betrachtung einbezogen wurden.

Insgesamt kann festgehalten werden, dass persönliche Dispositionen im Sinne des Persönlichkeits- bzw. Eigenschafts-Paradigmas eine bedeutende Facette des Persönlichkeitsansatzes darstellen (vgl. Baumert & Kunter, 2006; Mayr, 2011). Hierbei ist anzumerken, dass neben den beschriebenen Forschungen zu Persönlichkeitseigenschaften von Lehrern kaum weitere relevante Faktoren berücksichtigt bzw. in solche Forschungsvorhaben integriert werden, daher droht eine Engführung: „Solche auf personenbezogene Merkmale der Lehrkräfte konzentrierte Forschungsbemühungen sind [...] auf einem Auge blind: Da unter Anwendung von persönlichkeitsdiagnostischen Instrumentarien keine arbeits-, situations- bzw. allgemein bedingungsbezogenen Merkmale erfasst werden können, steht bislang der empirische Nachweis dafür aus, dass es [...] *primär* persönlichkeitsbezogene Faktoren wie die riskanten arbeitsbezogenen Verhaltens- und Erlebensmuster sind [...] die im Lehrerberuf zu hohen negativen Beanspruchungen ggf. mit gesundheitlichen Folgen führen." (Rothland & Terhart, 2010, S. 803/804)

So sollten zukünftig auch strukturelle und berufsspezifische Merkmale des Arbeitsplatzes und des beruflichen Handelns neben den persönlichen Dispositionen berücksichtigt werden (vgl. Oesterreich, 2008; Rothland, 2009).

Werden diese Annahmen und Erkenntnisse auf die Lehrerbildung übertragen, lassen sich drei Handlungsoptionen formulieren: Es kann die Absicht der Lehrerbildung sein, an der Persönlichkeit Einzelner anzusetzen und diese zu verändern (1). Dabei wird davon ausgegangen, dass Lehramtsstudierende und auch Lehrer zur persönlichen Weiterentwicklung animiert werden, z.B. durch Coachings (Braunisch & Brenken, 2012), und sich dadurch weiterentwickeln. Des Weiteren besteht die Möglichkeit, über einen Abgleich des persönlichen Potenzials mit den beruflichen Anforderungen im Vorfeld eine begründete Studienauswahl zu treffen (2). Hierfür wäre ein Eignungstest[4] denkbar, sodass die Gefahr der Passungsproblematik verringert werden kann. Zuletzt bleibt die Option des Akzeptierens persönlicher Stärken und Schwächen (3). Sind diese bekannt, können Studierende und Lehrende an den jeweils relevanten Stellen unterstützt werden (vgl. Mayr, 2011; Mayr & Neuweg, 2006).

---

4   Erste Ansätze diesbezüglich sind in Nordrhein-Westfalen in Form des verbindlichen sogenannten Eignungspraktikums (LZV, 2009, § 9) bereits zu erkennen.

2.3.2 Experten-Paradigma

Als weiteres psychologisches Konzept zur Lehrerforschung muss das Experten-Paradigma genannt werden. Es bedient sich der Erkenntnisse der kognitions-psychologischen Expertiseforschung, welche Experten ein spezifisches Wissen über ausgewählte Sachverhalte unterstellt. In der kognitionsorientierten Expertiseforschung werden drei Expertiseansätze unterschieden, der wissensorientierte (1), der fähigkeitsorientierte (2) sowie der leistungsorientierte (3) Ansatz:

(1) „Expertenwissen wird in der Kognitionspsychologie als ‚Expertise' bezeichnet." (Zimbardo, 1995, S. 382)

(2) „‚Expertise' may be defined as the ability of some individuals to perform at levels vastly superior to the majority." (Gobet, 2001, S. 1663)

(3) „‚Expertise' denotes the outstanding performance of an individual in a particular domain [...] ‚Experts' thus are persons who, by objective standards and over time, consistently show superior performance in typical activities of a domain." (Gruber, 2001, S. 5146)

Diese Vielfalt kann nicht darüber hinweg täuschen, dass ein Konsens zur Expertisetheorie nicht vorhanden ist (vgl. Ericsson & Smith, 1991; Gruber, 1994). Insgesamt werden jedoch den „*leistungsorientierten* und den *wissensorientierten*" (Krauss, 2011, S. 174) Ansätzen die größte Bedeutung zugeschrieben. Lediglich diese beiden wurden auf das Lehrerhandeln transferiert.

Der leistungsorientierte Expertiseansatz beschreibt mit Gruber (2001) das dauerhafte Erbringen von Höchstleistung. Man nimmt an, dass dieses Expertenwissen dazu führt, „beim Problemlösen *konstant hervorragende Leistungen*" (Krauss, 2011, S. 175) zu erbringen. Der Ursprung dieses Expertenwissens wurde in Untersuchungen zu Problemlösestrategien gelegt, zumeist in Forschungen zu Schachspielern. Die Leistungen von Schachmeistern wurden mit dem Ergebnis untersucht, dass diese nicht über grundsätzlich bessere Gedächtnisleistungen oder eine höhere Intelligenz verfügen, sondern vielmehr über das entsprechende Expertenwissen im Sinne eines besseren Vorwissens und größerer Erfahrung. Oder mit Minsky und Papert (1974, S. 59) formuliert: „A very intelligent person might be that way because of specific local features of his knowledge-organizing knowledge rather than because of global qualities of his ‚thinking'." Diese Annahmen unterstreichen auch Glaser und Chi (1988, S. 17), da sie davon ausgehen, Expertenwissen „reflects an organization of the knowledge base." „Dabei geht es nicht so sehr um quantitative Unterschiede im Sinne von ‚Experten wissen mehr', sondern um qualitative, was den Inhalt und die Organisation des Wissens betrifft" (Bromme & Haag, 2008, S. 806).

Als bis heute prominent und abgesichert gelten z.b. die Elo-Ratingzahlen (Elo, 1986), welche es ermöglichen, zwischen Experten und Nicht-Experten zu differenzieren. Hierzu merkt Gruber (1994, S. 172) für Schachexperten an, „sie stellten durchaus bisweilen ‚Novizenfragen', wenn sie ihnen dienlich waren. Experten gingen also nicht grundsätzlich anders vor als Novizen, sondern sie gingen auch anders vor." Die in solchen Untersuchungen erzielten Erkenntnisse wurden in weitere Bereiche übertragen, was nach mehreren Jahrzehnten Forschungsarbeit zu folgenden Erkenntnissen, manifestiert im Experten-Novizen-Paradigma, führte (vgl. Tab. 2).

Tabelle 2:   Merkmale des Experten-Novizen-Paradigmas (adaptiert aus Reimann, 1998, S. 325ff.).

Merkmal	Beispiel
Problemlösen	Experten arbeiten schneller und genauer
Strategieunterschiede	Experten favorisieren eine Breitensuche im Gegensatz zur Tiefensuche der Novizen
Repräsentation	Wissen und Konzepte sind bei Experten besser miteinander verknüpft als bei Novizen
Metakognition	Ressourcen werden von Experten effektiver eingeteilt
Wahrnehmung	Experten erkennen umfassende bedeutungshaltige Muster

Darüber hinaus kann als Konsens festgehalten werden, dass Expertenwissen lediglich in klar konturierten bzw. definierten Domänen bzw. Fachgebieten vorliegt. Jenes Expertenwissen ist lediglich in der jeweiligen Domäne wirksam, ein Transfer dieses Wissens auf weitere Domänen konnte nicht nachgewiesen werden (Chi, Glaser & Farr, 1988; Ericsson & Smith, 1991; Gruber, 1994; Minsky & Papert, 1974; Reimann, 1998). Der leistungsorientierte Expertiseansatz erklärt bzw. rekonstruiert das Expertenwissen aus dem domänenspezifischen Wissen und lässt hierdurch eine Unterscheidung von Experten und Nicht-Experten im Rahmen des Experten-Novizen-Paradigmas zu. Da dieser Ansatz auf klar konturierte Domänen angewiesen ist, lässt er sich nur schwer auf das Lehrerhandeln übertragen:

„Dabei steht Lehrerhandeln unter doppelter Unsicherheit. Einmal ist Unterricht nur begrenzt planbar. Die interaktive Struktur des Unterrichts und die Unvorhersehbarkeit des aktuellen Verhaltens von Schülerinnen und Schülern machen den Unterrichtsdiskurs und die Gestalt des Lehrangebots auch bei sorgfältiger Vorbereitung situationsabhängig. Zum anderen gibt es auch für die Ergebnisse des Unterrichts, also die Lernerfolge der Schülerinnen und Schüler keine Garantie." (Baumert & Kunter, 2011a, S. 30)

Demgegenüber beschreibt der wissensorientierte Expertiseansatz nach Zimbardo (1995) das Vorhandensein eines bestimmten Wissens, in diesem Sinne das Expertenwissen in der jeweiligen Domäne. Explizit werden jene Domänen mit eingeschlossen, die schlecht definiert sind, was bedeutet, dass ein eindeutiges Leistungskriterium nur schwer zu beschreiben ist. Im Kern handelt es sich bei diesem Ansatz weniger um ein leistungsperformatives Verständnis von Expertenwissen. Vielmehr wird davon ausgegangen, dass man zur Ausübung einer Expertentätigkeit viel Wissen benötigt, aber auch passende Kontextvariablen zu berücksichtigen hat (Gruber, 1994, S. 9). Dieses Verständnis greift auf die Tradition der Arbeitspsychologie zurück, welche in diesem Kontext die Summe aus Personen- (hier: Wissen) und Kontextvariablen (hier: Lehrer-Schüler) als zentral herausstellt (Kanfer, 1990; Rowan, Chiang & Miller, 1997). So wird z.B. ein Rechtsanwalt als ein Experte im Gebiet der Rechtssprechung angesehen. Dabei wird angenommen, dass entsprechendes Expertenwissen vorhanden ist, aber nicht immer im Sinne einer Höchstleistung eingesetzt wird bzw. werden kann. An dieser Stelle ist der Unterschied zum leistungsorientierten Ansatz durch den Einschluss auch unklarer Domänen sowie das nicht vorhandene andauernde Höchstleisten begründet (vgl. Chi et al., 1988; Gruber, 1994). Krauss (2011, S. 177) hält hierzu fest:

„In schlecht definierten Domänen dagegen sieht sich der ‚Experte' in der Regel mit komplexen Aufgaben konfrontiert, die aus vielen kleinen Teilproblemen bestehen, für die es oft keine eindeutigen Lösungen gibt. Im wissensorientierten Ansatz wird demzufolge derjenige als Experte bezeichnet, der eine spezialisierte Aufgabe [...] erfolgreich bewältigt. Das hierzu benötigte spezifische Wissen *(Expertenwissen)* wird dabei gelegentlich sogar mit dem Begriff *Expertise* gleichgesetzt."[5]

---

5   Wie aus der Definition von Zimbardo (1995) deutlich hervorgeht.

Übertragen auf das obige Beispiel des Rechtsanwaltes bedeutet das, dass die komplexe Aufgabe z.b. in der Pflichtverteidigung eines mehrfach Vorbestraften liegt. Komplex ist die Aufgabe insofern, als dass hier möglicherweise juristische (welche Beweise liegen vor, welche sollten vorliegen?), moralische (macht eine Maximalforderung zu Gunsten des zu Verteidigenden überhaupt Sinn?), aber auch weitere Faktoren (ist der Richter bekannt für Urteile in bestimmte Richtungen?) zusammenspielen. Über dem Ganzen schwebt zudem die Problematik der unklaren Domäne. Denn was kann in einem solchen Fall als eindeutiges Bewältigungs- bzw. Leistungskriterium gefasst werden? Ein Freispruch? Eine möglichst geringe Strafe, vielleicht auf Bewährung? Oder doch eine lange Strafe aufgrund der Wiederholungsgefahr? Weitere Konstellationen sind denkbar. Somit ist ersichtlich, dass der wissensorientierte Expertiseansatz von den Anforderungen einer Domäne bzw. Profession her den Experten bzw. sein Expertenwissen definiert. Hiernach sind die sachlichen Gegebenheiten, beruflichen Zielsetzungen und Rahmenbedingungen der Problembearbeitung von Bedeutung (vgl. Chi et al., 1988; Gruber, 1994; Krauss, 2011; Kunter et al., 2011).

Es stellt sich nunmehr die Frage danach, in welcher Form diese beiden Expertiseansätze auf das Lehrerhandeln übertragen werden können. Aus heutiger Sichtweise ist es erwähnenswert, dass zuerst der leistungsorientierte Expertiseansatz auf den Lehrerberuf übertragen wurde, obschon das Lehrerhandeln keine eindeutig definierbare Domäne darstellt und auch nicht zwingend von permanent notwendiger Höchstleistung auszugehen ist (vgl. Baumert & Kunter, 2011a). Trotzdem wurde zunächst das Experten-Novizen-Paradigma des leistungsorientierten Expertiseansatzes verfolgt, um Novizen- von Expertenlehrern zu unterscheiden. Für das Lehrerhandeln wird hiernach ebenso davon ausgegangen, dass kognitive Aspekte wie z.B. Wissen, Fertigkeiten und Erfahrungen Experten von Novizen im Sinne von z.B. Berufsanfängern unterscheiden. Die Erkenntnisse des leistungsorientierten Expertiseansatzes konnten diesbezüglich zu großen Teilen repliziert werden (Leinhardt & Greeno, 1986; Palmer, Stough, Burdenski & Gonzales, 2005). Entscheidend hierbei ist jedoch, dass diese kognitiven Aspekte in einem komplexen systematischen Zusammenhang stehen. So kann festgehalten werden, dass Experten mehr wissen und dass vor allen Dingen dieses Wissen anders strukturiert ist als jenes der Novizen. Es handelt sich insbesondere um ein gut organisiertes Wissen in speziellen Domänen bzw. einem Expertisegebiet (Berliner, 2001; Berliner & Carter, 1989; Bromme, 2001, 2004, 2008; Palmer et al., 2005). Berliner (2001, S. 472) fasst für Expertenlehrer zusammen:

„Expert teachers excel mainly in their own domain and in particular contexts;

expert teachers develop automaticity for the repetitive operations that are needed to accomplish their goals;

expert teachers are more opportunistic and flexible in their teaching than are novices;

expert teachers are more sensitive to the task demands and social situations surrounding them when solving problems;

expert teachers represent problems in qualitatively different ways than do novices;

expert teachers have faster and more accurate patterns in the domain in which they are experienced; and

expert teachers may begin to solve problems slower, but they bring richer and more personal sources of information to bear on the problems that they are trying to solve."

Insbesondere die aus der kognitionspsychologischen Expertiseforschung bekannten Merkmale Wahrnehmen, Metakognition und Repräsentation des Expertenwissens (s. Tab. 2) führen zu einer effizienteren Problemlösung der Expertenlehrer gegenüber den Novizen. Insgesamt zeigt sich jedoch auch, dass es problematisch ist, Lehrerexperten zu bestimmen. Denn wie können diese Leistungsparameter eindeutig bestimmt werden? Da in diesem Zusammenhang mehrheitlich Ausbildungsstand, Berufserfolg, Beurteilungen durch Kollegen und Schüler, gemessene Schülerleistungen und Dauer der Berufsausübung herangezogen werden, müssen solche Leistungsparameter oder auch Leistungskriterien als begrenzt valide bewertet werden (Bromme, 1992, S. 46; ähnlich auch zu finden in Palmer et al., 2005; Berliner & Carter, 1989). Sie, die Kriterien, isoliert zu betrachten, kann auch nur eine begrenzte Aussagekraft haben, entspringen sie doch einem äußerst komplexen Gefüge, dem Lehrerhandeln. Um zu verdeutlichen, dass hier häufig weitere Kriterien wie z.B. die Instruktionsfähigkeit von Lehrern – um nur eines zu nennen – eine entscheidende Rolle spielen kann, sei auf Popham (1997, S. 264) verwiesen:

„Well, for my entire career, I have been almost neurotically fascinated by the possibility of evaluating teachers on the basis of whether they were able to promote student learning. Moth-like, I have been tantalized by the appeal of student learning as the chief criterion for determining an instructors competence."

Weiterhin kann die geringe Validität solcher Kriterien an der Berufserfahrung verdeutlicht werden. So müsste nach diesem Ansatz ein Zusammenhang zwischen den Berufsjahren und der Qualität des Unterrichts bzw. der Lernleistungen der Schüler bestehen, welcher sich jedoch nicht zeigen lässt. „Zusammenfassend kann festgehalten werden, dass die Berufserfahrung von Lehrern für den Lernerfolg der Schüler eine eher untergeordnete Rolle spielt und [...] zudem schwer zu interpretieren ist" (Lipowsky, 2006, S. 54; vergleichbar auch in Bromme & Haag, 2008; Krauss, 2011; Reinisch, 2009). Somit wird deutlich, dass der leistungsorientierte Expertiseansatz für die uneindeutige Domäne Lehrerhandeln eher ungeeignet ist. Denn aus dieser Perspektive lassen sich Experten schwerlich von Novizen unterscheiden, ein valides Beurteilungskriterium hierfür liegt kaum vor.

Der wissensorientierte Expertiseansatz geht demgegenüber anders vor. Es wird im Sinne der Arbeitspsychologie versucht, die beruflichen Anforderungen des Lehrerhandelns zu bestimmen: „Dabei steht nicht mehr der ‚Grad des Erfolgs' im Vordergrund, sondern vielmehr die Annahme, dass diese Kompetenzen weit über die von Laien hinausgehen und die Berufsausübung überhaupt erst ermöglichen" (Krauss, 2011, S. 181). Somit geht diesem Ansatz eine Anforderungsanalyse voraus, ebenso wird auch von der Notwendigkeit, Lehrerhandeln mit Dauerhöchstleistung gleich zu setzen, Abstand genommen. Vielmehr wird den inhaltlichen Wissensfacetten, welche aus der Anforderungsanalyse hervorgehen, die zentrale Bedeutung zugeschrieben (Baumert & Kunter, 2006; Bromme, 1992). So sollte sich das Expertenwissen der Domäne Lehrerhandeln als „das Wissen und Können für die Gestaltung von Lerngelegenheiten" (Bromme, 1997, S. 186) zeigen.

Für die Lehrerbildung stellt sich hiernach die Frage, wie solche Experten zu Experten werden. Das heißt, es geht um die Frage der Expertisegenerierung. Grundsätzlich wird angenommen, dass es sich um ein Entwicklungsprodukt handelt, welches durch die Lehrerbildung einerseits und Handlungswissen aus der Berufspraxis andererseits zustande kommt (vgl. Baumert & Kunter, 2006; Krauss, 2011; Shulman, 1987). Dieses kann durch Erkenntnisse aus der kognitionspsychologischen Expertiseforschung teilweise gestützt werden. So wird davon ausgegangen, dass Expertise in bestimmten Domänen nicht nur durch wiederholtes Ausüben der domänenspezifischen Tätigkeit erlangt bzw. verbessert wird. Vielmehr bedarf es systematischer und reflektierter Ausübung der domänenspezifischen Tätigkeit über einen langen Zeitraum hinweg. Dabei sollte die Konzentration auf eigene Schwächen mit dem Ziel im Mittelpunkt stehen, diese konsequent zu optimieren. Als unterstützende Faktoren wirken dabei das Feedback anderer Experten, Coachings und Vorbilder. Mit zunehmender Expertise gewinnen auch selbstregulative Prozesse an Bedeutung (Baumert & Kunter, 2006; Bromme, 2008; Ericsson, Krampe & Tesch-Römer, 1993; Gruber, 2001).

In Anlehnung an diese Erkenntnisse sind kategoriale Modelle zur Einstufung in Novizen und Experten vorgenommen worden. So unterscheidet z.b. Bromme (1992, S. 93) in „postulant, journeyman, postnovice" oder Dreyfus und Dreyfus (1986, S. 50) in „novice, advanced beginner, competent performer, proficient performer, expert performer". Diese Abstufungen konnten jedoch bislang empirisch nicht belegt werden. Fraglich bleibt zudem, ob sie „zum Zwecke der Lehrerausbildung nicht zumindest einer höheren analytischen Ausdifferenzierung von Teilprozessen bedürften" (Baumert & Kunter, 2006, S. 506; ähnlich auch in Gruber, 2001).

2.4   Verständnis von Lehrerforschung in der vorliegenden Arbeit

Alle im Vorfeld skizzierten Zugänge eignen sich zur Beschreibung von Lehrerbildung und Lehrerhandeln. Es ist jedoch ersichtlich, dass sie verschiedene Stärken und Schwächen aufweisen. Vor dem Hintergrund, die Lehrerbildung bezüglich der Generierung von Kompetenzen zu überprüfen und daraus mögliche Konsequenzen abzuleiten, muss jedoch eine begründete Auswahl geschehen.

Die Aktionsforschung orientiert sich tendenziell an ähnlichen Bezugspunkten wie die ebenfalls beschriebene kulturtheoretische Perspektive. Der Unterschied besteht jedoch darin, dass hinter ihr keine theoretische Bezugsfolie liegt. Handelt es sich bei der kulturtheoretischen Perspektive noch um einen eher soziologischen Bezugspunkt, kommt die Aktionsforschung ohne einen solchen aus. Vielmehr erforschen Lehrer selbst ihre täglichen Handlungen. Dadurch werden sie Forschungsakteure und Forschungsgegenstand in Personalunion. Die gewonnenen Erkenntnisse können auf die Lehrerbildung transferiert werden, wie das Vorhandensein entsprechend konzipierter Lehrangebote zeigt (z.b. Altrichter & Mayr, 2004; Feindt, 2007). Eine Überprüfung der Lehrerbildung bzw. von zu generierenden Kompetenzen auf dieser Grundlage, ohne jeglichen theoretischen Bezugspunkt, scheint schwer realisierbar und scheidet daher für das fokussierte Anliegen aus.

Als weitere Forschungszugänge kommen der strukturtheoretische Professionsansatz (ausgehend von Oevermann, 1996) sowie die kulturtheoretische Perspektive (u.a. Bennewitz, 2011; Herzog, 1999) zum Lehrerberuf in Frage. Diese beiden eher soziologisch begründeten Forschungsparadigmen betonen die Rekonstruktion des Lehrerhandelns aus dem Einzelfall. Hieraus erwächst eine enorme Vielfalt an möglichen Konstellationen des Lehrerhandelns, betrachtet als idealtypische Rekonstruktionen aus der beobachteten Praxis. Transferiert auf die Lehrerbildung wird dann auch konsequenterweise eine stärkere kasuistische Ausrichtung für beide Paradigmen gefordert. Die Rekonstruktion des Lehrerhandelns anhand von Einzelfällen erschwert es jedoch in diesem Kontext allgemeine Aussagen über die Funktionsweise der Lehrerbildung zu treffen. Das von Combe (2005) beschriebene diffuse Bild des strukturtheoretischen Professionsansatzes schlägt auf die Lehrerbildung durch, welche hiernach schwer steuerbar erscheint, weswegen dieser Ansatz verworfen wird.

Ähnliches zeigt sich auch für die von Reckwitz (2008) als Praxistheorie beschriebene kulturtheoretische Perspektive. Die ethnographisch im Feld konstruierten Erkenntnisse lassen sich zwar durch die gewonnenen Berufskulturen in die Lehrerbildung zurückspiegeln. Ein Manko bleibt jedoch auch hier die Fokussierung auf kontextuell gebundene Einzelfälle. „Ein Bezug auf Fragen konkreter Kompetenzerfassung und -beurteilung ist nicht zu erkennen und wohl auch nicht intendiert, weil Unbestimmtheit und Unbestimmbarkeit der Erfolgskriterien als bedeutende Charakteristika des Lehrerhandelns diskutiert werden" (Rothland & Terhart, 2010, S. 802). Eine allgemeine Überprüfung der Lehrerbildung auf dieser Grundlage wird aufgrund der Vielzahl an anzunehmenden Kontexten und Situationen in kulturellen Praktiken von Lehrern verworfen. Als weiteres ausschließendes Kriterium für beide Forschungsansätze kann ihr charakteristischer Fokus gelten. Hier werden weniger die jeweiligen Lehrpersonen als Individuen betrachtet, sondern vielmehr die strukturellen Bedingungen des Lehrerhandelns fokussiert (vgl. Bennewitz, 2011; Helsper, 2011; Tillmann, 2011).

Schließlich bleiben noch die beiden psychologischen Lehrerforschungskonzepte, das Persönlichkeits-Paradigma auf der einen und das Experten-Paradigma auf der anderen Seite. Beide wirken in der Art zusammen, als dass sie miteinander kombiniert Aussagen zum Kompetenzerwerb in der Lehrerbildung treffen können. Zum einen kann über das Experten-Paradigma eruiert werden, inwiefern es sich um die gewünschten Kompetenzen handelt. Anders herum gewendet: Liegen diese Kompetenzen nun auf Experten- oder anderem Niveau vor oder nicht? Zum anderen ermöglicht das Persönlichkeits-Paradigma Aussagen über den Kompetenzerwerb zu tätigen und zwar in Abhängigkeit von persönlichen Dispositionen, so z.B., ob bestimmte persönliche Dispositionen den Kompetenzerwerb beeinflussen? Oder anders herum gewendet: Liegen geeignete Maßnahmen vor, um positiv auf die Kompetenzgenerierung Einfluss zu nehmen? Ihr ausgearbeitetes theoretisches Fundament lässt weitere An- und Rückschlüsse zu, was deutlich hervorgehoben werden muss. Mit Neuweg (2011, S. 471) formuliert, wird es von Bedeutung sein, „dass die Forschung zum Lehrerberuf berufserfolgs- und berufszufriedenheitskritisches Wissen *und* berufserfolgs- und berufszufriedenheitskritische, relativ stabile Persönlichkeitsmerkmale gleichermaßen im Auge behält." So kann in diesem Kontext auf weitere Testinstrumente, z.B. auf das Fünf-Faktoren-Modell, zurückgegriffen werden, was weitere Analyse- und Interpretationsoptionen eröffnet.

Zwar liegt auch bei diesen beiden Forschungsparadigmen, wie bereits eingangs anhand der übrigen Forschungskonzepte erwähnt, eine Kontext- bzw. Situationsspezifik vor. Nichtsdestotrotz scheinen sie geeignet zu sein, zum Erkenntnisstand entsprechender Kompetenzen beitragen zu können, weswegen angenommen wird, dass sich die Lehrerforschung zukünftig stark daran orientieren wird (Tillmann, 2011, S. 236). Sie sind, so Terhart und Rothland (2010, S. 802), „für Fragen der Kompetenz und Kompetenzerfassung weitaus ergiebiger, da es um kompetentes Lehrerhandeln geht sowie um den Zusammenhang von erfolgreichem Lehrerhandeln und dem Lernen der Schüler."

Die vorliegende Arbeit folgt diesen Empfehlungen und favorisiert den zuletzt beschriebenen Forschungszugang aus den genannten Gründen gegenüber den vorherigen. Daher wird der zentrale Gegenstand der vorliegenden Arbeit, die Kompetenzen von Lehrern, im folgenden Kapitel aus dieser Forschungsperspektive unter verschiedenen Gesichtspunkten beleuchtet.

3 Kompetenzen von Lehrern: Anspruch, Theorie und Forschung

Nachdem die favorisierte Forschungsperspektive begründet wurde, erfolgt die Hinwendung zum zentralen Gegenstand der vorliegenden Arbeit, den Kompetenzen von Lehrern. Bevor jedoch hierauf differenziert eingegangen wird, geschieht im Sinne einer ersten Annäherung eine allgemeine Kontextualisierung von Kompetenzen im Bildungssystem (Kap. 3.1), dem der Lehrer als Akteur zugerechnet wird. Jenes Kapitel legt den Anspruch und die zentrale Bedeutung des Kompetenzbegriffs dar und veranschaulicht, dass eine hohe Bedeutungszuschreibung bei gleichzeitig inflationärer Begriffsnutzung zu unscharfen Konturen führt: „One could even refer to a conceptual 'inflation', where the lack of a precise definition is accompanied by considerable surplus meanings" (Weinert, 2001, S. 45).

Daher erscheint es im nächsten Schritt geboten, den Kompetenzbegriff inhaltlich zu bestimmen (Kap. 3.2). Für diesen Kontext werden drei Begriffsführungen erläutert: die der Erziehungswissenschaft (Kap. 3.2.1), die der Psychologie (Kap. 3.2.2) und die der empirischen Bildungsforschung (Kap. 3.2.3).

Auf dieser Grundlage soll schließlich ein Bestimmungsversuch von Lehrerkompetenzen vorgenommen werden (Kap. 3.2.4), der beansprucht, die mehrdimensionale Profession Lehrer in einem Kompetenzmodell abzubilden (Kap. 3.3). Anschließend werden die einzelnen Dimensionen des Kompetenzmodells beschrieben (Kap. 3.3.1 und 3.3.2). Kapitel 3.3.3 fasst Merkmale des Modells professioneller Handlungskompetenz von Lehrern zusammen und reflektiert diese für das Anliegen der vorliegenden Arbeit.

Es folgt die Erläuterung, wie so verstandene Kompetenzen von Lehrern entwickelt werden können, womit gleichermaßen auf einzelne Phasen der Lehrerbildung Bezug genommen wird (Kap. 3.5). Um die dort formulierten Annahmen zur Kompetenzentwicklung nachvollziehen zu können, werden entsprechende Verfahren zur Kompetenzerfassung vorgestellt (Kap. 3.6). Schließlich werden ausgewählte empirische Erkenntnisse zu den in dieser Arbeit fokussierten fachübergreifenden Kompetenzen selbst (Kap. 3.7) und deren Beziehungen zu weiteren Aspekten (Kap. 3.8) – aus internationaler wie nationaler Perspektive – beschrieben. Das Kapitel schließt mit Folgerungen für die empirische Lehrerbildungsforschung und der Konkretisierung von den in dieser Arbeit fokussierten Zielen (Kap. 3.9).

3.1 Kontextualisierung von Kompetenzen im Bildungssystem

Die aktuelle Bedeutung von Kompetenzen fußt auf den Ergebnissen internationaler und nationaler Leistungsvergleichsstudien wie z.b. PISA oder TIMSS:

> „Das schlechte Abschneiden deutscher Schüler innerhalb internationaler und nationaler Vergleichsstudien hat die Diskussion über die Qualität des Schulsystems und der Lehrerbildung in Deutschland weiter verschärft" (Frey, 2004, S. 903).

Dies wurde als Beleg dafür gewertet, dass die bisherige Steuerung des Bildungssystems ihrem Anspruch, der Förderung relevanter Bildungsprozesse von Schülern, aus verschiedenen Gründen nicht umfassend genug gerecht werden kann. Es erfolgte die Umgestaltung hin zu einer Outputsteuerung, bei der Bildungsprozesse von ihren Ergebnissen her gesteuert werden sollen. D.h., dass die Bildungsziele bzw. der Output eines Unterrichtsfaches für bestimmte Schulstufen vorab beschrieben und ihre Zielerreichung überprüft wird. (vgl. Altrichter & Maag-Merki, 2010; Fend, 2008b; Oelkers, 2003; Oelkers & Reusser, 2008): „Damit wird eine Beziehung zwischen der Systemsteuerung und den Erträgen des Bildungswesens im Sinne der Leistungsergebnisse postuliert" (Fend, 2008c, S. 101).

Konkret manifestiert sich diese Umgestaltung in der Einführung von Bildungsstandards (Klieme et al., 2003; KMK, 2005). Standards fungieren hierbei als Zielgröße schulischer Bildung. Um jedoch, wie gefordert, den Output beziffern zu können, sind Kompetenzen unabdingbar:

> „Bildungsstandards [...] können als Instrumente einer Output-Steuerung im Bildungssystem nur wirksam werden, wenn sie auf konkrete Aufgaben bzw. Testitems heruntergebrochen werden, die reliabel und valide die formulierten Kompetenzerwartungen erfassen" (Köller, 2007, S. 20).

Somit stellen Kompetenzen gewissermaßen das operationalisierte Äquivalent von (eher abstrakten) Standardformulierungen dar. Dem Kompetenzbegriff wird daher zugeschrieben, durch Standards formulierte Bildungsziele messen und beziffern zu können. Sie stellen einen Indikator der zur erreichenden Qualität dar. Hierdurch wird die Debatte um die Qualität des Bildungssystems „nicht mehr ausschließlich normativ und von subjektiven Erfahrungen geleitet, sondern vermehrt evidenzbasiert [...]" (Halbheer & Reusser, 2008, S. 257). Diese

Evidenz „soll primär der Qualitätsverbesserung des (deutschen) Bildungssystems dienen", so Heid (2007, S. 33).

In Analogie hierzu ist auch die Lehrerbildung in die Begriffsführung der Outputsteuerung übersetzt worden, stellt sie doch eine entscheidende Kontextvariable des Bildungsprozesses dar (Oelkers & Reusser, 2008, S. 17). Die Standardisierung und Kompetenzorientierung der Lehrerbildung (KMK, 2004a, 2004b, 2008)[6] kann daher als „Sekundärerscheinung" (Reiber, 2007, S. 164) der allgemeinen Bildungsstandards bezeichnet werden. Wie schon die Bildungsstandards stellen sie „einen Konsens der zu erreichenden Ziele" (Hascher, 2005b, S. 38) dar und bieten Orientierung und Vergleichbarkeit, was von Lehrern zur Bewältigung ihrer beruflichen Aufgaben gefordert wird: „Wenn klar ist, welche Kompetenzen für eine erfolgreiche Bewältigung des Lehrerseins hilfreich und nötig sind, dann ist auch eine Perspektive eröffnet, auf welche Ziele hin sich die Lehrerbildung zubewegen sollte" (Fend, 2008b, S. 335). Die Überprüfung jener Zielerreichung stellt in diesem Kontext die größte Herausforderung des wissenschaftlichen Diskurses dar (Frey & Jung, 2011, S. 543). Der geforderte Abgleich von Zielvorstellung und Zielerreichung ist somit gleichsam die „Achillesferse" und das größte Potenzial der Standardisierung der Lehrerbildung (Allemann-Ghionda & Terhart, 2006; Blömeke et al., 2004; Lüders & Wissinger, 2007; Terhart et al., 2011; Zlatkin-Troitschanskaia, Beck, Sembill, Nickolaus & Mulder, 2009).

Unabhängig davon, ob nun Schüler- oder Lehrerkompetenzen fokussiert werden, wird diesem „Wandel in der Grundphilosophie" (Klieme, 2004, S. 10) des Bildungssystems unterstellt, Bildungswirklichkeiten empirisch messen und hierdurch Verbesserungspotential indizieren zu können. Damit scheinen sie „zu einer Art Lebensretter für das deutsche Schulsystem zu werden" wie Tillmann (2007, S. 21) anmerkt. Neben vielen weiteren Kritikpunkten wird besonders die beliebige Verwendung des Kompetenzbegriffs angemahnt (z.B. Bellmann & Müller, 2011; Fend, 2008a; Halbheer & Reusser, 2008; Herzog, 2008a; 2008b; Koch, 2004). Dieser scheint in der aktuellen wissenschaftlichen Diskussion allgegenwärtig zu sein, wie Klieme und Hartig (2007) anhand einer Recherche in gängigen sozialwissenschaftlichen Literaturdatenbanken zeigen (s. Abb. 1).

---

6   Diese bezieht sich zudem ausschließlich auf die erste und zweite Phase der Lehrerbildung und fokussiert die große Anzahl der im Beruf stehenden und damit der dritten Lehrerbildungsphase zuzuordnenden Lehrer nicht (vgl. hierzu Terhart, 2006).

Dieser Umstand führt bisweilen dazu, dass der Kompetenzbegriff pejorativ als inhaltsleer, unspezifisch und allumfassend bezeichnet wird. Daher pointieren Geißler und Orthey (2002, S. 78), es „ist die zentrale Zukunftskompetenz, *Inkompetenz kompetent zu kompensieren*". Je nach Zugangsweise und Kontext werden theoretische, empirische und normative Bedeutungsgehalte miteinander vermischt (vgl. Müller-Ruckwitt, 2008; Sternberg & Grigorenko, 2003; Vonken, 2005; Weinert, 2001).

Im Folgenden soll daher gezeigt werden, was den Kompetenzbegriff aus verschiedenen für den Kontext dieser Arbeit relevanten Wissenschaftsdisziplinen inhaltlich determiniert (Kap. 3.2), bevor ein Bestimmungsversuch von Lehrerkompetenzen vorgenommen wird (Kap. 3.2.4).

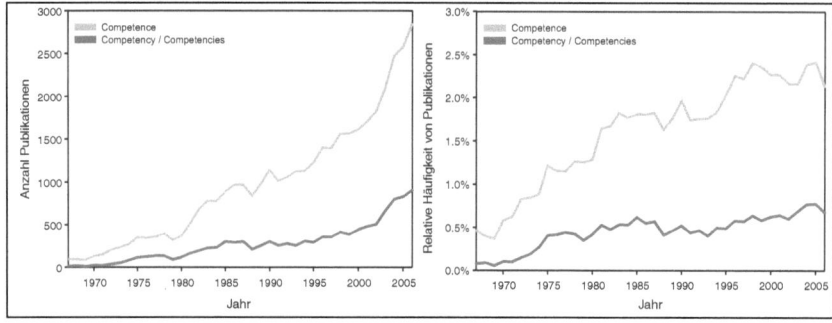

Abbildung 1:   Absolute (links) und relative (rechts) Häufigkeiten von Publikationen zu „Kompetenzen" in der psychologischen Literaturdatenbank PsychInfo (Klieme & Hartig, 2007, S. 13).

3.2   Zum Kompetenzbegriff

Orientiert man sich zuerst an der wortgeschichtlichen Determination des Kompetenzbegriffs, so lassen sich drei bis heute zentrale Bedeutungsmomente festhalten, und zwar der Moment der Zuständigkeit, der Befugnis und der Rechtmäßigkeit (Klieme & Hartig, 2007; Marquard, 1974; Müller-Ruckwitt, 2008). Dieser historisch, zuerst juristisch genutzte Terminus, geht auf die richterliche Befugnis zurück, über Recht und Unrecht zu urteilen. Abstrakter gesprochen steht das Moment der Zuständigkeit für ein beliebiges Referenzobjekt und verdeutlicht den relationalen Charakter des Kompetenzbegriffs. Hiernach sind Lehrer für ihre Schüler zuständig, diese wiederum stellen das Referenzobjekt für ihre Lehrpersonen dar. Bereits an dieser Stelle verdeutlicht sich, dass das

Zuständig-Sein (für etwas) immer auch eine Intention beinhaltet, die sich in der Frage „Kompetent wofür?" zusammenfassen lässt. Jene Zuständigkeit rechtfertigt sich nunmehr über das Vorhandensein individueller Fähigkeiten, die den zweiten Bedeutungsmoment darstellen. Ein Rechtsgelehrter oder Richter legitimiert seine Zuständigkeit über seine besondere Befähigung, die er aufgrund seines Amtes innehat. Über eine Sache zu urteilen, begründet sich somit durch eine entsprechende Befähigung. Neben der Zuständigkeit und Befähigung gilt die Bereitschaft als weiteres Bedeutungsmoment des Kompetenzbegriffs. So fordert die Umsetzung einer Kompetenz die Bereitschaft, die jeweilige Befähigung und Zuständigkeit auch einzusetzen. Eine Lehrperson fühlt sich demnach zuständig für eine Aufgabe, für die sie qua ihrer Fähigkeiten geeignet ist und sie ist bereit, diese zielorientiert einzusetzen. Diese Formel bildet wortgeschichtlich die Weite des Kompetenzbegriffs ab (vgl. Marquard, 1974, S. 341/342; Müller-Ruckwitt, 2008, S. 103-109). Diese drei Bedeutungsmomente haben auch die Begriffsführung der unterschiedlichsten Wissenschaftsdisziplinen geprägt. Ihre jeweiligen Ansätze wurden aber in den seltensten Fällen interdisziplinär miteinander verbunden.

Für diesen Kontext werden drei Begriffsführungen erläutert. Zunächst die der Erziehungswissenschaften (Kap. 3.2.1) und dann die der Psychologie (Kap. 3.2.2). Beide legen den Grundstein für ein Kompetenzverständnis im Sinne der empirischen Bildungsforschung (Hartig & Klieme, 2006, S. 130; s. auch Kap. 3.2.3). Der Zugang der Geistes- und Sozialwissenschaften wird für diesen Kontext verworfen. Das liegt darin begründet, dass Kompetenzen über diesen Zugang primär „qualitativ ausgewertet und – sei es hermeneutisch oder mit formalen Methoden – rekonstruiert werden" (Klieme & Hartig, 2007, S. 16). Darüber hinaus werden naturgemäß mit der Erforschung der Sprachkompetenz inhaltlich andere Bereiche bedacht als jene, die hier fokussiert werden. Für einen groben Überblick sei daher auf weiterführende Quellen verwiesen (Chomsky, 1957, 1968; MacCorquodale, 1970; Skinner, 1957).

3.2.1 Kompetenzbegriff der Erziehungswissenschaft

In der Erziehungswissenschaft wurde der Kompetenzbegriff im Anschluss an die Debatte zwischen materialer und formaler Bildung eingeführt. In dieser Debatte wird materiale Bildung als die Vermittlung von Fachinhalten und demnach abtestbaren Inhalten (z.B. Rechenleistungen) verstanden, welche primär die Objektseite des Bildungsgeschehens darstellt. Demgegenüber fokussiert die formale Bildung primär die Subjektseite der Bildung. So stehen die Darstellungsformen der Inhalte (z.b. überfachliche Methoden) im Mittelpunkt des Interesses. Lernpsychologisch wird sowohl materialer als auch formaler Bildung unterstellt, dass ein langfristiger Transfer auf das allgemeine Lernen stattfindet, sich somit eine „Denkschulung" vollzieht, die wiederum für weitere Bereiche nutzbar wird (vgl. Klafki, 1959, S. 25-45; Kron, 2009, S. 68/69; Reusser, 2001, S. 112/113). Beide Elemente prägen die Diskussion um den Bildungsbegriff entscheidend und wurden durch Klafki in der Definition kategorialer Bildung zusammengeführt:

> „Bildung nennen wir jenes Phänomen, an dem wir – im eigenen Erleben oder im Verstehen anderer Menschen – unmittelbar der Einheit eines subjektiven (formalen) und eines objektiven (materialen) Momentes innewerden. Der Versuch, die erlebte Einheit der Bildung sprachlich auszudrücken, kann nur mit Hilfe verschränkender Formulierungen gelingen: Bildung ist Erschlossensein einer dinglichen und geistigen Wirklichkeit für einen Menschen (objektiver Aspekt), aber das heißt zugleich: Erschlossensein dieses Menschen für diese seine Wirklichkeit (subjektiver Aspekt)." (Klafki, 1959, S. 297)

Klafki führt im Rahmen der bildungstheoretischen Didaktik materiale und formale Bildungsaspekte zusammen, da er davon ausgeht, dass stets die Subjektseite als auch die Objektseite von Bildung zu betrachten sind. Eine Trennung beider erscheint ihm nicht als sinnvoll, da es sich, so Klafki, um ein einheitliches Moment von Bildung handelt. Lernpsychologisch würde dieser einheitliche Moment bedeuten, dass neben Fachinhalten immer auch persönlichkeitsbildende Aspekte berücksichtigt werden (s. auch Klafki, 2007, S. 141ff.). Auf dieser Grundlage fordert z.B. Reusser (2001, S. 129/130) eine neue Lehr-Lernkultur, die materiale und formale Elemente von Bildung miteinander verbindet:

> „Es genügt nicht mehr, selbstverständlich davon auszugehen, die Schule bilde durch Lernen. Die Schule muss auch das Lernen selbst prägen. Fachdidaktische Arbeit als Konzentration auf die materialen Gehalte der Bildung – und dies in einem Kontext traditioneller Lehr-Lernformen – reicht nicht aus, um Wirkungen zu erzeugen, die auch die Förderung von Lern- und Denkkompetenzen einschließen."

Sowohl Reusser als auch Klafki gehen davon aus, dass sich subjektive und objektive Momente in der Bildung gegenseitig beeinflussen.[7]

Diese Vorüberlegungen stellen den Ausgangspunkt für die Verwendung des Kompetenzbegriffs aus erziehungswissenschaftlicher Perspektive dar. „Explizit und systematisch ist der Kompetenzbegriff wohl zuerst von Heinrich Roth verwendet worden" (Klieme & Hartig, 2007, S. 19), der ihn in seinem zweiten Band der Pädagogischen Anthropologie einführt. Er referiert, in Anlehnung an die Diskussion um materiale und formale Bildung, erwartungskonform einen eher weiten Kompetenzbegriff, der neben subjektiven Bildungsaspekten auch objektive Bildungsaspekten mit einbezieht:

> „Mündigkeit, wie sie von uns verstanden wird, ist als Kompetenz zu interpretieren, und zwar in einem dreifachen Sinne: a) als Selbstkompetenz (self competence), d. h. als Fähigkeit für sich selbst verantwortlich handeln zu können, b) als Sachkompetenz, d. h. als Fähigkeit, für Sachbereiche urteils- und handlungsfähig und damit zuständig sein zu können, und c) als Sozialkompetenz, d. h. als Fähigkeit, für sozial, gesellschaftlich und politisch relevante Sach- oder Sozialbereiche urteils- und handlungsfähig und also ebenfalls zuständig sein zu können." (Roth, 1971, S. 180)

Nach dieser Auffassung wird die Kompetenz Mündigkeit als verantwortungsvolle Handlungsfähigkeit verstanden. Diese Kompetenz stellt das zentrale Ziel von Bildung dar. Somit werden die Begriffe Bildung und Kompetenz systematisch auf einer Ebene geführt, es werden „die lichten Höhen von Zielbegriffen angesprochen, die das Ende und das Maximum [...] beschreiben (Tenorth, 2004b, S. 170)." Kompetenzen in diesem Sinne sind auf dreifache Weise konzipiert. Zuerst einmal soll der Mensch für sich selbst Verantwortung übernehmen und damit für sich begründete Entscheidungen treffen können (1) und nicht durch Fremdbestimmung gelenkt werden. Darüber hinaus legt Roth einen Bereich der Sache (2) fest, für den bestimmte sachkundige Personen zuständig sind. Zudem erweitert er den ersten Bereich der Selbstkompetenz um den sozialen Bereich (3) im weitesten Sinne, da er davon ausgeht, dass Menschen nicht

---

7   Diese Annahme ist keinesfalls eine Selbstverständlichkeit. Die Kontroversen um materiale und formale Bildung blicken auf eine 200-jährige Geschichte zurück, welche sich jedoch nicht als besonders ergiebig erwiesen hat. So kann heute durchaus von einer reziproken Beeinflussung beider für den Bildungskontext ausgegangen werden (vgl. Klafki, 2007; Reusser, 2001; Weinert, 2002).

nur begründete Entscheidungen für sich selbst, sondern auch in weiteren Kontexten treffen können sollten. Der Kompetenzbegriff im Sinne Roths umfasst neben dieser Kompetenztrias eine Vielzahl weiterer zu berücksichtigender Aspekte.

So wird die Handlungsfähigkeit angesprochen. Dabei können Handlungen als zielgerichtetes und bewusstes Verhalten verstanden werden, Handlungsfähigkeit gilt demnach als Fähigkeit, geplantes und bewusstes Verhalten zu zeigen. Diese Auffassung betont insbesondere die Reflexivität menschlichen Verhaltens und skizziert ein eigenverantwortliches Menschenbild, das die Erlernbarkeit jener Aspekte grundsätzlich mit einschließt (vgl. Groeben & Scheele, 1977, S. 15ff.; Müller-Ruckwitt, 2008, S. 194-200; Wahl, 1981, S. 49ff.). Ebenso treten auf dieser Grundlage zwei bedeutungskonstitutive Dimensionen von Kompetenz hervor. Zum einen – in Anlehnung an die vorherigen Ausführungen – die Fähigkeit, sich selbst und anderen gegenüber auf der Basis moralischen Urteilsvermögens zu handeln. Zum anderen die Fähigkeit, sein Handeln auf der Basis eines sachgerechten Wissens zu legitimieren. Hierdurch „liegt damit eine begriffliche Diffusion vor" (Müller-Ruckwitt, 2008, S. 200) (vgl. auch Löwisch, 2000, S. 158ff.). Als Kernmerkmale einer solchen Kompetenzdefinition können somit Befähigung und Zuständigkeit markiert werden (vgl. auch Roth, 1971, S. 180ff.). Frey (2004, S. 904) bringt Roths Ausführungen in der Formel zusammen:

> „Besitzt eine Person Kompetenz, so kann sie etwas, ist handlungsfähig und übernimmt für sich und andere Verantwortung. Sie kann so tätig werden, dass sie ein Ziel oder einen Zweck unter Beachtung von Handlungsprinzipien, Werten, Normen und Regeln mit Bezug auf konkrete, die jeweilige Handlungssituation bestimmende Bedingungen zu erreichen vermag."

Die beschriebene Trias findet sich in leicht modifizierter bzw. für den Schulbzw. Fachkontext spezifizierter Form auch bei Fend, der von Fach-, Selbst- und Sozialkompetenz spricht. Darüber hinaus sieht er hinter diesen Konstrukten die „alte Aufgabe der Schule, zur *Persönlichkeitsentwicklung* beizutragen" (Fend, 2008c, S. 60) neu formuliert. Er selbst votierte bereits in den 1970er und 1980er Jahren dafür, stärker auf Kompetenzen einzugehen, wobei er hier ausdrücklich die Selbst- und Sozialkompetenz anspricht. Er stellte den für die damalige Zeit höchst innovativen Ansatz in seinem Aufsatz zur „kompetenztheoretischen

Wende" (Fend, 1980) dar, um auf die Bedeutsamkeit der Kompetenzen hinzu-
weisen, welche im Laufe der Sozialisation erworben werden.

Kritisiert wird an dieser Begriffsdefinition insbesondere ihre fehlende theoretische Fundierung, welche zu Schwierigkeiten bei der Operationalisierung der
Kompetenztrias führt. Die Begriffe Selbst-, Sach- und Sozialkompetenz stellen
keine theoretischen Konstrukte dar und erweisen sich als wenig überschnei-
dungsfrei (vgl. Frey, 2004, S. 906; Klieme & Hartig, 2007, S. 19/20; Vonken,
2005, S. 51-57).

Abschließend kann für die erziehungswissenschaftliche Grundlage des
Kompetenzbegriffs festgehalten werden, dass Kompetenz als individuelle Disposition angesehen wird. Insbesondere Roth hat sie im Kern durch die Trias aus
Selbst-, Sach- und Sozialkompetenz inhaltlich näher beschrieben. Im Kern dieses Kompetenzverständnisses steht eine zweidimensionale Handlungsfähigkeit,
die sich auf moralisches Urteilsvermögen und sachgerechtes Wissen stützt. Somit kann der Kompetenzbegriff aus dieser Perspektive als eher weit gefasst
bezeichnet werden.

3.2.2 Kompetenzbegriff der Psychologie

Die Psychologie kommt zu einem funktional-pragmatischen (Klieme & Hartig,
2007, S. 16) Verständnis des Kompetenzbegriffs. Funktional deswegen, da das
psychologische Paradigma primär nach den situativ bedingten Anforderungen
an eine Kompetenz fragt. Die bereits eingangs beschriebene Zuständigkeit rückt
somit in den Mittelpunkt des Interesses bzw. die Frage: Welche situativen Gegebenheiten erfordern welche Kompetenzen, um diese zu bewältigen? Der
Ausgangspunkt dieser Betrachtungsweise liegt in den behavioristischen und
psychoanalytischen Ansätzen der Motivationspsychologie begründet. Beide
Paradigmen stehen sich in ihren Versuchen, die Interaktion eines Individuums
mit seiner Umwelt zu beschreiben, konträr gegenüber. Es gelingt jedoch beiden
nicht, so White (1959, S. 317), „effective interaction of the individual with the
environment" zu erklären. Genau das, eine gelingende Verständigung zwischen
Mensch und Umwelt, versteht er als Kompetenz, da er davon ausgeht, dass
Menschen ein Bedürfnis danach haben, sich wirkungsvoll und in Whites Sinne
gesprochen, kompetent mit ihrer Umwelt auszutauschen. Daher kann Kompetenz als Auseinandersetzungsbedürfnis unterschiedlichster Aufgaben, z.B. der
Interaktion mit der Umwelt, verstanden werden. Es handelt sich „um das Sich-
in-ein-Verhältnis-Setzen zur dinglich-sächlichen ebenso wie zur belebten Um-

welt" (Müller-Ruckwitt, 2008, S. 141). Bereits hierin zeigt sich, dass nicht allein das Vorhandensein bestimmter Fähigkeiten, in Form von Wissen oder kognitiven Dispositionen, sondern vielmehr die Bereitschaft diese einzusetzen als notwendig erachtet wird. Als entscheidendes, abgrenzendes Merkmal von Kompetenzen zu anderen Dispositionskonstrukten wird zudem von mehreren Autoren ihre Erlernbarkeit ins Feld geführt.

In Anlehnung an das Votum von White (1959), dass sich Menschen effektiv mit ihrer Umwelt auseinandersetzen wollen, wird nun ersichtlich, dass Kompetenzen das Ergebnis von Lernprozessen sind. Genauer gesagt, das Lernergebnis aus der individuellen Auseinandersetzung der Menschen mit ihrer Umwelt. Kompetenzen werden demnach durch (Lern-)Erfahrungen in für den jeweiligen situativen Kontext relevanten Anforderungen erworben. Man geht davon aus, dass das Erlernen bestimmter Kompetenzen und ihrer Kompetenzbereiche von außen, z.B. durch Training, Intervention oder auch langjährige Praxis, beeinflusst und ausgebaut werden kann (Hartig & Klieme, 2006; Klieme & Hartig, 2007; Weinert, 2001). Diese Annahme unterstreicht Mayer (2003, S. 265), indem er Kompetenzen als „specialized knowledge one has acquired that support cognitive performance" beschreibt.

Als weiterer Ankerpunkt zur Formung des psychologischen Kompetenzbegriffs gilt die Kritik, die Vertreter der Sozialpsychologie an der traditionellen Intelligenzforschung formulieren. Diese geht davon aus, dass die Intelligenz von Menschen als dekontextualisierte, genetisch determinierte, kognitive Leistungsdisposition vorliegt. Damit würde der individuellen kognitiven Leistungsdisposition formal eine höhere Bedeutung als dem situativen Kontext beigemessen. Es käme demnach z.B. für den Kontext des Lehrerhandelns mehr darauf an, dass eine Lehrkraft viel weiß und weniger darauf, in welchen Situationen sie dieses Wissen wie einsetzt (vgl. Klieme, Maag-Merki & Hartig, 2007, S. 6). Die durch die Intelligenzforschung produzierten Leistungstestergebnisse sagen jedoch wenig darüber aus, inwiefern solche Dispositionen im „wirklichen Leben" tatsächlich eingesetzt werden, was aber für den Lehrerberuf besonders wissenswert ist. Zudem erschwert das genetisch disponierte Konstrukt der Intelligenz die Möglichkeit der Leistungsentwicklung. Daher fordert z.B. McClelland (1973, S. 1) „testing for competence rather than for 'intelligence'". Mit dieser Forderung ist die Absicht verbunden, die „Passung" zwischen Testinhalten und Anforderungen des „wirklichen Lebens" zu erhöhen, um somit – zurückgespiegelt auf die Intelligenzforschung – Leistungsunterschiede besser voraussagen zu können (vgl. Klieme & Hartig, 2007, S. 16; Klieme et al., 2007,

S. 6). Primär geht es darum, die praktisch zur Lösung einer Aufgabe beitragen-den Mittel „abzutesten". Problematisch an dieser Forderung ist jedoch, dass McClelland Kompetenzen ohne eingehende theoretische Klärung als Vorausset-zungen für eine spezifische Tätigkeit beschreibt:

„Some of these competencies may be rather traditional cognitive ones involving reading, writing, and calculating skills. Others should involve what traditionally have been personality variables, although they might better be considered competencies." (McClelland, 1973, S. 10)[8]

Hiernach kann alles als „Kompetenz" verstanden werden, was sich zur Be-wältigung jedweder Tätigkeit eignet. Man versuche sich die Vielzahl der kon-struierten Kompetenzen oder auch „Kompetenz-Suffixe" vorzustellen: „Be-nimm-Kompetenz, Überlebenskompetenz, Existenz-Kompetenz, [...]" (Müller-Ruckwitt, 2008, S. 110) und in Anlehnung an Geißler und Orthey (2002, S. 78) auch „Zukunftskompetenz". Trotz dieser Schwächen wird in einem ersten Zwi-schenfazit deutlich, dass Kompetenzen aus der Perspektive der Psychologie als kognitive Dispositionen zu verstehen sind, die Kontextgebundenheit sowie ei-nen Bezug zum „wirklichen Leben" einfordern.

Diese Überlegungen verfestigen sich schließlich zu einem Kompetenzbe-griff in der Psychologie, wie ihn Bandura (1990, S. 315) treffend zusammen-fasst:

„There is a marked difference between possessing knowledge and skills and being able to use them well under diverse circumstances, many of which contain ambiguous, unpredictable, and stressful elements."

Aus dieser Perspektive sind Kompetenzen im „wirklichen Leben" situiert, sie bezeichnen nicht nur theoretisch bzw. kognitiv vorhandene Optionen, sondern jene, welche tatsächlich in spezifischen Situationen oder auch Kontexten einge-setzt werden. Darüber hinaus bedarf es der notwendigen motivationalen Orien-

---

8   Es findet sich jedoch nach wie vor keine empirische Evidenz für die von McClel-land geübte Kritik an der primär an kognitiven Leistungsdispositionen orientierte Diagnostik der Intelligenzforschung wie z.B. Barrett und Depinet (1991) in ihren „Überlegungen" festhalten. Durch diese nicht erfüllte Forderung sehen sie vielmehr die Wege der Intelligenzforschung bestärkt: „In contrast to the lack of evidence for competency testing, a large body of literature has shown that tests of cognitive ability are related to the job performance of managers and people in other occupati-ons [...]" (ebd., S. 1021).

tierungen, um jene Kompetenzen in unterschiedlichsten, auch schwierigen Situationen, einzusetzen (Hartig & Klieme, 2006, S. 128). Dieses Verständnis bestärken auch Connell, Sheridan und Gardner (2003, S. 142), sie sprechen zudem bei Kompetenzen von „realized abilities", was den Unterschied zwischen kognitiv vorhandenen Möglichkeiten und ihrer praktischen Umsetzung deutlich hervorhebt. Der Zusammenhang von Wissen, Können und Handeln ist offenbar, was dem dritten eingangs beschriebenen Bedeutungsmoment, der Bereitschaft diese *abilities* zu *realisieren* bzw. umzusetzen, entspricht.

An dieser Linie knüpft auch Aebli (1980) an. Er spricht explizit von einer „Handlungskompetenz", welche als kognitiver Steuerungsmechanismus des Sach- und Handlungswissens fungiert. Handlungskompetenz nach Aebli verbindet das abstrakt vorliegende Wissen zur Handlung[9] mit den Gedanken aus spezifischen, vorliegenden Situationen und erzeugt hieraus Handlungen, wobei „anzunehmen ist, daß aus einer beschränkten Anzahl von Regeln des Handelns die unendlich vielfältigen ‚Oberflächenstrukturen' des Handelns erzeugt werden können" (Aebli, 1980, S. 58). Insgesamt versteht Aebli, wie auch schon McClelland, Kompetenz als kognitive Disposition, die situativ gebunden ist, wobei hiermit explizit auf die Handlung rekurriert wird. Darüber hinaus spricht er der Handlungskompetenz motivationale Orientierungen zu, da er davon ausgeht, dass eine Handlung auch gewollt sein muss, ihr eine Absicht oder Bereitschaft zu Grunde liegt: „Er [der Mensch, S.M.] muß auch einen Beweggrund haben, sich ein Ziel setzen, dieses erreichen wollen" (ebd., S. 99).[10] Damit integriert die Handlungskompetenz die vorgenannten Merkmale kognitive Leistungsdisposition, situative Gebundenheit und motivationale Orientierungen, welche in bestimmte Handlungen eingebracht werden (Müller-Ruckwitt, 2008, S. 145-149; Vonken, 2005, S. 174-188). Eine derartige Konzeption von Handlungskompetenz wird häufig „auf die Anforderungen eines spezifischen Handlungsfeldes wie z.B. des Berufes" (Hartig & Klieme, 2006, S. 128) übertragen. Das liegt darin begründet, dass Berufe jeweils typische bzw. spezifische Situationen enthalten, welche es durch Handlungen angemessen zu bewältigen gilt.

---

9   Unter Handlung versteht Aebli das Stiften von Beziehungen zwischen Elementen/
    Handlungsteilnehmern mit dem Ziel, die Welt hierdurch zu gestalten (vgl. Aebli,
    1980, S. 98/99).

10 Dieses Ziel oder diese Absicht kann auch ein zweckgerichtetes Unterlassen von
    Handlung(en) sein. Es ist daher nicht zwingend, bei nicht vorliegenden Handlungen
    von mangelnder Handlungskompetenz oder grundsätzlich von unabsichtlichen
    Handlungen zu sprechen (Vonken, 2005, S. 135/136).

Es ist schließlich Weinert, der den Begriff inhaltlich weiter prägt. Er fasst in seinem für die OECD erstellten Gutachten folgendermaßen zusammen:

„The theoretical construct of action competence comprehensively combines those intellectual abilities, content-specific knowledge, cognitive skills, domain-specific strategies, routines and subroutines, motivational tendencies, volitional control systems, personal value orientations, and social behaviors into a complex system." (Weinert, 2001, S. 52)[11]

Sein Verdienst besteht in der expliziten Zusammenführung der bisher beschriebenen Anforderungen an den Kompetenzbegriff aus psychologischer Perspektive und der Ergänzung um weitere Dimensionen. Nach ihm beziehen sich Kompetenzen auf kognitive, motivationale, volitionale und soziale Anteile des Handelns eines Individuums, wobei Kontextbezug gegeben sein muss. Aus den notwendigen Anforderungen eines Berufes lassen sich die entsprechenden Kompetenzen formulieren. Weinerts Definition muss aufgrund dieser mehrdimensionalen Begriffsauslegung ein eher weites Kompetenzverständnis unterstellt werden.[12]

Zudem erweitert er den Kompetenzbegriff, je nach Situation einzelner Kompetenzbereiche, um Schlüssel- und Metakompetenzen. Diese Ausdifferenzierung ermöglicht und erfordert die genaue Bezeichnung der Reichweite von Kompetenzen. So versteht er sprachliche Kompetenzen als Schlüsselkompetenzen, da sie besonders weit reichen und in vielen Bereichen nützlich sind. Demgegenüber sind Lernstrategien im Sinne von Metakompetenzen aufzufassen, da sie sowohl den Erwerb als auch die Anwendung von Kompetenzen erleichtern (ebd., S. 51-56). Kritisiert wird an diesem Kompetenzverständnis insbesondere die Engführung auf das Individuum selbst, was im Vergleich zur Handlungskompetenz deutlich zum Vorschein kommt. Betrachtet die Handlungskompe-

---

11 Weinert votiert auch in der deutschen Übersetzung (vgl. Weinert, 2002, S. 27f.) für eine weite Auslegung des Kompetenzbegriffs, welche nicht nur kognitive Anteile umfasst. Interessanterweise schlägt er dann aber für empirische Untersuchungsdesigns vor, kognitive Kompetenzen getrennt zu erfassen, da nur so ihre Wechselwirkung analytisch dargestellt werden kann. Somit verengt er seine vorerst weite Auslegung des Kompetenzbegriffs deutlich.

12 Eine eher enge Definition von Kompetenzen findet sich z.B. bei Kieme (2004, S. 11), der Kompetenzen „rein auf das Kognitive beschränkt." So werden motivationale, volitionale und soziale Anteile des Handelns eines Individuums nicht berücksichtigt. Diese Art der Modellierung erleichtert mitunter die empirische Messung solcher Kompetenzen, weitere Rückschlüsse sind hierdurch jedoch erschwert.

tenz noch Situationen und Handlungen als zentral, stehen im Weinertschen Kompetenzbegriff kompilatorisch aneinander gereihte Aspekte im Mittelpunkt, was die Dignität der theoretischen Konzeption in Frage stellt. Darüber hinaus bleibt, bei verstärkter Fokussierung individueller Aspekte, paradoxerweise offen, welches Menschenbild hier zu Grunde gelegt wird (Müller-Ruckwitt, 2008, S. 177-183; Vonken, 2005, S. 189-192).

Abschließend kann aus der psychologischen Perspektive konstatiert werden, dass sich Kompetenz im situativen Bewältigen von Anforderungen bzw. in der „Performanz" des Handelns zeigt. Hierfür muss vorhandenes Wissen in Können umgesetzt werden. Sie wird als individuelle Leistungsdisposition interpretiert und kann in spezifischen Kontexten erlernt werden. Den Kern dieses Konstruktes bilden spezifizierte kognitive Dispositionen bzw. Wissensdimensionen, die sich an den geforderten Bedingungen orientieren. Bei enger Auslegung des Kompetenzbegriffs, wie z.B. bei Klieme, bestimmen lediglich diese Dimensionen das Konstrukt. Demgegenüber zeigt Weinert, dass ein weites Begriffsverständnis neben diesen kognitiven auch weitere Dispositionen mit einschließt.

3.2.3 Kompetenzbegriff der empirischen Bildungsforschung

Um den Kompetenzbegriff der empirischen Bildungsforschung zu beschreiben, muss zuerst auf das Verhältnis zwischen Bildung und Kompetenz eingegangen werden. Kompetenz wird dem Bildungsbegriff untergeordnet und nicht, wie im erziehungswissenschaftlichen Verständnis, auf einer Ebene verankert. Fällt in der erziehungswissenschaftlichen Perspektive das Bildungsziel einer eigenverantwortlichen Handlungsfähigkeit mit dem höchsten Bildungsziel der Mündigkeit zusammen, wird in der empirischen Bildungsforschung „weniger ambitiös" (Tenorth, 2004b, S. 170) von einer Grundbildung (Baumert, Klieme et al., 2001; Tenorth, 1994, S. 94ff.) ausgegangen, die zur Verwirklichung allgemeiner Bildungsziele beiträgt. Es werden „ausgewählte Zieldimensionen statt allumfassender Normen" (Klieme & Hartig, 2007, S. 22) angesteuert. Die Grundbildung wird daher als „Universalisierung ‚kultureller Literalität'" (Tenorth, 2004a, S. 654) bezeichnet und als „Ausstattung zum Verhalten in der Welt" (Robinsohn, 1969, S. 13) konzeptualisiert. Hierbei wird pragmatisch von einem bedeutsamen Kern ausgegangen, der den Zugang zu höheren Bildungszielen eröffnet und damit von Grund auf steigerungsfähig und steigerungsbedürftig ist.

Deutlich zeigt sich dieses z.b. in der Konzeption von PISA (Baumert, Stanat & Demmrich, 2001). Diese geht davon aus, dass Schüler im Sinne einer Grundbildungskonzeption in Anlehnung an Baumert und Tenorth funktionale kulturelle Basisfähigkeiten erlernen, um hiermit Kommunikation bzw. Interaktion betreiben zu können und für die Zukunft lernfähig zu bleiben. Dies ist die entscheidende Voraussetzung zur verantwortungsvollen Teilnahme am gesellschaftlichen Leben:

„Die funktionale Sicht auf muttersprachliche, mathematische und naturwissenschaftliche Kompetenzen als basale Kulturwerkzeuge ist ein charakteristisches Merkmal [...] Es schließt auch immer normativ die Weltorientierung vermittelnde Begegnung mit zentralen Gegenständen unserer Kultur ein, die stellvertretend für unterschiedliche, nicht wechselseitig austauschbare Formen der Weltaneignung und Rationalität stehen." (Baumert, Klieme et al., 2001, S. 20)

Auch Klieme (2004, S. 11) verfolgt diese Perspektive mit einem weiteren Argument: Die zunehmende Expansion des Bildungswesens sowie die Ausdifferenzierung der Wissenschaften führen zu jenem Kompromiss aus fachlicher Systematik, Lern- und Entwicklungsbedürfnissen der Schüler sowie den Anforderungen der Lebens- und Arbeitswelt. Deutlich wird dies an den sich aufgrund technischer Innovationen ständig weiterentwickelnden beruflichen Anforderungen, die sich nicht mehr nur inhaltlich spezifizieren lassen. Nach seiner Ansicht ist es unmöglich, Ziele von Bildung allein fachsystematisch zu erklären, wie es noch in der klassischen Bildungstheorie begründbar war.[13]

Die Begriffe Bildung und Kompetenz fallen hiernach nicht mehr zusammen wie noch im erziehungswissenschaftlichen Verständnis, sondern repräsentieren verschiedene Ausprägungsgrade von Bildung (vgl. Baumert, 2003, S. 100ff.; Benner, 2005, S. 564/565; Tenorth, 2003, S. 423f.; 2004a, S. 653-655; 2004b, S. 170-174). Entgegen der Annahme des erziehungswissenschaftlichen Begriffsverständnisses von Kompetenz wird dieser gewissermaßen aus dem Bildungsbegriff herausgelöst.

Dieses Bildungsverständnis wird dahingehend kritisiert, dass es „mit dem, was die Tradition ‚Bildung' nannte, wenig oder gar nichts zu tun" (Koch, 2004,

---

13 So zeigt z.B. der klassisch bildungstheoretisch konstruierte Lehrplan Humboldtscher Prägung, dass Bildung in der Systematik der Unterrichtsfächer vermittelt wurde. Und zwar im Sinne eines Aneignens unterschiedlicher Zugänge zur Welt.

S. 189) hat. Kochs Kritik entzündet sich demnach daran, dass die favorisierte Grundbildungskonzeption lediglich auf das für Wirtschaftswachstum notwendige Minimum an Bildung abzielt, jedoch keinen Bildungshorizont eröffnet, welcher sich für Koch in den Wechselwirkungen aus Mensch und Umwelt entwickelt (ebd., S. 184-189). Kritiker und Befürworter mahnt Benner (2005, S. 568) durch einen kurzen bildungshistorischen Diskurs zur Räson:

> „Weder ARISTOTELES noch COMENIUS noch Wilhelm von HUMBOLDT haben ihre Bestimmungen dessen, was zur Grundbildung zu rechnen ist, linear aus den von ihnen ausgearbeiteten Theorien allgemeiner Menschenbildung abgeleitet. Sie unterschieden vielmehr, jeder auf seine Weise, deutlich zwischen schulisch zu organisierender Grundbildung und den Sphären einer über Schulunterricht hinausweisenden allgemeinen Menschenbildung."

Benner relativiert den Anspruch einer schulischen Grundbildung und zeigt sich gleichzeitig irritiert über den Irrtums- bzw. Wahrheitsanspruch der Ausführungen von Koch und Tenorth, da durchaus beide Positionen nachvollziehbare Gründe vorbringen können.

Im Sinne einer Grundbildung wird nunmehr von Basiskompetenzen (Baumert, Klieme et al., 2001) gesprochen, die ein funktionales Minimum von Bildung beschreiben und als grundlegende Instrumente die Möglichkeit der Erreichung höherer Bildungsziele oder im Sinne Robinsohns gesprochen der Welterschließung eröffnen. Damit bietet sich die Anschlussmöglichkeit des Kompetenzbegriffes an die Begriffsführung der Psychologie. Mit der Entfernung von idealen Normvorstellungen von Bildung, wie z.B. Mündigkeit, hin zu graduier- und entwickelbaren Basiskompetenzen werden diese theoretisch fixiert, operationalisierbar und zur Untersuchung von Bildungsprozessen interpretierbar. Dies ist ein entscheidender Vorteil gegenüber der erziehungswissenschaftlichen Kompetenztrias Roths (1971), die mit den relativ globalen Oberbegriffen Selbst- Sach- und Sozialkompetenz arbeitet, welche darüber hinaus nicht auf wissenschaftlich gesicherten Entitäten beruhen:

> „Die Kompetenzbereiche können nicht unabhängig voneinander definiert werden, vielmehr sind Überschneidungen die Regel. Was im Einzelnen unter diesen Kompetenzfacetten verstanden wird, variiert in Abhängigkeit von theoretischen Prämissen und praktischen Erfordernissen." (Kauffeld, Frieling & Grote, 2002, S. 198)

Es ist jedoch unabdingbar, Kompetenzen zur Interpretation von Bildungsprozessen eindeutig theoretisch zu fixieren und zu operationalisieren (Hartig, 2008,
S. 22; Tenorth, 2004b, S. 176), was durch die Begriffsführung von Basiskompetenzen möglich ist. Exemplarisch lässt sich dieses an der Lesekompetenz verdeutlichen, wie sie in PISA zu Grunde gelegt wird. Dort wird die Lesekompetenz verstanden als die Fähigkeit,

- geschriebene Texte unterschiedlicher Art in Bezug auf ihre Aussagen,
  Absichten und formalen Strukturen zu verstehen,
- diese in einen umfassenderen sinnstiftenden Kontext einzuordnen,
- sie im Hinblick auf Inhalt und Form zu bewerten
- und sie für unterschiedliche Zwecke adäquat einzusetzen.

Damit bildet die Lesekompetenz nicht das gesamte Spektrum einer ästhetisch-
literarischen Bildung ab, sondern lediglich einen kleinen funktionalen Teil. Sie
kann hiermit gewissermaßen als *conditio sine qua non* zum Aufbau höherer
ästhetisch-literarischer Bildung verstanden werden. Eine Person, die über eine
solche Lesekompetenz verfügt, ist in der Lage, Texte zu verstehen, einzuordnen, zu bewerten und einzusetzen. Jene Kompetenz entspricht somit funktional
einem Kulturwerkzeug bzw. einem Potential, das den Zugang zu höheren Bildungszielen ermöglicht (vgl. Artelt, Stanat, Schneider & Schiefele, 2001,
S. 69ff.).

Somit wird der Kompetenzbegriff zwar aus der Psychologie entlehnt, jedoch
mit dem Anspruch einer besseren empirischen Erfassbarkeit inhaltlich weniger
breit konzeptualisiert. Dahinter steht die Absicht, mehrere präzise Konstrukte,
z.B. Kompetenz und Motivation, zu untersuchen, da mit „zunehmender Komplexität der inhaltlichen Definition" (Klieme & Hartig, 2007, S. 25) eine Operationalisierung immer schwieriger wird. Aus der Perspektive der empirischen
Bildungsforschung werden Kompetenzen daher als „*kontextspezifische kognitive Leistungsdispositionen*, die sich funktional auf Situationen und Anforderungen in bestimmten *Domänen* beziehen" (Klieme & Leutner, 2006, S. 879) verstanden (vgl. auch Hartig & Klieme, 2006; Klieme, 2004; Reinders, Ditton,
Gräsel & Gniewosz, 2011).

3.2.4 Kompetenzen von Lehrern – ein Bestimmungsversuch

Aus den vorangegangenen Kapiteln ist deutlich geworden, wie herausfordernd
eine kompetenztheoretische Fundierung des Konstrukts Lehrerkompetenzen ist.

Das hat jedoch den Definitionsbemühungen keinen Abbruch getan, weswegen hier lediglich exemplarisch jene herangezogen werden, die das Verständnis von Lehrerkompetenzen in der vorliegenden Arbeit verdeutlichen. Als erster Ansatzpunkt wird daher im Sinne des psychologischen Kompetenzbegriffs (s. Kap. 3.2.2) nach den im Lehrerberuf zu bewältigenden beruflichen Anforderungen gefragt:

> „Der Beruf der Lehrerin oder des Lehrers bleibt schwierig [...] aber mit einem professionstheoretisch klar zu bezeichnenden Handlungsrepertoire zu bewältigen, und man kann lernen, die Arbeit besser oder schlechter zu machen [...]." (Tenorth, 2006, S. 584)

Der entscheidende Passus lautet nach Tenorth (2006): Die Kompetenzen des Lehrerberufs begründen sich erstens durch ihre spezifischen Anforderungen aus der Praxis heraus. Zweitens sind sie erlernbar und drittens legitimieren spezifische Lehrerkompetenzen die Profession Lehrkraft. Auf dieser Grundlage werden professionsspezifische Ansätze (z.B. Darling-Hammond & Bransford, 2005; Shulman, 1998) mit kompetenztheoretischen (z.B. Weinert, 2001) zusammengebracht. Da das Unterrichten als die zentrale Anforderung im Lehrerberuf bzw. als das *Kerngeschäft* Unterrichten (Blömeke, 2002; Helmke, 2009; KMK, 2004a; Tenorth, 2006; Terhart, 2002) angesehen wird, bedarf es einer entsprechenden Konkretisierung von Kompetenzen. Damit wird eine vom Ergebnis her gedachte Konkretisierung von Lehrerkompetenzen erzielt. Dieses Verständnis wird in der psychologischen Lehrerforschung auch als *Neujustierung der theoretischen Perspektive* (Baumert & Kunter, 2006) oder als *kompetenzorientierte Wende* (Blömeke, Felbrich & Müller, 2008b) bezeichnet. So konstatiert Reinisch (2009, S. 37): „Professionalität wird so quasi als Endprodukt eines individuellen Entwicklungsprozesses gedeutet [...]." Plöger (2006, S 262) spricht daher auch von „erarbeiteter Identität".

Eine solche professionelle Handlungskompetenz von Lehrkräften besteht aus:

> „- spezifischem, erfahrungsgesättigten deklarativen und prozeduralen Wissen (Kompetenzen im engeren Sinne: Wissen und Können);
> - professionellen Werten, Überzeugungen, subjektiven Theorien, normativen Präferenzen und Zielen;
> - motivationalen Orientierungen sowie
> - metakognitiven Fähigkeiten und Fähigkeiten professioneller Selbstregulation." (Baumert & Kunter, 2006, S. 481)

Es wird als Konsens angesehen, dass kognitive Dispositionen zwar *Kernmerkmale* dieser Profession sind, eine ausschließliche Reduktion hierauf jedoch zu kurz greift. Vielmehr ist von einer mehrdimensionalen Profession auszugehen, die die vier Aspekte *Wissen, Überzeugungen, Motivation* und *Selbstregulation* beinhaltet (Baumert & Kunter, 2006, 2011a; Connell et al., 2003; Dann, 2000; Lipowsky, 2006; Maag-Merki & Werner, 2011; Seifried & Ziegler, 2009). Zudem wird eine *implizite Wirkungskette* (Lipowsky, 2006; Reinisch, 2009; Terhart, 2012) unterstellt, die davon ausgeht, dass kompetentere Lehrer die Lernprozesse ihrer Schüler stärker fördern und hierdurch höhere Lernzuwächse erzielen. In diesen Annahmen liegt zugleich der Anspruch an die jeweiligen Phasen der Lehrerbildung: Eine fortwährende Entwicklung der Kompetenzen zu gewährleisten (s. Kap. 3.5).

Die beschriebene begriffssystematische Vergewisserung schafft allerdings noch keine inhaltlich-strukturelle Ausgestaltung von Lehrerkompetenzen. Hierzu werden in der Regel Kompetenzmodelle genutzt, die versuchen, die Binnenstruktur und die Dimensionalität von Kompetenzen abzubilden, um diese für eine spätere Operationalisierung und empirische Prüfbarkeit zugänglich zu machen (Frey & Jung, 2011; Schaper, 2009).

3.3 Modell professioneller Handlungskompetenz von Lehrern

Vor diesem begrifflichen Hintergrund ist unter Berücksichtigung der internationalen Diskussion um Lehrerkompetenzen (z.B. Berliner, 2001; Borko & Putnam, 1996; Darling-Hammond & Bransford, 2005; Fenstermacher, 1994; Shulman, 1986, 1987) ein generisches Strukturmodell professioneller Handlungskompetenz entworfen worden, dass das Unterrichten als Kerngeschäft von Lehrern in den Mittelpunkt stellt.[14] Hervorzuheben ist an diesem Modell, dass es die Ansprüche einer mehrdimensionalen kompetenzorientierten Profession (vgl. Kap. 3.2.4) mit einer Anforderungsanalyse beruflicher Tätigkeiten verbindet. Zudem erleichtert die detaillierte Binnenstruktur eine empirische Überprüfung (Schaper, 2009, S. 174/175; Terhart, 2007, S. 47/48).

---

14 Ein nicht spezifisch für den Lehrerberuf entwickeltes Modell findet sich z.B. bei Frey (2004). Es lässt sich zwar auf den Lehrerberuf übertragen, basiert jedoch auf einem erziehungswissenschaftlich geprägten Kompetenzbegriff, der eine empirische Operationalisierung und Überprüfung erschwert (vgl. hierzu auch Terhart, 2007).

Da es sich um ein generisches Strukturmodell handelt, muss dieses für das jeweils fokussierte Unterrichtsfach spezifiziert werden (Baumert & Kunter, 2006, S. 481). Abbildung 2 veranschaulicht die Grundstruktur des Modells.

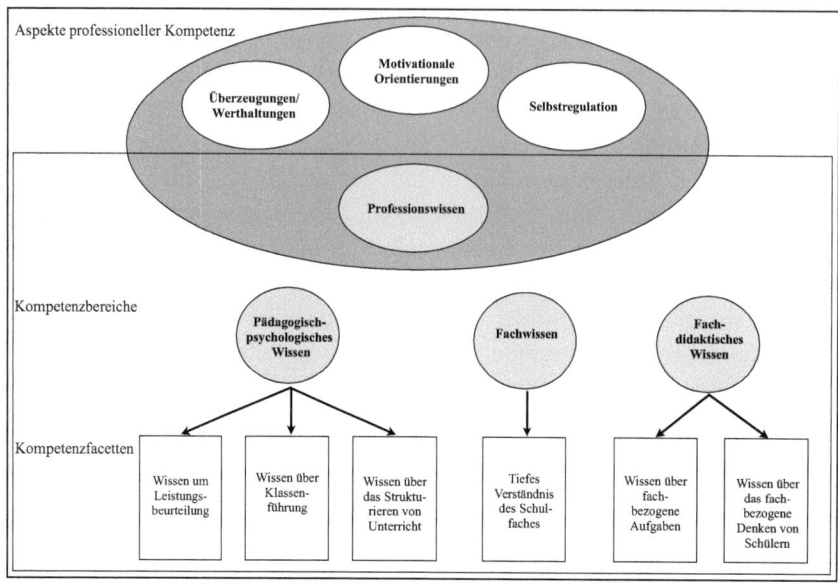

Abbildung 2:   Grundstruktur des Kompetenzmodells in Anlehnung an Baumert und Kunter (2011a, S. 32) (eigene Darstellung).

Die vier Aspekte *Professionswissen, Überzeugungen, Motivation* und *Selbstregulation* bilden zusammengenommen die professionelle Handlungskompetenz von Lehrkräften im kompetenztheoretischen Sinne (vgl. Kap. 3.2.4).

Als zentral wird in diesem Modell das Professionswissen aufgefasst. Es muss weiterhin in fachspezifische Kompetenzbereiche und Kompetenzfacetten übersetzt werden. Obschon die Frage nach den strukturbildenden Dimensionen (1), den verschiedenen Wissenstypen und ihrer mentalen Repräsentation (2) kontrovers diskutiert wird (z.B. Besser & Krauss, 2009; Neuweg, 2011; Reinisch, 2009), sollen die für das Kompetenzmodell relevanten Annahmen bezüglich des Professionswissens erläutert werden, bevor deren Kompetenzbereiche und -facetten näher beschrieben werden (vgl. Kap. 3.3.1).

Als Ausgangspunkt für die Struktur (1) des Professionswissens kann Shulmans (1986) Vorschlag gelten. Er differenzierte zuerst in allgemein pädagogisches Wissen, Fachwissen, fachdidaktisches Wissen und Wissen über das Curriculum. Diese Bereiche ergänzt er später um Wissen über die Lerner, Organisationswissen und erziehungsphilosophisches, bildungstheoretisches und -historisches Wissen (Shulman, 1987). Es wird insbesondere die Bedeutung des Fachwissens betont, da das „Wissen hinsichtlich dieser Dinge als Voraussetzung für ihr Unterrichten" (Shulman, 1991, S. 145) angenommen wird (Grossman & Stodolsky, 1995). Zudem betont er in einem kompetenztheoretischen Sinne die Erlernbarkeit (Shulman, 1987, S. 9) jener Wissensdimensionen und stellt damit Anschlussfähigkeit zum Experten-Paradigma der psychologischen Lehrerforschung her (s. Kap. 2.3). Shulmans Ausführungen wurden in der Folge von Bromme (1992, 1997) in den deutschen Sprachraum übernommen. Er favorisiert in Anlehnung an Shulman allerdings fünf, hier Wissensbereiche genannte Wissensdomänen: Inhaltswissen, curriculares Wissen, Philosophie des Schulfaches, pädagogisches Wissen, fachspezifisch-pädagogisches Wissen.

In der Forschungspraxis ist indes häufig eine Differenzierung in allgemein pädagogisches Wissen, Fachwissen und fachdidaktisches Wissen zu finden (Baumert & Kunter, 2006; Blömeke, Kaiser et al., 2008, Blömeke et al., 2010a, 2010b; Helme, 2009; Kunter et al., 2011; Lipowsky, 2006; Neuweg, 2010; Rothland & Terhart, 2010).

Bezüglich der verschiedenen Wissenstypen und ihrer mentalen Repräsentation (2) wird das so konzeptualisierte Professionswissen unter Einbezug der Erkenntnisse der Expertiseforschung (vgl. Kap. 2.3.2) weiter differenziert und zwar in theoretisch-formales und praktisches Wissen (Fenstermacher, 1994, S. 5). Theoretisch-formales Wissen bezieht sich auf im Forschungsdiskurs begründetes Wissen, das z.b. einer Wahrheitsprüfung unterzogen werden kann. Gängig ist hier auch die Bezeichnung deklaratives Wissen, also Faktenwissen (Renkl, 2009, S. 4–6). Das gilt etwa für weite Teile des Fachwissens, aber auch für solche des fachdidaktischen und fachübergreifenden Wissens. Es wird angenommen, dass jenes Wissen mental propositional repräsentiert ist und durch semantische Netzwerke beschrieben werden kann (Baumert & Kunter, 2006; Besser & Krauss, 2009; Bromme, 2008; Reinisch, 2009).

Theoretisch-formales oder auch deklaratives Wissen allein ist für das Lehrerwissen jedoch nicht ausreichend, da „das ausschließliche Vorliegen deklarativen Wissens Schwierigkeiten bei der Umsetzung von Wissen in der Praxis mit sich führen kann", so König und Blömeke (2009, S. 507). Das von Fenstermacher (1994) formulierte praktische bzw. „prozedurale Wissen" (Renkl, 2009, S. 4) fokussiert daher, wie (theoretisch-formales) Wissen in Anwendung überführt werden kann. Hierfür greift es auf metakognitivs Wissen, im Sinne von Kenntnissen über den Wissenserwerb und auf Schemata als abstrakte Vorstellungen von eigens erfahrenen Problemsituationen zurück (Renkl, 2009). Es basiert primär auf Erfahrungen und zeigt sich in jeweils spezifischen Kontexten. Daher wird es als implizites Wissen im Handlungsvollzug eingesetzt und kann als professionelles Können von Lehrern gelten (Fenstermacher, 1994; Munby, Russell & Martin, 2001; Schön, 1983), es wird daher als besonders *handlungsrelevant* angesehen (König & Blömeke, 2009; Neuweg, 2005a). Auch für einen Teil des praktischen Wissens wird angenommen, dass es mental propositional repräsentiert ist, z.b. für die den Unterricht vorbereitenden Planungs- und Durchführungsabfolgen (Aebli, 2011; Putnam, 1987). Der andere Teil, z.b. die reale Umsetzung jener Handlungsvorbereitung, „beruht [...] offensichtlich auf einer intuitiven Interpretation der Situation, die es erlaubt, das sachlich Gebotene zum rechten Zeitpunkt und in einer sozial und moralisch vertretbaren Form zu tun" (Baumert & Kunter, 2011a, S. 34). Die Begründung hierfür liegt in der Tatsache begründet, dass häufig intuitiv in der Situation gehandelt werden muss, da diese nicht durch Wissen a priori geplant werden kann. Ohne dieses praktische Wissen ist „unter Umständen ein Schaden der gemeinsamen Anstrengung (z.B. des Unterrichts- oder des Produktionserfolgs) wahrscheinlich [...]", so Oser (2009, S. 398).

Problematisiert wird an diesen Annahmen die fließende Grenze zwischen Wissen, Können und Handeln (Minnameier, 2005; Neuweg, 2011; Reinisch, 2009; Stern, 2009): „Beim Lehrerwissen in diesem Sinne handelt es sich aber nicht um das Wissen des Lehrers, sondern um das Wissen des Forschers, der die Logik des *Handelns* (!) von außen rekonstruiert" (Neuweg, 2011, S. 452/453). Es ist also nicht das Wissen des Lehrers, welches direkt ersichtlich ist, vielmehr manifestiert sich das Wissen des Lehrers in der getätigten Handlung. Erst aus dieser kann der Forscher das entsprechende Wissen des Lehrers rekonstruieren.

3.3.1 Professionswissen

Nachdem die theoretischen Annahmen des Professionswissens als zentrale Komponente des Modells professioneller Handlungskompetenz kritisch dargelegt wurden, werden die drei aus der Forschungspraxis gängigen Dimensionen des Professionswissens (Fachübergreifendes pädagogisches Wissen, Fachwissen, fachdidaktisches Wissen) erörtert. Zuerst wird das fachübergreifende pädagogische Wissen (Kap. 3.3.1.1) beschrieben, da es über die Fächergrenzen hinweg bedeutsam für das Kerngeschäft des Unterrichtens ist. Anschließend werden das Fachwissen (Kap. 3.3.1.2) und das fachdidaktische Wissen (Kap. 3.3.1.3) sowie die drei weiteren Aspekte professioneller Kompetenz (Überzeugungen, Motivation, Selbstregulation) aufgegriffen (Kap. 3.3.2).

3.3.1.1 Fachübergreifendes pädagogisches Wissen

Das fachübergreifende pädagogische Wissen von Lehrkräften kann aufgrund seiner Inhalte als besonders bedeutsam angesehen werden. Es ist als „Wissen über die Gestaltung des Unterrichtsablaufs, die gemeinsame Stoffentwicklung, die Strukturierung von Unterrichtszeit und über das Klassenmanagement (Aufrechterhaltung von Disziplin) zu verstehen, ebenso wie Wissen über allgemeine Lehrmethoden, den Einsatz von Medien und Sozialformen des Unterrichts", so Bromme und Haag (2008, S. 809). Damit umfasst es verschiedene allgemeindidaktische Prinzipien wie z.b. Klassenführung oder Strukturierung von Unterricht, die in allen Unterrichtsfächern spezifiziert zum Einsatz kommen (Bromme, 1992, 1997; Shulman, 1986, 1987). Auf dieser Hintergrundfolie stellt das fachübergreifende pädagogische Wissen die Grundlage einer Profession dar, die das Unterrichten als Kerngeschäft bzw. zentrale berufliche Anforderung bezeichnet (Blömeke, 2002; Helmke, 2009; KMK, 2004a; Tenorth, 2006; Terhart, 2002). Je nach gewähltem Bezugsrahmen fällt die Inhaltsstruktur jedoch unterschiedlich aus. Tabelle 3 zeigt exemplarisch die gesamte inhaltliche Weite des fachübergreifenden pädagogischen Wissens.

Tabelle 3:   Inhaltsbereiche fachübergreifenden pädagogischen Wissens (in Anlehnung an Baumert & Kunter, 2011a, S. 39).

Inhaltsbereiche	Wissensfacetten
Konzeptuelles bildungswissenschaftliches Grundlagenwissen	Erziehungsphilosophische, bildungstheoretische und historische Grundlagen von Schule und Unterricht
	Theorie der Institution
	Psychologie der menschlichen Entwicklung, des Lernens und der Motivation
Allgemeindidaktisches Konzeptions- und Planungswissen	Metatheoretische Modelle der Unterrichtsplanung
	Fachübergreifende Prinzipien der Unterrichtsplanung
	Unterrichtsmethoden im weiten Sinne
Wissen über Unterrichtsführung und Orchestrierung von Lerngelegenheiten	Inszenierungsmuster von Unterricht
	Variation von Sozialformen und Methoden
	Effektive Klassenführung
	Sicherung einer konstruktiv-unterstützenden Lernumgebung
Wissen über fachübergreifende Prinzipien des Diagnostizierens, Prüfens und Bewertens	Lernen und Leisten: Grundlagen der Diagnostik, Prozessdiagnostik, Summatives Prüfen und Bewerten
Methodische Grundlagen empirischer Sozialforschung	

Auf dieser Grundlage können zudem drei Strukturierungsvorschläge voneinander abgegrenzt werden.

Erstens ein an normativen (Oser & Oelkers, 2001) bzw. curricularen (KMK, 2004a, 2004b; Terhart, 2000a, 2002) Vorstellungen ausgerichtetes fachübergreifendes pädagogisches Wissen. Dieses umfasst in einem eher weiten pädagogisch-philosophischen Sinne, neben bestimmten allgemeindidaktischen Prinzipien, auch Bereiche wie z.B. Schulkultur oder Erziehungsziele. Beiden Entwürfen wird eine hohe strukturelle Ähnlichkeit attestiert, die versucht, das Inhaltsspektrum (vgl. Tab. 3) möglichst vollständig abzudecken (Kunina-Habenicht et al., 2012, S. 652/653). Zwar sind sie weder metatheoretisch gerahmt noch begrifflich eindeutig fixierbar[15] (Baumert & Kunter, 2006, S. 479), sie dienen

---

15   Hier muss besonders darauf hingewiesen werden, dass beide Entwürfe (normativ und curricular legitimiert) aufgrund der nicht vorhandenen metatheoretischen Rahmung begriffssystematisch unsauber von fachübergreifenden Kompetenzen und nicht von eben solchem Wissen sprechen.

jedoch häufig als Ankerpunkt wissenschaftlicher Forschung zu Lehrerkompetenzen (König, 2012; König & Blömeke, 2009; Seifert & Schaper, 2012).[16] Zweitens wird unter Rekurs auf das Kerngeschäft Unterrichten ein enger gefasstes fachübergreifendes pädagogisch-psychologisches Wissen konzeptualisiert, das sich stärker an den Rahmenbedingungen des Unterrichtsgeschehens orientiert (vgl. Tab. 3). Grundlage hierfür sind Expertenbefragungen und die Verschränkung von Erkenntnissen der Allgemeinen Didaktik sowie Unterrichtsforschung (Darling-Hammond & Bransford, 2005; Ditton, 2000; Good & Brophy, 2007; Helmke, 2009; Seidel & Shavelson, 2007; Slavin, 1994). Hierauf basieren zwei Entwürfe. Einerseits unterscheiden Voss und Kunter (2011) folgende Wissensdimensionen: *Wissen um Klassenführung, Unterrichtsmethoden, Leistungsbeurteilung, Schüler.* Andererseits differenzieren König und Blömeke (2009): *Umgang mit Heterogenität, Strukturierung von Unterricht, Klassenführung, Motivierung, Leistungsbeurteilung.* Beide unterscheiden sich nur marginal voneinander. Ihnen gemeinsam ist der unmittelbare Bezug zur Unterrichtstätigkeit.

Drittens wird auf der Grundlage einer Delphi-Studie versucht, sämtliche Inhaltsbereiche dezidiert abzubilden, wobei hier nicht von pädagogischem, sondern von bildungswissenschaftlichem Wissen gesprochen wird. Folgende Inhaltsbereiche werden benannt: *Unterricht, Bildungssystem und Schulorganisation, Bildungstheorie, Lehrerberuf, Heterogenität und soziale Konflikte, Sozialisationsprozesse, Diagnostik und Evaluation, Lernprozesse, Entwicklungsprozesse* (Kunina-Habenicht et al., 2012; Terhart et al., 2012).

Der Unterschied zwischen den beiden letztgenannten Vorschlägen zeigt sich in der „Entfernung zur praktischen Berufs- und Unterrichtstätigkeit von Lehrkräften" (Baumert & Kunter, 2006, S. 484). So wird angenommen, dass Wissen über Klassenführung handlungsrelevanter für Lehrkräfte ist als z.B. erziehungsphilosophische oder bildungstheoretische Grundlagen von Schule und Unterricht. Diesen wird daher eine eher indirekte Bedeutung für das Lehrerhandeln zugeschrieben.

---

16   Interessanterweise scheint die Einschätzung von Schlee (1992, S. 559), die Neugestaltung der Lehrerbildung sei eher von politischen Mehrheitsverhältnissen, denn von „empirisch gewonnenen Erkenntnissen zur Wirksamkeit unterschiedlicher Modelle" abhängig auch heute noch aktuell zu sein.

3.3.1.2 Fachwissen

Neben dem fachübergreifenden pädagogischen Wissen gilt es als unstrittig, dass auch ein gewisses Maß an Fachwissen vorhanden sein muss, um erfolgreich als Lehrer arbeiten zu können. Dieses orientiert sich konzeptionell am *Handlungs-rahmen* des Schulfaches (Goodson, Hopmann & Riquarts, 1999). D.h., dass Lehrer ein vertieftes fachwissenschaftliches Verständnis ihres Unterrichtsfaches benötigen, das zwischen dem Niveau akademischen Forschungswissens und dem jeweils unterrichteten Niveau in der Schule liegt. Damit orientiert sich das Fachwissen an der akademischen Referenzdisziplin, besitzt aber durch das Curriculum und die Unterrichtspraxis eine eigene Struktur und Dignität (Deng, 2007; Goodson et al., 1999; Tenorth, 1999).

Die inhaltliche Wissensstruktur des Fachwissens muss daher in Abhängigkeit vom jeweiligen Unterrichtsfach erörtert werden, was als Domänenspezifizierung bezeichnet wird (Seifried & Ziegler, 2009; Shulman, 1991; Shulman & Sherin, 2004). Shulman (1991, S. 150) verdeutlicht dieses exemplarisch am Unterrichtsfach Biologie:

„(a) Biologie ist eine Wissenschaft, die bei den Molekülen beginnt [...]
(b) Biologie ist eine Wissenschaft, die von ökologischen Systemen ausgeht [...]
Biologie ist die Wissenschaft von den biologischen Organismen [...]
Der gut vorbereitete Biologielehrer kann solche und andere Formen der disziplinären Wissensorganisationen erkennen und die pädagogischen Argumente für die Auswahl einer bestimmten Strategie in einer bestimmten Situation benennen."

Analog müsste mit weiteren Unterrichtsfächern verfahren werden, um die fachinhaltliche Struktur offenzulegen.

Die Forschungslage zum Fachwissen muss jedoch insgesamt als wenig zufriedenstellend bezeichnet werden. Forschungsreviews hierzu entstammen größtenteils dem angloamerikanischen Raum (z.B. Cochran-Smith & Feiman-Nemser, 2008; Cochran-Smith & Zeichner, 2005; Lipowsky, 2006; Munby et al., 2001). Es liegen lediglich für den mathematisch-naturwissenschaftlichen Bereich wissenschaftlich abgesicherte Erkenntnisse vor. Für das Unterrichtsfach Sport sind erst in jüngerer Zeit Versuche unternommen worden, das Fach- als auch das fachdidaktische Wissen (Kap.3.3.1.3) unter der in Kapitel 3 zu

Grunde gelegten modelltheoretischen Perspektive inhaltlich zu beschreiben und näher zu untersuchen (Kehne, Seifert & Schaper, 2013).

So konstatieren einige Autoren einen positiven Zusammenhang zwischen Zertifizierungen, Studienabschlüssen und belegten fachwissenschaftlichen Kursen für das Unterrichtsfach Mathematik und entsprechenden Schülerleistungen (Darling-Hammond, 2000; Goldhaber & Anthony, 2004; Goldhaber & Brewer, 2000; Laczko-Kerr & Berliner, 2002; Wayne & Youngs, 2003; Wenglinsky, 2002).[17] Es zeigte sich ein *Deckeneffekt* (Monk, 1994; Monk & King, 1994), der besagt, dass ein gewisser Grad an Fachwissen beim Lehrer vorhanden sein muss, um hohe Schülerleistungen zu erreichen. Darüber hinausgehendes Fachwissen hatte jedoch keine weiteren positiven Effekte auf höhere Schülerleistungen. An diesen Ergebnissen wird jedoch bemängelt, dass sie maßgeblich über indirekte bzw. distale Indikatoren erzielt wurden: „Diese Indikatoren geben keine Auskunft über Inhalt, Struktur und Qualität des fachlichen Wissens und der Erklärungsabstand zu Unterrichtsprozessen sowie zum Lernfortschritt von Schülerinnen und Schülern ist groß", so Baumert und Kunter (2006, S. 490; ähnliche Anmerkungen auch in Lipowsky, 2006, S. 50/51; Hill, Rowan & Ball, 2005, 375/376). Über diese Indikatorproblematik hinaus bestehen methodische Schwächen, da lediglich wenige Studien die Einflüsse von weiteren Faktoren auf die Effektstärke der Variable Lehrperson statistisch kontrollieren (vgl. Wayne & Youngs, 2006, S. 91–93).

Aktuelle Ergebnisse aus Deutschland berücksichtigen diese Indikatorproblematik. Anhand von standardisierten Wissenstests konnten sie jene, über distale Indikatoren erfassten Ergebnisse, weitestgehend bestätigen (Blömeke, Kaiser et al., 2008; Blömeke et al., 2010a, 2010b; Kunter et al., 2011; Riese, 2009). Es wurde zum einen deutlich, dass das Fachwissen der Lehrer bedeutsam für die Schülerleistungen ist. Zum anderen zeigte sich die enge Verbindung zwischen Fach- und fachdidaktischem Wissen: „Mängel im Fachwissen limitierten die Entwicklungsmöglichkeiten fachdidaktischer Ressourcen", resümieren z.B. Baumert und Kunter (2011b, S. 185). Dieser Umstand bestätigt Shulmans Aussage (1991, S. 148): „Bloßes Fachwissen ist in pädagogischer Hinsicht vermut-

---

17 Da die deutsche Lehrerbildung grundsätzlich anders organisiert ist als die in den USA, sind jene Befunde nur begrenzt transferierbar (s. hierzu auch Kap. 3.6.1). Kann in Deutschland von einem abgeleisteten Studium ausgegangen werden, so ist es in den USA über von Bundesstaat zu Bundesstaat und Schulform zu Schulform verschiedene Zertifikate und Ausbildungsprogramme möglich, als Lehrer tätig zu sein (s. die Ausführungen in Darling-Hammond, 2000; Goldhaber & Brewer, 2000).

lich ebenso sinnlos wie inhaltsleere didaktische Fähigkeiten", womit eine Brü-
cke zum fachdidaktischen Wissen geschlagen ist.

3.3.1.3 Fachdidaktisches Wissen

Fachdidaktisches Wissen wird als die Repräsentationsform von Fachwissen
angesehen, die es Schülern ermöglicht, jenes schulisch relevante Fachwissen zu
verstehen:

> „Within the category of pedagogical content knowledge I include, for
> the most regularly taught topics in one's subject area, the most useful
> forms of representation of those ideas, the most powerful analogies, il-
> lustrations, examples, explanations, and demonstrations – in a word, the
> ways of representing and formulating the subject that make it compre-
> hensible to others." (Shulman, 1986, S. 9-10)

Demnach handelt es sich um schulfachspezifisches Übersetzungswissen, dass
z.B. über Erklärungen oder Darstellungen funktioniert. Es dient der kontextuell
adäquaten Darbietung, Übersetzung bzw. Integration des Fachwissens in den
Handlungsrahmen (vgl. Kap. 3.3.1.2) des jeweiligen Unterrichtsfaches (Bromme, 1995, S. 110/111; Neuweg, 2011, S. 457).

Darüber hinaus wird es als wichtig angesehen, dass fachdidaktisches Wissen
auch Kenntnisse über typische Lernschwierigkeiten bestimmter Fachinhalte
beinhaltet sowie Wissen über Vorkenntnisse, mit dem sich die jeweiligen Schüler an das Erlernen der Fachinhalte begeben (Shulman & Quinlan, 1996). Sowohl Shulman (1986, 1987) als auch Bromme (1992, 1995, 1997) machen darauf aufmerksam, dass das Darbieten des Fachwissens durch verständliche Re-
präsentationsformate wie z.B. Illustrationen, Erklärungen und dergleichen nicht
die einzige Funktion des fachdidaktischen Wissens ist. Ebenso gehört das curriculare Wissen hinzu,

> „vergleichbar der Arzneimittelkenntnis des Mediziners, bestimmt als die
> Kenntnis von Curricula einschließlich der ihnen korrespondierenden
> didaktischen Materialien und Medien sowie um Indikationen und Kon-
> traindikationen für ihren Einsatz in spezifischen Situationen." (Neuweg,
> 2011, S. 458)

Daher werden sowohl lehrbezogene (z.B. curriculare Aspekte) und lernprozess-bezogene Anforderungen (z.b. typische Fehlermuster von Schülern, Erklärungen, Aufgabenstellungen) als bedeutsam für die inhaltliche Ausgestaltung fachdidaktischen Wissens angesehen.

Die Forschungslage bezüglich des fachdidaktischen Wissens kann, ähnlich der zum Fachwissen, als heterogen bezeichnet werden. Sie beruht zumeist auf Untersuchungen aus dem mathematisch-naturwissenschaftlichen Bereich (z.b. Blömeke et al., 2010a, 2010b; Hill, Rowan & Ball, 2005; Hill, Schilling & Ball, 2004; Kunter et al., 2011; Riese, 2009). Gewissermaßen als Nebenprodukt (der Erforschung des mathematischen Fachwissens) sind somit Erkenntnisse zum fachdidaktischen Wissen bekannt geworden.

Es muss jedoch darauf hingewiesen werden, dass sich hier zwei verschiedene inhaltliche Konzeptionen fachdidaktischen Wissens gegenüber stehen. Auf der einen Seite wird, in Anlehnung an die Ausführungen Shulmans (1987, S. 8), angenommen, dass fachdidaktisches Wissen und Fachwissen im Sinne eines Amalgams gemeinsam veranlagt sind (Ball, 1990; Ball & Bass, 2000, 2003; Hill et al., 2005; Hill et al., 2004). Auf der anderen Seite werden sie getrennt voneinander behandelt (Blömeke, Kaiser et al., 2008; Blömeke et al., 2010a, 2010b; Kunter et al., 2011; Riese, 2009).

Unabhängig davon zeigt sich, das angehende Mathematiklehrer Schwierigkeiten haben, mathematisches Fachwissen angemessen in Lernaufgaben umzusetzen (Ball & Bass, 2000, 2003; Borko et al., 1992)[18]: „For example, Connie, a mathematics major, said she did not have any problems 'doing it' (i.e., inverting and multiplying to get the answer) but that she was not good at creating story problems" (Ball, 1990, S. 454).

Es ist zu erwarten, dass das fachdidaktische Wissen eine Vorhersagekraft für den Lernfortschritt von Schülern hat und maßgeblich die Unterrichtsqualität beeinflusst (Hill et al., 2005; Hill et al., 2004). Dieser Umstand deutet sich auch in neueren Studien in Deutschland an (Blömeke, Kaiser et al., 2008; Blömeke et al., 2010a, 2010b; Kunter et al., 2011; Riese, 2009). Damit wird erneut die Verbindung zwischen Fach- und fachdidaktischem Wissen als bedeutsam hervorgehoben (s. auch Kap. 3.3.1.2).

---

18 Ähnliches berichtet auch Ma (1999) von amerikanischen im Vergleich zu chinesischen Mathematiklehrern. Letztere konnten aufgrund ihres variantenreicheren Repräsentations- und Erklärungsrepertoires einen kognitiv anspruchsvolleren Unterricht anbieten, der darüber hinaus zu höheren Lernleistungen führte.

3.3.2 Weitere Aspekte professioneller Handlungskompetenz von Lehrern

Neben diesen bisher beschriebenen Wissensdimensionen gelten weitere Aspekte als bedeutsam für die professionelle Handlungskompetenz von Lehrern (vgl. Kap. 3.3). Diese sind insofern zwingend zu betrachten, als dass Lehrerhandeln nicht ausschließlich durch kognitive Dimensionen erklärt werden kann, sondern von einer mehrdimensionalen Profession ausgegangen wird. Hierfür kommen folgende Aspekte in Betracht: Motivationale Orientierungen (Kap. 3.3.2.1), selbstregulative Fähigkeiten (Kap. 3.3.2.2), Werthaltungen und Überzeugungen (Kap. 3.3.2.3) (z.b. Baumert & Kunter, 2006, 2011a; Connell et al., 2003; Dann, 2000; Lipowsky, 2006; Maag-Merki & Werner, 2011; Seifried & Ziegler, 2009).

3.3.2.1 Motivationale Orientierungen

Motivationale Orientierungen stellen einen weiteren zentralen Bereich dar, der die professionelle Handlungskompetenz von Lehrern entscheidend mit konstituiert. Motivation wird hierbei in Anlehnung an Rheinberg und Vollmeyer (2012, S. 14) als Fähigkeit, eine begründete Auswahl für oder gegen eigenes Verhalten zu treffen, dieses mit einem konkreten Ziel zu verbinden und sich zur Erreichung desselben anzustrengen und nicht davon ablenken zu lassen, verstanden. Sie liegt insofern als mehrdimensionales Konstrukt vor, da sie intrinsisch und extrinsisch begründet sein kann (Pintrich, 2003; Ryan & Deci, 2000). Ersteres meint, dass in der durchzuführenden Tätigkeit selbst genügend Anreize zur entsprechenden Ausführung liegen. Demgegenüber handelt es sich bei extrinsischer Motivation um Anreize, die außerhalb der eigentlichen Tätigkeit liegen und zur Ausführung derselben beitragen (Ryan & Deci, 2000, S. 57-60). Aufgrund der spezifischen beruflichen Anforderungsstruktur, die eine hohe Konzentration, Aufmerksamkeit, Frustrationstoleranz und die Fähigkeit, sich immer wieder mit neuen Situationen auseinander zu setzen beinhaltet, wird davon ausgegangen, dass eine hohe Motivation das Lehrerhandeln positiv befördern kann (Feldon, 2007; Kunter, 2011a; Oser & Baeriswyl, 2001). In der Lehrerforschung werden diesbezüglich zwei Arbeitsschwerpunkte unterschieden. Jene, die sich mit der intrinsischen Motivation (1), z.B. Berufswahlmotive und Enthusiasmus, beschäftigen und solche, die Selbstwirksamkeitserwartungen (2) fokussieren.

Die Frage nach den Berufswahlmotiven stellt als einen Teil der intrinsischen Motivation (1) den Ursprung der Erforschung motivationaler Orientierungen dar. Zudem wird er als hinlänglich belegt erachtet (Brookhart & Freeman, 1992; Lortie, 2002; Schaefers, 2002): „Generell dominieren die *intrinsischen* und hier insbesondere die *personalen- und beziehungsorientierten Motive*" (Rothland, 2011a, S. 277).[19] Insgesamt werden intrinsische und altruistische Beweggründe für die Aufnahme eines Lehramtsstudiums angenommen wie:

> „[...] abwechslungsreiche und interessante Tätigkeit, fachbezogene In-
> teressen, die Vermittlung von Wissen, erfahrungsbestimmte Motivatio-
> nen sowie die Möglichkeit, einen wichtigen gesellschaftlichen Beitrag
> zu leisten und sich selbst weiterzubilden [...]" (Pohlmann & Möller,
> 2010, S. 74).

Des Weiteren kristallisiert sich nach Differenzierung in einzelne Lehrämter eine Präferenz der Sekundarstufe-II-Lehrämter für die Wissensvermittlung heraus (Gröschner & Schmitt, 2008; Pohlmann & Möller, 2010; Terhart, Czerwenka, Ehrich, Jordan & Schmidt, 1994; Ulich, 2004). Im Sinne einer dispositionalen Komponente wird den Berufswahlmotiven bisweilen eine indirekte Wirkung auf den Ausbildungserfolg und der Berufszufriedenheit zugeschrieben (Brühwiler, 2001; Künsting & Lipowsky, 2011; Lipowsky, 2003; Mayr, 2010; Watt & Richardson, 2007). Um diese Annahmen zu bestärken, bedarf es jedoch weitergehender Untersuchungen, die die Berufswahlmotive erstens vor dem Zeitpunkt der Aufnahme eines Lehramtsstudiums und zweitens unter Kontrolle weiterer Variablen erfassen (Kunter, 2011a; Rothland, 2011a; Ziegler, 2009).

Als weiteres bedeutsames intrinsisch-motivationales Konstrukt wird der Enthusiasmus von Lehrern beschrieben. Dabei wird Enthusiasmus als ausdrucksstarke Vortragsweise bezeichnet, die sich durch positive Affektäußerungen auszeichnet (Rosenshine & Furst, 1973). Das bedeutet, dass enthusiastische Lehrer besonders positiv und dabei flexibel sowie schnell auf Gefühlsäußerungen ihrer Schüler reagieren, was wiederum als Prädiktor für höhere Schülerleistungen angesehen wird (z.B. Patrick, Hisley & Kempler, 2000; Rheinberg, Bromme, Minsel, Winteler & Weidenmann, 2001). Die Forschungsergebnisse

---

19 Es wird jedoch ebenso festgehalten, dass „die Befunde aufgrund der verwendeten unterschiedlichen Motivskalen nur bedingt miteinander verglichen werden können" (Rothland, 2011a, S. 290), weshalb die Ausführungen zwar als Konsens bezeichnet werden können. Es bedarf jedoch bei weiterer Forschung eines differenzierenden Blicks auf die eingesetzten Instrumente und Methoden.

sind jedoch derart angelegt, dass indirekt über Beobachtungen von Lehrern auf deren Verhalten geschlossen wird. In diesem Zusammenhang wird eine Differenzierung zwischen manifestem Verhalten und tatsächlichem inneren Erleben angemahnt (Kunter, 2011a, S. 532). Neuere Studien berücksichtigen dieses und behandeln Enthusiasmus als mehrdimensionales Konstrukt. Es wird in eine eher tätigkeitsbezogene (Enthusiasmus für das Unterrichten) und eine eher fachbezogene Dimension (Enthusiasmus für das Unterrichtsfach) des Enthusiasmus unterschieden (vgl. Kunter, 2011b; Kunter et al., 2008; Long & Hoy, 2006).

Im Kontext motivationaler Orientierungen spielen ebenso Selbstwirksamkeitserwartungen (2) von Lehrpersonen eine zentrale Rolle. Dabei handelt es sich um die subjektive Gewissheit, an sich gestellte Aufgaben aufgrund eigener Fähigkeiten bewältigen zu können:

> „Efficacy beliefs influence how people feel, think, motivate themselves, and behave. Self-efficacy beliefs produce these diverse effects through four major processes. They include cognitive, motivational, affective, and selection process. Each of these processes is analyzed in the sections that follow." (Bandura, 1993, S. 118)

Das Konzept der Selbstwirksamkeitserwartungen beruht auf der sozial-kognitiven Theorie Banduras, die besagt, dass subjektive Überzeugungen von kognitiven, motivationalen, emotionalen und aktionalen Prozessen gesteuert werden. Insbesondere zwei Dinge sind in diesem Kontext als zentral anzusehen: Zum einen der Zusammenhang aus Handlung und erwarteter Konsequenz und zum anderen das individuelle Vorhandensein von Handlungen zur Bewältigung bestimmter Situationen (vgl. Bandura, 1992, 1993, 2001). Das bedeutet einerseits, dass man weiß, man besteht eine Prüfung, wenn man ein bestimmtes Buch studiert hat. Andererseits fühlt man sich aufgrund eigener Fähigkeiten in der Lage, ein relevantes Buch zu studieren und eine Prüfung zu bestehen, auch wenn es einen hohen Arbeitsaufwand bedeutet. Letzteres erfasst somit die persönliche Einschätzung und Bewertung eigener Handlungsmöglichkeiten und wird daher als zentrale Komponente der Selbstwirksamkeit angesehen (vgl. Warner & Schwarzer, 2009, S. 629). Zudem wird angenommen, dass sich Personen mit gleichen Fähigkeiten und höheren Selbstwirksamkeitserwartungen gegenüber solchen mit geringeren Selbstwirksamkeitserwartungen durch ein effektiveres Arbeitszeitmanagement, größere Anstrengungsbereitschaft und Ausdauer, höhere strategische Flexibilität sowie selbstwertförderliche Ursachenzuschreibungen auszeichnen (Bandura, 1997; Schunk, 1995).

Vergleichbare Ergebnisse werden auch für das Lehrerhandeln konstatiert. So konnte gezeigt werden, dass höhere Selbstwirksamkeitserwartungen sowohl für einzelne Lehrer als auch im Kollektiv eine protektive Wirkung gegenüber beruflichem Stress darstellen. Sie gehen einher mit einem ausgeprägteren Engagement und höherer Berufszufriedenheit (Schmitz & Schwarzer, 2002; Schwerdtfeger, Konermann & Schönhofen, 2008; Skaalvik & Skaalvik, 2010; Warner & Schwarzer, 2009). Daher können sie auch als Resilienzfaktor zur Bewältigung längerfristiger beruflicher Beanspruchungen interpretiert werden, womit sie eine Schnittmenge zu den selbstregulativen Fähigkeiten aufweisen (vgl. Kap. 3.3.2.2).

3.3.2.2 Selbstregulative Fähigkeiten

Die Fähigkeit zur Selbstregulation wird als verantwortungsvoller Umgang mit den eigenen persönlichen Ressourcen verstanden. Hierzu zählen der effektive Umgang mit den Herausforderungen der beruflichen Tätigkeit und das subjektive Belastungsempfinden diesbezüglich. So liegt z.b. bei einem ausbalancierten Selbstregulationsstil eine hohes berufliches Engagement bei gleichzeitiger Distanzierungsfähigkeit vor (Maslach, Schaufeli & Leiter, 2001; Schaarschmidt & Kieschke, 2007a).

Es wird angenommen, dass hohe selbstregulative Fähigkeiten einen positiven Einfluss auf den Umgang mit beruflichen Herausforderungen haben und sich in einem subjektiv geringer ausgeprägten Belastungsempfinden zeigen. Gegenteiliges führt zu einer Überforderung: „[...] low levels of hardiness, poor self-esteem, an external locus of control, and an avoidant coping style typically constitute the profile of a stress-prone individual" (Maslach et al., 2001, S. 410). Wird die subjektiv erlebte Belastung durch berufliche Herausforderungen als gering wahrgenommen, gilt dies als Prädiktor für einen dauerhaften Verbleib im Beruf (Guglielmi, 2001; Rudow, 1999). Demnach können selbstregulative Fähigkeiten, ähnlich wie Selbstwirksamkeitserwartungen (vgl. Kap. 3.3.2.1), als persönliche Ressource interpretiert werden.

Diese Ergebnisse konnten für den Lehrerberuf unter Nutzung eines von Schaarschmidt und Fischer (2008) (s. hierzu Kap. 4.1.1.2) entworfenen Instruments in verschiedenen Studien bestätigt werden. Demnach zeigt sich eine Passungsproblematik zwischen dem beruflichen Engagement von Lehrern und der Fähigkeit, sich von dieser Tätigkeit zu distanzieren (Schaarschmidt, 2005a; Schaarschmidt & Kieschke, 2007a; Schubarth et al., 2007). Hohe selbstregulative Fähigkeiten hängen darüber hinaus mit einer konstruktiv unterstützenden und kognitiv aktivierenden Unterrichtsführung zusammen (Klusmann, Kunter, Trautwein & Baumert, 2006). Kritisiert wird an diesen Forschungen, dass sie selbstregulative Fähigkeiten über individuelle bzw. personale Merkmale operationalisieren, „welche die kognitive Auseinandersetzung mit den Stressoren und den Abgleich mit den vorhandenen individuellen Ressourcen betonen" (Rothland & Terhart, 2010, S. 803). Eine Erweiterung des Forschungsspektrums um z.b. strukturelle Merkmale des Arbeitsplatzes, die ebenso zu Belastungen führen können, wird ebenso gefordert (Klusmann, 2011b; Rothland, 2007, 2009) wie längsschnittliche Untersuchungen ohne/mit Interventionen, die geeignet sind, Aussagen über die Veränderbar- und Modifizierbarkeit von selbstregulativen Fähigkeiten treffen zu können (Klusmann, 2011a; Krause, Dorsemagen & Alexander, 2011; Schaarschmidt, 2009).

3.3.2.3 Werthaltungen und Überzeugungen

Was Werthaltungen und Überzeugungen ausmacht, kann exemplarisch anhand von Pajares (1992, S. 309) verdeutlicht werden:

> „For example, a teacher may believe that students who fail are simply lazy; another teacher may believe that learning math is a function of drilling. Existential presumptions are perceived as immutable entities that exist beyond individual control or knowledge. People believe them because, like Mount Everest, they are there."

Hiernach wird erstens angenommen, dass ihr Einfluss größer sein kann als das Wissen über eine Sache selbst. Zweitens wird die Trennung zwischen Werthaltungen und Überzeugungen und Wissen als kategorial aufgefasst. Im Vergleich zum Wissen müssen sie nicht diskursiv validierbar oder widerspruchsfrei sein (vgl. auch Fenstermacher, 1994). Entscheidend ist der individuelle Glaube an die Richtigkeit, hierdurch tragen Überzeugungen einen hohen subjektiven Wert. Wenngleich sie in die vier Teilbereiche epistemologische Überzeugungen, subjektive Theorien, Zielsysteme für Curriculum und Unterricht und Wertbindungen differenziert werden, besteht doch mit einer kompetenztheoretischen Perspektive primär an den ersten beiden größeres Forschungsinteresse (vgl. Lipowsky, 2006; Reusser, Pauli & Elmer, 2011). Diese werden daher im Folgenden vorgestellt und zwar zuerst epistemologische Überzeugungen (1) und daran anschließend subjektive Theorien über Lehren und Lernen (2). Für Wertbindungen (z.B. Oser, 1998, 2009; Reichenbach, 1994; Reichenbach & Oser, 1998) und Zielsysteme für Curriculum und Unterrich (z.B. Schoenfeld, 1998; Schoenfeld, Minstrell & Zee, 2000) sei auf entsprechende Quellen verwiesen.

Epistemologische Überzeugungen (1) bezeichnen die Vorstellungen von Wissen bzw. den Erwerb des Wissens (vgl. Lipowsky, 2006; Richardson, 1996; Voss, Kleickmann, Kunter & Hachfeld, 2011): „Epistemological thinking is described as a cognitive process, as in epistemic cognition or epistemic reflection, or simply as ways of knowing, which involve the ways in which individuals think about the process of knowing" (Hofer & Pintrich, 1997, S. 116–117). Demnach können epistemologische Überzeugungen kognitive Prozesse entscheidend vorstrukturieren (Duell & Schommer-Aikins, 2001; Köller, Baumert & Neubrand, 2000). Mit Blick auf die Lehrerforschung konnte gezeigt werden, dass Unterschiede in der Unterrichtssteuerung zwischen Studierenden und Lehrern im Beruf auf epistemologische Überzeugungen zurückgehen (Seifried, 2009).

Subjektive Theorien über Lehren und Lernen (2) als ein weiterer Teilbereich von Werthaltungen und Überzeugungen umfassen: „Kognitionen der Selbst- und Weltsicht als komplexes Aggregat mit (zumindest impliziter) Argumentationsstruktur, das die zu objektiven (wissenschaftlichen) Theorien parallelen Funktionen der Erklärung, Prognose und Technologie erfüllt" (Groeben & Scheele, 1982, S. 16). Subjektive Theorien sind hiernach gekennzeichnet durch strukturelle Ähnlichkeit zu wissenschaftlichen Theorien. Der Hauptunterschied liegt jedoch darin begründet, dass sie häufig aus eigenen Erfahrungen entstehen und implizit vorliegen; damit sind sie aus rationaler Perspektive schwer zugänglich (Dann, 2000). Auf dieser Grundlage kann z.B. eine parallel zu wissenschaftlichen Theorien des Lernens vorhandene subjektiv eingefärbte Theorie des Lernens das Handeln eines Lehrers gezielt prägen und beeinflussen. Diese Annahmen konnten für das Lehrerhandeln bereits in unterschiedlichen Konstellationen bestärkt werden (Borko & Putnam, 1996; Scheele & Groeben, 1988; Schoenfeld, 1998; Torff & Warburton, 2005).

Da beide Konstrukte, epistemologische Überzeugungen und subjektive Theorien des Lehrens und Lernens, konzeptionell eng beieinander liegen, werden sie in neueren Untersuchungen integrativ betrachtet. So nahmen transmissive Vorstellungen von angehenden Lehrern in der Lehrerbildung zu Gunsten konstruktionsorientierter ab. Ebenso kam es zu einer Distanzierung von traditionell-direktiven Unterrichtsvorstellungen in Richtung eigenverantwortlichen Lernens der Schüler. Diese Zusammenhänge finden sich jedoch eher für Sekun-

darstufe-I-Lehrämter, was auf die höhere fachspezifische Ausrichtung der Sekundarstufe-II-Lehrämter zurückgeführt wird (Blömeke, Kaiser et al., 2008;
Hartinger, Kleickmann & Hawelka, 2006; Vehmeyer, Kleickmann & Möller,
2007). Es bedarf allerdings weiterer Studien mit elaborierteren Forschungsde-
signs in diesem Bereich, um jene Ergebnisse zu bestärken (Helmke, 2009;
Künsting, Billich & Lipowsky, 2009; Reusser et al., 2011; Sembill & Seifried,
2009).

3.3.3 Fazit zum Modell professioneller Handlungskompetenz von Lehrern

Das Modell professioneller Handlungskompetenz von Lehrern konzeptualisiert
vor dem Hintergrund der Erkenntnisse der Expertiseforschung (vgl. Kap. 2.3.2)
ein generisches Strukturmodell, das das Unterrichten als Kerngeschäft von Lehrern (Blömeke, 2002; Helmke, 2009; KMK, 2004a; Tenorth, 2006; Terhart,
2002) in den Mittelpunkt stellt. Es verbindet die Ansprüche einer mehrdimensionalen kompetenzorientierten Profession (vgl. Kap. 3.2.4) mit einer Anforderungsanalyse beruflicher Tätigkeiten. Kognitive Dispositionen werden als
Kernmerkmal aufgefasst, die sich maßgeblich an den Vorarbeiten von Shulman
(1986, 1987) und Bromme (1992, 1995) orientieren. Wenngleich Unklarheiten
in Bezug auf die strukturbildenden Dimensionen, die verschiedenen Wissenstypen und ihre mentalen Repräsentation bestehen (z.B. Besser & Krauss, 2009;
Neuweg, 2011; Reinisch, 2009), hat sich in der Forschungspraxis eine Differenzierung in fachübergreifendes pädagogisches Wissen, Fachwissen und fachdidaktisches Wissen durchgesetzt (u.a. Helmke, 2009; Lipowsky, 2006; Rothland
& Terhart, 2010). Der Forschungsstand zu den fachübergreifenden und fachspezifischen Kompetenzbereichen ist, abhängig vom jeweils fokussierten Unterrichtsfach sehr heterogen, am fundiertesten jedoch im mathematisch-naturwissenschaftlichen Bereich. Für das Unterrichtsfach Sport datiert ein Entwurf aus
jüngerer Zeit (Kehne et al., 2013).
     Ähnlich verhält es sich mit den weiteren Aspekten – Selbstregulative Fähig-
keiten, Werthaltungen und Überzeugungen, Motivationale Orientierungen – die
zusammen mit den kognitiven Dispositionen das Modell professioneller Handlungskompetenz vervollständigen. Auch wenn diese z.T. nicht hinlänglich erforscht sind, wird ihnen eine Bedeutsamkeit für das Lehrerhandeln zugeschrieben. Wie beim Forschungsstand zu den kognitiven Dispositionen liegen auch
hier primär Studien aus dem mathematisch-naturwissenschaftlichen Fächer-

spektrum vor. Diesen ist gemeinsam, dass sie die jeweiligen Aspekte zumeist in isolierter Form betrachten, ohne den Kontext des Kompetenzmodells zu berücksichtigen, sodass weitere Forschung notwendig ist (u.a. Kunter, 2011a; Reusser et al., 2011; Rothland, 2009). Auf dieser Folie müssen Fragen danach, wie sämtliche Dimensionen des Lehrerhandelns, kognitive eingeschlossen, zueinander stehen und wie sie sich bei der Entwicklung einer professionellen Handlungskompetenz von Lehrern untereinander beeinflussen, weitestgehend offen bleiben.

Trotz der thematisierten theoretischen Schwächen, die weder hier noch an anderen Stellen zufriedenstellend aufgelöst werden können, folgt die vorliegende Arbeit dem begrifflichen (Kap. 3.2.4) wie modelltheoretischen (Kap. 3.3) Verständnis einer professionellen Handlungskompetenz von Lehrern insofern, dass zwischen fachübergreifenden und fachspezifischen Kompetenzen unterschieden werden kann. Für beide sind spezifische Wissensdimensionen sowie weitere Aspekte (Überzeugungen, Motivation, Selbstregulation) von Bedeutung. Wenngleich der Schwerpunkt der vorliegenden Arbeit auf den fachübergreifenden Kompetenzen von Lehrern liegt, erlaubt die generische Struktur des Kompetenzmodells doch eine fachspezifische Ausgestaltung der hier nicht fokussierten fachspezifischen Kompetenzen. Von Bedeutung ist darüber hinaus die Erlernbarkeit von Kompetenzen, die als Auftrag an die einzelnen Phasen der Lehrerbildung gestellt wird, weshalb dieser Aspekt im Anschluss thematisiert wird (Kap. 3.4).

3.4 Entwicklung professioneller Handlungskompetenz als Auftrag der Lehrerbildung

In Kapitel 3.3 ist dargelegt worden, wie ein Modell professioneller Handlungskompetenz von Lehrern inhaltlich ausgestaltet sein kann. Es stellt sich nunmehr die Frage nach der Entwicklung einer solchen Profession. Unter Rückgriff auf die Erkenntnisse der Expertiseforschung (vgl. Kap. 2.3.2) ist bekannt, dass die Kompetenzentwicklung einer systematischen und reflektierten Praxis über einen langen Zeitraum bedarf (Berliner, 2001): „Professionalität entwickelt sich nicht als beiläufige Folge von Praxis" konstatieren daher Halbheer und Reusser (2009, S. 466). Vielmehr ist davon auszugehen, dass sich die Professionalität von Lehrern systematisch entwickelt und hierzu rahmende Bedingungen notwendig sind. So wird den einzelnen Phasen der Lehrerbildung ein maßgeblicher

Anteil an der Professionsentwicklung zugeschrieben, „in deren Verlauf eben diese Kompetenzen erworben werden sollen (Lehrerbildung)" (Terhart, 2002, S. 10), die die Profession im Kern auszeichnen. Es wird ein Entwicklungsverlauf unterstellt, der sich im Sinne einer berufsbiographischen Perspektive über die drei Phasen der Lehrerbildung, der ersten an der Universität, der zweiten im Referendariat und der dritten im Berufsleben selbst erstreckt, denn, so Terhart (2000a, S. 79):

> „Die Notwendigkeit einer ständigen professionellen Weiterentwicklung ist freilich ein Kennzeichen moderner Professionen, das in besonderer Weise für den Lehrerberuf gilt. In einer Wissensgesellschaft haben speziell diejenigen, die lehren, niemals ausgelernt."

Aus dieser berufsbiographischen Perspektive betrachtet trägt jede Phase der Lehrerbildung durch ihre spezifischen Lerngelegenheiten und Zielsetzungen zu einem kumulativen Aufbau von Kompetenzen bei, um die Ziele der Lehrerbildung zu erreichen. Es ist nicht das Ziel der Erstausbildung, unabhängig ob hier die erste oder die zweite Phase der Lehrerbildung betrachtet wird, „fertige" Lehrer zu generieren.

Inhaltlich wird daher angenommen, dass die erste Phase der Lehrerbildung primär für die Vermittlung von wissenschaftlichem Grundlagenwissen zum späteren Berufsfeld zuständig ist. Hinzu kommt die Reflexionsfähigkeit über Sachthemen sowie über die eigene Person, die Kommunikationsfähigkeit über z.B. Schwierigkeiten des beruflichen Handelns sowie die Urteilsfähigkeit in Bezug auf pädagogisch verantwortbare Entscheidungsfragen (Terhart, 2002, S. 30). Insgesamt ergibt sich eine klare phasenspezifische Kontur, die der ersten Phase der Lehrerbildung die Theorievermittlung zuschreibt, denn: „Reflexionsfähigkeit ist nicht in der Teilnahme am, sondern nur in Distanz zum Gegenstand zu erwerben", so Neuweg (2004, S. 21).

Demgegenüber kennzeichnet Terhart (2000a, S. 79) das Lernen in der zweiten wie auch der dritte Phasen der Lehrerbildung als Lernen „on the job" und weniger als „förmliches Lernen" (ebd.) wie noch zuvor. Das Erlernen einer Handlungsgrammatik (Neuweg, 2004, S. 20/21), die über die Erfahrungen mit konkreten beruflichen Situationen entsteht und durch das in der ersten Phase erworbene wissenschaftliche Grundlagenwissen reflektiert und beurteilt wird, ist hier zentral.

Es besteht jedoch Einigkeit darüber, dass neben diesen inhaltlich skizzierten und institutionalisierten Lerngelegenheiten der Lehrerbildung weitere Faktoren zum Kompetenzerwerb beitragen (Cramer, 2012; Hascher, 2011; König & Seifert, 2012b; Kunter et al., 2011; Oser & Oelkers, 2001). Abbildung 3 veranschaulicht diesen Zusammenhang.

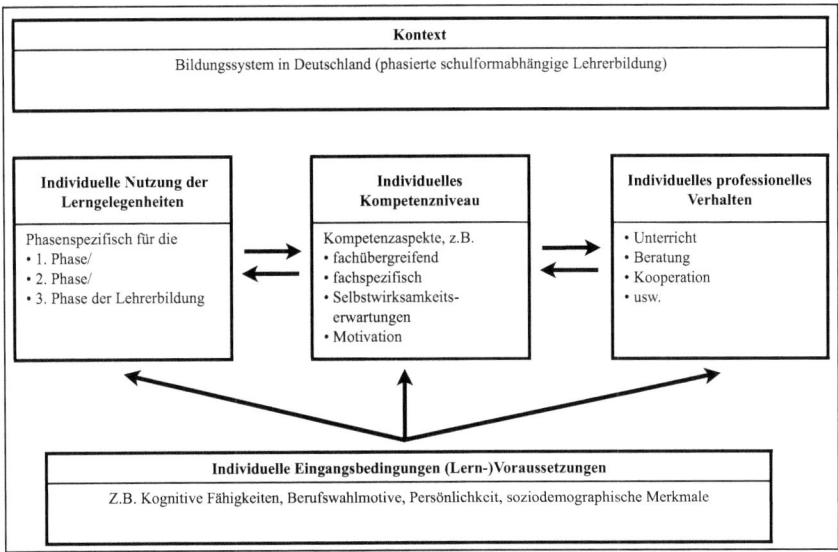

Abbildung 3:   Schematisches Angebots-Nutzungs-Modell der Kompetenzentwicklung in der Lehrerbildung in Anlehnung an Kunter, Kleickmann, Klusmann & Richter, 2011, S. 59 (eigene Darstellung).

Um diese Annahmen zur Kompetenzentwicklung nachvollziehen bzw. überprüfen zu können, bedarf es jedoch geeigneter Verfahren zur Kompetenzerfassung, die im Folgenden (Kap. 3.5) vorgestellt werden.

So beginnen angehende Lehrer ihr Studium mit individuell unterschiedlichen Voraussetzungen (z.B. Berufswahlmotive, kognitive Fähigkeiten etc.). Mit diesen nehmen sie die Lerngelegenheiten der jeweiligen Lehrerbildungsphasen im Sinne des *Angebots-Nutzungs-Konzepts* (vgl. Fend, 2008c; Helmke, 2009) unterschiedlich wahr, was dementsprechend in einem individuell ausgeprägten Kompetenzniveau mündet und damit die Basis für das spätere professionelle Verhalten (z.B. Unterrichten) darstellt. So gesehen handelt es sich um die individuelle Ebene der Wirksamkeit von Lehrerbildung, welche weiterhin um die institutionelle und systemische Ebene ergänzt werden kann. Schließlich wird angenommen, dass sowohl die Bedingungen der institutionellen Ebene (z.b. einer lehrerbildenden Institution) einen Einfluss auf die Kompetenzentwicklung haben wie auch jene der systemischen (z.b. die gestufte Lehrerbildung in Deutschland im Vergleich zur staatlichen Zertifizierung im angloamerikanischen Raum; vgl. Kap. 3.6.1). Zusammengenommen ergibt sich ein Mehrebenenmodell der Wirksamkeit (gemessen am individuellen Kompetenzerwerb) von Lehrerbildung, das zwischen der systemischen, institutionellen und individuellen Ebene unterscheidet (Blömeke, Kaiser, et al., 2008; Blömeke et al., 2010a, 2010b).

3.5 Zur Erfassung von Kompetenzen

Die Erfassung, Beurteilung und Bewertung der Kompetenzen von Lehrern im Sinne einer empirischen Kompetenzmessung bzw. -bilanzierung gilt als diffizil (Blömeke, 2007; Hartig, 2008; Hartig & Klieme, 2006). Das liegt nicht zuletzt am Nicht-Vorhandensein geeigneter Instrumente bzw. Verfahren der Erfassung: „Gemessen am derzeitigen Stand der Forschung ist allerdings immer noch ein Fehlen an geeigneten Verfahren zu konstatieren [...]" (König & Seifert, 2012a, S. 9).

Nichtsdestotrotz sind für die in dieser Arbeit fokussierten fachübergreifenden pädagogischen Kompetenzen sowohl aus internationalen als auch nationalen Forschungen verschiedene methodische Zugänge bekannt. Am häufigsten wurden subjektive (z.B. Fremd- bzw. Selbsteinschätzungen von Kompetenzen), weniger objektive Verfahren (Testaufgaben) eingesetzt (Frey, 2006; Prondczynsky, 2001; Schaefers, 2002).

Unter den subjektiven Verfahren dominieren Selbsteinschätzungsverfahren, bei denen die Befragten ihre Kompetenzen auf einer bestimmten Skala selbst angeben. Ein Instrument, das derart verfährt, sind die sogenannten Standardgruppen von Oser und Oelkers (2001). Mit Hilfe eines dreiphasigen Delphi-Verfahrens[20] wurden thematisch unterschiedliche Kompetenzbereiche, so ge-

---

20 Hierbei werden Kompetenzen über Expertengespräche zusammengestellt und einem mehrphasigen Rating von weiteren Experten unterzogen, sodass an dessen Ende ein fundierter Kompetenzkatalog zusammengestellt ist. Die Gruppe um Oser ist in drei Schritten vorgegangen: Erste Kompetenzformulierungen durch Fachdidaktiker und Didaktiker, welche in einem weiteren Schritt durch Ratings (absolut notwendig vs. nicht notwendig) reduziert wurden und letztlich weitere Reduktion durch Didaktiker und Lehrer (Oser, 2001, S. 229/230).

nannte Standardgruppen, entwickelt (s. hierzu Kap. 4.1.1.1). Diesen Standard-gruppen liegt ein weites Begriffsverständnis zu Grunde (vgl. Kap. 3.3.1.1), weswegen sie über das Kerngeschäft Unterrichten hinausgehen. Ihr Einsatz hat sich in den unterschiedlichsten Phasen der Lehrerbildung, international wie national, bewährt (z.b. Baer et al., 2007; Gehrmann, 2007; Larcher, Susanna et al., 2010; Oser & Oelkers, 2001; Rauin & Meier, 2007).

In vergleichbarer Weise funktionieren Instrumente (z.b. Gröschner & Schmitt, 2012; Schubarth et al., 2007), die sich jedoch stark an den Ausführun-gen der KMK (2004a, 2004b) orientieren und damit ebenfalls ein weites Be-griffsverständnis unterstellen Diese Verfahren sind jedoch erst in geringem Maße und durch die konzeptionelle Gebundenheit nur im nationalen Raum ein-gesetzt worden (König & Tachtsoglou, 2012; Oesterhelt, Gröschner, Seidel & Sygusch, 2012; Schubarth et al., 2007, 2010).

Neben diesen beiden existieren weitere, häufig lokal entworfene Verfahren, die hierdurch jedoch kaum anschlussfähig an theoretische Vorüberlegungen bzw. vergleichbar zu anderen Forschungsergebnissen sind und den „Verdacht unkontrollierter ad hoc-Entwicklung manchmal nur schwer ausräumen" (Blö-meke, 2007, S. 15). Deswegen werden sie an dieser Stelle nicht gesondert er-wähnt (zu dieser Problematik ausführlich Strietholt & Terhart, 2009; Terhart, 2002).

Grundsätzlich werden Kompetenzselbsteinschätzungen als Maß für Selbst-wirksamkeitserwartungen (vgl. Kap. 3.3.2.1) interpretiert (Bandura, 1997; Bong & Skaalvik, 2003). „Sie bringen zum Ausdruck, was sich die Befragten in einer komplexen, von unterschiedlichsten Herausforderungen und Einschränkungen geprägten Praxis zutrauen", so Abs (2007, S. 71). Somit informieren Selbstein-schätzungen über das berufliche Selbstverständnis der Befragten. Dies wiegt umso schwerer, da es empirische Evidenz dafür gibt, dass sich positive Selbst-wirksamkeitserwartungen günstig auf verschiedene Facetten des Lehrerhan-delns auswirken (Schmitz & Schwarzer, 2002; Schulte, Bögeholz & Water-mann, 2008; Warner & Schwarzer, 2009). Weitgehend ungeklärt ist jedoch, inwiefern sich Kompetenzselbsteinschätzungen im Zeitverlauf entwickeln. Diesbezüglich werden längsschnittliche Untersuchungen gefordert (König & Tachtsoglou, 2012, S. 297).

Zudem wird diesen Verfahren unterstellt, dass sie nicht die gängigen Testgü-tekriterien erfüllen, da Kompetenzselbsteinschätzungen nicht der tatsächlichen Kompetenz entsprechen müssen. Sie fordern den Befragten ab, sich retrospektiv realistisch, nicht sozial erwünscht und auch nicht im Sinne von Akquieszenz zu beurteilen. Somit unterliegen sie naturgemäß subjektiven Urteilsverzerrungen (Abs, 2007; Cramer, 2010; Frey, 2006; Terhart, 2009). Damit eignen sie sich nur bedingt als diagnostische Verfahren der Kompetenzerfassung, da sie keine „kriteriumsorientierte Beschreibung" (Hartig & Klieme, 2006, S. 133) der Einschätzungswerte zulassen. D.h. es ist auf dieser Grundlage nicht möglich, zu folgern, welche beruflichen Anforderungen eine Person mit hoher oder geringer Kompetenzeinschätzung bewältigen kann.

Daher werden objektive, testdiagnostische Verfahren gefordert (Cramer, 2010; König & Blömeke, 2009; Kunina-Habenicht et al., 2012), die eine standardisierte und kriteriumsorientierte Erfassung fachübergreifender pädagogischer Kompetenzen ermöglichen. Derartige Verfahren sind erst ansatzweise eingesetzt worden und zwar sowohl international vergleichend (Blömeke, Kaiser et al., 2008; Blömeke et al., 2010a, 2010b) als auch auf nationaler Ebene (Kunter et al., 2011).

Erst in jüngerer Zeit sind weitere testdiagnostische Verfahren entwickelt worden. Sie unterscheiden sich in Bezug auf ihre Konzeptualisierung eines eher engen oder weiten Begriffsverständnisses (vgl. Kap. 3.3.1.1). Auf der Grundlage des internationalen Ansatzes von Blömeke et al. (2008; 2010a, 2010b) wurde ein Testinstrument (weiter-)entwickelt (König, 2012; König & Blömeke, 2009), das ein enges Verständnis pädagogischen Wissens zu Grunde legt, das sich am Kerngeschäft Unterrichten orientiert wie es auch Voss und Kunter (2011) vornehmen. Die inhaltliche Ausdifferenzierung orientiert sich an Text- und Dokumentenanalysen, die den wissenschaftlichen Diskurs einerseits und das erziehungswissenschaftliche Curriculum an den Hochschulen andererseits berücksichtigen. Letzteres liegt auch dem eher weit konzeptualisierten Entwurf von Seifert et al. (2009; 2010) zu Grunde. Sie sprechen explizit von bildungswissenschaftlichem Wissen, um „den pädagogischen Horizont des Berufsfeldes ‚Lehrerin/Lehrer' möglichst umfassend abzubilden [...]" (Seifert & Schaper, 2012, S. 184). Ein ähnlich weites Verständnis bildungswissenschaftlichen Wissens nehmen auch Kunina-Habenicht et al. (2012) an, wenn sie dieses auch anders entwickeln. Wie bei Oser und Oelkers (2001) kommt auch hier ein dreiphasiges Delphi-Verfahren zum Einsatz. So entstand aus einer umfassenden Dokumentenanalyse eine Themenliste, die von unterschiedlichen Experten der ersten und zweiten Lehrerbildungsphase bewertet wurde, um hierdurch einen Konsens relevanter bildungswissenschaftlicher Themenkomplexe zu generieren (Kunina-Habenicht et al., 2012, S. 661/662).

Tabelle 4 stellt die Inhaltsbereiche der ausgewählten (objektiven) Verfahren den Kompetenzbereichen der KMK (2004a) gegenüber.[21] Dies geschieht mit der Absicht, die (bildungspolitische) Weite fachübergreifender Kompetenzaspekte abzubilden und die jeweiligen Schwerpunkte der Verfahren zu verdeutlichen.

Tabelle 4: Gegenüberstellung von Inhaltsbereichen ausgewählter Testverfahren mit den bildungswissenschaftlichen Kompetenzbereichen der KMK (2004a) in Anlehnung an Seifert und König (2012, S. 217).

Kompetenzbereiche Bildungswissenschaften (KMK, 2004a)	Test zur Erfassung bildungswissenschaftlichen Wissens (Kunina-Habenicht et al., 2012)	Test zur Erfassung bildungswissenschaftlichen Wissens (Seifert et al., 2009; Seifert & Schaper, 2010)	Test zur Erfassung pädagogischen Unterrichtswissens (König & Blömeke, 2009; ähnlich auch in Voss & Kunter, 2011)
	Unterrichtsdidaktik		Umgang mit Heterogenität
			Strukturierung von Unterricht
Unterrichten	Lernen/Entwicklung	Unterricht und Allgemeine Didaktik	
			Klassenführung/ Motivierung
Erziehen	Bildungstheorie	Erziehung und Bildung	
Beurteilen	Diagnostik und Evaluation		Leistungsbeurteilung
	Schulpädagogik	Schulentwicklung und Gesellschaft	
Innovieren			

Diesen objektiven Verfahren gemeinsam ist die Ausdifferenzierung der Kompetenzskala (s. Abb. 4). Sie „wird unter dieser Prämisse in Abschnitte bzw. Stufen der Kompetenzbeherrschung aufgeteilt, die eine kriteriumsorientierte Interpretation von Testwerten erlaubt" (Schaper, 2009, S. 175). Hierdurch werden auf der Skala des Modells, neben den Kompetenzen der getesteten Personen, auch die Schwierigkeiten der Aufgaben abgebildet, was formal der Probabilistischen Testtheorie bzw. der *Item-Response-Theorie* (IRT) entspricht. Mit Hilfe der IRT

---

21 Die Zuteilung kann hier nur allgemein erfolgen und geschieht in dem Wissen, dass sich einige Inhaltsbereiche vergleichsweise gut, andere weniger gut zuordnen lassen. Für den hier verfolgten Zweck einer Gegenüberstellung scheint die inhaltliche Zuordnung jedoch geeignet und legitim.

ist es möglich, über die Antworten der Testitems auf zu Grunde liegende Merkmale von Personen, so z.B. Kompetenzausprägungen, zu schließen.[22] Die Wahrscheinlichkeit, ein Testitem erfolgreich zu beantworten, hängt damit von der Schwierigkeit des Testitems selbst, als auch von den Merkmalen, hier des Kompetenzniveaus der Testperson, ab.[23]

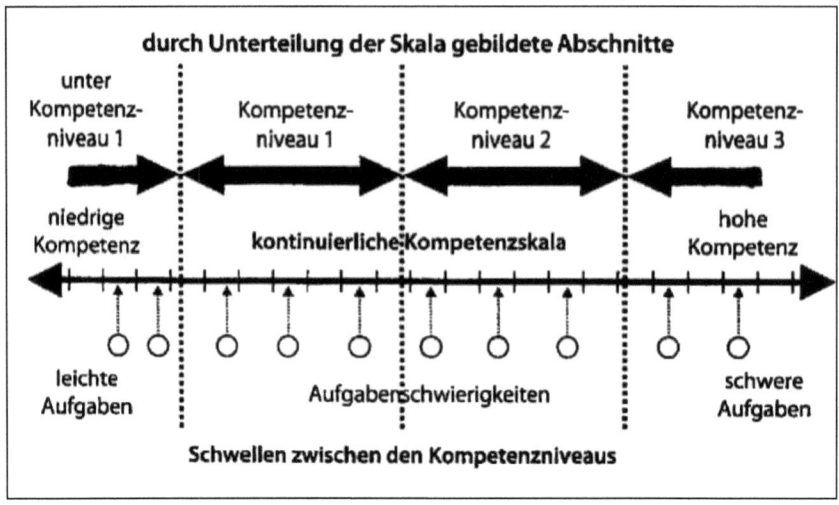

Abbildung 4:   Zusammenhang zwischen Kompetenzniveaus und Aufgaben-
                schwierigkeiten (aus Hartig & Klieme, 2006, S. 135).

So können über Personen mit unterschiedlich hoch oder gering ausgeprägten Kompetenzen Aussagen getätigt werden, welche Aufgaben sie beherrschen können und welche nicht (Bortz & Döring, 2006, S. 206; Hartig, 2009, S. 295/296; Moosbrugger, 2012, S. 228/229; Rost, J., 2004, S. 133ff.). Terhart (2007, S. 51) fügt dem hinzu, es ist „heute Standard" so vorzugehen und sich dabei vom Ver-

---

22 Dieser Umstand wird von den zitierten Autoren, neben weiteren Vorteilen, als ent-
    scheidender gegenüber der Klassischen Testtheorie (KTT) angesehen. Dadurch,
    dass die Beantwortung der Testitems (Testverhalten) und die zu messende Kompe-
    tenz (Merkmal) explizit getrennt voneinander betrachtet werden, erfolgt keine
    Gleichsetzung von Itemantworten und dem zu erfassenden Merkmal wie in der
    KTT.

23 Häufig wird die Schwierigkeit mit einem dichotomen Rasch-Modell definiert. Es
    wird angenommen, dass der Punkt auf der Skala die Schwierigkeit bestimmt, an
    dem die Personen mit den geforderten Fähigkeiten die Aufgabe zu 50 Prozent rich-
    tig bewältigen (Hartig & Klieme, 2006, S. 134/135).

fahren her auf eine Mixtur aus „*normativer Konstruktion und empirischer Prüfung auf Realitätsgehalt*" (ebd.) zu berufen.

In der Konsequenz muss allerdings angemerkt werden, dass die Skalierung aufgrund der komplexen testtheoretischen Anforderungen häufig willkürlich vorgenommen wird. Interpretationen sollten daher eher vorsichtig getätigt werden (vgl. Hartig & Klieme, 2006; Klieme et al., 2007; Schaper, 2009). Die Modellierung der Testaufgaben ist daher weiter zu modifizieren (Schaper, Ulbricht & Hochholdinger, 2008, S. 469-474). Neben diesen testtheoretischen Herausforderungen der objektiven Verfahren liegen weitere Kritikpunkte darin, dass sie bisher erst in einzelnen Phasen der Lehrerbildung sowie ausgewählten Unterrichtsfächern eingesetzt worden sind. Bezüglich ihres Einsatzes zeigt sich gegenüber subjektiven Verfahren darüber hinaus, dass die notwendig zu schaffende Prüfungssituation mitunter zu geringerer freiwilliger Partizipation auf Seiten der Lehrer führt (König & Tachtsoglou, 2012, S. 286).

Unter Beachtung der jeweiligen Stärken und Schwächen beider Verfahren resümieren König und Tachtsoglu (2012, S. 296/297), dass sowohl Verfahren der Kompetenzselbsteinschätzung als auch Wissenstests ihre Berechtigung in der empirischen Lehrerbildungsforschung haben. Der Informationsgehalt ersterer liegt weniger in der Kompetenzdiagnostik mit ihrem leistungsspezifischen Fokus, hierfür scheinen Wissenstests geeigneter zu sein. Vielmehr geben Selbsteinschätzungsverfahren Auskunft über das berufliche Selbstbild der Befragten und können daher als *Kompetenzerwartungen* (Cramer, 2010, S. 95) interpretiert werden, von denen angenommen werden kann, dass sie sich positiv auf die tatsächliche Kompetenz auswirken und *vice versa*.

Somit bedarf es beider Verfahren, um den jeweiligen Zielsetzungen des Forschungsanliegens gerecht zu werden. Vor dem dargelegten Gesamtkontext lassen sich nunmehr, unabhängig vom genutzten Verfahren, folgende Ansprüche an eine empirische Erfassung fachübergreifender pädagogischer Kompetenzen formulieren: Es wird eine theoretische Fundierung bzw. Anbindung an Kompetenzmodelle gefordert (König & Blömeke, 2009; Kunter et al., 2011; Terhart, 2007). Erst hierdurch sind gezielte Vergleiche möglich.

Neben diesen allgemeinen Anforderungen ergeben sich weitere in Bezug auf die methodische Qualität. So wird der z.T. unreflektierte Umgang mit den eingesetzten Testverfahren angemahnt, der sich z.B. in der häufig unterlassenen Validitätsprüfung von Testinstrumenten manifestiert (vgl. Beck, 2009; Borsboom, Mellenbergh & Heerden, 2004; Schaper, 2009). Hinzu kommt, dass die meisten vorliegenden Untersuchungen mit zu geringen Stichproben an einzel-

nen Standorten arbeiten, was empirisch gestützte Aussagen zur Struktur fachübergreifender pädagogischer Kompetenzen erschwert (Terhart, 2002). Gesicherte Aussagen zur Entwicklung bedürfen weiterhin einer Kompetenzerfassung im Längsschnitt (Allemann-Ghionda & Terhart, 2006; König & Tachtsoglou, 2012; Merzyn, 2004; Oelkers, 2003; Schaefers, 2002): „Langzeitstudien
finden sich eher selten. Dabei würden schon Zwischenschritte wie kombinierte
Quer- und Teillängsschnitte weiterhelfen", so Blömeke (2007, S. 16).

Es sind diese Forderungen an eine empirische Kompetenzerfassung, die sich
aus dem bisherigen Einsatz verschiedener Verfahren – subjektiver wie objektiver – ableiten und einen Vorausblick auf die anschließenden Kapitel darstellen.
In diesen gilt es, empirische Erkenntnisse zu den in dieser Arbeit fokussierten
fachübergreifenden Kompetenzen selbst (Kap. 3.6) und deren Beziehungen zu
weiteren Aspekten (Kap. 3.7) aus internationaler wie nationaler Perspektive zu
beschreiben.

3.6 Fachübergreifende Kompetenzen in ausgewählten Studien der empirischen Lehrerbildungsforschung

Führt man sich nun den skizzierten Stellenwert vor Augen, der Kompetenzen
von Lehrern zugeschrieben wird, verwundert es doch, wenn diese erst in jüngerer Zeit verstärkt zum Gegenstand entsprechender empirischer Forschungen
gemacht worden sind. Dies gilt besonders für die in der vorliegenden Arbeit
fokussierten fachübergreifenden Kompetenzen von Lehrern (vgl. Cramer, 2012;
König & Seifert, 2012b).

Die im Folgenden dargestellten Studienergebnisse sollen einen Überblick
über den Forschungsstand geben. Es werden Studien angeführt, die für die eigene empirische Untersuchung relevant sind und im Wesentlichen den Stand
der Forschung abbilden. D.h. es werden primär empirisch-quantitative For-
schungsdesigns behandelt, die mit subjektiven bzw. objektiven Verfahren
(vgl. Kap. 3.5) realisiert wurden. Der Fokus liegt hierbei auf längsschnittlich

---

24 Hierbei werden unterschiedliche Kohorten zu einem Messzeitpunkt untersucht.

bzw., wenn nicht anders möglich, auf quasi längsschnittlich[24] angelegten Designs.[25]

Dabei wird zuerst der internationale und international vergleichende Forschungsstand (Kap. 3.6.1) skizziert, da dieser als klassischer Bezugspunkt für hiesige Forschungsvorhaben gilt. Im Anschluss daran wird der nationale Forschungsstand in seiner traditionellen Dreiteilung (Kap. 3.6.2.1-Kap. 3.6.2.3) vorgestellt, bevor ein Blick auf den Stand zur phasenübergreifenden Forschung (Kap. 3.6.2.4) der Lehrerbildung erfolgt. Wichtige Erkenntnisse werden schließlich in der Zusammenfassung (Kap. 3.6.3) skizziert.

3.6.1 Internationale und international vergleichende Studien

Internationale Untersuchungen zur empirischen Lehrerbildungsforschung[26] orientieren sich primär am Forschungsstand der USA, die „traditionell als wichtiger Bezugspunkt bildungsbezogener Diskussionen gelten" (Blömeke, 2004, S. 60).

Das amerikanische Bildungssystem wird seit Jahren „nicht nur von einer ‚Testindustrie' für Schüler-, sondern auch für Lehrerkompetenzen begleitet", wie Terhart (2007, S. 42) resümiert. Die dortige Situation empirischer Lehrerbildungsforschung lässt sich am ehesten durch die beiden exemplarisch ausgewählten Thesen illustrieren: Einerseits nehmen die Professionalisierer an: „Teacher preparation and certification are by far the strongest correlates of student achievement [...]" (Darling-Hammond, 2000, S. 1). Andererseits vertreten die Anhänger der Deregulierungs-These, z.B. von der Abell Fundation (2001, S. iii), nach Analyse derselben Daten: „Teacher certification is neither an efficient nor an effective means by which to ensure a competent teaching force."

Unter Rückgriff auf entsprechende Reviews (Blömeke, 2004; Cochran-Smith & Feiman-Nemser, 2008; Cochran-Smith & Zeichner, 2005; Darling-Hammond, 2000; Prondczynsky, 2001; Wayne & Youngs, 2003; Wilson, Floden

---

25 Für weitere Zugänge und daraus resultierende Erkenntnisse wird auf entsprechende Quellen verwiesen (z.B. Blömeke et al., 2004; Cochran-Smith & Feiman-Nemser, 2008; Cochran-Smith & Zeichner, 2005; Darling-Hammond & Bransford, 2005; Terhart et al., 2011; Zlatkin-Troitschanskaia et al., 2009).

26 Die empirische Forschung zur Lehrerbildung in den USA gilt im Gegensatz zur Situation in Deutschland als tradierte Wissenschaftsdisziplin und blickt auf eine lange Historie zurück (vgl. Townsend & Bates, 2007).

& Ferrini-Mundy, 2001) können zentrale, z.T. aber widersprüchliche Ergebnisse thesenartig zusammengefasst werden, die ein Bild über den Forschungsstand zu fachübergreifenden pädagogischen Kompetenzen zeichnen:

- Schüler profitieren von Lehrern, die einen lehrerbildenden Abschluss (Bachelor in Fach- oder Erziehungswissenschaft) erworben haben. Jene Lehrer planen ihren Unterricht effektiver und verbleiben länger im Schuldienst. Einige Studien zeigen jedoch gegenteilige Effekte.
- Lehrer mit einem zusätzlichen, für die Unterrichtstätigkeit relevanten, Masterabschluss erzielen höhere Schülerleistungen als ihre Bachelor-Kollegen. Jedoch ist auch hier fraglich, ob diese höheren Schülerleistungen auf die erweiterte Qualifikation zurück zu führen ist, oder ob die Ursache nicht darin liegt, dass sich die grundsätzlich engagierteren Bachelor-Lehrer für eine weitere Qualifikation entscheiden.
- Die Qualität der erziehungswissenschaftlichen Ausbildung hat keinen eindeutigen Effekt in Bezug auf höhere Schülerleistungen. Es zeigt sich jedoch, dass dieses in Kombination mit den studierten Fachwissenschaften zu zentralen Unterrichtskompetenzen führt.
- Soziodemographische Merkmale (wie z.B. ethnische Herkunft, Schichtzugehörigkeit u.a.) haben keinen eindeutigen positiven Einfluss in Bezug auf höhere Schülerleistungen.
- Hohe verbale Fähigkeiten korrelieren mit höheren Schülerleistungen. Weitere Fähigkeiten, wie z.B. kognitive Fähigkeiten, zeigen keinen positiven Einfluss auf die Höhe der Schülerleistungen.

Es besteht Konsens darüber, dass diese zentralen Aussagen wichtige Hinweise für nationale Untersuchungen liefern können, sich jedoch nicht unmittelbar auf die Situation in Deutschland übertragen lassen.

Denn zuerst einmal sind die Aussagen direkt abhängig von dem jeweiligen System der Lehrerbildung. So wird die Lehrerbildung in den USA von den jeweiligen Bundesstaaten organisiert, wobei bereits ein entsprechender Bachelor-Abschluss als Lehrbefugnis dient. Hierdurch gibt es eine Fülle an Möglichkeiten, die Befähigung für den Beruf zu erlangen: „There is no conclusive agreement on the number of teacher preparation institutions in the United States, though some estimates claim well over 1,000" (ED.GOV, 2004, S. 30). Diese Fülle erschwert zudem, allgemeine Aussagen über das Lehrerbildungssystem der USA zu tätigen.

Zum anderen fügt Terhart (2007, S. 42) in Bezug auf die Transferierbarkeit auf die nationale Diskussion hinzu: „Ebenfalls muss man von anderen Ausbildungsmustern und -niveaus ausgehen. Die Wege zum Beruf sind sehr vielfältig, der Anteil von nicht regulär qualifizierten Seiteneinsteigern ist sehr viel höher als in europäischen Ländern." Des Weiteren differieren die soziale Stellung und die individuelle Mentalität von Lehrern in den USA im Vergleich zu Deutschland sehr stark. Der Forschung zur Lehrerbildung in den USA liegen somit insgesamt sehr verschiedene kulturell bedingte (bildungspolitische/-historische und berufssoziologische) Spezifika zu Grunde. Die gewonnenen Ergebnisse wie auch eingesetzten Testinstrumente lassen sich somit nicht bedingungslos auf die Situation in Deutschland transferieren (Blömeke, 2004; Blömeke, Suhl & Döhrmann, 2012; Cramer, 2012; Rothland & Terhart, 2010; Terhart, 2007): „The specific philosophies underlying the curriculum profiles are probably deeply rooted either in educational cultures and/or in the nature of the teaching profession" (Blömeke & Kaiser, 2012, S. 263). Daher gilt es, kulturelle Spezifika für die empirische Lehrerbildungsforschung zu berücksichtigen.

Eine Datenbasis wie sie für die USA vorliegt, ist in Europa nicht zu finden. So konstatiert Terhart (2000b, S. 76) in einem Zwischenfazit, „eine wirklich wissenschaftlich abgesicherte Basis über den Zustand der Lehrerausbildung oder gar über den Zusammenhang zwischen der Situation der Lehrerausbildung und der Qualität der Schularbeit gibt es nicht." Als ein zentraler Ankerpunkt empirischer Lehrerbildungsforschung gilt in diesem Kontext das Vorhaben von Oser und Oelkers (2001) (vgl. Kap 3.5 und Kap. 4.1.1.1).

Sie befragten 1286 Lehramtsstudierende unterschiedlicher Lehramtsstudiengänge aus der deutschsprachigen Schweiz zu ihrer subjektiv wahrgenommenen Kompetenzentwicklung. Der erste Befragungszeitpunkt deckt retrospektiv die universitäre Phase der Lehrerbildung ab, der zweite beinhaltet Daten nach ein- bzw. zweijähriger Berufstätigkeit mit dem Fazit: „Festzustellen ist, dass die meisten Standards [...] entweder nur theoretisch oder nur praktisch bearbeitet worden sind" (Oser, 2001, S. 306). Eine Verknüpfung aus Theorie und Praxis haben die Befragten demnach nicht wahrgenommen. Zudem ist der Untersuchung zu entnehmen, dass problem- und schulorientierte Standards (Beobachtung und Diagnose, Bewältigung von Problemen, Zusammenarbeit in der Schule, Schule und Öffentlichkeit, Selbstorganisationskompetenz) durch geringe Werte gekennzeichnet sind. Oser folgert daraus, dass das Konzept des *emergency classroom* ebenso wie das Thema Selbstschutz oder Schulentwicklung in der Lehrerbildung bisher kaum berücksichtigt werden. Vielmehr wird von einem linearen Unterrichtsverlauf ohne Störungen ausgegangen, was er durch die vier am höchsten bewerteten Standards (Gestaltung und Methoden, Lehrer-Schüler-Beziehung, Medien, Fachdidaktik) bestätigt sieht. Schließlich kann die Hypothese, dass didaktische und demnach unterrichtliche Kompetenzen besser ausgebildet wahrgenommen werden als soziale oder eher schulbezogene, untermauert werden (vgl. Oser, 2001, S. 305).

Aus der Interpretation der Längsschnittdaten resultiert schließlich eine (Weiter-)Entwicklung zwischen dem ersten und dem zweiten Messzeitpunkt: „Wir finden fast immer eine positive Korrelation zwischen 0.1** und 0.56**, was bedeutet, dass, wer ehedem eine Kombination (Theorie und Praxis) angab, jetzt, nach knapp zwei Jahren, eine leichte Verstärkung dieser Tendenz sichtbar machte" (ebd., S. 311). Diese Tendenz konnte auch in einer weiteren Studie an drei Pädagogischen Hochschulen (zwei in der Schweiz, eine in Deutschland) zwischen dem ersten und dritten Studiensemester mit signifikanten Werten für angehende Primarstufenlehrer repliziert werden (Larcher, Susanna et al., 2010). Insgesamt zeigt sich jedoch ein Dilemma: Die Befragten schätzen die Bedeutung und Anwendungswahrscheinlichkeit der Kompetenzen als hoch ein, bewerten sie jedoch als in der Lehrerbildung eher wenig thematisiert (vgl. Oser, 1997; 2001; Oser & Oelkers, 2001; Oser & Renold, 2005).

Das von der Forschergruppe um Oser und Oelkers (2001) entwickelte Instrumentarium wurde auch in leicht modifizierter Form von Mayr (2006a, 2010) in Österreich eingesetzt. Er untersuchte an einem kompletten Ausbildungsjahrgang des Lehramts für Grund-, Haupt- und Sonderschullehrer in einem Zeitraum von 1995 (Studieninteressierte) bis 2005 (sieben Jahre nach Ende des Studiums), inwiefern Kompetenzen entwickelt und von welchen weiteren Faktoren diese Entwicklung beeinflusst wird ($n = 441$). Als Rahmen seiner Untersuchung nutzt er das Angebots-Nutzungs-Modell nach Helmke (2009, S. 73), das weitere Prädiktoren des Kompetenzerwerbs berücksichtigt. Für die Kompetenzentwicklung ist im Ergebnis festzuhalten, dass sich signifikante Zuwächse ergeben. Diese Ergebnisse müssen jedoch insofern relativiert werden, als dass es zum einen im Verlauf der Studie zu einer Positivselektion in der Stichprobe kommt. Zum anderen liegen lediglich geringe signifikante Korrelationen (höchstens $r = .17$ nach dreijähriger bzw. $r = .11$ nach siebenjähriger Berufstätigkeit) zwischen der absolvierten Lehrerbildung (gemessen z.B. durch Lerngelegenheiten, Lernstrategien) und der wahrgenommenen Kompetenz vor. „Es ist ausschließlich die Intensität der Auseinandersetzung mit den Standards in der Praxis, die sich förderlich auf das Erleben von Kompetenz im Gestalten des

Unterrichts auswirkt oder – vorsichtiger formuliert – die eine gewisse Prognose dieses Erlebens erlaubt" (Mayr, 2006b, S. 159). Demgegenüber weisen weitere Lernwege, z.b. die theoretische Auseinandersetzung mit den Standards, noch nicht einmal kurzfristige Effekte auf, weshalb er diese Gesamtentwicklung als „Verschwinden der ‚Spuren des Studiums'" (Mayr, 2010, S. 80) kennzeichnet (vgl. Mayr, 2006b, 2007a, 2007b, 2010).

Forderung nach international vergleichender Forschung

Vor diesem skizzierten Gesamthintergrund internationaler, empirischer Lehrerbildungsforschung hat Blömeke (2004, S. 83) vier zentrale Aufgaben für die Zukunft empirischer Lehrerbildungsforschung benannt:
- International einheitliche Sammlung von Strukturdaten
- International vergleichende Untersuchung der Wirksamkeit von Lehrerbildung
- Verknüpfung von empirischer Bildungsforschung, -theorie und -geschichte

Hierauf beruhen die international vergleichenden Studien *Mathematics Teaching in the 21st Century* (MT 21) und die Folgestudie *Teacher Education and Development Study in Mathematics* (TEDS-M), die beide von der *International Association for the Evaluation of Educational Achievement* (IEA) initiiert wurden. Die Studie MT 21 (Blömeke, Kaiser, et al., 2008) vergleicht in sechs Teilnehmerländern (Bulgarien, Deutschland, Mexiko, Südkorea, Taiwan, USA) die Wirksamkeit der Mathematiklehrerbildung ($n = 2628$; $n_{Deutschland} = 849$). Hierbei wurden auch fachübergreifende Bereiche, in der Studie als erziehungswissenschaftliches Wissen konzipiert, berücksichtigt. Um die Entwicklung dieses fachübergreifenden Wissens beurteilen zu können, wurden die Kohortenstichproben[27] längsschnittlich interpretiert.

Diesbezüglich können die zentralen Ergebnisse wie folgt zusammengefasst werden (Blömeke, Kaiser et al., 2008; Blömeke & Suhl, 2010):
- Es konnte ein mehrdimensionales Instrument zur Erfassung erziehungswissenschaftlichen Wissens entwickelt und empirisch bestätigt werden,

---

27 Die drei Kohorten teilen sich folgendermaßen auf: Mathematikstudierende des Grund- ($n = 368$) sowie des Hauptstudiums ($n = 195$) und Referendare ($n = 286$).

das drei Dimensionen unterscheidet: Allgemeine Didaktik, Pädagogische Psychologie, Bildungssoziologie.

- Insgesamt ergibt sich zwischen der ersten (Studienanfang) und dritten Kohorte (Referendariat) ein Zuwachs erziehungswissenschaftlichen Wissens, der als Beleg für die systematische Wirksamkeit der Lehrerbildung interpretiert wird. Weiter differenziert erreicht die Effektstärke im Sekundarstufe-I-Lehramt eine mittlere praktische Bedeutsamkeit ($d = 0.50$), für das Sekundarstufe-II-Lehramt liegt sie darunter ($d = 0.20$) (Blömeke, Müller, Felbrich & Kaiser, 2008, S. 313).[28]

- In Bezug auf die einzelnen Dimensionen ergibt sich Folgendes: Sekundarstufe-I-Lehrkräfte der ersten Kohorte weisen in allen drei Dimensionen ein relativ ähnliches Niveau auf, das in der dritten Kohorte in allen drei Dimensionen gleichmäßig höher liegt ($0.3 < d < 0.4$), sodass sowohl der ersten als auch der zweiten Lehrerbildungsphase eine ähnliche Bedeutsamkeit zugeschrieben wird. Anders verhält es sich bei den Sekundarstufe-II-Lehrkräften. Während die Werte der Dimensionen Bildungssoziologie ($d = 0.8$) und Allgemeine Didaktik ($d = 0.2$) in der dritten Kohorte höher liegen als in der ersten, liegt der Wert der Dimension Pädagogische Psychologie der dritten Kohorte unter dem der ersten ($d = 0.7$) (Blömeke, Müller et al., 2008, S. 310-313).

- Die Forschergruppe führt die Unterschiede zwischen den Sekundarstufe-I- und den Sekundarstufe-II-Lehrern auf eine insgesamt schulnähere Lehrerbildung der erstgenannten Gruppe zurück.

Auf dieser Studie baut auch das Forschungsprojekt TEDS-M (Blömeke et al., 2010a, 2010b) auf. Dieses wurde zwischen 2006 und 2009 in siebzehn Ländern

---

28 Diese Differenzierung gilt auch für den weiteren Kontext der Arbeit und ist begründet durch den jeweils spezifischen Bildungsanspruch dieser beiden Gruppen. Dabei wird den Empfehlungen von Blömeke et al. (2008) gefolgt, dass die Sekundarstufe I mit der Vergabe eines mittleren Schulabschlusses verknüpft ist und die Sekundarstufe II mit der (allgemeinen) Hochschulreife abschließt. Diese Einteilung trägt der enormen Stratifzierung des deutschen Lehrerbildungs- und Schulsystems zumindest ansatzweise Rechnung. Folgendes wird unter dem Lehramt der Sekundarstufe I subsummiert: Primarstufen- bzw. Grundschullehramt, Haupt-Realschullehramt und Sonderpädagogiklehrer). Unter dem Lehramt Sekundarstufe II dieses: Gymnasial-/ Gesamtschullehramt und das Lehramt für das Berufskolleg (vgl. hierzu auch Sandfuchs, 2004).

in der Mathematiklehrerbildung (Primarstufe sowie Sekundarstufe I/II) durchgeführt ($n = 400$ per Zufallsziehung).

Das Testinstrument zur Messung erziehungswissenschaftlichen Wissens aus MT 21 wurde unter Einbezug von Metaanalysen, Erkenntnissen der Unterrichtsforschung sowie der Allgemeinen Didaktik modifiziert und firmiert als pädagogisches Wissen. Die Testitems orientieren sich nunmehr an der revidierten Bloomschen Taxonomie kognitiver Prozesse (Anderson, Krathwohl & Bloom, 2001): Wissen abrufen/erinnern, verstehen/analysieren, Handlungsoptionen generieren/kreieren. Folgende Punkte können im Hinblick auf das erziehungswissenschaftliche Wissen festgehalten werden (Blömeke et al., 2010a, 2010b):[29]

- Das Instrument zur Erfassung pädagogischen Wissens konnte auf der Grundlage des MT 21-Instruments in Richtung des Kerngeschäfts Unterrichten weiterentwickelt werden und basiert auf den fünf Dimensionen: Strukturierung von Unterricht, Motivierung, Umgang mit Heterogenität, Klassenführung, Leistungsbeurteilung (König & Blömeke, 2009, S. 504).

- Angehende Primarstufenlehrkräfte erreichen signifikant bessere Werte ($d = 1.65$, eigene Berechnung) im pädagogischen Wissen als jene aus den USA (König & Blömeke, 2010, S. 277). Eine relative Stärke der deutschen Stichprobe liegt, bezogen auf die kognitiven Anforderungsprozesse, in den Bereichen Erinnern, Verstehen und Analysieren. Schwächen zeigen sie im Bereich des Kreierens von Handlungsoptionen. Zudem bestehen substanzielle Korrelationen zwischen den pädagogischen und fachbezogenen Wissenskomponenten ($r_{Fachwissen\ Mathematik} = .26$ und $r_{Mathematikdidaktik} = .30$) (ebd., S. 290).

- Deutsche Lehrkräfte der Sekundarstufe I verfügen zusammen mit jenen aus Taiwan über deutlich mehr pädagogisches Wissen als solche aus den USA. Hierbei zeigen sie Stärken in den kognitiven Anforderungsbereichen des Erinnerns, Verstehens und Analysierens und Schwächen im Bereich des Kreierens von Handlungsoptionen. Es besteht ein Zusammenhang zwischen diesen Schwächen und dem „mathematischen (!) Leistungsprofil deutscher Schülerinnen und Schüler" (Blömeke & König, 2010, S. 277).

---

29 Das Instrument zur Messung pädagogischen Wissens wurde auf internationaler Ebene lediglich in den drei Ländern Deutschland, Taiwan (nur für die Sek. I) und den USA eingesetzt.

Insgesamt führt die inkonsistente Befundlage zu keinem einheitlichen Bild der internationalen Forschung zur Lehrerbildung. Zudem ist ein Transfer vorhandener Aussagen und Erkenntnisse auf die nationale Diskussion zur Lehrerbildung nur unter Beachtung kultureller Spezifika angezeigt.

3.6.2 Nationale Studien

Nationale Untersuchungen, die die fachübergreifenden pädagogischen Kompetenzaspekte von Lehrern untersuchen, orientieren sich in Deutschland häufig an der tradierten Ausbildungslogik der Lehrerbildung. Hiernach werden drei Phasen unterschieden: Die erste universitäre Phase, die zweite Phase des Referendariats und die dritte Phase im Berufsfeld selbst (Blömeke et al., 2004). An dieser Phasierung orientiert sich auch die folgende Ergebnisdarstellung empirischer Lehrerbildungsforschung. Für ältere, weniger empirische bzw. kompetenzorientierte Forschungsergebnisse sei an dieser Stelle auf entsprechende Quellen verwiesen (z.B. Dann, Cloetta, Müller-Fohrbrodt & Helmreich, 1978; Dann, Müller-Fohrbrodt & Cloetta, 1981; Flach, Lück & Preuss, 1995; Fried, 1997; Horst, 1995; Klinzing, 1990; Müller-Fohrbrodt, 1973; Müller-Fohrbrodt, Cloetta & Dann, 1978; Schlee, 1992).

Zuerst werden Erkenntnisse der ersten (Kap. 3.6.2.1), der zweiten (Kap. 3.6.2.2) und schlussendlich der dritten Phase der Lehrerbildung (Kap. 3.6.2.3) skizziert. Anschließend erfolgt ein Überblick über phasenübergreifende Studien (Kap. 3.6.2.4). Insgesamt werden Studien angeführt, die für die eigene empirische Untersuchung relevant sind und im Wesentlichen den Stand der Forschung abbilden.

3.6.2.1 Studien zur ersten Phase der Lehrerbildung

Forschungen zur ersten Phase der Lehrerbildung befassen sich mit der Kompetenzentwicklung an den lehrerbildenden Hochschulen. Tabelle 5 fasst typische Charakteristika der exemplarisch ausgewählten Studien zusammen. Zuerst werden jene Studien, die mit Selbsteinschätzungsverfahren arbeiten, erläutert, anschließend solche mit Wissenstests.

Seipp (2003) nutzt das Verfahren zur Kompetenzselbsteinschätzung von Oser und Oelkers (2001) und kommt wie diese zu ähnlichen Ergebnissen (vgl. Kap. 3.6.1): Der Kenntnisstand der Standardgruppen zeigt sich insgesamt als relativ schwach ausgeprägt, wobei auch hier die unterrichtsnahen (Gestaltung und Methoden des Unterrichts, Medien des Unterrichts) besser bewertet werden als die unterrichtsferneren wie z.B. Zusammenarbeit in der Schule, Schule und Öffentlichkeit und Selbstorganisation. Demgegenüber geben die Befragten jedoch an, dass sie sämtliche Bereiche als eher wichtig für die Berufsausübung erachten und erwarten, diese relativ häufig im Unterricht zu gebrauchen. Nach quasi-längsschnittlicher Betrachtung der Studierenden- und Lehrerdaten konstatiert sie schließlich, „dass sich im Verlauf der Jahre sehr wenig verändert hat" (Seipp, 2003, S. 82). Sofern eine Zunahme der Kompetenzeinschätzungen angegeben wird, führen die Befragten diese primär auf die Lerngelegenheiten der zweiten und dritten Phase und weniger auf jene der ersten Phase zurück (vgl. Seipp, 2003).

Die Studie *Studienverhalten und Berufseinstellungen von Lehramtsstudierenden* (STUBUR) (Gehrmann, 2007) nutzt ebenfalls das Verfahren zur Kompetenzselbsteinschätzung von Oser und Oelkers (2001)[30]. Es kann zum einen gezeigt werden, dass es im Verlauf des ersten, über das dritte bis zum fünften Studiensemester eine positive Entwicklung gibt. Die Rangfolge der Standardgruppen entspricht weitestgehend denen der Schweizer-Daten (didaktische Standards werden besser ausgebildet wahrgenommen als soziale oder schulbezogene; vgl. Kap. 3.6.1). Zum anderen lässt sich bei acht von zwölf Standardgruppen ein hoch signifikanter Zuwachs zwischen dem ersten und fünften Studiensemester ablesen. Das bestärkt die Annahme, dass die Befragten ein berufliches Selbstbild entwickeln. Darüber hinaus werden insbesondere in Anlehnung an die Daten von Oser und Seipp auch in dieser Studie drei eher unterrichtsferne Standardgruppen (Zusammenarbeit in der Schule, Schule und Öffentlichkeit, Selbstorganisation) als am wenigsten thematisiert angegeben.

Eine weitere Untersuchung (Oesterhelt et al., 2012) fokussiert per Selbsteinschätzungsverfahren (Gröschner & Schmitt, 2012) die Entwicklung eines Teils (die Kompetenzbereiche Unterrichten und Erziehen) des von der KMK (2004a) formulierten bildungswissenschaftlichen Wissens vor und nach dem Absolvieren des Praxissemesters unter Berücksichtigung spezifischer Vorerfahrungen. Es ist die Absicht, einen Unterschied zwischen Sportstudierenden und Studierenden anderer Unterrichtsfächer sichtbar zu machen. Jedoch zeigt sich weder vor noch nach dem Praxissemester ein Unterschied in den Kompetenzeinschätzungen von Sportstudierenden zu denen anderer Unterrichtsfächer. Der Kompe-

---

30 Es wurde eine auf 60 Items reduzierte Variante der Skalen (Standardgruppen) eingesetzt, die Cronbachs-Alpha-Werte sind > .69 (Gehrmann, 2007, S. 91).

tenzbereich Unterrichten (d = 1.06, eigene Berechnung) wird im Gegensatz zum Kompetenzbereich Erziehen zum zweiten Messzeitpunkt besser eingeschätzt (Oesterhelt et al., 2012, S. 37).

Die Studie *Entwicklung Lehramtsstudierender im Kontext institutioneller Rahmenbedingungen* (ELKIR) basiert auf einem eigens entwickelten Selbsteinschätzungsverfahren (.56 < α < .83), das sich verschiedener subjektiver Verfahren bedient und daraus elf Kompetenzbereiche konzeptualisiert (Cramer, 2012, S. 377). Es kann gezeigt werden, dass die höchsten subjektiv empfundenen Kompetenzsteigerungen in den Bereichen Verhalten kontrollieren, Konflikte lösen und Kommunizieren und damit in Bereichen stattfinden, die die Befragten zu Studienbeginn am wenigsten interessieren. Darüber hinaus bestehen bei den Erstsemestern große Diskrepanzen zwischen den eigenen Interessen und den Kompetenzeinschätzungen in folgenden Bereichen: Eingehen auf individuelle Bedürfnisse (r = .42), Diagnostizieren und Beraten (r = .30), Analysieren und Weiterentwickeln von Schule und Unterricht (r = .45). Daraus wird gefolgert, dass sich die eigenen Interessen und Vorlieben besonders zu Beginn der Lehrerbildung stark auf Kompetenzbewertungen auswirken (Cramer, 2012, S. 381–386).

In der Studie *Längsschnittliche Erhebung pädagogischer Kompetenzen von Lehramtsstudierenden* (LEK) wird demgegenüber mit zwei verschiedenen Wissenstests agiert: Zum einen ein auf das Unterrichtsgeschehen hin eng konzeptualisiertes sogenanntes *pädagogisches Unterrichtswissen* (König & Blömeke, 2009) und zum anderen ein in Anlehnung an die KMK-Vorgaben (2004a) weites, sogenanntes *bildungswissenschaftliches Wissen* (Seifert et al., 2009; Seifert & Schaper, 2010). In beiden (Teil-)Studien konnte ein signifikanter Zuwachs des jeweiligen Wissens belegt werden, der von hoher praktischer Bedeutsamkeit ist.[31] Für den Gesamtscore des pädagogischen Unterrichtswissens liegt dieser bei d = -1.22. Weiterhin ergeben sich für jene Inhaltsbereiche, die dem Bereich Allgemeine Didaktik zugeordnet sind (Umgang mit Heterogenität, Strukturierung von Unterricht) etwas größere Wissenszuwächse (d = -1.33) als bei denen des Bereichs Pädagogische Psychologie (Klassenführung/Motivierung, Leistungsbeurteilung; d = -0.79). Bezüglich der kognitiven Anforderungen sind auf allen drei Ebenen Zuwächse abzulesen. Es zeigen sich jedoch Schwächen im Bereich handlungsnaher Kognitionen wie z.B. dem Kreieren von Aufgaben

---

31 Dieses gilt gleichermaßen für die Kohorten- wie die Längsschnittstichprobe, wobei hier in Anlehnung an die eigene Studie auf letztere Bezug genommen wird.

(d = -0.42). Diese Anforderungsebene steigert sich deutlich geringer als das Erinnern (d = -0.98) und Verstehen/Analysieren (d = -1.18) (König, 2012, S. 175).

Ähnlich verhält es sich mit dem Gesamtscore des bildungswissenschaftlichen Wissens (d = -1.04). Auch hier ist es der Inhaltsbereich Unterricht und Allgemeine Didaktik, der sich mit d = -1.22 vor Erziehung und Bildung (d = -0.47) sowie Schulentwicklung und Gesellschaft (d = -0.40) am deutlichsten entwickelt. Wie schon beim pädagogischen Unterrichtswissen zeigen die Studierenden bezüglich der kognitiven Anforderungen auch in diesem Test Schwächen im Bereich handlungsnaher Kognitionen wie z.B. Reflektieren (d = -0.38) oder Urteilen und Bewerten (d = -0.32). Stärken liegen beim Reproduzieren von Wissen (d = -0.83) (Seifert & Schaper, 2012, S. 208).

Tabelle 5: Studien zur ersten Phase der Lehrerbildung.

Autoren (Jahr)	Forschungsprogramm/ Forschungsschwerpunkte	Untersuchungsdesign	Stichprobe	Schulform
(Seipp, 2003)	Erwerb, Aneignungsintensität und Bedeutung lehramtsspezifischer Standards	Selbsteinschätzungen, Messungen in 2001/2002	Lehramtsstudierende ($n = 525$) der Universität Dortmund und Lehrer ($n = 90$) aus dem Raum um Herne	alle Lehrämter
(Gehrmann, 2007)	STUBUR Kompetenzentwicklung, Studienmotivation, Studierverhalten, Berufseinstellungen	Selbsteinschätzungen, Messungen in 2004/2005	Studierende des 1., 3. und 5. Studiensemesters der Universität Rostock ($n = 100$)	verschiedene Lehrämter (keine genaue Angabe)
(Oesterhelt et al., 2012)	Kompetenzerwerb bildungswissenschaftlichen Wissens im Praxissemester in Abhängigkeit von pädagogischen Vorerfahrungen	Selbsteinschätzungen, Zwei Messungen zwischen 2009-2010	Lehramtsstudierende mit dem Unterrichtsfach Sport ($n = 37$) und anderen Unterrichtsfächern ($n = 182$) der Universität Jena	keine genauen Angaben
(Cramer, 2012)	ELKIR-Studie Entwicklung Lehramtsstudierender im Kontext institutioneller Rahmenbedingungen	Selbsteinschätzungen, Zwei Messungen zwischen 2007-2009	Studierende acht verschiedener Hochschulen ($n = 415$) im ersten bzw. dritten Studiensemester: alle sechs Pädagogischen Hochschulen Baden-Württembergs und der Universitäten Heidelberg und Tübingen	alle Lehrämter ausgenommen Lehramt Berufsschule
(König & Seifert, 2012b)	LEK-Studie Entwicklung des pädagogischen Wissens unter Einbezug individueller Lernvoraussetzungen und Nutzung von Lerngelegenheiten	Wissenstests (IRT-skaliert) und Fragebögen, Zwei Messungen zwischen 2008-2010	Studierende vier verschiedener Universitäten ($n_{Pädagog.\ Unterrichtswissen} = 261$, $n_{Bildungswiss.\ Wissen} = 120$) im ersten bzw. vierten Studiensemester: Universität zu Köln, Universitäten Paderborn, Erfurt, Passau	alle Lehrämter

3.6.2.2 Studien zur zweiten Phase der Lehrerbildung

Studien zur zweiten Lehrerbildungsphase befassen sich mit der Kompetenzentwicklung im Referendariat (für einen Überblick s. Tab. 6).

Die Studie *Pädagogische Entwicklungsbilanzen an Studienseminaren* (PEB-Sem) ist quasi-längsschnittlich angelegt (Döbrich & Abs, 2006; Döbrich & Storch, 2012). Sie erfasst die Kompetenzselbsteinschätzungen angehender Referendare unter Berufung auf eine Synpose (Abs, Döbrich, Vögele & Klieme, 2005) verschiedener Kompetenzkataloge, u.a. auch jene von Oser und Oelkers (2001). Es wird konstatiert, dass das Referendariat zu dem erwarteten Effekt höherer Kompetenzselbsteinschätzungen bei fortschreitender Ausbildung führt. Jedoch profitiert das Kerngeschäft Unterrichten nach Angabe der Befragten im Vergleich zu den übrigen Kompetenzbereichen am meisten vom Referendariat (Abs, Döbrich, Jahn-Gerlach & Klieme, 2009; Döbrich & Abs, 2006; Döbrich & Storch, 2012).

Die *Potsdamer Lehramtskandidatinnen Studie* (LAK-Studie) von Schubarth et al. (2007, 2010) beruht auf einer ähnlichen Anlage. Bei längsschnittlicher Interpretation des Kohortendesigns ist eine Entwicklung in der Kompetenzeinschätzung zu verzeichnen. Diese hängt vom Ausbildungsfortschritt der Befragten, gemessen am Ausbildungshalbjahr, ab. Zu Beginn des Referendariats (1. Ausbildungshalbjahr) gibt die Mehrheit der Befragten an, dass sie sich in den meisten Kompetenzbereichen als nicht bzw. gering kompetent wahrnehmen. Als besonders stark vernachlässigt werden die Bereiche Beraten, Innovieren und Organisieren bewertet. Demgegenüber liegen im vierten Ausbildungshalbjahr höhere Zustimmungswerte in allen Bereichen vor. Besonders deutlich zeigt sich dieses für das Unterrichten, weniger für die übrigen Bereiche. Daher wird festgehalten, „dass sich ein nicht unerheblicher Teil der Lehramtskandidatinnen des letzten Ausbildungshalbjahres offensichtlich nicht kompetent fühlt, bestimmte Kooperationsaufgaben, Integrationsaufgaben, Klassenlehrertätigkeiten und Strategien des Selbstschutzes zu leisten" (Schubarth et al., 2007, S. 133). Bezüglich der Lehramtsform sind keine Unterschiede zu verzeichnen.

Diese mit Selbsteinschätzungen erzielten Ergebnisse bestätigen sich auch in der mit Wissenstests agierenden Studie *COACTIV-Referendariat* (COACTIV-R) (Kunter et al., 2011). Im Bereich des fachübergreifenden, pädagogisch-psychologischen Wissens kann über die quasi-längsschnittlichen Daten eine Kompetenzdifferenz in allen konzeptualisierten Dimensionen (Wissen um Klassenführung, Unterrichtsmethoden, Leistungsbeurteilung und Schüler) zu Gunsten der zweiten und damit im Referendariat zeitlich fortgeschritteneren Kohorte berichtet werden. Besonders der Unterschied im Wissen über Klassenführung erreicht eine Effektstärke ($d = 0.22$), die nahezu praktische Relevanz hat (Voss & Kunter, 2011, S. 206/207). Dieser Effekt wird auf die Lerngelegenheiten des Referendariats zurückgeführt (vgl. Löwen, Baumert, Kunter, Krauss & Brunner, 2011; Voss & Kunter, 2011).

Tabelle 6: Studien zur zweiten Phase der Lehrerbildung.

Autoren (Jahr)	Forschungsprogramm/ Forschungsschwerpunkte	Untersuchungsdesign	Stichprobe	Schulform
Schubarth et al. (2007)	LAK-Studie Untersuchung von Kontext-, Input-, Prozess- und Ergebnisqualität unter Einbezug von: Kompetenzentwicklung, Berufswahlmotive, Berufliche Orientierung- und Zufriedenheit	Selbsteinschätzungen, Messungen zwischen 2004 und 2007 (Quasi-Längsschnitt, 4 Kohorten)	Referendare des 1., 2., 3. und 4. Ausbildungshalbjahres in Brandenburg ($n = 300$)	alle Lehrämter ausgenommen LA Sonderpädagogik
Döbrich & Abs (2006) und Döbrich & Storch (2012)	PEB-Sem zur Qualitätserhöhung des Referendariats (unter Beteiligung der Referendare, Ausbildungslehrer und Lehrerbildner): Kompetenzentwicklung, berufliche Selbstwirksamkeit und weitere Dimensionen werden erfasst	Selbsteinschätzungen, 2 Erhebungswellen (2004-2006 und 2008), Quasi-Längsschnitt	Referendare aus Hessen ($n_{2004} = 1102$, $n_{2008} = 3816$, alle Studienseminare Hessens)	alle Lehrämter
Kunter et al. (2011)	COACTIV-R Erwerb von mathematischem Fachwissen, mathematikdidaktischem Wissen, pädagogisch-psychologischem Wissen Erfassung von Lerngelegenheiten im Referendariat und kognitiven Dispositionen	Wissenstests (IRT-skaliert) in Kombination mit Tagebuchanalysen, Mentoren-/ Schülerbefragungen), Messungen zwischen 2007-2009 (Quasi-Längsschnitt; 2 Kohorten)	Referendare sowie Seiteneinsteiger aus Baden-Württemberg, Bayern, Nordrhein-Westfalen, Schleswig-Holstein, ($n = 746$)	Lehrämter Grund-/Haupt-/ Real-/Gesamtschule und Gymnasium/Gesamtschule

3.6.2.3 Studien zur dritten Phase der Lehrerbildung

Die dritte Phase der Lehrerbildung gilt als „die entscheidende Phase in der beruflichen Sozialisation und Kompetenzentwicklung von Lehrkräften. Hier bilden sich personenspezifische Routinen, Wahrnehmungsmuster und Beurteilungstendenzen sowie insgesamt die Grundzüge einer beruflichen Identität" (Terhart, 2000a, S. 128). Es wird als Hauptdefizit der dritten Phase der Lehrerbildung ausgelegt, dass die neu eingestellten Lehrer in dieser Phase mehr oder weniger allein gelassen werden, da diese keine institutionalisierte Unterstützung wie noch in der ersten und zweiten Phase der Lehrerbildung bereit hält. Organisatorisch beruht sie auf der freiwilligen oder institutionell eingeforderten Aktualisierung und Weiterentwicklung der vorab grundgelegten Kompetenzen (vgl. Daschner, 2004; Huber, 2009; Schaefers, 2002).

Umso schwerer wiegt es, wenn bezüglich des Forschungsstandes konstatiert wird, die dritte Phase der Lehrerbildung scheint ein „Habitat für seltene Ereignisse" (Rauin, 2011, S. 444) zu sein. Als weitgehend gesichert gilt jedoch, dass der Kompetenzerwerb im Beruf die „nachhaltige Modifikation von Einstellungen, Überzeugungen und handlungspraktischen Kompetenzen" (Lipowsky, 2011, S. 409) erfordert. Primär sind in diesem Kontext die angebotenen Lerngelegenheiten untersucht worden, die in Weiterbildungsveranstaltungen eingesetzt wurden. Eine nachhaltige Modifikation konnte z.B. durch vielfältige und herausfordernde Lerngelegenheiten erzielt werden. Lehrer erhalten so die Möglichkeit, eigene Überzeugungen und Handlungsroutinen zu reflektieren, was bereits für sich zu einer Veränderung bzw. Erweiterung bisheriger Kompetenzen führen kann (Stern, 2009).

Ebenso eigneten sich Unterrichtsvideos, die eine vertiefte Auseinandersetzung, Reflexion und Veränderung von Unterrichtsprozessen zulassen. Die Kognitionen von Lehrern veränderten sich hierbei zumeist in Richtung eines höheren konstruktivistischen Verständnisses von Unterricht (Krammer & Reusser, 2005; Lipowsky, 2009; Ratzka, Lipowsky & Krammer, 2005; Reusser, 2005). Darüber hinaus führen kognitive Dissonanzen und Widersprüche zu einer Weiterentwicklung bisheriger Kompetenzen. Insbesondere jene kognitiven Dissonanzen sind geeignet, Lehrern die Verbindung zwischen unterrichtlichem Handeln und dem Lernerfolg der Schüler zu verdeutlichen. Hierbei wird von einem *conceptual change* des Lernverständnisses gesprochen (Kleickmann & Möller, 2007; Möller, Hardy, Jonen, Kleickmann & Blumberg, 2006).

Zudem geht aus den COACTIV-Daten (Kunter et al., 2011) hervor, dass die Nutzung von Lerngelegenheiten (formale und informelle Lerngelegenheiten) in Anlehnung an bisherige Erkenntnisse des Forschungsprogramms in Bezug auf das Lehramt variiert. So nehmen Gymnasiallehrkräfte häufiger fachliche ($d = 0.26$) und fachdidaktische ($d = -0.35$) und weniger fachübergreifende pädagogische ($d = 0.20$) Fortbildungsveranstaltungen wahr. Das bestärkt die *Neigungshypothese* (Richter, 2011, S. 323/324), welche besagt, dass sich Lehrer in der dritten Phase der Lehrerbildung primär auf jene, den Studienschwerpunkten analogen Bereiche, konzentrieren.

3.6.2.4 Phasenübergreifende Studien

Die Zielsetzung der Lehrerbildung ist es, einen kontinuierlichen Prozess der Kompetenzentwicklung anzustoßen und aufrecht zu erhalten, womit ein berufsbiographisches Verständnis (Terhart, 2000a, 2002) sämtlicher Phasen der Lehrerbildung zu Grunde gelegt wird (s. Kap. 3.4). Längsschnittliche empirische Untersuchungen vermögen dies zu überprüfen, sind jedoch aus verschiedenen Gründen eher selten anzutreffen (Allemann-Ghionda & Terhart, 2006; Blömeke, 2007; König & Tachtsoglou, 2012; Merzyn, 2004; Oelkers, 2003; Schaefers, 2002).

Rauin und Meier (2007) haben eine solche Studie über einen Zeitraum von fünf Jahren[32] an Sekundarstufe-I-Lehrern (Grund-/Haupt-Real- und Sonderpädagogiklehrer) dreier pädagogischer Hochschulen Baden-Württembergs (Freiburg, Heidelberg, Schwäbisch-Gmünd) durchgeführt ($n = 221$). Hierzu setzten sie ein Selbsteinschätzungsverfahren in Anlehnung an Oser und Oelkers (2001) ein.[33] Die berichteten Ergebnisse beziehen sich auf zwei Messzeitpunkte; Studiende (1995) und nach abgeschlossenem Referendariat in den ersten Berufsjahren (2003).

Nach einer inhaltlich vorgenommenen Reduktion des eingesetzten Testverfahrens auf die vier Dimensionen methodische, diagnostische, Klassenmanagement- und organisatorische Kompetenz zeigt sich Folgendes: Die Befragten bewerten ihre organisatorische Kompetenz zu beiden Messzeitpunkten am geringsten und die methodische am höchsten. Die Klassenmanagement- und die diagnostische Kompetenz liegen zu beiden Messzeitpunkten auf geringem Ni-

---

32 Die Studie startete bereits 1995 mit einer Erhebung an Erstsemestern, wobei hier das Verfahren zur Kompetenzselbsteinschäzung nicht eingesetzt wurde.

33 Jede Skala wurde auf drei Items reduziert (Rauin & Meier, 2007, S. 111).

veau, wobei letztere zudem zwischen dem ersten und zweiten Messzeitpunkt abnimmt. D.h. einerseits, dass die Befragten keinen eindeutigen Kompetenzaufbau empfinden. Andererseits werden unterrichtsnahe Kompetenzbereiche als zentraler Orientierungspunkt wahrgenommen. Hierdurch entsteht ein einseitiges, wenig ausgeglichenes Bild der Lehrerbildungsphasen: Beide (Lehrerbildungsphasen), so die Einschätzung der Befragten, steuern denselben Kompetenzbereich an und zwar das Kerngeschäft Unterrichten. Diagnosekompetenz wird lediglich von den Sonderpädagogiklehrern wahrgenommen, was auf eine entsprechende Profilierung dieses Lehramtsstudiengangs zurückgeführt wird. Klassenmanagement bzw. -führung scheint insgesamt kein Thema der Lehrerbildung zu sein. So resümieren Rauin und Meier (2007, S. 130): „Man kann sich an dieser Stelle fragen, ob Studium und berufspraktische Ausbildung vernünftig akzentuiert waren [...]."

Weiterhin befasst sich die (Teil-)Studie *Bildungswissenschaftliches Wissen und der Erwerb professioneller Kompetenz in der Lehramtsausbildung* (BilWiss) des Forschungsprogramms COACTIV (Kunter et al., 2011) mit der phasenübergreifenden Erfassung fachübergreifender Kompetenzen. Die Studie ist mit vier Messzeitpunkten (Anfang, Mitte, Ende des Referendariats und nach einjähriger Berufstätigkeit) in den Jahren 2011–2014 veranlagt. Mithilfe eines Wissenstests (vgl. Kap. 3.7) werden zwei unterschiedliche Ausbildungskohorten Nordrhein-Westfalens untersucht. Die erste Kohorte absolviert das Referendariat mit 24, die zweite mit 18 Monaten.[34] Bis auf die Lehrämter Berufskolleg und Sonderpädagogik wurden sämtliche Lehrämter eingeschlossen. Aktuell liegen die Ergebnisse des ersten Messzeitpunktes ($n_{MZP\,1}$ = 3273) vor, welche Aussagen über die erste Lehrerbildungsphase ermöglichen.

Ein Vergleich zwischen den Testergebnissen von Seiteneinsteigern und Lehramtsabsolventen deutet an, dass eine Kompetenzentwicklung in der ersten Phase der Lehrerbildung erfolgt: Die Lehramtsabsolventen erzielen in den drei Bereichen Unterrichtsdidaktik (d = 0.38), Schulpädagogik (d = 0.31) und Lernen/Entwicklung (d = 0.45) signifikant bessere Ergebnisse (Kunina-Habenicht et al., 2013, S. 14/15). Die Effektstärken liegen auf dem Niveau mittlerer praktischer Bedeutsamkeit. Zudem erreichen Lehramtsabsolventen des gymnasialen Bereichs bessere Testleistungen als jene aus nicht gymnasialen Bereichen. Es können keine Unterschiede in den Ergebnissen zwischen Modell- und grund-

---

34 Die unterschiedlich langen Referendariatszeiten gehen maßgeblich auf die Reformation der ersten beiden Lehrerbildungsphasen zurück (vgl. LZV, 2009; OVP, 2011).

ständigen Lehramtsstudiengängen festgestellt werden (vgl. Kunina-Habenicht et al., 2012; Kunina-Habenicht et al., 2013).

3.6.3 Zusammenfassung

Die fachübergreifenden pädagogischen Kompetenzen von Lehrern sind erst in jüngerer Zeit in den Fokus empirischer Lehrerbildungsforschung gerückt (z.b. Cramer, 2012; König & Seifert, 2012b). Für einen Überblick zum Forschungsstand kommen, unabhängig von den jeweils verschiedenen eingesetzten Testverfahren (vgl. Kap. 3.5), Erkenntnisse aus internationaler und nationaler Perspektive in Betracht.

Ausgehend von den Erkenntnissen der internationalen und international vergleichenden empirischen Lehrerbildungsforschung kann angenommen werden, dass es im Verlauf der Lehrerbildung zu einer Entwicklung fachübergreifender Kompetenzen kommt. Diese stellten sich als bedeutsam für das Unterrichten und den Lernerfolg von Schülern heraus. Ergänzend angemerkt werden muss jedoch, dass die Stärken nicht im Bereich handlungsnaher Kognitionen liegen (Blömeke, Kaiser et al., 2008). Des Weiteren dominiert das Kerngeschäft Unterrichten die Lehrerbildung, was offensichtlich mit einer Vernachlässigung weiterer wichtiger Kompetenzbereiche einher geht (Oser & Oelkers, 2001).

Wenngleich diese Erkenntnisse aufgrund kultureller Besonderheiten (Blömeke & Kaiser, 2012) der jeweiligen Lehrerbildungssysteme (besonders das der USA) nur bedingt auf die nationale Diskussion zur Lehrerbildung transferierbar sind, ergeben sich z.T. ähnliche Ergebnisse. In den ersten beiden Lehrerbildungsphasen kommt es – analog zu den Ergebnissen aus der Schweiz (Oser & Oelkers, 2001) – zu einer Kompetenzentwicklung im Bereich des Kerngeschäfts Unterrichten zu Lasten weiterer Kompetenzbereiche (u.a. Gehrmann, 2007; Schubarth et al., 2007). Die wenigen phasenübergreifenden Erkenntnisse bestätigen dies (Rauin & Meier, 2007). Dieser Umstand konnte auch über einen Vergleich mit Seiteneinsteigern ins Lehramt bestätigt werden. Erneut liegen die Stärken der ersten Lehrerbildungsphase im Bereich handlungsfernerer Kognitionen (König, 2012; Seifert & Schaper, 2012).

Die dritte Phase der Lehrerbildung steht wiederum weniger im Fokus der Lehrerbildungsforschung: „Spricht man über Lehrerkompetenzen, so geht man in aller Regel sofort zur Ausbildung von zukünftigen Lehrkräften über. Als ob die im Beruf befindlichen ca. 900000 Lehrkräfte nicht mehr lernen könnten bzw. nicht mehr zu lernen brauchten oder sollten" (Terhart, 2006, S. 30). Bisher deutet sich in Studien zur dritten Phase der Lehrerbildung an, dass eine Entwicklung fachübergreifender Kompetenzen stattfindet. Lehrer wählen Fortbildungsveranstaltungen jedoch weniger nach ihrem individuellen Kompetenzniveau, denn nach ihrer persönlichen Neigung aus.

Insgesamt beruhen die Annahmen, dass eine Entwicklung fachübergreifender pädagogischer Kompetenzen stattfindet, auf Erkenntnissen zu einzelnen Phasen der Lehrerbildung. Da phasenübergreifende Studien in kaum ausreichender Anzahl vorliegen, muss die Aussagekraft der Befunde relativiert werden. Diese Einschränkungen sind zu berücksichtigen, wenn jene – aus internationaler und nationaler Perspektive – gewonnenen Erkenntnisse zu fachübergreifenden Kompetenzen in Beziehung zu weiteren aus der Forschung bekannten Faktoren gesetzt werden (s. Kap. 3.7).

3.7 Beziehungen fachübergreifender Kompetenzen zu weiteren Faktoren

Im vorigen Kapitel ist primär die (isolierte) Entwicklung fachübergreifender Kompetenzen beschrieben worden. Es kann jedoch begründet angenommen werden, dass nicht nur die individuelle Nutzung der in einzelnen Lehrerbildungsphasen zur Verfügung gestellten Lerngelegenheiten zu unterschiedlichen Kompetenzniveaus bei Lehrern führt (Cramer, 2012; Hascher, 2011; König & Seifert, 2012b; Kunter et al., 2011; Oser & Oelkers, 2001). Vielmehr werden weitere Faktoren benannt und erforscht, um das individuell verschieden ausgeprägte Kompetenzniveau bei Lehrern zu erklären (vgl. Kap. 3.4). Die in der vorliegenden Arbeit exemplarisch aufgegriffenen Faktoren entstammen sowohl internationalen wie nationalen Forschungen (s. Kap. 3.6). Es werden persönliche Dispositionen im weitesten Sinne (Kap. 3.7.1), motivationale Orientierungen (Kap. 3.7.2) und selbstregulative Fähigkeiten (Kap. 3.7.3.) beschrieben. Das Kapitel schließt mit einer Zusammenfassung (Kap. 3.7.4).

3.7.1 Persönliche Dispositionen

Persönliche Dispositionen stellen im weitesten Sinne einen traditionellen Bezugspunkt wissenschaftlicher Forschung zum Lehrerberuf dar. Diesbezüglich wird häufig nach Persönlichkeitsmerkmalen (1), soziodemographischen Spezifika (2), studiertem Lehramt (3) und Vorerfahrungen (4) unterschieden.

Persönlichkeitsmerkmale (1) werden verstanden als „Ensemble relativ stabiler Dispositionen, die für das Handeln, den Erfolg und das Befinden im Lehrerberuf bedeutsam sind", so Mayr und Neuweg (2006, S. 183). Sie werden in der Regel über die *Big Five* (s. Kap. 2.1.3.1) erfasst. Insgesamt kann auf der Basis verschiedener Studien festgehalten werden, dass sich Lehramtsstudierende durch die Faktoren Offenheit für Erfahrungen, Extraversion und Verträglichkeit auszeichnen. Demgegenüber zeigt sich der Faktor Neurotizismus als gering ausgeprägt, was auf eine geringe psychische Stabilität hinweist und mitunter als problematisch interpretiert wird (Eder, 2008; Faust & Foerster, 2008; Mayr, 2006a, 2009, 2010; Mayr & Neuweg, 2006). Gegenüber Studierenden der Sekundarstufe-II-Lehrämter erreichen solche der Sekundarstufe I höhere Werte bei der Verträglichkeit. Diese sind jedoch weniger offen für Erfahrungen bzw. Neues (Klusmann, 2011c; Klusmann, Trautwein, Lüdtke, Kunter & Baumert, 2009).

Insbesondere Mayr (2010, 2011) kann einen (indirekten) Zusammenhang zwischen Persönlichkeitsmerkmalen und Kompetenzen zeigen. So erklären die Merkmale Extraversion und Gewissenhaftigkeit über entsprechende Lernwege zwischen 18 Prozent (Kontrollieren und Beurteilen) und 34 Prozent (Kooperation) der entsprechend erfassten Kompetenzen im Pfadmodell (Mayr, 2010, S 80). Es wird daher angemahnt, diese verstärkt als individuelle Lernvoraussetzungen in Studien zur Kompetenzentwicklung in der Lehrerbildung zu berücksichtigen (Mayr, 2010, 2011).

Dies sollte jedoch unter Einbezug komplexer Persönlichkeitsprofile erfolgen, um Fehlschlüssen im Sinne eines „je extravertierter, desto kompetenter" (Cramer, 2012, S. 229) durch differenziertere Aussagen entgegen zu treten.

Vergleichbar verhält es sich mit den soziodemographischen Spezifika (2). Als Konsens kann diesbezüglich festgehalten werden, dass sich vermehrt Frauen für ein Lehramtsstudium entscheiden. Hierbei präferieren sie Lehrämter der Sekundarstufe I (besonders das Grundschullehramt) und studieren sprach- und kulturwissenschaftliche Unterrichtsfächer. Grundsätzlich werden Sekundarstufe-II-Lehrämter, unabhängig vom Geschlecht, am häufigsten gewählt. Es liegt ein hoher Anteil an Berufsvererbung vor, d.h. im familiären Umfeld der Lehramtskandidaten befinden sich viele Lehrer. Bezüglich der sozialen Herkunft wird der Bevölkerungsdurchschnitt widergespiegelt (Nieskens, 2009; Rothland, 2011b; Tillmann, Rauschenbach, Tippelt & Weishaupt, 2008; Ulich, 2004; Wild-Näf, 2001; Ziegler, 2009). Inwieweit diese soziodemographischen Spezifika einen direkten oder indirekten Einfluss auf die Kompetenzentwicklung haben, ist weitestgehend ungeklärt (Klusmann, 2011c, S. 303).

Mit Blick auf das studierte Lehramt (3) wird davon ausgegangen, dass sich spezifische Schwerpunktbildungen einzelner Lehramtsstudiengänge in der Kompetenzentwicklung niederschlagen. So konstatieren Rauin und Meier (2007) höhere Einschätzungen der Kompetenzbereiche Diagnostizieren und Fördern für Sonderpädagogiklehrer. In ähnlicher Weise verhält es sich im Referendariat: Die Lehrämter der Sekundarstufe I weisen höhere Einschätzungen im Bereich Diagnostizieren auf als jene der Sekundarstufe II. Dieser Umstand wird auf die „schulartspezifische Berufssozialisation" (Abs, 2006, S. 229) zurückgeführt. Hierbei wird zum einen unterstellt, dass der Fokus bei der Sekundarstufe-II-Gruppe stärker auf den Fachwissenschaften liegt. Zum anderen wird angemerkt, dass der Handlungsdruck einer lernförderlichen Diagnostik an den entsprechenden Schulformen wesentlich geringer ausgeprägt ist als an den anderen. Die beschriebenen Differenzen konnten auch von Kleickmann und Anders (2011) bestätigt werden, sie beziffern die Differenz in der Testleistung zum pädagogisch psychologischen Wissen (vgl. Kap. 3.6.2.2) mit $\beta = -.38$ (ebd., S. 311) zu Ungunsten der Sekundarstufe-II-Referendare gegenüber allen anderen.

Zudem unterscheiden sich die Lehrämter in Bezug auf ihre kognitiven Voraussetzungen, die häufig über die Abiturnote erfasst werden (z.B. Blömeke, Kaiser et al., 2008; Blömeke et al., 2010a, 2010b).

So ergibt sich z.B. aus den BilWiss-Daten, dass Gymnasialreferendare Werte von 2,41 erreichen und damit besser abschneiden als jene der Grundschule ($d = 0.50$) und solche der Sekundarstufe I ($d = 0.80$) (Kunina-Habenicht et al., 2013, S. 13). Vergleichbares stellt Klusmann (2011c, S. 300) unter Rekurs auf die COACTIV-R-Daten (Kunter et al., 2011) zu Gunsten der Sekundarstufe-II-Lehrämter fest ($d = 1.22$), was für eine *Binnenselektion* spricht. D.h. Abiturienten mit besseren Durchschnittsnoten neigen dazu, ein solches Lehramt zu studieren. Ebensolches findet sich auch bei Cramer (2012, S. 191).

Des Weiteren berichten König et al. (2012b, S. 238) aus der LEK-Studie an einigen untersuchten Lehrerbildungsstandorten positive Zusammenhänge zu den erfassten fachübergreifenden Wissensbereichen ($-.23 < r < -.33$). Sofern es sich um das konzeptionell eng gefasste pädagogische Unterrichtswissen (vgl. Kap. 3.5) handelt, ist die Abiturnote bedeutsam für den späteren Messzeitpunkt ($\beta = .26$) (ebd., S. 242). Wird zwischen Modell- und grundständigen

Lehramtsstudiengängen unterschieden, ergeben sich größtenteils keine Unterschiede (König & Seifert, 2012b; Kunina-Habenicht et al., 2013).

Insgesamt ist die Aussagekraft von Noten im Kontext kognitiver Voraussetzungen jedoch zu relativieren. Sie hängen, wie oben gezeigt, stark von den jeweiligen Referenzgruppen ab, korrelieren auch nur moderat mit Ergebnissen aus Tests zur kognitiven Grundfähigkeit (z.b. Petermann & Petermann, 2011) und sind daher als Indikatoren kognitiver Leistungsfähigkeit weniger geeignet. Vielmehr erweisen sie sich als „gute Prädiktoren der weiteren Bildung (Lernleistung) und auch des Ausbildungserfolgs" (Rothland, 2011b, S. 257).

Vor dem Hintergrund der intrinsisch-beziehungsorientierten Berufswahlmotivation (vgl. Kap. 3.3.2.1) liegt es einerseits nahe, dass spezifischen Vorerfahrungen (4) in großem Maße vorliegen und sich andererseits im Sinne einer dispositionalen Komponente positiv auf die Kompetenzentwicklung auswirken (König, 2010; Rothland, 2011a; Ziegler, 2009). Die Befundlage ist jedoch keineswegs eindeutig. So konstatieren Gröschner und Schmitt (2008), dass angehende Lehrer kaum über pädagogische Vorerfahrungen verfügen. Weiterhin konkretisieren Oesterhelt et al. (2012, S. 38) für angehende Sportlehrer: „Insgesamt lässt sich für den Umfang der pädagogischen Vorerfahrungen kein erkennbarer Einfluss auf die Kompetenzeinschätzungen in den Dimensionen Unterrichten und Erziehen identifizieren." Demgegenüber halten Schreiber et al. (2012, S. 134) unter Rückgriff auf die LEK-Studie (König & Seifert, 2012b) fest, dass das Geben von Nachhilfeunterricht und Gestalten von Freizeitaktivitäten für Kinder und Jugendliche selbstverständlich sind. Ersteres korreliert mit Subdimensionen der Testleistungen zum pädagogischen Unterrichtswissen ($r_{Allgemeine\ Didaktik}$ = .14) sowie des bildungswissenschaftlichen Wissens ($r_{Erziehung\ und\ Bildung}$ = .11). Letzteres mit der Subdimension Erziehung und Bildung des Tests zum bildungswissenschaftlichen Wissen (r = .11) (König, Tachtsoglou & Seifert, 2012a, S. 240/241).

Abschließend kann festgehalten werden, dass die Frage nach einem Zusammenhang zwischen den beschriebenen Faktoren (Persönlichkeitsmerkmalen, soziodemographischen Spezifika, studiertem Lehramt, Vorerfahrungen) und der Entwicklung fachübergreifender Kompetenzen weitestgehend unbeantwortet bleiben muss. So fordert Rothland (2011b, S. 264), „die Zusammenhänge der berichteten Befunde zum soziodemographischen Profil sowie zu den Persönlichkeits- und Leistungsmerkmalen angehender Lehrkräfte mit der professionellen Kompetenz, ihrer Entwicklung und dem beruflichen Handeln [...] empirisch zu überprüfen".

3.7.2 Motivationale Orientierungen

Unter motivationalen Orientierungen werden größtenteils die drei Aspekte Berufswahlmotive (1), Enthusiasmus (2) und Selbstwirksamkeitserwartungen (3) erforscht.

Den Berufswahlmotiven (1) wird eine indirekte Wirkung auf die Kompetenzentwicklung, im Sinne einer dispositionalen Komponente, unterstellt (vgl. Kap. 3.3.2.1). So zeigt z.b. Mayr (2010, S. 77), dass das Fördern sozialer Beziehungen am Studienende ($r = .18$), im dritten ($r = .19$) und siebten Berufsjahr ($r = .20$) positiv mit dem Erleben von beruflichem Erfolg korreliert. Damit wird deutlich, dass sich die Prognosetauglichkeit im Zeitverlauf sogar leicht verbessert, sodass von einem langfristigen Effekt auszugehen ist. Insofern ist es von Bedeutung, wenn aus der LEK-Studie (König & Seifert, 2012b) hervorgeht, dass das Halten von Nachhilfeunterricht als spezifische pädagogische Vorerfahrung positiv mit intrinsischen Berufswahlmotiven korreliert ($r = .17$) (Schreiber et al., 2012, S. 138). Schließlich manifestiert sich die Kombination aus beiden in höheren Testleistungen bestimmter Wissensdimensionen (vgl. Kap. 3.9.1).

In ähnlicher Weise wird auch dem Enthusiasmus (2) ein Einfluss auf das Unterrichten zugeschrieben. Dieser konnte empirisch in zwei Dimensionen, Fachenthusiasmus und Unterrichtsenthusiasmus, getrennt werden (Kunter, 2011b; Kunter et al., 2008). Weitergehende Analysen zeigten, dass lediglich der Unterrichtsenthusiasmus bedeutend für das Unterrichten ist: Lehrer, die in diesem Sinne unterrichten, erzielten eine bessere Klassenführung ($b = .24$)[35], höhere konstruktive Unterstützung ($b = .28$) und kognitive Aktivierung ($b = .05$) der Schüler (Kunter, 2011b, S. 268).

Selbstwirksamkeitserwartungen (3) stellen einen weiteren Prädiktor für die Kompetenzentwicklung dar: „Auf zehn der elf Subskalen-Indizes hat die *berufsspezifische Selbstwirksamkeitserwartung* einen hoch signifikanten und meist auch sehr starken positiven Effekt" (Cramer, 2010, S. 92). Dabei handelt es sich um die Voraussage von Kompetenzselbsteinschätzungen zwischen Studienbeginn und drittem Studiensemester ($.20 < \beta < .31$). Insofern ist es einerseits durchaus nachvollziehbar, positive Selbstwirksamkeitserwartungen als Resilienzfaktor gegenüber beruflichen Beanspruchungen zu interpretieren (vgl. Kap. 3.3.2.1). Andererseits bedeutet dies eben auch, dass Kompetenzein-

---

35   b = standardisiertes Regressionsgewicht der Statistiksoftware HLM.

schätzungen zu einem bedeutsamen Teil durch die berufsspezifische Selbst-wirksamkeitserwartung erklärt werden können (vgl. Kap. 3.5). Zudem zeigen weitere Studien, dass Selbstwirksamkeitserwartungen gezielt über eigene Er-folgserfahrungen weiterentwickelt werden können (Döbrich & Abs, 2008). So-mit sind Lehrer auf entsprechende Unterstützungsangebote angewiesen. Ver-gleichbares berichten auch Tschannen-Moran et al. (2007) über die Entwick-lung von Selbstwirksamkeitserwartungen. Sie konnten zeigen, dass jüngere Lehrer im Vergleich zu älteren stärker auf externe Unterstützung angewiesen sind.

3.7.3 Selbstregulative Fähigkeiten

Die Zusammenhänge zwischen fachübergreifenden Kompetenzen und selbstre-gulativen Fähigkeiten beziehen sich in der Regel auf die Dimensionen Belas-tung und Gesundheit. So wird gefolgert, dass sich hoch ausgeprägte selbstregu-lative Fähigkeiten, die sich durch berufliches Wohlbefinden ausdrücken, positiv auf Kompetenzselbsteinschätzungen auswirken (Gehrmann, 2003; Lipowsky, 2003; Mayr, 2010).

Schubarth et al. (2007, S. 173/174) zeigen unter Rückgriff auf Daten der LAK-Studie einen positiven Zusammenhang der AVEM-Skalen Offensive Pro-blembewältigung ($r = .25$) und Innere Ruhe ($r = .24$) auf die selbst eingeschätz-te Gesamtkompetenz. Zudem sagt eine hohe subjektiv wahrgenommene Belas-tung geringere Kompetenzeinschätzungen voraus ($\beta = -.31$).[36] Hierzu pointieren Rauin und Meier (2007, S. 130):

„Offenbar wählt eine verhältnismäßig große Gruppe von Personen das Lehramtsstudium, obwohl einige Zweifel an der Eignung und am Inter-esse für das Berufsfeld angebracht wären. Solche Risikostudierenden, die während des Studiums und dann am Ende der Berufsausbildung so-gar in der Selbsteinschätzung ungünstigere Kompetenzwerte erreichen, haben zwar eine geringere Chance als andere, das Berufsziel zu errei-chen, aber mit einem Anteil von 15–20 Prozent kommen sie doch in den Schuldienst."

---

36 Vergleichbare Korrelations- und Regressionskoeffizienten unter Kontrolle von Drittvariablen finden sich auch in den COACTIV-Daten zur (Mathematik-)Lehrer-bildung (Klusmann, 2011a, S. 289).

Aus der STUBUR-Studie (Gehrmann, 2007) ist zudem bekannt, dass die dort und auch in anderen Studien (vgl. Kap. 3.6.2.1) als gering eingeschätzten Kompetenzbereiche (Zusammenarbeit in der Schule, Schule und Öffentlichkeit, Selbstorganisation) besonders bedeutsam für das individuelle Belastungserleben und die Berufszufriedenheit sind. Die geringe Ausprägung dieser Kompetenzbereiche begünstigt daher indirekt berufliches Unwohlsein.

3.7.4 Zusammenfassung

Es kann als Konsens angesehen werden, dass die Entwicklung fachübergreifender Kompetenzen neben den in einzelnen Phasen der Lehrerbildung bereitgestellten Lerngelegenheiten von weiteren Faktoren beeinflusst wird bzw. das sich bestimmte Zusammenhänge hierauf auswirken (z.B. Cramer, 2012). Die Erkenntnislage ist jedoch sehr heterogen und hängt stark davon ab, welche Faktoren fokussiert werden. Darüber hinaus sind diese Forschungen größtenteils in der ersten Phase der Lehrerbildung verankert, was ihre Aussagekraft relativiert.

Nichtsdestotrotz gibt es Anzeichen dafür, dass die beschriebenen Faktoren eine zumindest indirekte Wirkung auf die Kompetenzentwicklung, im Sinne einer dispositionalen Komponente, nehmen. So fordert z.B. Mayr (2010, 2011) Persönlichkeitsmerkmale stärker als individuelle Lernvoraussetzungen zu berücksichtigen. Vergleichbares wird auch für soziodemographische Spezifika gefordert, wenn auch die Befundlage hierzu weitestgehend ungeklärt ist (z.B. Klusmann, 2011c). Bezüglich der Vorerfahrungen wird von den einen kein positiver Einfluss auf die Kompetenzentwicklung konstatiert (Oesterhelt et al., 2012), von den anderen jedoch Gegenteiliges gefolgert (König & Seifert, 2012b).

Weniger uneindeutig verhält es sich mit lehramtsspezifischen Unterschieden, die sich in einer schulartspezifischen Kompetenzentwicklung niederschlägt: Lehrämter der Sekundarstufe II entwickeln stärker fachspezifische und weniger fachübergreifende Kompetenzbereiche als jene der Sekundarstufe I, was auf entsprechende Studienprofile zurückgeht (z.B. Kleickmann & Anders, 2011). Darüber hinaus ist insofern eine Binnenselektion zu verzeichnen, als dass Abiturienten mit besseren Durchschnittsnoten dazu neigen, ein Sekundarstufe-II-Lehramt zu studieren.

Motivationalen Orientierungen wird sowohl unterstellt, eine indirekte Wirkung auf die Kompetenzentwicklung zu nehmen, als auch als Resilienzfaktor gegenüber beruflichen Beanspruchungen zu fungieren. So geht von intrinsischen Berufswahlmotiven ein positiver und zugleich langfristiger Effekt auf das Erfolgserleben im Beruf aus (Mayr, 2010). Ähnliches gilt für positive berufliche Selbstwirksamkeitserwartungen (Cramer, 2010). Es konnte gezeigt werden, dass sich diese Zusammenhänge auch auf die Kompetenzentwicklung auswirken. Damit reicht der Einfluss bis zu selbstregulativen Fähigkeiten, die sich in Form eines ausgewogenen Verhältnisses zwischen individuellem Belastungserleben und beruflichen Beanspruchungen ebenfalls positiv auf die Kompetenzentwicklung auswirken (z.b. Rauin & Meier, 2007).

Es ist diese z.t. sehr unterschiedliche Befund- und Erkenntnislage, die es erschwert, weiter gehende Aussagen über den Zusammenhang bzw. Einfluss jener Faktoren zur Entwicklung fachübergreifender Kompetenzen zu tätigen (u.a. Klusmann, 2011c; Rothland, 2011b). So bleibt abschließend nur festzuhalten: „Von zentraler Bedeutung sind Arbeiten zur Kompetenzentwicklung und deren Prädiktoren, [...] deren Fehlen die Rationalität der Debatten um angemessene Ausgestaltungen von Ausbildungsgängen massiv begrenzt" (Lehmann-Grube & Nickolaus, 2009, S. 67).

3.8   Folgerungen und Zielsetzungen

Dem Kompetenzbegriff wird sowohl für das Bildungssystem insgesamt, als auch für die Lehrerbildung ein enormer Bedeutungsgehalt zugeschrieben (vgl. Kap. 3.1). Folgt man der Annahme, Bildungsprozesse könnten hierdurch weniger von subjektiven Erfahrungen geleitet, sondern stärker evidenzbasiert angelegt werden (Halbheer & Reusser, 2008), stellt sich die Frage nach vorhandener Evidenz. Mit Blick auf die Diskussion zur Kompetenzentwicklung in der Lehrerbildung wird jedoch konstatiert, sie beruhe zu großen Teilen auf „Erfahrungen und Ursachenvermutungen" (Cramer, 2012, S. 112) und liege dadurch im Hypothetischen. Wenn auch empirische Forschungen in den letzten Jahren stark zugenommen haben, wird grundsätzlich von einem Empiriedefizit ausgegangen (Blömeke, 2007; Larcher, S. & Oelkers, 2004; Rauin, 2011). Der Überblick über den Befund- und Erkenntnisstand der in der vorliegenden Arbeit fokussierten fachübergreifenden Kompetenzen von Lehrern referiert zum Großteil noch diesen defizitären Stand. Nichtsdestotrotz soll dieser als Ansatzpunkt gelten. Aus dem Vorgehen der vorgestellten Studien (s. Kap. 3.6 und Kap. 3.7) können Anforderungen an zukünftige Forschungen thesenartig festgehalten werden (vgl. Allemann-Ghionda & Terhart, 2006; Blömeke et al., 2004; Schaefers, 2002; Terhart et al., 2011; Zlatkin-Troitschanskaia et al., 2009):

- Anschlussfähigkeit: Die Lehrerbildungsforschung muss stärker ein rahmendes theoretisches Fundament ausbilden und dieses nutzen, um z.b. den Anschluss ihrer Forschungsergebnisse an jene der Unterrichtsforschung zu ermöglichen. Hierfür bieten sich z.b. „Angebots-Nutzungsmodelle" an (vgl. Kap. 3.6).
- Berufsfeldanalyse: Es mangelt an systematischen und empirischen Analysen des Berufsfeldes, die jedoch für Standards und Kompetenzen unabdingbar sind. Andernfalls droht eine beliebige Ausdifferenzierung. Die Analyseergebnisse sollten in Kompetenzmodelle integriert werden (vgl. Kap. 3.3).
- Differenzierung: Verallgemeinernde Aussagen über den Lehrer sind kaum erkenntnisbringend. Vielmehr bedarf es differenzierender Analysen, die weitere Faktoren berücksichtigen und z.b. nach Lehrämtern, Fächerkombinationen usw. differenzieren. Des Weiteren wird der Transfer internationaler Forschungen zur Lehrerbildung nur unter Berücksichtigung kulturspezifischer Besonderheiten empfohlen.
- Studiendesign: Die Entwicklung und Wirksamkeit von Lehrerbildung kann nur in Längsschnittuntersuchungen nachgewiesen werden. Hierzu bedarf es vor allen Dingen Forschungsbemühungen, die über einzelne Phasen der Lehrerbildung hinweg angelegt sind.
- Instrumente: Vielfach fehlt es an geeigneten Verfahren zur Erfassung von Kompetenzentwicklungen. Die Verfahren werden z.T. unreflektiert und ohne ausreichende empirische Prüfung eingesetzt. Zudem wird häufig mit distalen Indikatoren, z.b. retrospektive Befragungen und Dokumentanalysen, gearbeitet. An dieser Stelle bedarf es der Entwicklung elaborierterer testtheoretischer Konstruktionen, die bisher selten beachtet werden (s. Kap. 3.5).
- Methoden: Qualitative Fallstudien mit geringen Stichprobenumfängen oder kleinere quantitative Untersuchungen dominieren die Forschungslandschaft. Hier sind insbesondere größere Stichprobenumfänge notwendig, die den Einsatz angemessener statistischer Verfahren ermöglichen, um zu aussagekräftigeren Ergebnissen zu gelangen. Darüber hinaus erscheint die Kombination aus quantitativen und qualitativen Zugängen sinnvoll, um der Komplexität des Untersuchungsgegenstandes gerecht werden zu können.
- Fachbezug: Der hohen Bedeutung des Fachstudiums in der ersten Lehrerbildungsphase und der Forderung der Klieme-Expertise (2003) zum

Trotz liegen erst vereinzelte fachbezogene Studien vor. Mit Blick auf das Unterrichtsfach Sport ist hier gar von einem „grauen Fleck" zu sprechen. Zudem sind fächervergleichende Untersuchungen notwendig.

Ziele der vorliegenden Arbeit

Es ist diese Hintergrundfolie, die das Anliegen der vorliegenden Arbeit maßgeblich mit bestimmt: Die voran gestellten Kapitel haben den Gegenstand fachübergreifender Kompetenzen von Lehrern unter verschiedenen Gesichtspunkten wissenschaftlich beleuchtet. Dabei wurde zunächst die Bedeutung des Kompetenzbegriffs für diesen Kontext dargelegt, bevor theoretische Ansprüche (z.B. die Kompetenzentwicklung) und Herausforderungen (z.B. die Kompetenzerfassung) dieses Konstruktes angesprochen wurden. Eine Darstellung empirischer Befunde zum Zusammenhang zwischen dem Erwerb fachübergreifender Kompetenzen in einzelnen Phasen der Lehrerbildung und weiterer relevanter Einflussfaktoren legt zumindest theoretisch zweierlei nahe. Erstens wird angenommen, dass eine Entwicklung fachübergreifender Kompetenzen in den jeweiligen Lehrerbildungsphasen stattfindet und zweitens, dass dies in einem Zusammenhang mit weiteren Einflussfaktoren steht. Bezüglich der phasenübergreifenden Entwicklung fachübergreifender pädagogischer Kompetenzen ist jedoch ein Forschungsdesiderat zu verzeichnen, dem sich die vorliegende Arbeit widmet: Ziel ist die Erfassung des Erwerbs fachübergreifender Kompetenzen angehender Lehrer vom Ende der ersten bis zum Beginn der dritten Lehrerbildungsphase. Das eingesetzte Instrument erfasst fachübergreifende, allgemein pädagogische Kompetenzen über Selbsteinschätzungen. Diese Kompetenzeinschätzungen werden durch die Einschätzung selbstregulativer Fähigkeiten und die Erfassung weiterer individueller Lernvoraussetzungen ergänzt, um einem differenzierten Anspruch empirischer Lehrerbildungsforschung gerecht zu werden. Es ist zuerst zu überprüfen, inwiefern sich die theoretisch angenommene dimensionale Struktur des Instruments zur Erfassung der Kompetenzeinschätzungen empirisch bestätigen lässt.

1. Im Rahmen der weiteren Analysen interessiert die Erörterung des Ausprägungsniveaus sowie der Entwicklung der Kompetenzeinschätzungen in einzelnen Phasen der Lehrerbildung sowie im zeitlichen Verlauf über die Lehrerbildungsphasen hinweg.

2. Zudem soll geklärt werden, inwiefern Zusammenhänge zwischen den Einschätzungen einzelner Kompetenzbereiche und individuellen Voraus-

setzungen (z.B. spezifische Vorerfahrungen) sowie selbstregulativen Fähigkeiten bestehen.

3. Schließlich interessiert im Sinne einer differenzierten Betrachtung der Kompetenzentwicklung, ob bzw. inwiefern selbstregulative Fähigkeiten und/oder individuelle Lernvoraussetzungen als Prädiktoren der Kompetenzeinschätzungen gelten können.

4 Begründung und Anlage des Forschungsdesigns

Um die in Kapitel 3.8 genannten zentralen Anliegen der Arbeit beantworten zu können, wurde eigens eine Studie konzipiert. Diese soll in einem ersten Zugang erläutert werden, wobei das Hauptaugenmerk auf dem Untersuchungsmodell und dem favorisierten Forschungsansatz liegt (Kap.4.1). Zudem werden die eingesetzten Erhebungsinstrumente (Kap.4.1.2), die Ergebnisse des Pretests (Kap. 4.1.2) und die Form der Studiendurchführung (Kap. 4.1.3) erläutert. Daran anschließend wird die Stichprobe der Studie beschrieben (Kap. 4.2). Die Beschreibung orientiert sich am vorgestellten Untersuchungsmodell: Allgemeine kognitive Voraussetzungen (Kap. 4.2.1), Vorerfahrungen und Berufsabsicht (Kap. 4.2.2), Eltern der Befragten (Kap. 4.2.3), selbstregulative Fähigkeiten (Kap. 4.2.4) und Ergänzungen der Längsschnittstichprobe (Kap. 4.2.5). Schließlich werden die Methoden der Arbeit beschrieben (Kap. 4.3), die sich den vorab skizzierten Daten der Studie bedienen. Das Kapitel enthält Ausführungen zu den verwendeten Instrumenten (Kap. 4.3.1), genutzten Datenanalyseprogrammen (Kap. 4.3.2) sowie durchgeführten Datenanalysen (Kap. 4.3.3). Beide letztgenannten Kapitel (4.2 und 4.3) schließen mit bewertenden Zusammenfassungen.

4.1 Einführung in die Studie „Evaluation der Sportlehrerbildung"

Die Studie „Evaluation der Sportlehrerbildung" erfasst die Selbsteinschätzungen fachübergreifender Kompetenzen angehender (Sport-)Lehrer[37] sämtlicher Studienseminare[38] Nordrhein-Westfalens. Sie wurde erstmalig im Jahr 2010 mit Unterstützung des Ministeriums für Schule und Weiterbildung des Landes Nordrhein-Westfalen durchgeführt und untersucht den Verlauf der Kompetenz-

---

37 Da diese alle mindestens ein weiteres Unterrichtsfach studiert haben, wird im Folgenden allgemein von Lehrern und nicht von Sportlehrern gesprochen. Vielmehr wird die (Sport-)Lehrerbildung stellvertretend für die Lehrerbildung und die wahrgenommene Kompetenzentwicklung von angehenden Lehrern erfasst.

38 Diese sind zwischenzeitlich umbenannt worden in staatliche Zentren für schulpraktische Lehrerausbildung (LABG, 2009, § 5, Abs. 1). Ebenso wird das Referendariat nun mit Vorbereitungsdienst bezeichnet (ebd., § 5). Der besseren Lesbarkeit halber werden die ursprünglichen Begriffe Studienseminar und Referendariat in dieser Arbeit verwendet.

einschätzungen angehender Lehrer unter Berücksichtigung selbstregulativer Fähigkeiten und individueller Lernvoraussetzungen (vgl. Kap. 3.4).

Als übergreifender theoretischer Bezugsrahmen der Studie kommt eine an die fokussierten Anliegen adaptierte Variante des Mehrebenenmodells zur Wirksamkeit der Lehrerbildung von Blömeke et al. (2008b) zum Einsatz. Dieses unterschiedet drei Ebenen, die für die Wirksamkeit der Lehrerbildung verantwortlich sind: die systemische, institutionelle und individuelle Ebene (ebd., S. 23). Dadurch, dass die Einschätzungen zur Kompetenzentwicklung angehender Lehrer bilanziert werden sollen, wird eine Eingrenzung auf die unterste, die individuelle Ebene vorgenommen. Das liegt darin begründet, dass eine Aufklärung von Varianz in der Bewertung der Kompetenzentwicklung komplizierter wird, je weiter die Ausbildungsmerkmale von der individuellen Ebene entfernt sind (König & Seifert, 2012a, S. 13). Effekte von Merkmalen auf der systemischen oder auch institutionellen Ebene liegen daher weniger im Fokus der Untersuchung.

Die individuelle Ebene unterscheidet zwischen Lernvoraussetzungen, der Nutzung des Lehrangebots und den erworbenen Kompetenzen. Als individuelle Lernvoraussetzungen werden spezifische Vorerfahrungen (z.B. Vertretungslehrertätigkeiten), generelle kognitive Fähigkeiten (z.B. Abitur) und soziodemographische Merkmale erfasst. Es ist nicht hinlänglich geklärt (vgl. Kap. 3.7), inwiefern diese einen (überdauernden) Einfluss auf die Einschätzung der Kompetenzentwicklung in der Lehrerbildung haben. Die Nutzung des Lehrangebots wird nicht gesondert thematisiert. Es wird jedoch angenommen, dass die Phasen der Lehrerbildung durch ihre spezifischen Lerngelegenheiten und Zielsetzungen zu einem kumulativen Aufbau von Lehrerkompetenzen beitragen (vgl. Kap. 3.4). Dabei nutzen die angehenden Lehrer jene Lerngelegenheiten im Sinne eines *Angebots-Nutzungs-Konzepts* individuell unterschiedlich (Fend, 2008c; Helmke, 2009). Es gibt empirische Evidenz dafür, dass die in der Lehrerbildung verankerten Lerngelegenheiten zu einem Kompetenzerwerb führen (z.B. König & Seifert, 2012b; Kunter et al., 2011). Diese Annahmen beziehen sich jedoch zumeist auf einzelne Phasen der Lehrerbildung unter Ausschluss weiterer, die Kompetenzentwicklung beeinflussender Faktoren. Die vorliegende Studie wird daher die Einschätzung der Kompetenzentwicklung phasenübergreifend nachzeichnen.

Flankierend wird die subjektive Bewertung beruflicher Belastung und Beanspruchung, als ein Teilbereich selbstregulativer Fähigkeiten (vgl. Kap. 3.7), erfasst. Derartige Einschätzungen stellen einen möglichen Einflussfaktor der

Kompetenzentwicklung in der Lehrerbildung dar (z.B. Gehrmann, 2007), die sich bis auf die von Schülern wahrgenommene Unterrichtsqualität (Klusmann et al., 2006) auswirken können. Es kann angenommen werden, dass das Belastungsempfinden die Kompetenzeinschätzungen beeinflusst, aber auch anders herum. Somit kann das subjektive Erleben selbstregulativer Fähigkeiten der Befragten sowohl als abhängige und unabhängige Variable im Kontext der Kompetenzeinschätzungen betrachtet werden. Im Rahmen dieser Studie wird jedoch eingrenzend darauf geschaut, welchen Einfluss das Belastungsempfinden auf die Kompetenzeinschätzungen nimmt.[39]

Es wird davon ausgegangen, dass die vier Dimensionen des Untersuchungsmodells Individuelle Lernvoraussetzungen, Nutzung der Lerngelegenheiten, selbstregulative Fähigkeiten und das wahrgenommene Kompetenzniveau bei den angehenden Lehrern individuell unterschiedlich ausgeprägt sind. Die beiden nicht explizit erfassten Ebenen, institutionell und systemisch, des Mehrebenenmodells zur Wirksamkeit der Lehrerbildung (Blömeke, Kaiser et al., 2008) werden zumindest tangiert: Das angenommene Untersuchungsmodell gilt für sämtliche Studienseminare Nordrhein-Westfalens (institutionelle Ebene) in Deutschland (systemische Ebene). Diesbezüglich sind jedoch keine konkreten Aussagen intendiert. Die folgende Abbildung veranschaulicht das Untersuchungsmodell der Studie (vgl. Kap. 3.4).[40]

---

39 Vergleichbares gilt auch für die im Kontext der Lernvoraussetzungen erfragte Absicht der späteren Berufsausübung. Auch hier ist vorstellbar, dass der feste Wille, den Beruf ausüben zu wollen Einfluss auf die Kompetenzeinschätzungen nimmt. Ebenso ist denkbar, dass Kompetenzeinschätzungen zu einer Veränderung dieser Willensbekundung führen können.

40 Schwarz durchgezogene Pfeile verdeutlichen die Anlage der Studie. Schwarz gestrichelte Pfeile stehen für weitere, jedoch in dieser Studie nicht berücksichtigte potentielle Zusammenhänge.

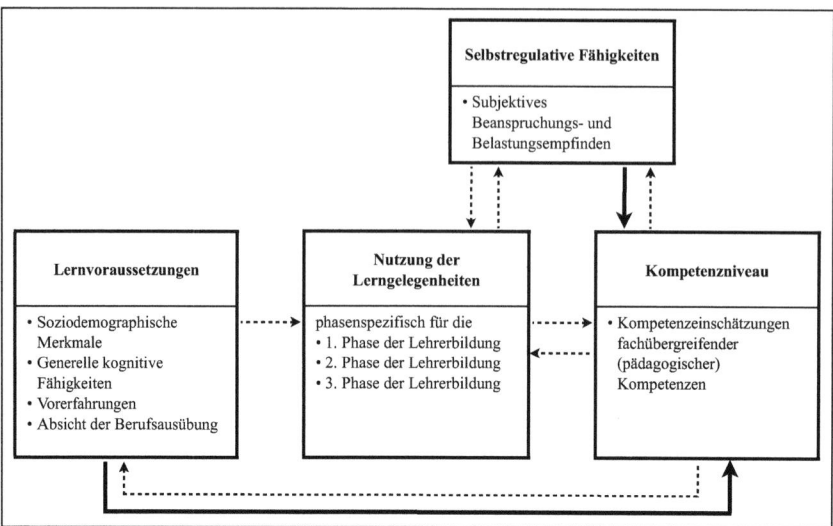

Abbildung 5:　　　Untersuchungsmodell der Studie.

Forschungsansatz: Quantitative Forschung

Die dargelegten Ansprüche und Folgerungen empirischer Lehrerbildungsforschung sowie die formulierten Zielsetzungen der vorliegenden Arbeit (s. Kap. 3.8) münden in einem empirisch-quantitativen Forschungsdesign:

> „Die Methoden der empirischen Datenerhebung haben die Funktion, Ausschnitte der Realität, die in einer Untersuchung interessieren, möglichst genau zu beschreiben oder abzubilden. Im Vordergrund bei den sog. quantitativen Methoden steht die Frage, wie die zu erhebenden Merkmale operationalisiert bzw. quantifiziert werden sollen." (Bortz & Döring, 2006, S. 138)

In diesem Kontext hat die empirische Datenerhebung somit die Funktion, die Kompetenzeinschätzungen der angehenden Lehrer zu beschreiben bzw. abzubilden, was als erster Anhaltspunkt für ein solches Vorgehen gewertet werden kann. Es schließt sich die Frage danach an, wie jene Kompetenzmerkmale operationalisiert und quantifiziert werden können. Ein solches quantitatives Forschungsdesign ermöglicht es insbesondere, eine Gesamtheit standardisiert im Hinblick auf spezifische Fragestellungen (hier die Entwicklung von Kompetenzeinschätzungen im Zeitverlauf) zu untersuchen und die dort erfasste Realität numerisch zu beschreiben (s. auch Reinders & Gniewosz, 2011, S. 121).

Nach Raithel (2008, S. 12) ist es überdies Zielstellung des quantitativen Paradigmas, eine sozial geschaffene Wirklichkeit zu erklären, im Gegenzug versucht das qualitative Paradigma menschliches Verhalten zu verstehen. Ein weiterer Anhaltspunkt für einen quantitativen Ansatz liegt daher in dem Umstand begründet, dass es sich bei den eingeschätzten Kompetenzen von Lehrern um von gesellschaftlichen Akteuren geschaffene soziale Konstrukte handelt. Diese sollen operationalisiert und unter Rückgriff auf quantifizierende Methoden messbar gemacht werden. Es ist das Ziel, den wahrgenommenen Kompetenzerwerb in einem Ausschnitt der Lehrerbildung zugänglich und beschreibbar zu machen. In diesem Kontext sprechen weitere Argumente für ein quantitatives Vorgehen. Es kann eine wesentlich größere Stichprobe erreicht werden, die Ergebnisse sind durch standardisierte Methoden vergleichbar und lassen sich zur Ableitung von Handlungsempfehlungen verwenden (vgl. Bortz & Döring, 2006; Riesenhuber, 2007).

Darüber hinaus ist die Studie längsschnittlich angelegt, sodass die gewonnen Daten als Panel analysiert werden können: „Ein Panel ist eine Stichprobe, die wiederholt untersucht wird" (Bortz & Döring, 2006, S. 447). Hieraus ergeben sich gegenüber Querschnittstudien folgende Vorteile:

> „Sie erlauben die Verfolgung der individuellen Dynamik sozialer und psychischer Prozesse (intraindividuelle Veränderung). Sie erlauben die zeitlich Abfolge von Veränderungen festzustellen (kausale Reihenfolge). Sie ermöglichen es, das Problem unbedachter Heterogenität abzumildern." (Brüderl, 2010, S. 964)

Vor dieser Hintergrundfolie lassen sich Kompetenzentwicklungen, von denen angenommen wird, dass sie dynamisch über einen Zeitverlauf entstehen, nachzeichnen und abbilden, sowie darauf Einfluss nehmende Faktoren beschreiben. So bieten sich besonders bivariate und multivariate Analysemethoden an (Backhaus, Erichson, Plinke & Weiber, 2006; Rost, D. H., 2013; Wolf & Best, 2010).

4.1.1 Beschreibung der Instrumente

Im Folgenden werden die im Rahmen dieser Arbeit genutzten Instrumente, Skalen und Einzelitems (Fachübergreifende pädagogische Kompetenzen in Kap. 4.1.1.1; Selbstregulative Fähigkeiten in Kap. 4.1.1.2) vorgestellt und die Pretestergebnisse präsentiert (Kap. 4.1.1.3). Das Kapitel schließt mit einer Übersicht über die Variablen dieser Arbeit (Kap. 4.1.1.4).

4.1.1.1 Fachübergreifende pädagogische Kompetenzen

Die Erfassung der fachübergreifenden pädagogischen Kompetenzen erfolgt über die Standardgruppen von Oser und Oelkers (2001) aus der deutschsprachigen Schweiz. Dieses Selbsteinschätzungsverfahren (s. Kap. 3.5) umfasst zwölf, mit Hilfe eines Delphi-Verfahrens konstruierte Skalen (Standardgruppen), die sich nach thematischen Einheiten gruppieren. Jede Skala besteht aus unterschiedlich vielen Einzelitems (s. Tab. 7), insgesamt 88 Items. Für eine empirische Überprüfung kann daher eine zwölf-faktorielle Lösung erwartet werden.

Es ist der Anspruch, fachübergreifende pädagogische Kompetenzen in maximaler Weite abzubilden, die spezifische Situationen des Lehrerberufs darstellen. Die Skalen zeichnen sich dadurch aus, dass sie an empirisch bewährte pädagogische und psychologische Theorien anschließen (Blömeke, 2006; Helmke, 2009; Tulodziecki & Grafe, 2006). Sie sind in Bezug auf ihre inhaltlichen und methodischen Schwächen diskutiert worden, wobei besonders der fehlende metatheoretische Rahmen moniert wurde (z.B. Baumert & Kunter, 2006; Herzog, 2005; Mayr, 2006b).

Hervorzuheben ist an diesem Instrument, so Helmke (2009, S. 156), dass es erstens über das Kerngeschäft Unterrichten hinausgeht (vgl. Kap. 3.5) und auch weitere wichtige Bereiche zur erfolgreichen Berufsausübung erfasst wie z.B. „Schule und Öffentlichkeit" (Oser, 2001, S. 230) (vgl. auch Tab. 7). Hierdurch wird ein weites Begriffsverständnis von fachübergreifenden Kompetenzen betont (vgl. Kap. 3.3.1.1). Zweitens ist das Verfahren derart konkret ausgearbeitet, dass es sich für Evaluationsstudien anbietet wie in dieser oder leicht modifizierter Form bereits geschehen ist. Sein Einsatz hat sich in den unterschiedlichsten Phasen der Lehrerbildung, international wie national, bewährt (z.B. Baer et al., 2007; Gehrmann, 2007; Rauin & Meier, 2007).

Tabelle 7: Skalen und Anzahl der zugehörigen Items (adaptiert aus Oser, 2001, S. 230-242).

Code	Skala (Standardgruppe)	Anzahl der Items
LSBR	Lehrer-Schüler Beziehungen und fördernde Rückmeldung	6
DSUH	Diagnose und Schüler unterstützendes Handeln	6
BDS	Bewältigung von Disziplinproblemen und Schülerrisiken	5
AFSV	Aufbau und Förderung von sozialem Verhalten	6
LVLB	Lernstrategien vermitteln und Lernprozesse begleiten	11
GMU	Gestaltung und Methoden des Unterrichts	9
LM	Leistungsmessung	5
MED	Medien	3
ZIS	Zusammenarbeit in der Schule	8
SUÖ	Schule und Öffentlichkeit	5
SK	Selbstorganisationskompetenz der Lehrkraft	5
DIDAK	Allgemeindidaktische und fachdidaktische Standards	19

Im Original sieht das Instrument eine fünfstufige Antwortskalierung für die Verarbeitungstiefe zu jedem Item vor, welche hier zu Gunsten einer vierstufigen aufsummierenden Skalierung modifiziert wurde.

Das bedeutet, dass die Skalenwerte (1 = habe nichts davon gehört, 2 = nur theoretisch davon gehört, 3 = auch praktische Beispiele dazu kennen gelernt, 4 = und ausreichende Kompetenzen erworben) kumulativ zu verstehen sind, so dass z.B. die Antwort auch praktische Beispiele dazu kennen gelernt, den theoretischen Hintergrund dazu (s. Antwortmöglichkeit 2) mit einschließt.

Hierdurch lässt sich zum einen die Praktikabilität durch Reduktion der Verarbeitungstiefe in der Testdurchführung optimieren, da davon ausgegangen werden kann, dass die Befragten diese Antwortvorgaben aufgrund ihrer erworbenen beruflichen Kompetenzen gut interpretieren und bearbeiten können. Zum anderen kann die Skala wie in der Forschungspraxis üblich *per-fiat-Messung* (Bortz & Döring, 2006, S. 70) als Intervallskala interpretiert werden, obschon sie nicht äquidistant ist. Dieses wird empfohlen, um sämtliche statistische Verfahren einsetzen zu können und hierdurch eine möglichst differenzierte Auswertung zu ermöglichen (vgl. Bortz & Döring, 2006; Wolf & Best, 2010).[41]

---

41 Dieses Vorgehen hat sich zudem in einer phasenübergreifenden Studie, die mit diesen Skalen arbeitet, bewährt (Rauin & Meier, 2007).

4.1.1.2 Selbstregulative Fähigkeiten

Darüber hinaus werden die Kompetenzeinschätzungen vom mehrdimensionalen, persönlichkeitsdiagnostischen Instrument *Arbeitsbezogene Verhaltens- und Erlebensmuster* in der Kurzform mit 44 Items (AVEM-44)[42] von Schaarschmidt und Fischer (2008) als möglicher Einflussfaktor auf die Kompetenzeinschätzungen flankiert. Es ist die Intention des Instruments von Schaarschmidt und Fischer, Aussagen über gesundheitsförderliche bzw. -gefährdende Verhaltens- und Erlebensweisen bei der Bewältigung von Arbeits- und Berufsanforderungen zu treffen. Hierzu konstruierten sie elf theoretisch begründete und faktorenanalytisch untermauerte Skalen (Dimensionen; s. Tab. 8), welche sich per Clusteranalyse in vier Muster des Verhaltens und Erlebens gegenüber der Arbeit und dem Beruf festhalten lassen. Kernmerkmale dieses typologischen Ansatzes sind einerseits das berufliche Engagement und andererseits die Widerstandsfähigkeit gegenüber beruflichen Anforderungen.

Den Gesundheitstyp (Muster G) zeichnet ein ausbalanciertes Verhältnis zwischen Engagement (Ressourceninvestition) bei gleichzeitiger Widerstandsfähigkeit (Ressourcenerhaltung) aus. Lehrer, die diesem Muster zugeordnet werden können, sind deutlich zufriedener mit ihrer Arbeit und weisen günstige Werte bei der emotionalen Erschöpfung auf.

Hiervon weicht der Schontyp (Muster S) insofern ab, als dass solche Lehrer deutlich weniger engagiert sind. Die geringere Investition von Ressourcen führt jedoch nicht zu einem erhöhten, sondern zu einem geringeren Wohlbefinden.

Demgegenüber sind beide Risikomuster gekennzeichnet durch emotionale Erschöpfung und große berufliche Unzufriedenheit. Risikomuster B hebt sich von A dadurch ab, dass geringes Engagement mit geringer Widerstandsfähigkeit gepaart ist und somit zur Resignation führt (Typ Burnout). Risikomuster A (Typ Anstrengung) kombiniert eine zu hohe Ressourceninvestition bei geringer Ressourcenerhaltung, was letztlich zur Selbstüberforderung führt (vgl. Schaarschmidt & Fischer, 2008).

Zudem können die vier Muster anhand ihrer typischen Charakteristika im Hinblick auf Widerstandsfähigkeit und Engagement (vgl. Abb. 6), die zu entsprechenden Anpassungen der Selbstregulation und damit zur erfolgreichen Bewältigung beruflicher Anforderungen führen, weiter zusammen gefasst werden:

---

42 An dieser Stelle sei Herrn Andreas W. Fischer ganz herzlich für die Bereitstellung der Auswertungssyntax für das AVEM-Instrumentarium gedankt.

Muster G und S zeigen als *Selbstregulationstypen* (Klusmann, 2011a, S. 290) eine geringere emotionale Erschöpfung und eine höhere Zufriedenheit mit ihrer Arbeit als Risikomuster A und B. Den beiden *Selbstregulationstypen* wird daher ein ausgewogeneres Verhältnis selbstregulativer Fähigkeiten zugeschrieben als den beiden Risikomustern A und B. Abbildung 6 veranschaulicht die typischen Charakteristika der vier Muster.

Abbildung 6: Kurzbeschreibung der vier Muster des AVEM (aus Schaar-schmidt & Fischer, 2008, S. 14) in Anlehnung an Klusmann (2011a) (eigene Darstellung).

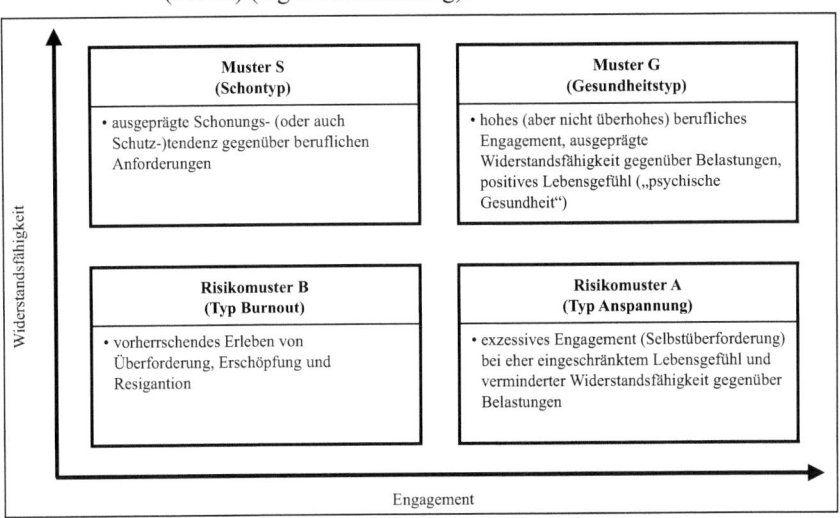

Die Kurzform des Verfahrens enthält je vier Items pro Skala anstatt sechs Items pro Skala in der Standardform. Die Antwortskalierung ist fünfstufig intervall-skaliert: von trifft völlig zu bis trifft überhaupt nicht zu. Insgesamt basiert das Instrument auf verschiedenen Eichstichproben ($n = 28531$), wobei hinsichtlich der Berufsgruppen differenziert werden kann. So setzt sich die Stichprobengrö-ße für Lehrer/Deutschland in der Kurzform aus 18095 Personen zusammen (ebd., S. 124).

Tabelle 8:   Skalen und Beispielitems des AVEM-44 (aus Schaarschmidt & Fischer, 2008, S. 8/9).

Code	Skala (Dimension)	Beispielitem
AVEK_BA	Subjektive Bedeutsamkeit der Arbeit	Die Arbeit ist für mich der wichtigste Lebensinhalt.
AVEK_BE	Beruflicher Ehrgeiz	Für meine berufliche Zukunft habe ich mir noch viel vorgenommen.
AVEK_VB	Verausgabungsbereitschaft	Wenn es sein muss, arbeite ich bis zur Erschöpfung.
AVEK_PS	Perfektionsstreben	Was ich immer ich tue, es muss perfekt sein.
AVEK_DF	Distanzierungsfähigkeit	nach der Arbeit kann ich ohne Probleme abschalten.
AVEK_RT	Resignationstendenz bei Misserfolg	Wenn ich keinen Erfolg habe, resigniere ich schnell.
AVEK_OP	Offensive Problembewältigung	Wenn mir etwas nicht gelingt, sage ich mir: Jetzt erst recht!
AVEK_IR	Innere Ruhe und Ausgeglichenheit	Mich bringt so leicht nichts aus der Ruhe.
AVEK_EE	Erfolgserleben im Beruf	Mein bisheriges Berufsleben war recht erfolgreich.
AVEK_LZ	Lebenszufriedenheit	Im Großen und Ganzen bin ich glücklich und zufrieden.
AVEK_SU	Erleben sozialer Unterstützung	Mein Partner/meine Partnerin zeigt Verständnis für meine Arbeit.

In der vorliegenden Arbeit soll der Einfluss persönlich wahrgenommener Belastung und Beanspruchung auf die Kompetenzeinschätzungen (vgl. Kap. 4.1) überprüft werden. Zumal ein ausbalancierter Selbstregulationsstil als persönliche Ressource bewertet wird (Maslach et al., 2001; s. auch Kap. 3.3.2.2). Des Weiteren zeigen Klusmann et al. (2011a; 2006) einen Zusammenhang zwischen AVEM-Musterzugehörigkeit und von Schülern eingeschätzter Unterrichtsqualität.

4.1.1.3 Übersicht über die Variablen der Studie

In Abbildung 7 sind die in der Studie verwendeten Variablen und deren Herkunft in Anlehnung an das Untersuchungsmodell (vgl. Kap. 4.1) zusammengestellt. Im Mittelpunkt stehen die Einschätzungen zu fachübergreifenden Kompetenzen aus dem Instrument von Oser und Oelkers (2001) sowie jene der selbstregulativen Fähigkeiten (Schaarschmidt & Fischer, 2008). Zusätzlich werden individuelle Lernvoraussetzungen abgefragt wie z.B. soziodemographische Angaben (z.B. Alter, Geschlecht), Vorerfahrungen, die Ansicht der späteren Berufsausübung und durchschnittliche Benotungen (u.a. in Anlehnung an Blömeke, Kaiser et al., 2008; Schubart et al., 2007). Zum dritten Messzeitpunkt wurden darüber hinaus Daten zur aktuellen beruflichen Situation erfasst (z.B. Schulform aktueller Tätigkeit, Stundendeputat). Die Kodierung einzelner Fragebögen erfolgte zum Zwecke der Anonymität der Befragten und ermöglichte eine Zuordnung zu einzelnen Messzeitpunkten im Rahmen der Längsschnittanalysen.

Individuelle Lernvoraussetzungen	Fachübergreifende Kompetenzen	Selbstregulative Fähigkeiten
• Vorerfahrungen, Absicht der späteren Berufsausübung (2 Variablen) • Durchschnittliche Benotungen (3 Variablen) • Demographische Merkmale, z.B. Alter, Geschlecht (5 Variablen)	• Selbsteinschätzungen von 12 Standardgruppen (Skalen) fachübergreifender pädaogischer Kompetenzen nach Oser & Oelkers, 2001 (88 Variablen)	• Selbsteinschätzungen des Beanspruchungs- und Belastungsempfinden per AVEM-44 nach Schaarschmidt & Fischer, 2008 (44 Variablen)

Abbildung 7:   Übersicht und Herkunft der eingesetzten Untersuchungsvariablen.

4.1.2 Ergebnisse aus dem Pretest

Im Rahmen des Pretets im Juni 2010 sollten zum einen die Möglichkeiten des Zugangs zur favorisierten Stichprobe ausgelotet werden und zum anderen die beiden ausgewählten Testinstrumente auf ihren Einsatz hin überprüft werden. Neben der angemahnten Validitätsprüfung (z.B. Schaper, 2009) der verwendeten Testinstrumente (s. Kap. 3.5) waren insbesondere folgende Aspekte von Bedeutung (vgl. Bortz & Döring, 2006; Raithel, 2008; Rost, D. H., 2013):

- Anwendbarkeit des Fragebogens: Realisierbarkeit der Kooperation mit den entsprechenden Fachleitern in den Studienseminaren Nordrhein-Westfalens; Abwägung eines realistischen Zeitplanes für die längsschnittliche Untersuchung in allen Studienseminaren Nordrhein-Westfalens
- Verständlichkeit: Reaktionen auf die im Fragebogen eingesetzten Testinstrumente, insbesondere zu den Skalen von Oser und Oelkers (2001)
- Qualität: Einhaltung der Gütekriterien

In vier zufällig ausgewählten Studienseminaren Nordrhein-Westfalens konnte der Pretest realisiert werden ($n = 33$). Die unten stehenden Tabellen zeigen die jeweiligen Kennwerte der einzelnen Testinstrumente.

Tabelle 9:   Reliabilitäten der Skalen nach Oser und Oelkers (2001) im Pretest ($n = 31 - 33$).

Code	Skala (Standardgruppe)	Cronbachs α
LSB	Lehrer-Schüler Beziehungen und fördernde Rückmeldung	.83
DSH	Diagnose und Schüler unterstützendes Handeln	.81
BDS	Bewältigung von Disziplinproblemen und Schülerrisiken	.74
AFSV	Aufbau und Förderung von sozialem Verhalten	.79
LVLB	Lernstrategien vermitteln und Lernprozesse begleiten	.87
GMU	Gestaltung und Methoden des Unterrichts	.86
LM	Leistungsmessung	.76
MED	Medien	.79
ZIS	Zusammenarbeit in der Schule	.90
SUÖ	Schule und Öffentlichkeit	.75
SK	Selbstorganisationskompetenz der Lehrkraft	.74
DIDA	Allgemeindidaktische und fachdidaktische Standards	.95

Tabelle 10: Reliabilitäten der AVEM-Skalen im Vergleich: Pretest-Stichprobe ($n = 33$) und Lehrer-Stichprobe (n = 12737; Schaarschmidt & Fischer, 2008, S. 79 und S. 89/90).

Code	Skala (Dimension)	Cronbachs α (Pretest 2010)	Cronbachs α (Lehrer/ Deutschland 2008)
AVEK_BA	Subjektive Bedeutsamkeit der Arbeit	.86	.82
AVEK_BE	Beruflicher Ehrgeiz	.68	.78
AVEK_VB	Verausgabungsbereitschaft	.81	.81
AVEK_PS	Perfektionsstreben	.71	.79
AVEK_DF	Distanzierungsfähigkeit	.67	.84
AVEK_RT	Resignationstendenz bei Misserfolg	.87	.75
AVEK_OP	Offensive Problembewältigung	.83	.81
AVEK_IR	Innere Ruhe und Ausgeglichenheit	.76	.78
AVEK_EE	Erfolgserleben im Beruf	.81	.82
AVEK_LZ	Lebenszufriedenheit	.82	.83
AVEK_SU	Erleben sozialer Unterstützung	.75	.83

Die interne Konsistenz (Rost, D. H., 2013, S. 176-179) der Standardgruppen von Oser und Oelkers (2001) ist in einem zufriedenstellenden bis exzellenten

Bereich (.74 < α < .95). Vergleichbare Werte konnten für den AVEM-44 (nach Schaarschmidt & Fischer, 2008) erzielt werden (.75 < α < .87), welche darüber hinaus stark denen einer Vergleichsstichprobe aus dem Jahr 2008 ähneln.

Sowohl aus den Werten zur Reliabilität beider Untersuchungsinstrumente als auch aus den Anmerkungen der Pretest-Fragebögen konnte das weitere Vorgehen spezifiziert werden. Es kristallisierte sich heraus, dass eine Bearbeitung innerhalb der Seminargruppe möglich war und etwa dreißig Zeitminuten beanspruchte. Erfreulich war ebenso, dass entsprechende Kooperationszusagen der Studienseminare vorlagen, sodass der Fragebogen an verschiedenen Orten zur gleichen Zeit eingesetzt werden konnte, was sich positiv auf die Logistik der Studie auswirkte.

4.1.3 Durchführung der Datenerhebung

Die Datenerhebung orientierte sich am in Abbildung 8 veranschaulichten Untersuchungsplan. Durch die Kooperation mit dem nordrhein-westfälischen Ministerium für Schule und Weiterbildung konnten schließlich für die beiden ersten Messzeitpunkte Befragungen unter Vorankündigung per „vorrangigem Dienstgeschäft"[43] stattfinden. Hierdurch konnten die angehenden Lehrer in den entsprechenden Räumlichkeiten der Studienseminare per *paper-and-pencil-Verfahren* vor Ort (Kohorte Eins) bzw. mit Unterstützung der entsprechenden Fachleiter per *online-Verfahren* (Kohorte Zwei) ortsgebunden bzw. ortsungebunden befragt werden. Da die Befragten den Ort ihres Berufseinstiegs nach dem Referendariat relativ frei wählen können, wurde der dritte Messzeitpunkt für beide Kohorten gleichermaßen per *online-Verfahren* realisiert, wodurch die Bearbeitung orts- und zeitunabhängig ist (Pötschke, 2010, S. 53).

Kohorte Eins stellt das Ausbildungsjahr aus September 2010–2012 und Kohorte Zwei jenes aus Februar 2011–2013 dar; es handelt sich somit um eine Clusterstichprobe (Zwei Kohorten in mehreren Studienseminaren verschiedener Lehrämter). Insgesamt wurden im Rahmen der Untersuchung drei Befragungen bzw. Messzeitpunkte (MZP) durchgeführt: Der erste Messzeitpunkt war auf den Zeitraum zwischen September/Oktober 2010 (Kohorte Eins) bzw. Februar/März 2011 (Kohorte Zwei), kurz nach erfolgreicher Absolvierung der ersten Phase

---

43 Dieses ermöglichte ein Höchstmaß an Verbindlichkeit sowie Zuverlässigkeit für die Untersuchung und wurde aktiv vom zuständigen leitenden Regierungsschuldirektor Rüdiger Klupsch-Sahlmann unterstützt.

der Lehrerbildung terminiert. In den Monaten Juni/Juli 2012 (Kohorte Eins) und November/Dezember 2012 (Kohorte 2) fand der zweite Messzeitpunkt zum Ende des Referendariats statt. Der dritte und letzte Messzeitpunkt datiert aus den Monaten Juni/Juli 2013 (beide Kohorten) und liegt im ersten Berufsjahr bzw. damit in der Berufseingangsphase. Abbildung 8 zeigt den Untersuchungs-plan mit den drei Messzeitpunkten im Ausbildungskontinuum der angehenden Lehrer.

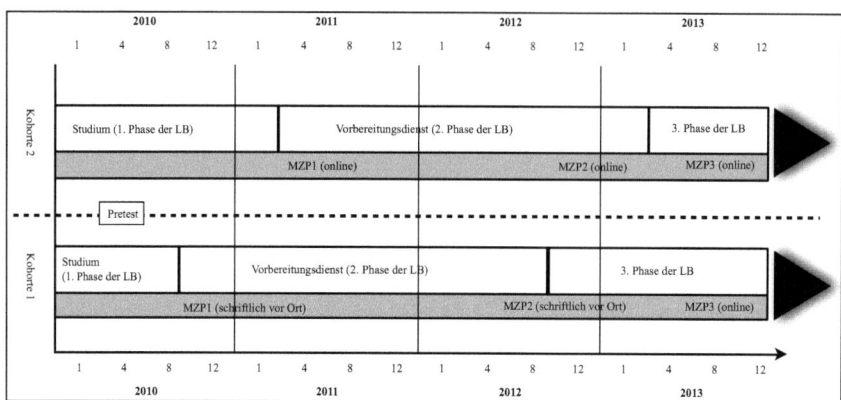

Abbildung 8:   Untersuchungsplan und Befragungsmodus im Ausbildungs-kontinuum der angehenden Lehrer.

Dadurch, dass an den verschiedenen Messzeitpunkten der Untersuchung mehre-re hundert angehende Lehrer teilgenommen haben, ergibt sich die Möglichkeit, aus dem gewonnenen Datensatz eine echte Längsschnittstichprobe zu bilden (s. Kap. 4.2). Die Entscheidung, Längsschnittanalysen durchzuführen und nicht als solche ausgegebene Quasi-Längsschnitte, dominiert somit die Untersu-chungsanlage. Sie, die Untersuchungsanlage, der Studie als Längsschnitt zu konzipieren wird aus erkenntnisleitenden Gründen realisiert, da insbesondere dieses als Desiderat der empirischen Lehrerbildungsforschung beschrieben wird (vgl. Kap. 3.8). Im Vergleich zu ähnlichen Untersuchungsanlagen wie z.B. *Teacher Education and Development Study: Learning to Teach* (TEDS-LT) (Blömeke et al., 2011) wird zwar ohne *incentives* agiert. Trotzdem könnten Ver-zerrungen, z.B. im Sinne einer erhöhten Selektivität der Stichprobe vorliegen, indem nur besonders motivierte angehende Lehrer an allen drei Messzeitpunk-ten teilnehmen (s. Kap. 4.2). Um weitere Verzerrungen, die z.B. durch einen

Ausbildungsfortschritt geschehen können, zu vermeiden, wurde der Befragungszeitraum möglichst kurz gehalten. Dieser beschränkte sich trotz der z.T. aufwendigen Logistik der Vor-Ort-Befragungen auf acht Wochen. Der zeitliche Abstand zwischen den einzelnen Befragungszeitpunkten wurde so gewählt, dass jeweils eine Lehrerbildungsphase retrospektiv adäquat eingeschätzt werden kann. Aus forschungsökonomischen Gründen wurde lediglich der sensible Prozess des Berufseingangs in der dritten Lehrerbildungsphase fokussiert.[44]

4.2 Beschreibung der Stichprobe

Die der Arbeit zu Grunde liegenden Fallzahlen sind je nach Messzeitpunkt unterschiedlich. Das ist zum einen darauf zurück zu führen, dass nicht alle Befragten sämtliche Fragen (z.B. wegen Krankheit, fehlender Motivation, unbeabsichtigt oder dergleichen) für die Dateneingabe und -auswertung nutzbar bearbeitet haben. Zum anderen kam es im Zeitverlauf der Untersuchung zu *drop-out-Quoten*, indem sich Befragte an einem vorangegangenen Messzeitpunkt beteiligten, jedoch nicht fortlaufend an weiteren. Dies führt, je nach Analyseschritt, zu unterschiedlichen Fallzahlen.

Aufgrund der Unterstützung des nordrhein-westfälischen Ministeriums für Schule und Weiterbildung war keine begründete Auswahl einzelner Studienseminare oder Eingrenzung auf bestimmte Lehrämter nötig. Vielmehr konnte das gesamte Spektrum der dreiunddreißig lehrerbildenden Institutionen der zweiten Phase der Lehrerbildung Nordrhein-Westfalens erreicht werden.[45] Die Gesamtpopulation[46] stellt somit die theoretisch erreichbare Stichprobengröße dar.

---

44 Für anschließende Untersuchungen, insbesondere zur Erweiterung des Längsschnitts, wurde das Einverständnis der Befragten eingeholt. Somit können weitere Ergebnisse zur dritten Phase der Lehrerbildung avisiert werden.

45 Es bilden nicht sämtliche Studienseminare aller Lehramtsformen gleichzeitig aus. Vielmehr geschieht dieses bedarfsorientiert, sodass zu den jeweiligen Messzeitpunkten unterschiedlich große und anteilig auf die Lehrämter verteilte Stichproben zustande gekommen sind.

46 Durch die Unterstützung des Ministeriums für Schule und Weiterbildung Nordrhein-Westfalens kann über die Gesamtpopulation beider Kohorten die Ausschöpfungsquote berichtet werden.

Stichprobe, Population und Ausschöpfungsquote nach Lehramt

Die Stichprobe umfasst zum ersten Messzeitpunkt 683, zum zweiten Messzeitpunkt 473 und zum dritten Messzeitpunkt 212 angehende Lehrer. Die Längsschnittstichprobe kommt insgesamt auf 141 Personen, die sich an allen drei Messzeitpunkten beteiligt haben (vgl. Tab. 11). Sofern diesbezüglich auf anderen Variablen (z.b. Vorerfahrungen) Abweichungen bestehen, werden diese unmittelbar kenntlich gemacht.

Tabelle 11: Stichprobe, Population und Ausschöpfungsquote nach Lehramt bzw. Äquivalent.

| MZP | | Lehramt bzw. Äquivalent | | | | | |
		GHRGe	GHRGe	Gy/Ge/BK	Sopäd	Sonstiges	Gesamt
1	Pop	174	216	753	52	k.A.	1195
	St	126	103	352	32	71	684
	Qu	72,4	47,7	46,8	67,3	k.A.	58,6
	w	74,6	53,4	50,9	53,1	55,7	56,2
2	St	90	76	259	25	23	473
	Qu	51,7	35,2	34,4	48,1	k.A.	39,6
	w	77,8	48,7	48,6	64	65,2	55,8
3	St	39	29	114	24	6	212
	Qu	22,4	13,4	15,1	46,1	k.A.	17,7
	w	76,9	55,2	56,1	66,7	83,3	61,8
Längs-schnitt	St	25	19	74	10	13	141
	Qu	14,4	8,8	9,8	19,2	k.A.	11,8
	w	84	42,1	58,1	70	61,5	61,7

Anmerkungen: St = Stichprobe; Pop = Gesamtpopulation; Qu = Ausschöpfungsquote in Prozent; w = Prozent weiblich; GHRGe (G) = Lehramt für Grund-/Haupt-/Real-/Gesamtschule mit Schwerpunkt Grundschule; GHRGe (HS/RS) = Lehramt für Grund-/Haupt-/Real-/Gesamtschule mit Schwerpunkt Haupt-/Realschule sowie entsprechende Schulstufen der Gesamtschule; Gy/Ge/BK = Lehramt für Gymnasium/Gesamtschule und Berufskolleg; Sopäd = Lehramt für Sonderpädagogik; Sonstiges = lehramtsäquivalenter Studiengang (z.B. Diplompädagoge).

Die insgesamt höchsten Ausschöpfungsquoten gehen auf Absolventen des Sonderpädagogik- und Grundschullehramts zurück. Deutlich geringer vertreten sind Absolventen der Sekundarstufe-II-Lehrämter[47] sowie der Haupt- und Realschule. Die hier nicht gesondert aufgeführte Differenzierung in beide Kohorten

---

47 Die Systematisierung und Zusammenfassung der erfassten Lehrämter in die Gruppen Sekundarstufe I und Sekundarstufe II orientiert sich an den in Kapitel 3.6.1 erläuterten Empfehlungen von Blömeke et al. (2008) und Sandfuchs (2004).

zeigt zudem, dass die Ausschöpfungsquoten der zweiten Kohorte über alle drei Messzeitpunkte um etwa 35,0 Prozent geringer sind als in der ersten.

Das durchschnittliche Alter liegt zum ersten Messzeitpunkt bei 28,0±4,4 Jahren ($n = 681$). Die Altersspanne reicht von 23 Jahren bis hin zu 54 Jahren. Die überwiegende Mehrheit ist zu diesem Zeitpunkt zwischen 26–30 Jahren (58,9 Prozent) bzw. zwischen 20–25 Jahren (26,3 Prozent) alt, ein geringerer Anteil zwischen 31–35 Jahren (8,8 Prozent) alt. Älter als 36 Jahre sind 6,0 Prozent der Befragten. Die Absolventen, die einen lehramtsäquivalenten Studiengang abgeschlossen haben, sind mit durchschnittlich 34,7±13,2 Jahren am ältesten. Zudem sind Männer durchgehend etwa 2 Jahre älter als Frauen ($d = 0.55$), was auf Wehr- bzw. Zivildienstzeiten zurückzuführen sein dürfte.

Bezogen auf die Geschlechterverteilung sind Frauen vergleichsweise häufiger in der Stichprobe vertreten als Männer. Dies wird im Lehramt Grundschule besonders deutlich. Am ausgeglichensten sind die Verhältnisse im Bereich Haupt-/Realschule. Insgesamt ist die „Feminisierung von Schule" (IT.NRW, 2010, S. 16) jedoch in dieser Stichprobe weitaus weniger ausgeprägt wie ein Vergleich entsprechender Referenzgruppen (MSW-NRW, 2012, S. 45) zeigt.

Dadurch, dass sich die Längsschnittstichprobe aus den drei (querschnittlichen) Messzeitpunkten rekrutiert, werden jene Aspekte gemeinsam beschrieben, bei denen lediglich marginale Abweichungen zwischen einzelnen querschnittlichen Messzeitpunkten und der Längsschnittstichprobe bestehen. Dies gilt für generelle kognitive Fähigkeiten (Kap. 4.2.1), Vorerfahrungen und Berufsabsicht (Kap. 4.2.2), die Eltern der Befragten (Kap. 4.2.3) und selbstregulative Fähigkeiten (Kap. 4.2.4). Als Referenzpunkt wird hier stets der erste Messzeitpunkt mit der größten Stichprobengröße gewählt.

Daran anschließend erfolgt die Darstellung deutlicher Abweichungen bzw. Ergänzungen (z.B. AVEM-Musterwechsel) im Zeitverlauf und damit der Längsschnittstichprobe (Kap. 4.2.5), bevor kritische Anmerkungen zur Stichprobe der Studie zusammengefasst werden (Kap. 4.2.6).

4.2.1 Durchschnittliche Benotungen

An dieser Stelle wird die durchschnittliche Bewertung des Abiturs und der lehramtsspezifischen Staatsexamina berichtet.

Vorab soll jedoch erwähnt werden, dass 73,1 Prozent der Befragten das Abitur im eigenen Bundesland abgelegt haben und zwar überwiegend an einem Gymnasium (84,9 Prozent, $n = 682$). Der Hochschulzugang über eine Gesamtschule (7,8 Prozent) oder über weitere Bildungswege (7,3 Prozent) kommen deutlich seltener vor. Somit kann der Stichprobe eine regionale Homogenität unterstellt werden.

Für einen ersten Ausgangspunkt wird der erste Messzeitpunkt gewählt. Hier haben alle Befragte das Abitur und das Erste Staatsexamen abgelegt. Die große Mehrheit der Befragten (96,7 Prozent) absolviert das Abitur mit Werten in einem guten bis befriedigenden Bereich von durchschnittlich 2,56±0,53 (n = 653). Männer schneiden mit 2,68±0,51 etwas schlechter ab als Frauen (2,47±0,52, d = 0.41), diese Tendenz entspricht auch den Ergebnissen vergleichbarer Studien (s. Kap. 3.7.1). Damit liegt die Stichprobe (des ersten Messzeitpunktes), bei zu Grunde gelegter Regelstudienzeit, knapp über dem Niveau des entsprechenden Abiturjahrgangs Nordrhein-Westfalens des Jahres 2005. Besonders die Durchschnittswerte der Frauen in der Stichprobe, die um 0,15 besser sind als in der Referenzgruppe, führen zu dieser positiven Abweichung (MSW-NRW, 2006a, S. 154/155).

Wird das studierte Lehramt in Bezug zu diesen Werten gebracht, ergibt sich Folgendes:

- Absolventen mit einer besonders guten Hochschulzugangsberechtigung studieren eher ein Sekundarstufe-II-Lehramt (d = -0.24 zu Gunsten dieser Lehrämter). Dieses Eingangskriterium spiegelt die aus anderen Studien bekannte Binnenselektion der Studienanfänger wider (vgl. Kap. 3.7.1).

- Die Tendenz zu guten Prüfungsleistungen bleibt für Sekundarstufe-II-Lehrämter auch für das Erste Staatsexamen bestehen (d = -0.27, n = 633). Im Vergleich zu Referenzgruppen hätten von den Befragten jedoch tendenziell bessere Durchschnittswerte erwartet werden können (MSW-NRW, 2006b, S. 38ff.).

- Erwähnenswert ist an dieser Stelle, dass sich die angehenden Sonderpädagogiklehrer zwischen Abitur und Erstem Staatsexamen um fast einen kompletten Notenwert stark verbessern. Dieser Umstand bestätigt die Annahme (vgl. Kap. 3.7.1), dass Durchschnittsbenotungen keine geeigneten Indikatoren für kognitive Grundfähigkeiten darstellen. Es kann angenommen werden, dass es sich hierbei nicht um eine Steigerung kognitiver Grundfähigkeiten, sondern um die Anfälligkeit für Verzerrungseffekte solcher Notenwerte handelt.

4.2.2 Vorerfahrungen und Berufsabsicht

Hinsichtlich der getätigten Vorerfahrungen ergibt sich ein relativ einheitliches Bild. Der dargestellte erste Messzeitpunkt (s. Abb. 9) bildet die Ausgangslage in ihrer Breite am ehesten ab.

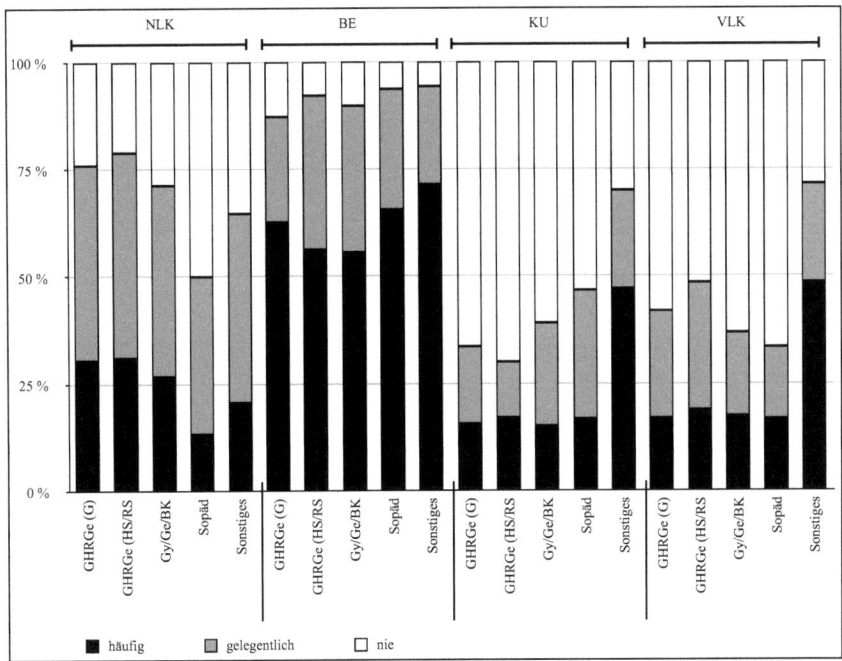

Abbildung 9: Vorerfahrungen der Befragten nach Lehramt bzw. Äquivalent zum ersten Messzeitpunkt (Angaben in Prozent).

Anmerkungen: NLK = Erfahrungen als Nachhilfelehrkraft (*n* = 675) ; BE = Erfahrungen als Betreuer/Betreuerin von Kindern/Jugendlichen (außerschulische Jugendarbeit, Sportverein etc.) (*n* = 682); KU = Erfahrungen in der Kurs- bzw. Seminarleitung (z.B. Weiterbildung, Erwachsenenbildung) (*n* = 673); VLK = Erfahrungen als Vertretungslehrkraft (*n* = 676); Frage: In welcher Form haben Sie bereits Erfahrungen gesammelt? Antwortvorgaben: h = häufig, g = gelegentlich, n = nie.

Hieraus geht hervor, dass die Befragten angeben, in der außerschulischen Betreuung von Kindern und Jugendlichen (z.B. im Sportverein) die meisten Vorerfahrungen gesammelt zu haben. Demgegenüber waren sie am seltensten in der Kurs- bzw. Seminarleitung tätig.

Absolventen eines lehramtsäqivalenten Studienganges sammeln gegenüber solchen, die ein reguläres Lehramtsstudium abgeschlossen haben, deutlich mehr Vorerfahrungen in der Kurs- bzw. Seminarleitung (d = 0.80) und als Vertretungslehrer (d = 0.77). Ältere Absolventen geben tendenziell eher Vorerfahrungen an.

Darüber hinaus geben 83,5 Prozent der Befragten an, dass sie später als Lehrer tätig werden wollen. Lediglich 0,6 Prozent der Befragten sagen zu diesem Zeitpunkt, dass sie außerhalb von Schule tätig werden wollen. 15,1 Prozent wollen sich die Entscheidung noch offen lassen. Diese Verteilung bleibt mit marginalen Abweichungen auch für die weiteren Messzeitpunkte bestehen.

4.2.3 Die Eltern der Befragten

Wird die Art des Beschäftigungsverhältnisses der Eltern der Befragten im Hinblick auf den Bereich Erziehung und Bildung konkretisiert, zeigt sich, dass beide Elternteile (n_{Mutter} = 680, n_{Vater} = 678) mehrheitlich nicht in diesem Bereich beschäftigt sind (68,9 Prozent). Lehramtsabsolventen und Absolventen eines lehramtsäquivalenten Studienganges unterschieden sich nur marginal voneinander, indem die Eltern der Lehramtsabsolventen minimal häufiger in diesem Bereich beschäftigt sind. Somit findet sich der in Kapitel 3.7.1 besprochene hohe Anteil an Berufsvererbung in dieser Stichprobe nicht wieder.

In Bezug auf das Beschäftigungsverhältnis der Eltern ist ersichtlich, dass die Mehrheit beider Elternteile insgesamt in einem Angestelltenverhältnis beschäftigt ist bzw. waren (s. Tab. 12). Mit Abstand folgen in dieser Reihenfolge eine verbeamtete, eine selbstständige Beschäftigung und jene als Arbeiter. Die Nennung, dass die Elternteile keiner Beschäftigung nachgehen bzw. nachgegangen sind, ist auf Hausfrauen zurückzuführen wie die separate Betrachtung beider Elternteile zeigt. Es ist denkbar, dass diese Ungleichgewichtung im Beschäftigungsverhältnis durch Erziehungszeiten bedingt ist. Größtenteils spiegelt die Verteilung jedoch die Erwerbssituation in Deutschland wider, lediglich der Anteil der Arbeiter fällt zu Gunsten einer höheren Beamtenquote geringer aus. Diese Tendenz besteht für die Väter der Befragten etwas deutlicher als für die Mütter (vgl. Destatis, 2012, S. 1–3).

Tabelle 12: Beschäftigungsverhältnis der Eltern der Befragten nach Lehramt bzw. Äquivalent zum ersten Messzeitpunkt (Angaben in Prozent).

| | | Lehramt bzw. Äquivalent | | | | |
		GHRGe (G)	GHRGe (HS/RS)	Gy/Ge/BK	Sopäd	Sonstiges
Mutter	Ar	4,8	11,7	3,7	3,1	4,3
	An	56,3	55,3	57,7	65,5	64,3
	B	19	16,5	20,7	18,8	12,9
	S	12,7	1,9	7,4	3,1	11,4
	k.B	5,6	12,6	10,2	9,4	5,7
	k.A	1,6	1,9	0,3	0	1,4
Vater	Ar	9,5	16,5	7,4	3,1	5,8
	An	47,6	46,6	42	43,8	47,8
	B	23	24,3	32,1	31,3	30,4
	S	19,8	11,7	17,3	21,9	13
	k.B	0	0	0	0	0
	k.A	0	1	1,1	0	2,9

Anmerkungen: n_{Mutter} = 683; n_{Vater} = 682; Ar = Arbeiter; An = Angestellter, B = Beamter; S = Selbstständiger; k.B = kein Beschäftigungsverhältnis; k.A = keine Angabe; Frage: In welcher Art von Beschäftigungsverhältnis ist Ihr Vater/Ihre Mutter überwiegend beschäftigt bzw. beschäftigt gewesen?

Bei differenzierter Betrachtung fällt auf, dass die Väter im Vergleich zu den Müttern häufiger als Arbeiter, Beamte und Selbstständige beschäftigt sind. Demgegenüber sind oder waren die Mütter häufiger als Angestellte tätig. Im Hinblick auf die einzelnen Lehrämter untereinander zeigt sich, dass die Eltern der Absolventen eines Lehramts für Haupt- und Realschulen im Vergleich zu den übrigen Lehrämtern deutlich häufiger als Arbeiter und seltener als Selbstständige tätig sind. Alle übrigen Lehrämter unterscheiden sich nur marginal voneinander.

4.2.4 Selbstregulative Fähigkeiten

In Bezug auf die AVEM-Musterverteilung weicht die Gesamtstichprobe positiv von zwei Referenzgruppen ab (s. Abb. 10). Risikomuster A und B nehmen zusammengefasst den Prozentanteil ein, den Risikomuster B in der Vergleichsgruppe der Lehramtsstudierenden einnimmt. Die Gruppe der sich im Beruf befindlichen Lehrer hat einen fast drei mal so hohen Anteil an Risikomustern. In Folge dessen ist ein deutlich höherer Anteil der Muster S und G zu verzeichnen, wobei Muster G im Vergleich zu den beiden Referenzgruppen deutlich häufiger anzutreffen ist.

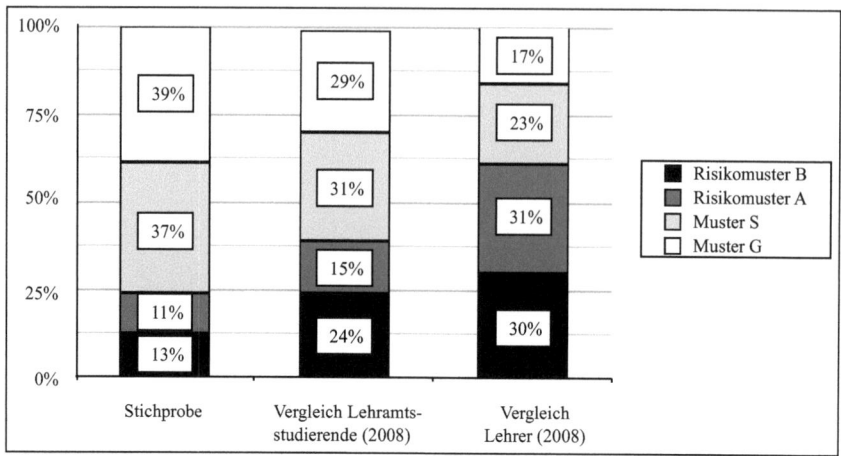

Abbildung 10:   AVEM-Musterverteilung zum ersten Messzeitpunkt gegen-
                  über Vergleichsstichproben (aus Schaarschmidt & Fischer,
                  2008, S. 57). $n_{Stichprobe}$ = 649; $n_{Lehramtsstudierende\ (2008)}$ = 972; $n_{Leh-rer\ D\ (2008)}$ = 18095.

Weder die Kohorte, das Alter noch das studierte Lehramt führen zu Unterschie-den in der Musterverteilung. Jedoch ergeben sich für weibliche Absolventen häufiger ungünstige Konstellationen in Bezug auf die Zugehörigkeit zu Risi-komuster A (d = 0.26) wie auch in der Potsdamer Lehrerstudie berichtet wird (Schaarschmidt & Kieschke, 2007b, S. 25/26).

Bezogen auf die hinter den Mustern liegenden Subskalen ergeben sich je-doch im Vergleich zu einer Referenzgruppe (Schaarschmidt & Fischer, 2008, S. 101), als auch in der Stichprobe selbst Abweichungen (s. Abb. 11).

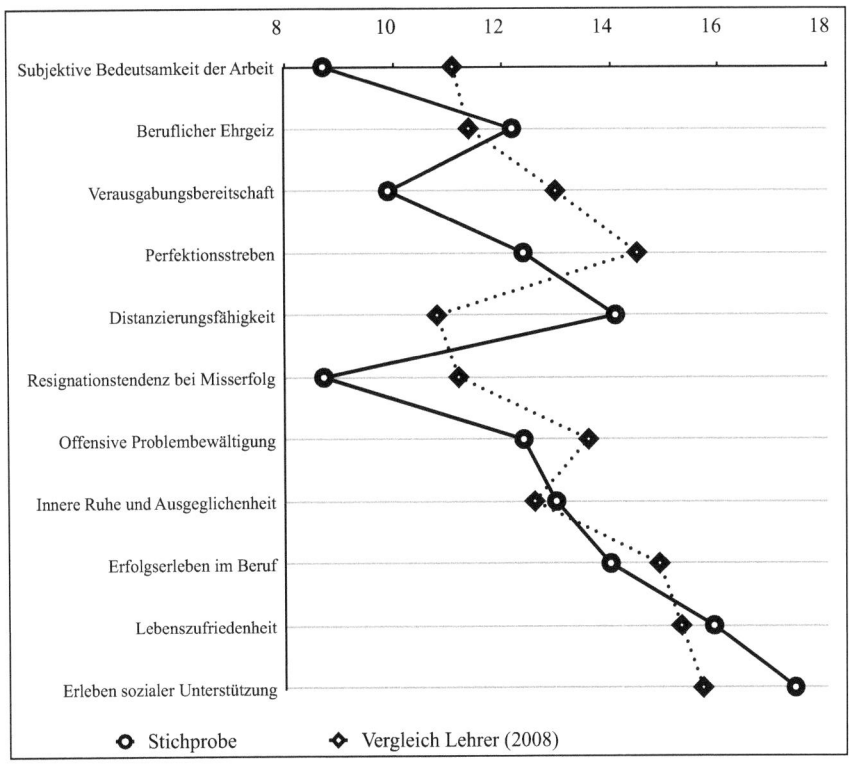

Abbildung 11:   Vergleich der AVEM-Rohwerte des ersten Messzeitpunktes gegenüber einer Vergleichsstichprobe (aus Schaarschmidt & Fischer, 2008, S. 101). $n_{Stichprobe}$ = 676–684; $n_{Lehrer\ D\ (2008)}$ = 18095.

Gegenüber der Vergleichsgruppe der sich im Beruf befindlichen Lehrer ist die Bedeutung der Arbeit etwas geringer ausgeprägt (d = -0.28), ebenso die Bereitschaft zur Verausgabung (d = -0.25), das Streben nach Perfektion (d = -0.17) und die Neigung zur Resignation bei Misserfolg (d = -0.20).

Demgegenüber wird die Fähigkeit zur Distanzierung (d = 0.44) und das Gefühl, sozial unterstützt zu werden (d = 0.42) höher eingeschätzt. Auf ähnlichem Niveau mit der Vergleichsgruppe liegen der berufliche Ehrgeiz, das offensive Bewältigen von Problemen, die Tendenz zur inneren Ausgeglichenheit, das Erleben von Erfolg im Beruf und die Zufriedenheit im Leben.

Bei differenzierter Betrachtung beider Kohorten sind geringe Unterschiede in der Form festzustellen ($0.17 < d < 0.22$), als dass auf zehn der elf Skalen höhere Werte in der ersten Kohorte vorliegen. Am deutlichsten ist der Unterschied auf der Skala „Lebenszufriedenheit" ($d = 0.22$), am geringsten auf den Skalen „Verausgabungsbereitschaft" und „Erleben sozialer Unterstützung" (jeweils $d = 0.17$). Lediglich auf der Subskala „Distanzierungsfähigkeit" ($d = -0.14$) erreicht die erste Kohorte höhere Werte als die zweite. Damit stehen die Befragten der zweiten Kohorte ihren selbstregulativen Fähigkeiten kritischer gegenüber als jene der ersten. Dieser Umstand bestärkt die Vermutung einer Positivselektion in der zweiten Kohorte, sofern positiv im Sinne einer kritischen (Selbst-)Reflexion des eigenen Selbstregulationsstils verstanden wird.

Zudem nehmen sich Männer gegenüber Frauen als ausgeglichener und ruhiger wahr ($d = 0.21$), auf anderen Subskalen liegen keine Unterschiede vor. Wird innerhalb der Stichprobe nach studiertem Lehramt differenziert, zeigen sich keine signifikanten Unterschiede.

4.2.5 Ergänzungen der Längsschnittstichprobe

Da sich die Längsschnittstichprobe ($n = 141$) aus den drei (querschnittlichen) Messzeitpunkten rekrutiert, weicht sie lediglich in wenigen Aspekten hiervon ab. Im Folgenden werden daher zumeist Ergänzungen oder Konkretisierungen angeführt. Bei nicht erneut aufgegriffenen Aspekten gelten daher die Erläuterungen der eingangs beschriebenen querschnittlichen Messzeitpunkte (vgl. Kap. 4.2.1–Kap. 4.2.4). Ergänzungen betreffen das Alter der Befragten (1), die durchschnittlichen Benotungen (2), die Art und Weise, wie die Befragten in den Beruf einsteigen (3) und die Musterzugehörigkeit (4) im Zeitverlauf.

Bezogen auf das Alter der Befragten (1) besteht, verglichen mit dem ersten Messzeitpunkt der Querschnittstichprobe, ein kleiner Unterschied dahingehend, dass jene in der Längsschnittstichprobe durchschnittlich etwas jünger ($27,0\pm3,2$ Jahre, $d = 0.26$) sind.

Ergänzt werden müssen zusätzlich die durchschnittlichen Benotungen (2) der Befragten (Tab. 13), die zudem nahe legen, dass der Längsschnittstichprobe eine Positivselektion zu Grunde liegt.

Tabelle 13: Notendurchschnitt des Abiturs, des 1. und 2. Staatsexamens nach Lehramt bzw. Äquivalent der Längsschnittstichprobe.

Lehramt bzw. Äquivalent	Abitur (n = 141)		1. Staatsexamen (n = 140)		2. Staatsexamen (n = 140)	
	M	SD	M	SD	M	SD
Gy/Ge/BK	2,45	0,52	1,96	0,41	1,8	0,45
GHRGe (HS/RS)	2,56	0,62	2,2	0,46	1,75	0,55
GHRGe (G)	2,37	0,44	2,07	0,48	1,76	0,57
Sopäd	2,82	0,45	1,93	0,48	1,38	0,36
Sonstiges	2,38	0,66	1,9	0,5	1,44	0,31

Anmerkungen: M = Mittelwert; SD = Standardabweichung; Antwortformat: zweistellige Ziffernangabe.

Die Befragten erreichen über den Zeitverlauf konstant bessere Durchschnittsnoten. Diese steigen im Schnitt von 2,50±0,53 im Abitur – liegen damit über dem Referenzwert der Stichprobe des ersten Messzeitpunktes (d = 0.11 zugunsten der Längsschnittstichprobe; vgl. Kap. 4.2.1) – über 2,02±0,45 im Ersten Staatsexamen bis auf 1,78±0,57 im Zweiten Staatsexamen an.

Wird das studierte Lehramt in Bezug zu diesen Leistungen gebracht, ergeben sich geringe Vorteile für die Sekundarstufe-I-Lehrämter zur durchschnittlichen Benotung des Zweiten Staatsexamens, die jedoch nicht signifikant werden. Hier gilt: Absolventen der Sekundarstufe-II-Lehrämter erzielen schlechtere Prüfungsleistungen. So erreichen knapp 59,5 Prozent der Sekundarstufe-I-Lehrämter gegenüber 32,4 Prozent der Sekundarstufe-II-Lehrämter Noten im sehr guten Bereich. Besonders bemerkenswert ist die Entwicklung der Gruppe der Sonderpädagogiklehrer, die ihre Bewertungen zwischen Abitur und Zweitem Staatsexamen um nahezu 1,5 Notenwerte steigert. Insgesamt spiegeln die Benotungen jene von Vergleichsgruppen vergangener Absolventenjahrgänge wider (MSW-NRW, 2006b, S. 38ff.).

Des Weiteren wird aus den Angaben zum studierten Lehramt und der Schulform der Tätigkeit zum dritten Messzeitpunkt deutlich, inwiefern die Befragten zwischen den verschiedenen Schulformen wechseln (3). Die beiden häufigsten Wechselbewegungen sind in Abbildung 12 dargestellt.

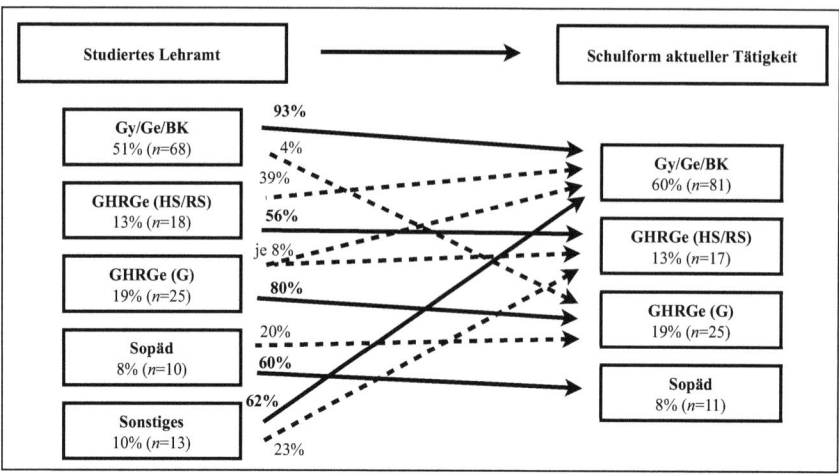

Abbildung 12:   Wechsel zwischen studiertem Lehramt und der Schulform der aktuellen Tätigkeit zum Berufseinstieg ($n = 134$).
——▶ = häufigste Wechselbewegung; ----▶ = zweithäufigste Wechselbewegung.

So wird deutlich, dass Absolventen eines Sekundarstufe-II-Lehramts am ehesten an Schulformen arbeiten, die ihrem Studium entsprechen (93,0 Prozent). Ähnlich verhält es sich im Bereich Grundschule (80,0 Prozent). Deutlich mehr Wechsel sind in den Lehrämtern Haupt-/Real-/Gesamtschule und Sonderpädagogik zu verzeichnen. Knapp mehr als die Hälfte bleiben ihrem Studiengang treu, die übrigen wechseln zu anderen Schulformen, wobei eine Tendenz zu den Sekundarstufe-II-Lehrämtern besteht. Ebenso streben Absolventen eines lehramtsäquivalenten Studienganges Sekundarstufe-II-Lehrämter an.

Zudem arbeitet der Großteil der Befragten in Festanstellung an einer Schule (73,9 Prozent), die übrigen als Vertretungslehrer (26,1 Prozent), wobei keine Unterschiede zwischen den einzelnen Schulformen bestehen. Bei einem durchschnittlichen Lehrdeputat von 25,1±3,7 Stunden in der Woche ($n = 101$) kann demnach angenommen werden, dass die Befragten mit einer Vollbeschäftigung ohne reduziertes Lehrdeputat in die Berufstätigkeit einsteigen. Das höhere verbindliche Lehrdeputat der Sekundarstufe-I-Lehrämter findet sich in der Stichprobe wieder ($d = 0.76$).

Die Musterzugehörigkeit (4) der Befragten stellt sich auch über den Zeitraum im Vergleich zu anderen Berufsgruppen als günstig (Schaarschmidt,

2005b, S. 41; Schaarschmidt & Fischer, 2008, S. 55) und im Vergleich zu entsprechenden Referenzgruppen (Schaarschmidt & Fischer, 2008, S. 57; Schaarschmidt & Kieschke, 2007b, S. 26) als deutlich weniger problematisch dar. In Bezug zu den Musterübergängen (s. Abb. 13) zeigen sich die Muster S und G verhältnismäßig stabil, mindestens 63 Prozent verbleiben im gesamten Zeitverlauf in diesen beiden Mustern. Beiden Risikomustern (A und B) sind, mit Ausnahme des Risikomusters B zum Berufseinstieg, häufige Wechselbewegungen im Zeitverlauf gemeinsam. Abbildung 13 veranschaulicht die beiden größten Entwicklungstrends der jeweiligen Muster zwischen den drei Messzeitpunkten, wobei Risikomuster A zwei zweitgrößte Trends zwischen dem ersten und zweiten Messzeitpunkt aufweisen.

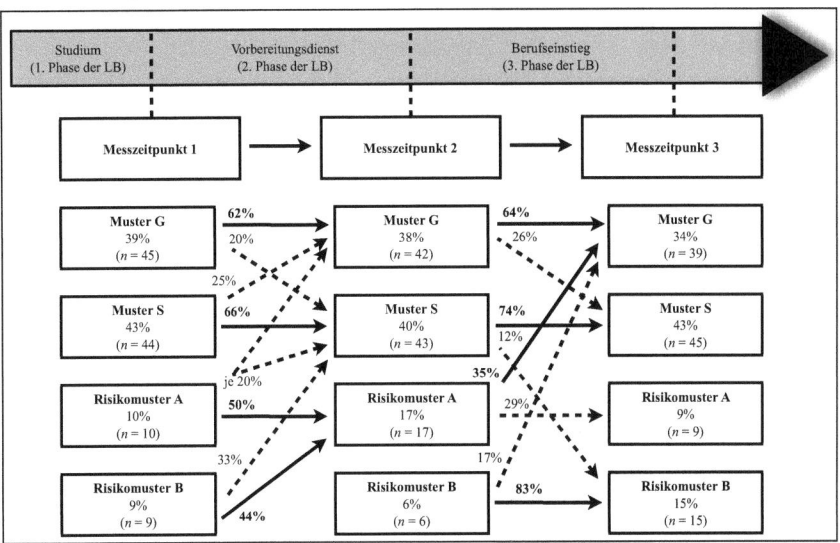

Abbildung 13: Musterübergänge im Zeitverlauf (*n* = 108). ——▶ = häufigster Musterwechsel; - - - -▶ = zweithäufigster Musterwechsel.

Für die Übergänge vor und nach dem Referendariat ergeben sich klare Tendenzen zu drei Mustern. Diese ergeben sich aus der Zuwanderung anderer Muster sowie der Mustertreue. D.h. dem Prozentanteil, der zum ersten Messzeitpunkt diesem Muster zugeordnet werden kann und auch zum zweiten Messzeitpunkt in diesem verbleibt.

Als entscheidend werden jedoch die Musterübergänge bewertet. Risikomuster A kann hiervon am deutlichsten profitieren. 44,0 Prozent aus Risikomuster B wechseln hierüber. Werden die absoluten Zahlen betrachtet, verdoppelt sich diese Gruppe nahezu im Laufe des Referendariats. Das kann darauf hindeuten, dass die Befragten das Referendariat als besonders anstrengend empfinden und sich stark verausgaben, was das typische Charakteristikum dieses Musters ist (Schaarschmidt & Fischer, 2008, S. 12/13). Demgegenüber können Muster G und S ihre jeweiligen Anteile zum zweiten Messzeitpunkt nur aufgrund ihrer hohen Mustertreue und dem Zuwachs aus anderen Mustern halten. Dadurch, dass Risikomuster B als einziges Muster mehr Wechsler aufweist, verringert sich der Anteil zum zweiten Messzeitpunkt um ein Drittel, was durchaus als positiv zu bewerten ist.

Ein leicht verändertes Bild liegt für den Zeitraum nach dem Referendariat, zum Berufseinstieg, vor. Weiterhin profitieren Muster G und Muster S von ihrer hohen Mustertreue. Muster G kann seinen Anteil jedoch trotz Wechselbewegungen von Risikomuster A (35,0 Prozent) und Risikomuster B (17,0 Prozent) nicht ganz halten. Im Vergleich zu den Wechseln zum Ende des Referendariats ist es nicht das Risikomuster B, sondern A, das mehr Wechsler erhält. Dadurch, dass das Risikomuster B neben einer hohen Mustertreue auch Zuwächse von anderen Mustern, besonders von Muster S (12,0 Prozent) erhält, kann es sich mehr als verdoppeln. Damit scheint der Berufseinstieg bei einem Teil der Befragten bezüglich ihrer selbstregulativen Fähigkeiten negativ konnotiert zu sein.

Wird der gesamte Zeitverlauf betrachtet, ergibt sich ein leichter Trend zu Muster S und ein stärkerer zu Risikomuster B, jedoch zu Lasten von Muster G. Wird eine Vergleichsstichprobe (Schaarschmidt & Kieschke, 2007b, S. 31) herangezogen, bestätigen sich die Übergänge von Muster G zu Muster S (zwischen allen Messzeitpunkten), Risikomuster B zu S (nur zum Ende des Referendariats) und Muster S zu Risikomuster B (nur zum Berufseinstieg), nicht jedoch jene von Risikomuster A zu B. Zu allen Messzeitpunkten liegt darüber hinaus ein statistisch nicht signifikanter geschlechtsspezifischer Effekt zu Ungunsten der Frauen vor, welche häufiger den beiden Risikomustern zugeordnet werden können. Demgegenüber haben weder das studierte Lehramt noch die Kohorte einen Einfluss auf die Musterzugehörigkeit.

Werden die Veränderungen auf Ebene der Subskalen betrachtet (s. Abb. 14), ergibt sich ein differenzierteres Bild.

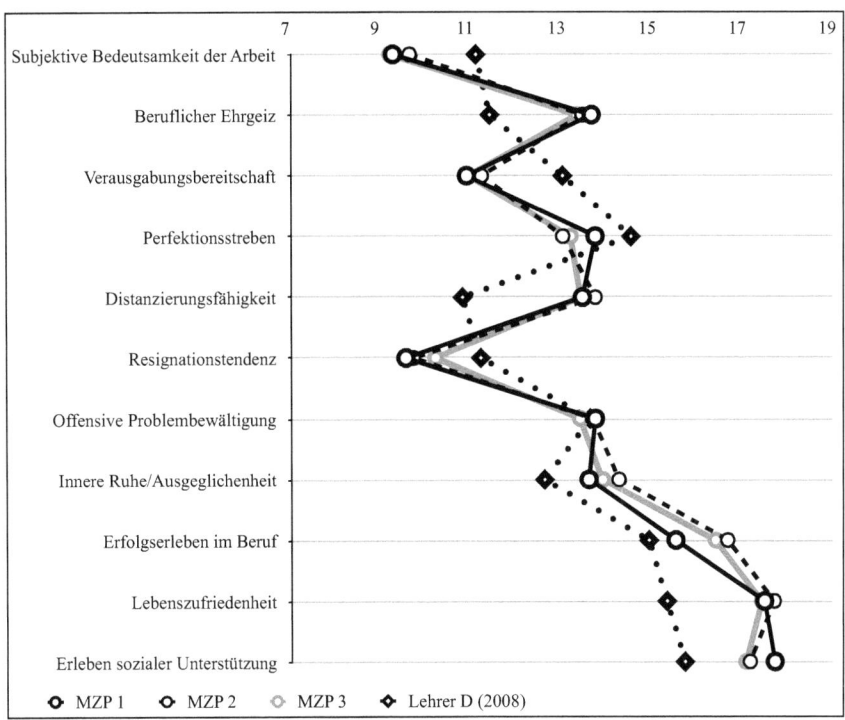

Abbildung 14: Vergleich der AVEM-Rohwerte über drei Messzeitpunkte gegenüber einer Vergleichsstichprobe (aus Schaarschmidt & Fischer, 2008, S. 101/102).
n_{MZP1-3} = 108; $n_{Lehrer\ D\ (2008)}$ = 18095.

Im Vergleich zu einer Referenzgruppe von Lehrern (Schaarschmidt & Fischer, 2008, S. 101) erreichen die Befragten über den Zeitverlauf höhere Werte auf den Skalen Beruflicher Ehrgeiz (d_{MZP1-3} ~ 0.73)[48], Distanzierungsfähigkeit (d_{MZP1-3} ~ 0.83), Innere Ruhe/Ausgeglichenheit (d_{MZP1-3} ~ 0.42), Erfolgserleben im Beruf (d_{MZP1-3} ~ 0.49), Lebenszufriedenheit (d_{MZP1-3} ~ 0.89) und Erleben sozialer Unterstützung (d_{MZP1-} ~ 0.56).

Demgegenüber finden sich geringere Einschätzungen auf den Skalen Subjektive Bedeutsamkeit der Arbeit (d_{MZP1-3} ~ -0.57), Verausgabungsbereitschaft

---

48 Angegeben sind die eigens berechneten durchschnittlichen Differenzen über alle drei Messzeitpunkte.

($d_{MZP1-3} \sim$ -0.63), Perfektionsstreben ($d_{MZP1-3} \sim$ -0.40), Resignationstendenz bei Misserfolg ($d_{MZP1-3} \sim$ -0.49).

Insgesamt bestätigen die Übergänge der Subskalen mit Ausnahme des hohen beruflichen Ehrgeizes den Trend der Musterübergänge in Richtung S (vgl. Abb. 13), was als Unterscheidungsmerkmal zur Referenzgruppe festgehalten werden kann.

Werden die Veränderungen zwischen den einzelnen Messzeitpunkten verglichen, zeigt sich, dass das Erleben sozialer Unterstützung im Laufe des Referendariats ($d = 0.23$) abnimmt. Es liegt die Vermutung nahe, dass den Befragten währenddessen deutlich wird, von wem sie in ihrem sozialen Umfeld tatsächlich unterstützt werden bzw. auf wen sie sich verlassen können. Demnach käme dieser Lehrerbildungsphase eine Selektionsfunktion zu. Zum Berufseinstieg verringert sich dann die Bedeutsamkeit der Arbeit ($d = 0.12$), die Ausgeglichenheit nimmt ab ($d = 0.14$) und die persönliche Zufriedenheit sinkt ($d = 0.17$) gegenüber dem Ende des Referendariats. Dieser Umstand könnte darauf zurückzuführen sein, dass die Befragten größtenteils mit dem vollen Stundendeputat in die Berufstätigkeit starten und sich dieses in einer Neubewertung eigener Ansprüche und Fähigkeiten der Arbeit gegenüber widerspiegelt.

Werden die Veränderungen über den gesamten Zeitverlauf betrachtet, erweisen sich die Subskalen als relativ veränderungsresistent. Im Einzelfall zeigen sich jedoch leichte Veränderungen, so wird z.B. das Erleben von Unterstützung deutlich geringer wahrgenommen ($d = 0.30$).

Sowohl die Veränderungen der Musterübergänge (s. Abb. 13) als auch die der Subskalen (vgl. Abb. 14) legen nahe, zwischen den einzelnen Messzeitpunkten zu differenzieren, um Verzerrungen in den Analysen zu vermeiden.

4.2.6 Bewertende Anmerkungen zur Stichprobe

Wie in Tabelle 11 (Kap. 4.2), veranschaulicht, weicht die Ausschöpfungsquote z.T. erheblich von der Gesamtpopulation ab. Zu diesen Stichprobenausfällen ist Folgendes anzumerken.

Zuerst einmal handelt es sich bei den Angaben zur Gesamtpopulation um Einstellungszahlen zum Referendariat. Durch z.B. Nichtantritte des Referendariats dürfte die reale Anzahl der Gesamtpopulation etwas geringer und die Ausschöpfungsquote etwas höher sein. Darüber hinaus ist es maßgeblich die Ausschöpfungsquote der *online*-befragten zweiten Kohorte, die die gesamte Ausschöpfungsquote nach unten reguliert. Das legt den Schluss nahe, dass der dort gewählte Befragungsmodus hierfür mitverantwortlich ist und somit in der zweiten Kohorte eine stärkere Positivselektion vorliegt. Aufgrund dieses Umstandes sowie einer dadurch anzunehmenden Positivselektion in der gesamten Stichprobe, kann die Studie keine Repräsentativität für Nordrhein-Westfalen reklamieren. Nichtsdestotrotz werden sämtliche Lehrämter erfasst.

Im Referendariat ist zudem, nach Angabe des Ministeriums für Schule und Weiterbildung Nordrhein-Westfalens, mit einer Abbrecherquote von etwa drei Prozent zu rechnen, sodass der Stichprobenausfall zum zweiten Messzeitpunkt etwas geringer sein dürfte und die Ausschöpfungsquote bei etwa 43,0 Prozent liegt.

Aufgrund der Tatsache, dass der dritte Messzeitpunkt in beiden Kohorten *online* stattgefunden hat (vgl. Kap. 4.1.3), wurden zum zweiten Messzeitpunkt auf freiwilliger Basis die Emailadressen der Befragten erhoben. Von den 473 Beteiligten des zweiten Messzeitpunktes (s. Kap. 4.2) gaben 438 Personen eine Emailadresse an. Insofern kann diese Größe als „theoretische Ausgangsstichprobe"[49] des dritten Messzeitpunktes angenommen werden. Dadurch dürfte die Ausschöpfungsquote des dritten Messzeitpunktes nicht bei 17,7 Prozent, sondern bei 48,0 Prozent liegen.

Gleiches gilt für die Längsschnittstichprobe, die hiernach nicht mit 11,8 Prozent, sondern mit 32,2 Prozent zu beziffern sein dürfte.

Trotz der korrigierten Ausschöpfungsquoten leidet die Studie am grundsätzlichen Problem von Stichprobenausfällen, das auch aus anderen sozialwissenschaftlichen Forschungen bekannt ist. Dies wird jedoch nicht als spezifisches Problem der Arbeit erachtet, da die erzielten Stichproben sowohl für einzelne Messzeitpunkte als auch für die Längsschnittstichprobe noch in einem zufriedenstellenden Bereich liegen (Bortz & Döring, 2006; Raithel, 2008).

Neben diesen stichprobenspezifischen Anmerkungen gelten schließlich folgende Charakteristika für alle Messzeitpunkte:

- Angehende Sekundarstufe-II-Lehrer waren weniger bereit, sich an der Studie zu beteiligen, was sich ebenfalls deutlich in der Längsschnittstichprobe zeigt (s. Kap. 4.2). Somit basieren die Schlussfolgerungen zu großen Teilen auf den Angaben der Sekundarstufe-I-Lehrer.
- Jüngere Befragte und Frauen haben sich über den Zeitverlauf eher an der Studie beteiligt. Beides hängt positiv mit Durchschnittsnoten zusammen.

---

49 Sie ist deswegen als theoretische Ausgangsstichprobe zu bezeichnen, da Emailadressen nicht auf ihre Korrektheit bzw. Echtheit hin überprüft werden können.

Deutlich zeigt sich dieses wiederum in der Längsschnittstichprobe, welcher daher gegenüber den querschnittlichen Messzeitpunkten eine deutlichere Positivselektion unterstellt werden kann (s. Kap. 4.2 und 4.2.1).

- Die meisten Vorerfahrungen sammeln die Befragten in der außerschulischen Betreuung von Kindern und Jugendlichen (z.B. im Sportverein). Zudem geben sie mehrheitlich an, den Lehrerberuf später ausüben zu wollen (vgl. Kap. 4.2.2).

- Es lässt sich kein hoher Anteil an Berufsvererbung feststellen, da die meisten Elternteile der Befragten nicht im Bereich Erziehung und Bildung arbeiten (s. Kap. 4.2.3). Damit weicht diese Stichprobe von anderen Studienergebnissen ab (vgl. Kap. 3.7.1).

- Gegenüber Referenzgruppen zeigt sich die Verteilung der AVEM-Muster in der Stichprobe als deutlich weniger problematisch (Kap. 4.2.4), wenngleich Risikomuster B über den Zeitverlauf einen relativen großen Zuwachs erhält (vgl. Kap. 4.2.5).

4.3   Methoden der Arbeit

Dieses Kapitel dient der Darstellung und Erläuterung der in dieser Arbeit verwendeten Methoden. Zum einen werden die eingesetzten Instrumente kritisch reflektiert, was die Einordnung des Aussagegehalts der gewonnenen Ergebnisse unterstützen soll (Kap. 4.3.1). Zum anderen enthält das Kapitel Anmerkungen, die für das Verständnis der gewählten Datenanalyseprogramme (Kap. 4.3.2) sowie der Methoden und Analysen der vorliegenden Arbeit (Kap. 4.3.3) bedeutsam sind. Zu Gunsten einer besseren Lesbarkeit werden diese nicht erneut im anschließenden Kapitel 5, Darstellung der Ergebnisse, ausgeführt. Das Kapitel schließt mit einer bewertenden Zusammenfassung der Methoden der vorliegenden Arbeit (Kap. 4.3.4).

4.3.1 Allgemeine methodische Anmerkungen
zu den Instrumenten dieser Arbeit

Wie in vielen vergleichbaren Studien (vgl. Kap. 3.6 und 3.7), die lehramtsspezifische Kompetenzen erfassen, wurde die Erfassung auch im Rahmen dieser Arbeit über subjektiv konnotierte (Selbst-)Einschätzungen operationalisiert. Da bei der Konzeptionierung der Studie keine methodischen Alternativen (z.B.

testdiagnostische Verfahren) vorlagen, die eine längsschnittliche Kompetenzerfassung über drei Lehrerbildungsphasen ermöglichten, waren enge methodische Grenzen gesetzt. Die Option der Entwicklung eines testdiagnostischen Verfahrens wurde zu Gunsten eines Längsschnittdesigns mit selbst eingeschätzten Kompetenzen verworfen.

Ein solches Vorgehen ist unter dem Aspekt der standardisierten Erfassung von Kompetenzen zwar zu problematisieren (s. Kap. 3.5), wird jedoch mit dem Fokus einer längsschnittlichen Betrachtung bisweilen gefordert (König & Tachtsoglou, 2012). Zumal jene Selbsteinschätzungen weniger unter dem Aspekt einer Kompetenzdiagnostik, denn als Kompetenz- bzw. Selbstwirksamkeitserwartungen interpretiert werden können (Cramer, 2010, 2012), denen unterstellt wird, sich bis auf die tatsächlichen Kompetenzen auszuwirken. Somit gilt der Anspruch, die Selbsteinschätzungen als manifeste Indikatoren des latenten Konstruktes fachübergreifender Kompetenzen zu verstehen.

Ähnliches gilt für das flankierend eingesetzte Instrument AVEM-44 (Schaarschmidt & Fischer, 2008). Auch dieses beruht auf Selbstauskünften der Befragten, die subjektiv konnotiert sind. Eine vergleichbar vorsichtige Interpretation wie bei den Ergebnissen der Kompetenzeinschätzungen ist hier also angezeigt.

Bezüglich der Clusterstruktur der vier AVEM-Muster ist anzumerken, dass diese in weiteren Studien repliziert werden konnten (z.B. Klusmann et al., 2006), was der Aussagekraft der Ergebnisse zuträglich sein dürfte. Demgegenüber wird eine Ausdifferenzierung der Forschungsperspektive zu beruflichen Beanspruchungen und Belastungen gefordert (vgl. Kap. 3.3.2.2). So sollten nicht nur personenbezogene Aspekte der Lehrertätigkeit berücksichtigt werden, sondern auch darüber hinausgehende (Klusmann, 2011b; Rothland, 2009). Z.B. könnten auch die strukturellen Rahmenbedingungen der Arbeit als potentiell belastende und/oder beanspruchende Faktoren mit erfasst werden. Dies ließe fundiertere Schlüsse zu als jenes unidimensional operierende Instrument, das Belastung und Beanspruchung auf personengebundene Aspekte reduziert.

4.3.2 Anmerkungen zu den Datenanalyseprogrammen

Die Analysen der vorliegenden Arbeit wurden mit unterschiedlichen Datenanalyseprogrammen durchgeführt, da diese bestimmte Eigenschaften der Stichprobe verschiedentlich berücksichtigen. Zudem differieren die Berechnungsvorgänge je nach genutztem Datenanalyseprogramm.

Unter Zuhilfenahme der Software *Statistical Package for the Social Sciences* (SPSS) 21.0 werden neben deskriptiven Analysen zur Beschreibung der Untersuchungsstichprobe (s. Kap. 4.2) auch Mittelwertsberechnungen (Kap. 5.2) vorgenommen. Dadurch, dass SPSS-Analysen die Clusterstruktur der Stichprobe nicht berücksichtigen (vgl. Kap. 4.1.3), wird – anders als bei einer echten Zufallsstichprobe – nicht danach unterschieden, dass sich die angehenden Lehrer der vorliegenden Stichprobe möglicherweise weniger voneinander unterscheiden. Dieser Umstand führt dazu, dass Standardfehler tendenziell unterschätzt werden und eine höhere Wahrscheinlichkeit für den sogenannten α-Fehler besteht. Hierdurch werden statistische Unterschiede ausgegeben, wo tatsächlich keine bestehen (vgl. Bortz & Döring, 2006; Rost, D. H., 2013).

Darüber hinaus muss der Umgang mit fehlenden Werten angesprochen werden, der in der sozialwissenschaftlichen Forschung prominent diskutiert wird (z.B. Graham, 2012; Lüdtke, Robitzsch, Trautwein & Köller, 2007). Fehlende Werte kommen auf Variablen zustande, die zwar vorgelegen haben, jedoch aus unterschiedlichen Gründen (z.B. fehlende Motivation, Teilnahmeabbruch usw.) nicht beantwortet wurden. In den SPSS-Analysen werden nur solche Fälle verwendet, bei denen auf allen Variablen Daten vorliegen, was als *listwise deletion* bezeichnet wird. Fälle, bei denen ein fehlender Wert auf einer Variable vorliegt, werden komplett aus der Analyse ausgeschlossen (Schendera, 2007, S. 136).

Dieser Umgang mit fehlenden Werten wird aus zwei Gründen gewählt. Einerseits fehlen in den entsprechenden Stichproben nur wenige Werte auf den entsprechenden Variablen: Auf den 132 Variablen der beiden Testinstrumente fehlen zum ersten Messzeitpunkt zwischen 0–1,9 Prozent, zum zweiten Messzeitpunkt zwischen 0–5,3 Prozent, zum dritten Messzeitpunkt zwischen 0–7,5 Prozent und in der Längsschnittstichprobe zwischen 0–1,4 Prozent der Werte. Auf den zehn Variablen zur Beschreibung der Stichprobe fehlen über alle Messzeitpunkte hinweg zwischen 0–1,5 Prozent der Werte. Lediglich die Angaben zum Abitur (4,4 Prozent) und zum Ersten Staatsexamen (7,3 Prozent) des ersten Messzeitpunktes, jene des Zweiten Staatsexamens (13,7 Prozent) zum zweiten Messzeitpunkt sowie die Angabe zum Stundenumfang der aktuellen Tätigkeit (28,4 Prozent) weisen mehr fehlende Werte auf. Andererseits spricht nichts dafür, dass systematische Zusammenhänge zwischen den fehlenden Werten und den entsprechenden Variablen bestehen, diese somit eher dem Zufall zuzuschreiben sind.

Multivariate Analysen (konfirmatorische Faktorenanalysen, Korrelationen auf Skalenebenen, Regressionen) wurden mit dem Analyseprogramm *Mplus*

7.11 (Muthén & Muthén, 1998–2012) berechnet. Dieses arbeitet standardmäßig mit dem *Full-Information-Maximum-Likelihood* (FIML)-Verfahren, das für den modellbasierten Umgang mit fehlenden Werten empfohlen wird (Lüdtke et al., 2007, S. 112). Dieses gewährleistet, dass auch jene Befragten mit fehlenden Werten auf einzelnen Variablen über sämtliche von ihnen verfügbaren Informationen berücksichtigt werden können. Somit kann dem entscheidenden Nachteil der *listwise deletion*, Reduzierung der Stichprobe, begegnet werden.

Darüber hinaus kann die vorliegende Clusterstruktur der Stichprobe durch Spezifikationen (*type = cluster; stratification*) berücksichtigt werden. Schließlich ist es mit Mplus möglich, latente und damit messfehlerbereinigte Korrelationen auszuweisen (Christ & Schlüter, 2012; Geiser, 2011).

Für sämtliche Analysen werden die gängigen Signifikanzniveaus mit entsprechenden Kennzeichnungen angewandt und verwendet (Bortz & Döring, 2006, S. 494; Kühnel & Krebs, 2012, S. 171; Raithel, 2008, S. 123/124):

- $p > 0.05$ nicht signifikant   (n.s.)
- $p \leq 0.05$ schwach signifikant   (*)
- $p \leq 0.01$ signifikant   (**)
- $p \leq 0.001$ hoch signifikant   (***)

Allerdings findet die Besprechung der Ergebnisse (vgl. Kap. 5) nicht maßgeblich anhand dieser Größen statt. Vielmehr wird der Empfehlung von Rost (2013, S. 236/237) gefolgt, nicht „wie hypnotisiert" ausschließlich auf die statistische Signifikanz zu schielen, sondern Effektstärken heranzuziehen.

Als Maß für die praktische Bedeutsamkeit von Effekten werden daher folgende Größen zu Grunde gelegt (Bortz & Döring, 2006, S. 606; Rost, D. H., 2013, S. 244) : kleiner Effekt ab $r = .10$, mittlerer Effekt ab $r = .30$, großer Effekt ab $r = .50$.

Für die Beurteilung von Mittelwertunterschieden wird das Effektstärkemaß d nach Cohen (Cohen, 1988) herangezogen: kleiner Effekt ab $d = 0.20$, mittlerer Effekt ab $d = 0.50$, großer Effekt ab $d = 0.80$.

4.3.3 Hinweise zu den Datenanalysen

In diesem Kapitel werden die in der vorliegenden Arbeit genutzten Datenanalysen erläutert. Sie orientieren sich an den in Kapitel 3.8 aufgestellten Zielsetzungen der Arbeit.

Studien, die eine theoretisch angenommene Dimensionierung von fachübergreifenden Kompetenzen empirisch überprüfen, sind „eher rar" (Schaper, 2009,

S. 181) und datieren aus jüngerer Zeit (Blömeke, Kaiser et al., 2008; Blömeke et al., 2010a, 2010b; König & Seifert, 2012b; Kunter et al., 2011). Dies gilt auch für das hier eingesetzte Instrument zur Kompetenzerfassung von Oser und Oelkers (2001). Unbestritten ist jedoch der Anspruch, fachübergreifende Kompetenzen theoretisch zu fundieren (vgl. Kap. 3.3.1.1). Auf dieser Grundlage können unterschiedliche Faktoren, wie von Rost (2013, S. 224) gefordert, „a priori, d.h. vor der Analyse gut begründet abgeleitet" werden. Daher wird die dimensionale Struktur der Kompetenzeinschätzungen anhand konfirmatorischer Faktorenanalysen überprüft.

Dimensionale Struktur der Kompetenzeinschätzungen

Konfirmatorische Faktorenanalysen wurden mit Mplus berechnet. Wenngleich Oser (2001, S. 242) anmerkt, dass die Auswahl der Variablen weder zwingend noch erschöpfend ist, war die Zielsetzung leitend, sämtliche 88 Variablen des Kompetenzinstruments zu berücksichtigen. Es wird geprüft, inwiefern das angenommene Zwölf-Faktoren-Modell (vgl. Kap. 4.1.1.1) auf die Daten passt. Darüber hinaus wird den Empfehlungen von Rost (2013) gefolgt und ein weiteres Modell als Vergleichsgrundlage herangezogen. Hierbei handelt es sich um ein Generalfaktormodell, bei dem alle Variablen einem einzigen übergeordneten Faktor (fachübergreifende pädagogische Kompetenz) zugeordnet sind (vgl. Abb. 15, Kap. 5.1).

Um die Passung der Modelle auf die vorliegenden Daten zu beurteilen und einen Vergleich der Modelle untereinander zu ermöglichen, werden verschiedene Fit-Indizes herangezogen. Diese dienen als statistische Kriterien zur Beurteilung der Gesamtanpassungsgüte der konfirmatorischen Faktorenanalysen (vgl. Hu & Bentler, 1999; Kline, 2010; Reinecke, 2005; Schermelleh-Engel, Moosbrugger & Müller, 2003):

- Chi-Quadrat (χ^2)-Statistik: Der Chi-Quadrat-Test ist der einzige inferenzstatistische Test der konfirmatorischen Faktorenanalyse, der einen Signifikanztest ausweisen kann. Die übrigen Fit-Indizes sind deskriptiv. Der Chi-Quadrat-Test testet die Nullhypothese, ob die empirische Kovarianzmatrix gleich der modelltheoretischen Kovarianzmatrix ist. Sofern eine signifikante Abweichung ($p < .05$) vorliegt, ist die Nullhypothese zu verwerfen und davon auszugehen, dass das Modell die Daten nur ungenügend wiedergibt. Zusätzlich werden der Chi-Quadrat-Wert (χ^2) und die entsprechenden Freiheitsgrade (*df*) ausgegeben. Es ist üblich, ein Modell anzunehmen, wenn das Verhältnis aus Chi-Quadrat-Wert und den Freiheitsgraden (χ^2/df) möglichst klein ist. „Von einem guten Modellfit kann dann ausgegangen werden, wenn dieses Verhältnis $\leq$ 2,5 ist" (Backhaus et al., 2006, S. 379). Die Chi-Quadrat-Statistik ist jedoch nur unter bestimmten Voraussetzungen aussagekräftig, weswegen empfohlen wird (Backhaus et al., 2006; Kline, 2010), weitere Kriterien zur Beurteilung des Modellfits zu nutzen. Diese sind relativ voraussetzungsfrei und werden im Folgenden vorgestellt. Tabelle 14 stellt sie überblicksartig zusammen.

- *Comparative Fit Index* (*CFI*) und *Tucker-Lewis-Index* (*TLI*): Beide gehören zu den inkrementellen Fit-Indizes und vergleichen den Fit des empirischen Modells mit dem eines Basismodells, in dem keine Zusammenhänge zwischen den Variablen bestehen. Mit Werten zwischen 0 und 1 bestimmen sie die Anpassungsgüte zwischen dem Basismodell und dem empirischen Modell. Ein guter Modellfit liegt bei Werten $\geq$ .90 vor, bessere Modelle kennzeichnen Werte $\geq$ .95.

- *Root Mean Square Error of Approximation* (*RMSEA*): Der *RMSEA* gibt an, inwiefern das theoretische Modell das empirische Modell der Realität annähert. *RMSEA*-Werte $\leq$ .05 sprechen für einen guten, Werte $\leq$ .08 für einen akzeptablen Modellfit. Das 90-Prozent-Konfidenzintervall (*CI*) zeigt an, in welchem Bereich der Stichproben-*RMSEA* mit einer Wahrscheinlichkeit von 90 Prozent liegt. Für eine gute Passung werden Werte < .05, für eine perfekte Passung Werte um 0 angenommen.

- *Standardized Root Mean Square Residual* (*SRMR*): Der *SRMR*-Koeffizient gibt den Anteil der in der Stichprobe enthaltenen Varianzen und Kovarianzen an. Werte < .05 werden als gut angesehen und deuten darauf hin, dass das Modell die beobachteten Varianzen und Kovarianzen relativ gut reproduziert.

- *Akaike Information Criterion* (*AIC*): Das *AIC* dient dem Vergleich unterschiedlicher, miteinander konkurrierender Modelle, um jenes herauszufinden, das am ehesten auf die Daten passt. Dabei wird dasjenige Modell ausgewählt, das den vergleichsweise kleinsten *AIC*-Wert ausweist.

Tabelle 14:   Fit-Indikatoren zur Beurteilung des Modell-Fits bei konfirmatorischen Faktorenanalysen.

Fit-Indikator	schlecht	gut	sehr gut
Chi-Quadrat-Test	$p < .05$	n. s.	n. s.
Comparative Fit Index (CFI)	$< .90$	$\geq .90$	$\geq .95$
Tucker-Lewis-Index (TLI)	$< .90$	$\geq .90$	$\geq .95$
Root Mean Square Error of Approximation (RMSEA)	$> .10$	$\leq .08$	$\leq .05$
Standardized Root Mean Square Residual (SRMR)	$> .08$	$\leq .08$	$\leq .05$

Die Modellprüfung geschieht ausführlich anhand der Stichprobe des ersten Messzeitpunktes. Die dort aufgedeckte Modellstruktur wird auf die beiden folgenden Messzeitpunkte und die Längsschnittstichprobe übertragen und nicht erneut unter Einbezug weiterer Modellalternativen überprüft. Anschließend werden deskriptive Kennwerte der querschnittlichen Messzeitpunkte und der Längsschnittstichprobe berichtet.

Niveau der Kompetenzeinschätzungen

Bevor die deskriptiven Kennwerte der im Vorfeld berechneten faktoriellen Lösung der Kompetenzeinschätzungen dargelegt werden, erfolgen unter Zuhilfenahme der Software Mplus lineare Regressionsanalysen. Ziel ist es, Stichprobenspezifika herauszufiltern, die möglicherweise zu verzerrten Ergebnisdarstellungen bzw. Ergebnisinterpretationen führen können. Unter Einbezug des Stratifikationskriteriums „studiertes Lehramt" soll geprüft werden, ob die Zugehörigkeit zu einer der beiden Kohorten (vgl. Kap. 4.1.3) oder zur Längsschnittstichprobe (s. Kap. 4.2) eine Auswirkung auf die Kompetenzeinschätzungen nimmt, z.B. in Form einer Positivselektion.

    Nach der Abklärung stichprobenspezifischer Charakteristika werden mit der Software SPSS Mittelwerte (*M*) und Standardabweichungen (*SD*) für die Items sowie zusätzlich Reliabilitäten (*Cronbachs Alpha*) für die Skalen berechnet. Die entsprechenden Skalen wurden gebildet, indem die jeweils zu einer Dimension gehörenden Itemwerte aufsummiert wurden und der Summenwert durch die Anzahl der zur Dimension gehörenden Items geteilt wurde. Damit orientiert sich dieses Vorgehen an inhaltlich vergleichbaren Studien (z.B. König, 2012). Das hat jedoch zur Konsequenz, dass die Skalenmittelwerte nicht messfehlerbereinigt vorliegen.

In weitergehenden Analysen werden Mittelwertunterschiede in der Längsschnittstichprobe unter Berücksichtigung verschiedener Aspekte durchgeführt, z.B. zwischen einzelnen Messzeitpunkten und in Bezug zum studierten Lehramt. Letzteres wird durch Varianzanalysen mit Messwiederholung überprüft (Innersubjektfaktor: Kompetenzeinschätzungen der Skalen zu den jeweiligen drei Messzeitpunkten; Zwischensubjektfaktor: studiertes Sekundarstufe-I- bzw. Sekundarstufe-II-Lehramt).

Hierfür und auch für die nachfolgenden Berechnungen wurden einzelne Variablen in dichotome *Dummyvariablen* rekodiert, z.B. das studierte Sekundarstufe-II-Lehramt (0 = kein Lehramt Sek II, 1 = Lehramt Sek II). Dies gilt sowohl für die Querschnittstichproben als auch für die Längsschnittstichprobe.

Zusammenhänge zu den Kompetenzeinschätzungen

Darüber hinaus interessieren die bivariaten Zusammenhänge zwischen den Kompetenzeinschätzungen und individuellen Lernvoraussetzungen (z.B. spezifische Vorerfahrungen) bzw. selbstregulativen Fähigkeiten. Diese werden mit der Software Mplus berechnet, da es sich bei den Kompetenzskalen um latente Konstrukte handelt. Zudem kann das „studierte Lehramt" als Stratifikationskriterium berücksichtigt werden. Dazu werden die Korrelationen zwischen den latenten Skalen und den jeweiligen potentiellen Zusammenhangsmaßen betrachtet.

Als Datengrundlage werden die jeweiligen querschnittlichen Messzeitpunkte herangezogen. Ziel ist es, einerseits Zusammenhänge zu eher hoch oder gering ausgeprägten subjektiven Kompetenzbewertungen zu einzelnen Messzeitpunkten aufzudecken und andererseits mögliche Einflussfaktoren für den anschließenden multivariaten Zugang zu generieren. Dieses Vorgehen ist König et al. (2012a) entlehnt und verfolgt ebenso wie dort das Ziel, potentielle Faktoren für den anschließenden multivariaten Zugang zu selektieren.

Voraussage der Kompetenzeinschätzungen

In den multivariaten, mit der Software Mplus berechneten Analysen wird der Einfluss potentieller Prädiktoren, individueller Lernvoraussetzungen (z.B. Vorerfahrungen) und selbstregulativer Fähigkeiten, auf die Kompetenzeinschätzungen späterer Messzeitpunkte überprüft. Hierfür wird die Längsschnittstichprobe zu Grunde gelegt und das Stratifikationskriterium „studiertes Lehramt" berücksichtigt.

Zuerst werden multiple Regressionsrechnungen angestellt, die den gesamten Zeitraum zwischen dem Abschluss der ersten Lehrerbildungsphase und dem Berufseinstieg umfassen. Hierdurch soll der Frage nachgegangen werden, inwieweit sich die Kompetenzeinschätzungen auf die jeweiligen Prädiktoren, unter Berücksichtigung der jeweiligen Kompetenzeinschätzungen zum vorigen Messzeitpunkt bzw. unberücksichtigt, zurückführen lassen (für das Vorgehen vgl. z.B. König & Seifert, 2012b; Kunter et al., 2011). Auf dieser Grundlage können zum ersten Messzeitpunkt erfasste Prädiktoren mit Kompetenzeinschätzungen derselben Befragten zu den beiden späteren Messzeitpunkten in Verbindung gebracht werden. Als Prädiktoren kommen solche Variablen in Frage, die als konstante Eingangsbedingungen (Cramer, 2012, S. 387) der Lehrerbildung zu charakterisieren sind. Hierzu zählen Alter, Geschlecht, die Abiturnote und jene des Ersten Staatsexamens sowie getätigte Vorerfahrungen. Die Absichtsbekundung, ob die Befragten den Lehrerberuf später ausführen wollen, ist zwar nicht konstant (vgl. Kap. 4.2.2), verändert sich jedoch nur marginal. Da sie jedoch zu jedem Messzeitpunkt separat erhoben wurde, kann sie für den ersten Messzeitpunkt mit in die Berechnungen aufgenommen werden.

Weiterhin werden die selbstregulativen Fähigkeiten für zwei voneinander getrennte Zeiträume (zwischen dem Abschluss der universitären Lehrerbildungsphase und dem Referendariat sowie zwischen Referendariat und Berufseinstieg) betrachtet, da zwischen den einzelnen Messzeitpunkten eine deutliche Fluktuation der Musterzugehörigkeit besteht (vgl. Kap. 4.2.5), die eventuell zu Verzerrungen und Ungenauigkeiten in den Analysen führen könnte. In Anlehnung an das Vorgehen der COACTIV-Studie (Kunter et al., 2011) werden auch hier die vier AVEM-Muster (vgl. Kap. 4.1.1.2) in zwei Gruppen selbstregulativer Fähigkeiten differenziert. Dies geschieht unter Berücksichtigung der Bedeutung der Widerstandsfähigkeit sowie des Engagements im Kontext der Selbstregulation. Gute Anpassungsleistungen dieser Merkmale führen zu ausgewogenen selbstregulativen Fähigkeiten: Daher werden einerseits Muster G und S als *Selbstregulationstypen* (Klusmann, 2011a, S. 290) mit vergleichsweise ausgeglicheneren selbstregulativen Fähigkeiten und andererseits Risikomuster A und B für die beiden Zeiträume getrennt, mit zusätzlichen Prädiktoren, in multiple Regressionsrechnungen gefasst.

4.3.4 Bewertende Zusammenfassung der Methoden dieser Arbeit

Von Beginn der Untersuchung an standen unterschiedliche methodische Fragen im Mittelpunkt. Diese sollen hier gegenüber dem letztlich gewählten methodischen Vorgehen eingebracht werden. Ziel dieses Kapitels ist somit keine Zerlegung der Untersuchungsbestandteile in irreversible Einzelteile, sondern vielmehr eine kritisch-konstruktive Auseinandersetzung, die die Schwachstellen des methodischen Vorgehens argumentativ auffängt und mit dem Blick auf zukünftige Forschungsaktivitäten perspektivisch ergänzt bzw. anreichert. Hierzu werden die Instrumente (1), die Auswahl der möglichen Einflussfaktoren der Kompetenzeinschätzungen (2) und die Auswertungsverfahren (3) herausgegriffen.

Zuerst wird ein Blick auf die verwendeten Instrumente (1) geworfen. Als zentral für die Erforschung von Lehrerkompetenzen ist naturgemäß die Frage danach, ob das Instrument von Oser und Oelkers (2001) hierzu tatsächlich in der Lage ist. Es wurde bereits argumentiert (s. Kap. 3.5), dass Kompetenzselbsteinschätzungen nur eingeschränkt dazu geeignet sind, Kompetenzen im Sinne einer Diagnostik zu bilanzieren. Dieser Umstand wird insofern in Kauf genommen, da sie sich erstens dazu eignen, als Aussagen der Kompetenzerwartung zu gelten (Cramer, 2010) und ihr Einsatz zweitens in längsschnittlich angelegten Studien gefordert wird (König & Tachtsoglou, 2012).

Inhaltlich zeichnen sich die eingesetzten Skalen durch ihre weite und differenzierte Gestaltung aus. Fachübergreifende Kompetenzen gehen in diesem Sinne deutlich über das Kerngeschäft Unterrichten hinaus (u.a. Helmke, 2009). Zudem konnten sie sich bereits in verschiedenen, phasenspezifischen bzw. -übergreifenden sowie internationalen und nationalen Studien bewähren (u.a. Rauin & Meier, 2007). Demgegenüber wird kritisiert, dass sie nicht mit Bezug zu einem metatheoretischen Rahmen (Baumert & Kunter, 2006), sondern per Delphi-Verfahren konstruiert wurden. Diese vorhandenen konstruktionsbedingten Schwächen müssen für die vorliegende Arbeit bedacht werden.

Vergleichbares gilt auch für den Arbeitsmodus (Selbsteinschätzungen) des flankierend eingesetzten Instruments AVEM-44 (Schaarschmidt & Fischer, 2008) das exemplarisch und stellvertretend für selbstregulative Fähigkeiten erfasst wird. Gegenüber dem Instrument zur Kompetenzerfassung ist hier jedoch relativierend die fundiertere testtheoretische Konstruktion anzumerken, z.B. konnte die angenommene Clusterstruktur repliziert werden (Klusmann et al., 2006). Kritisch anzumerken ist die Reduktion auf personenbezogene Aspekte der Lehrertätigkeit (Klusmann, 2011b; Rothland, 2009). Eine Erweiterung ließe fundiertere Schlüsse zu, als Belastung und Beanspruchung auf personengebundene Aspekte zu reduzieren, wie es das eingesetzte Instrument vornimmt.

Insgesamt stellt die Aussagekraft von auf Selbsteinschätzungen beruhenden Instrumenten somit einen ersten, jedoch weiterzuentwickelnden methodischen Ansatzpunkt dar, der zu Gunsten einer längsschnittigen Vorgehensweise in dieser Arbeit in Kauf genommen wird.

Hierneben hat insbesondere die Frage nach den auszuwählenden Einflussfaktoren (2) der Kompetenzeinschätzungen eine entscheidende Rolle gespielt. So ermöglicht das vorgestellte Untersuchungsmodell durchaus den Einbezug weiterer, aber auch anderer Variablen als der hier gewählten selbstregulativen Fähigkeiten. Wenngleich eine Erweiterung um entsprechende Variablen (z.B. motivationale Orientierungen) die Komplexität der Untersuchung erhöht, scheint doch die Kontrolle der „Nutzung der Lerngelegenheiten" wie z.B. in der LEK-Studie (König & Seifert, 2012b) ertragreicher. Insofern muss deutlich darauf hingewiesen werden, dass der (Lern-)Weg über Lerngelegenheiten zu Kompetenzeinschätzungen im Untersuchungsmodell in der vorliegenden Arbeit nicht berücksichtigt wird.

Diese Erweiterung würde neben eines höheren Aussagegehalts der Ergebnisse auch das Spektrum möglicher Auswertungsverfahren (3) dahingehend erweitern, Kausalanalysen zu tätigen. So könnte z.B. überprüft werden, ob die subjektiven Kompetenzeinschätzungen in Verbindung mit den – oder genauer mit welchen – Lerngelegenheiten der Lehrerbildung stehen.

5 Darstellung der Ergebnisse

Dieses Kapitel dokumentiert die Ergebnisse der Arbeit. Die Reihenfolge der Ergebnisdarstellung orientiert sich an den in Kapitel 3.8 aufgestellten Zielsetzungen der Arbeit.

In einem ersten Schritt wird die theoretisch angenommene dimensionale Struktur des Instruments zur Erfassung der Kompetenzeinschätzungen empirisch überprüft (Kap. 5.1). Im Anschluss daran werden Ausprägungsniveau und Entwicklung der Kompetenzeinschätzungen in einzelnen Phasen der Lehrerbildung sowie im zeitlichen Verlauf über die Lehrerbildungsphasen hinweg erörtert (Kap. 5.2). Vor diesem Hintergrund werden Zusammenhänge zwischen den Kompetenzeinschätzungen und individuellen Lernvoraussetzungen (z.B. spezifische Vorerfahrungen) sowie selbstregulativen Fähigkeiten besprochen (Kap. 5.3), die im Folgenden als Prädiktoren der Kompetenzeinschätzungen betrachtet werden (Kap. 5.4).

In Abhängigkeit von den genannten Problemstellungen einzelner Kapitel werden sowohl die Querschnittstichproben, als auch die Längsschnittstichprobe begründet in die Analysen einbezogen (vgl. Kap. 4.3.3). Sämtliche Kapitel schließen mit bewertenden Zusammenfassungen. Eine überblicksartige Zusammenstellung als zentral erachteter Ergebnisse der Studie erfolgt schließlich in Kapitel 5.5.

5.1 Dimensionale Struktur der Kompetenzeinschätzungen

Es galt, die theoretisch angenommene dimensionale Struktur des Instruments zur Erfassung der Kompetenzeinschätzungen empirisch zu überprüfen. Dieses geschieht ausführlich anhand der Stichprobe des ersten Messzeitpunktes. Anschließend wird die dort aufgedeckte Modellstruktur auf die beiden folgenden Messzeitpunkte und die Längsschnittstichprobe übertragen und nicht erneut unter Einbezug weiterer Modellalternativen überprüft.

Die von Rost (2013, S. 229/230) aufgestellten Minimalstandards diesbezüglich sollen berücksichtigt werden. Die Stichprobengrößen der einzelnen Messzeitpunkte (n_{MZP1} = 683; n_{MZP2} = 473; n_{MZP3} = 212) und die Längsschnittstichprobe (n = 141) übertreffen die geforderten Richtwerte. Theoretische Annahmen und Vorarbeiten (s. Kap. 4.1.1.1) ermöglichen es, im Vorfeld der Analysen die Anzahl und Art zu erwartender Faktoren der Kompetenzeinschätzungen zu formulieren, weswegen ein konfirmatorischer Zugang gewählt wird. Es wurden zwei Modelle auf ihre Passung zu den Daten geprüft. Abbildung 15 veranschaulicht beide Modelle graphisch.

Abbildung 15:   Schematische Darstellung des General- und des Zwölf-Faktoren-Modells.

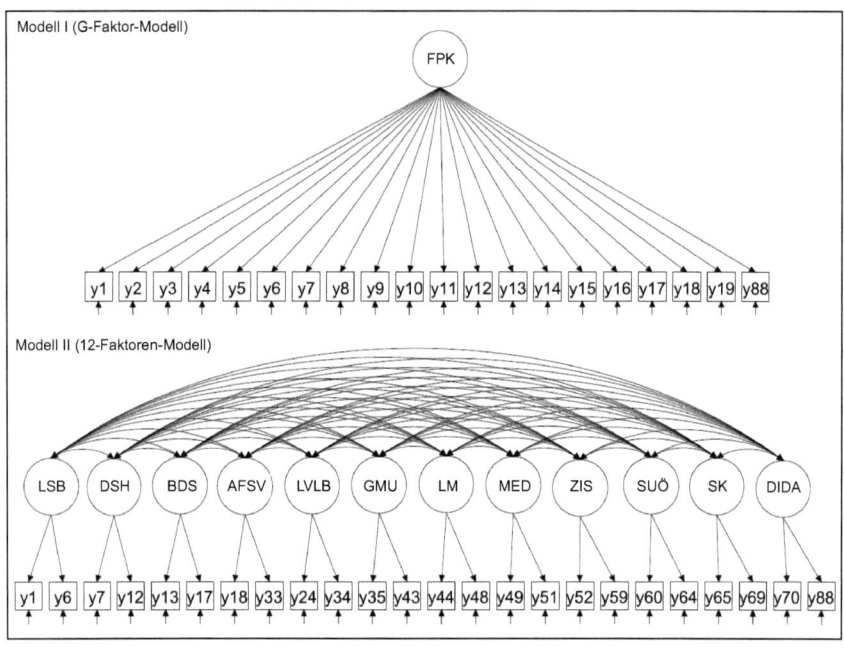

Anmerkungen: FPK = Fachübergreifende pädagogische Kompetenz; LSB = Faktor Lehrer-Schüler-Beziehung und fördernde Rückmeldung; DSH = Faktor Diagnose und Schüler unterstützendes Handeln; BDS = Faktor Bewältigung von Disziplinproblemen und Schülerrisiken; AFSV = Faktor Aufbau und Förderung von sozialem Verhalten; LVLB = Faktor Lernstrategien vermitteln und Lernprozesse begleiten; GMU = Faktor Gestaltung und Methoden des Unterrichts; LM = Faktor Leistungsmessung; MED = Faktor Medien; ZIS = Faktor Zusammenarbeit in der Schule; SUÖ = Faktor Schule und Öffentlichkeit; SK = Faktor Selbstorganisationskompetenz; DIDA = Faktor Allgemeindidaktische und fachdidaktische Standards.

Das erste Modell ist ein sogenanntes Generalfaktormodell (G-Faktor-Modell), das als grundlegendes (Vergleichs-)Modell getestet wird. Bei diesem sind alle

Variablen dem übergeordneten Faktor „Fachübergreifende pädagogische Kompetenz" (FPK) zugeordnet.[50]

Demgegenüber wird auf der Grundlage des verwendeten Instruments eine zwölf-faktorielle Lösung (Oser, 2001, S. 230) erwartet (vgl. Kap. 4.1.1.1), die im zweiten Modell dargestellt ist. Dabei wird angenommen, dass alle Variablen entsprechend verteilt auf den zwölf Skalen (Standardgruppen) laden.

Nach Überprüfung der entsprechenden Fit-Indikatoren (vgl. Kap. 4.3.3) zeigt sich jedoch, dass beide Modelle nicht auf die Daten passen. Sie weisen, aufgrund der Stichprobengröße, einen zu erwartenden signifikanten Chi-Quadrat-Wert auf. Darüber hinaus liegen jedoch auch die weiteren stichprobenunabhängigen Indikatoren, bis auf die *RMSEA*- (.04) und *SRMR*-Werte (.04), in nicht zufrieden stellenden Bereichen (s. Tab. 15).

Tabelle 15: Fit-Indikatoren der konfirmatorischen Faktorenanalyse (CFA) zu den Einschätzungen fachübergreifender Kompetenzen (MZP 1; 88 Variablen).

Modell	χ^2	p	χ^2/df	CFI	TLI	SRMR	RMSEA	90% CI um RMSEA	AIC
I (GF)	11335.21	<.001	3.03	.72	.71	.06	.06	.05–.06	120114
II (12F)	7743.78	<.001	2.11	.85	.84	.04	.04	.04–.40	116655

Anmerkungen: *n* = 682; GF = G-Faktor-Modell; 12F = 12-Faktoren-Modell.

Daher wird die von Oser und Oelkers (2001) angenommene Struktur verworfen. Vielmehr müssen alternative Lösungen in Betracht gezogen werden, um die Daten angemessen in einem Modell abzubilden. Ziel ist es dabei, dass eher weite Verständnis fachübergreifender Kompetenzen, was dem eingesetzten Instrument zu Grunde liegt (vgl. Kap. 3.3.1.1 und Kap. 4.1.1.1), zu erhalten und damit ein Modell zu entwickeln, das über das Kerngeschäft Unterrichten hinaus geht.

Dies geschieht unter Berücksichtigung der Hinweise, die auf der Rezeption des eingesetzten Testinstruments beruhen. Diese lassen Rückschlüsse darauf zu,

---

50 Es handelt sich um schematische Darstellungen, da nicht alle 88 Variablen abgebildet werden können. Das Generalfaktormodell beinhaltet daher auch die (nicht dargestellten) Indikatoren y20 bis y87. Die latenten Variablen des Zwölf-Faktoren-Modells sind durch den jeweils ersten und letzten Indikator gekennzeichnet, die Indikatoren dazwischen sind in der Darstellung ausgelassen.

welche Standardgruppen zu welchen Kompetenzbereichen bzw. Faktoren zusammengefasst werden können. So wird einem Teil der Skalen (Standardgruppen 1–3, 6, 7 und 12; vgl. Kap. 4.1.1.1, Tab. 7) unterstellt, die Basis des Unterrichtens darzustellen (Helmke, 2009, S. 153; König, 2012, S. 150). Die übrigen Skalen können in Anlehnung an die von der KMK (2004a) formulierten Kompetenzbereiche für die Bildungswissenschaften und unter Berücksichtigung der Operationalisierungsvorschläge anderer Studien (vgl. Kap. 3.5, Tab. 4) in weitere Inhaltsbereiche fachübergreifender Kompetenzen unterteilt werden.

Besonders der Hinweis aus der LEK-Studie (König & Seifert, 2012b), bei der ein konzeptionell enges, dafür jedoch differenziertes und auf das Unterrichten fokussierte Instrument einem eher weiten gegenübergestellt wurde, ist hier hilfreich: Es wird eine Ergänzung des engen Instruments um „die weiteren wichtigen, von der KMK festgelegten Aufgaben des Erziehens und Innovieres" (Seifert & König, 2012, S. 232) für zukünftige Forschungen empfohlen. Auf dieser Grundlage sind nicht (mehr nur) dezidierte Erkenntnisse zur Ausgestaltung des Kerngeschäfts Unterrichten bekannt, sondern auch darüber hinaus gehende, die für die Modellierung genutzt werden können.

Tabelle 16 überführt die beschriebenen Empfehlungen (Baumert & Kunter, 2006; Helmke, 2009; König & Blömeke, 2009; König & Seifert, 2012b) in Inhaltsbereiche fachübergreifender Kompetenzen in maximaler Weite und ordnet diesen Kriterien für die zu tätigende Variablenauswahl zu.

Tabelle 16: Gegenüberstellung von beruflichen Anforderungen und Kriterien der Itemauswahl zu den Kompetenzbereichen Bildungswissenschaften der KMK (2004a).

Kompetenzbereiche (KMK, 2004a)	Berufliche Anforderung	Kriterien für die Itemauswahl
	Umgang mit Heterogenität	Differenzierungsmaßnahmen, Methodenvielfalt
Unterrichten	Strukturierung von Unterricht	Analyse und Planung von Unterricht, curriculare Strukturierung von Unterricht
	Motivierung/Klassenführung	Leistungsmotivation, Herstellung konstruktiver/störungspräventiver Unterrichtsführung
Erziehen	Erziehungs- und Bildungsaufgaben	Konfliktlösung, Umgang mit Benachteiligungen
Beurteilen	Leistungsbeurteilung	Funktionen und Formen, zentrale Kriterien und Prinzipien
Innovieren	Weiterentwicklung	Kooperationen, Feedback, Umgang mit Arbeitsbelastung

Die zu tätigenden Modellierungsversuche kommen jedoch nicht umhin, lediglich einen Teil der Variablen des ursprünglich eingesetzten Testverfahrens von Oser und Oelkers (2001) zu nutzen. Das gewählte Vorgehen orientiert sich damit an der Empfehlung Osers (2001, S. 242), das Verfahren und seine Skalen können „stets ergänzt oder verändert werden". Somit handelt es sich wie auch schon andere Autoren argumentiert haben (vgl. Rauin & Meier, 2007; Reh, 2005), um keine erschöpfende, sondern eine gut begründete Auswahl berufstypischer Variablen. Die getätigte Auswahl orientiert sich somit an den in Tabelle 16 beschriebenen Kriterien für die Itemauswahl, die auf unterschiedlichen Vorarbeiten beruht (vgl. hier besonders Seifert & König, 2012, S. 217).[51]

Es wurden folgende vier Modelle (vgl. Abb. 16) auf ihre Passung zu den Daten des ersten Messzeitpunktes, der weiterhin als Referenz herangezogen wird, überprüft:

Modell I (G-Faktor-Modell): Es wurde ein grundlegendes Alternativmodell getestet, dass sämtliche Variablen einem übergeordneten Generalfaktor, „Fachübergreifende pädagogische Kompetenz" (FPK), zuordnet.

---

51 Eine zusätzliche inhaltliche Validierung durch Expertenratings wäre hier sicherlich wünschenswert, wenn diese letztlich auch typischen Urteilsfehlern unterliegen (Schaper, 2009, S. 180/181).

Modell II (3-Faktoren-Modell): Unter Berücksichtigung der von Seifert et al. (2009) formulierten Kompetenzbereiche wird eine Passung auf die drei Faktoren Unterricht und Allgemeine Didaktik (UNT), Schulentwicklung und Gesellschaft (SEG) und Erziehung und Bildung (ERZ) überprüft.

Modell III (4-Faktoren-Modell): Der Faktor Schulentwicklung und Gesellschaft wurde unter Berücksichtigung der KMK-Standards (2004a) getrennt operationalisiert (vgl. Kap. 3.5), nämlich durch Innovieren (INN) und Beurteilen (BEU). Bestehen bleiben die Faktoren Unterrichten (UNT) und Erziehen (ERZ).

Modell IV (6-Faktoren-Modell): In Anlehnung an die Empfehlungen aus der Rezeption (Helmke, 2009; König & Seifert, 2012b) des Testinstruments wird eine in drei Faktoren differenzierte Variante des Kerngeschäfts Unterrichten: Umgang mit Heterogenität (HET), Strukturierung von Unterricht (STR), Motivierung/Klassenführung (MOT) von drei weiteren Faktoren ergänzt: Erziehen (ERZ), Beurteilen (BEU), Innovieren (INN).

Stellt Modell I lediglich das grundlegende Alternativmodell dar, beruft sich Modell III inhaltlich auf den Aufgabenkatalog zur Bewältigung beruflicher Anforderungen der KMK (2004a). Die beiden übrigen Modelle, II und IV, basieren auf Text- und Dokumentenanalysen, die den wissenschaftlichen Diskurs und das erziehungswissenschaftliche Curriculum an den Hochschulen berücksichtigen und so zu heuristischen Rahmenmodellen der Itementwicklung geführt haben (s. auch Kap. 3.5). Abbildung 16 veranschaulicht die vier verschiedenen Modelle graphisch.

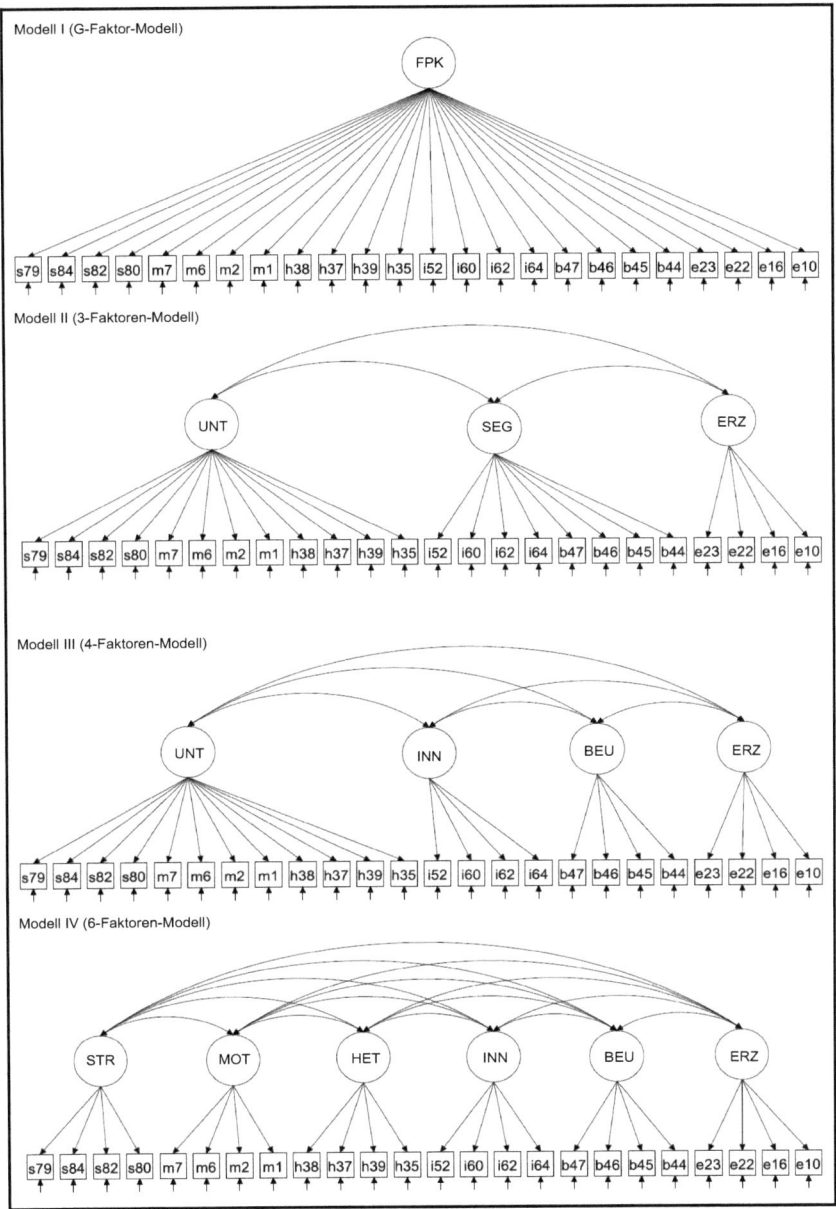

Abbildung 16: Schematische Darstellung der vier berechneten Modelle. Abkürzungen s. Text.

In Tabelle 17 sind die entsprechenden Fit-Indikatoren der Modelle abgebildet.

Tabelle 17:   Fit-Indikatoren der konfirmatorischen Faktorenanalyse (CFA) zu den Einschätzungen fachübergreifender Kompetenzen (MZP 1; 24 Variablen).

Modell	χ^2	p	χ^2/df	CFI	TLI	SRMR	RMSEA	90% CI um RMSEA	AIC
I (GF)	1031.13	<.001	4.10	.85	.84	.05	.07	.06–.07	32151
II (3F)	896.71	<.001	3.60	.88	.87	.05	.06	.06–.07	32023
III (4F)	697.98	<.001	2.84	.92	.91	.04	.06	.05–06	31830
IV (6F)	382.59	<.001	1.61	.97	.97	.03	.03	.02–.04	31532

Anmerkungen: n = 682; GF = G-Faktor-Modell; 3F = 3-Faktoren-Modell; 4F = 4-Faktoren-Modell; 6F = 6-Faktoren-Modell.

Werden die entsprechenden Fit-Indikatoren der Modelle (vgl. Tab. 17) mit den beschriebenen Grenzwerten (s. Kap. 4.4.3) abgeglichen, fällt zuerst die Überschreitung der Chi-Quadrat-Statistik sämtlicher Modelle auf. Alle weisen einen signifikanten Chi-Quadrat-Wert auf, was jedoch wie eingangs erwähnt aufgrund der Stichprobengröße zu erwarten gewesen ist. Daher werden diese Indikatoren um stichprobenunabhängige Indikatoren erweitert. Unter Einbezug dieser kristallisiert sich heraus, dass das theoretisch angenommene Sechs-Faktoren-Modell gut auf die Daten passt, wenngleich auch die vier-faktorielle Lösung noch einen akzeptablen Fit vorweist. Da es jedoch der Anspruch ist, dass weite Verständnis des ursprünglichen Verfahrens zu erhalten, wird das Sechs-Faktoren-Modell vorgezogen.

Dieses zeichnet sich zunächst durch ein relativ kleines Verhältnis zwischen Chi-Quadrat-Wert und Freiheitsgraden aus, dass mit 1.61 deutlich kleiner als 2.5 ist (vgl. Kap. 4.3.3). Zudem legen die übrigen Indikatoren, *CFI* (.97) und *TLI* (.97), *SRMR* (.03) sowie *RMSEA* (.03) und das zugehörige Konfidenzintervall (.02–.04), einen sehr guten Modellfit nahe. Die drei übrigen Modelle weisen zudem eine schlechte Modellpassung auf die Daten aus, wobei das Generalfaktormodell die Werte des Drei- und Vier-Faktoren-Modells noch unterschreitet.

Im Vergleich mit den übrigen drei Modellen ist darüber hinaus der *AIC*-Wert (31532) des Sechs-Faktoren-Modells am geringsten. Eine sukzessive Prüfung der Modelle mittels Chi-Quadrat-Differenz-Tests zeigt ebenfalls die Überlegenheit des Sechs-Faktoren-Modells, was für die Auswahl dieses Modells spricht

(Modell I vs. Modell II: χ^2-Differenz: 134.42, df-Differenz: 3, $p < 0.001$; Modell II vs. Modell III: χ^2-Differenz: 198.73, df-Differenz: 3, $p < 0.001$; Modell III vs. Modell IV: χ^2-Differenz: 315.39, df-Differenz: 9, $p < 0.001$).

Damit erweist sich das Sechs-Faktoren-Modell als passend auf die Daten, wenn sich auch die Kontentvalidität der in die konfirmatorischen Faktorenanalysen eingegangen Variablen nur schwer beurteilen lässt, da bislang weder eine empirische Überprüfung des eingesetzten Instruments stattgefunden hat noch Konsens darüber besteht, welche Variablen als besonders charakteristisch für anzunehmende Faktoren des Konstrukts lehramtsspezifischer pädagogischer Kompetenz gelten. Als der Kontentvalidität zuträglich scheint jedoch die relativ breite Operationalisierung des Konstruktes fachübergreifender pädagogischer Kompetenzen zu sein. Zudem kommt die Variablenanzahl auf vier Variablen je zu erwartendem Faktor bzw. latenter Variable, was als zufriedenstellend bewertet werden kann. Aus diesen Gründen wird das Sechs-Faktoren-Modell den weiteren Analysen der vorliegenden Arbeit zu Grunde gelegt. Tabelle 18 dokumentiert das finale Modell unter Nennung der ausgewählten Items aus dem Instrument von Oser und Oelkers (2001) und deren Skalenzuordnung.[52]

---

52 Für eine bessere Identifikation wurde die Nummerierung der einzelnen Items beibehalten.

Tabelle 18: Finales Modell der Analyse fachübergreifender pädagogischer Kompetenzen.

Kompetenzbereiche (KMK, 2004b)	Skalen- und Variablenname	Itemwortlaut: „Ich habe in der in der Lehrerbildung gelernt, ..." (Antwortskalierung: habe nichts davon gehört, nur theoretisch davon gehört, auch praktische Beispiele dazu kennen gelernt, und ausreichende Kompetenzen erworben)	Skalencode nach Oser und Oelkers (2001)
	Umgang mit Heterogenität (HET)		
	H35	35. den Unterricht so zu gliedern, dass den Schülerinnen und Schülern vielfältiges Handeln (schreiben, lesen, sprechen usw.) möglich wird. (GMU)	GMU
Unterrichten	H37	37. die Möglichkeiten und Grenzen projektorientierten Unterrichts einzuschätzen.	GMU
	H38	38. verschiedene Formen des individuellen und selbständigen Lernens im Unterricht zu verwirklichen.	GMU
	H39	39. Gruppeneinteilungen nach unterschiedlichen Kriterien und Prinzipien vorzunehmen und Gruppenresultate auf vielfältige Weise zu verarbeiten.	GMU
	Strukturierung von Unterricht (STR)		
	S79	79. wie man mit Schülerinnen und Schülern einen Begriff oder ein Konzept aufbaut und anwendet und sie dabei aktiv mitarbeiten lässt.	DIDA
Unterrichten	S80	80. den Aufbau der Fachinhalte über mehrere Klassen mit Hilfe des Lehrplans klar zu strukturieren.	DIDA
	S82	82. mit den Schülerinnen und Schülern übersichtliche und realistische Tages-, Wochen-, Halbjahres- und Jahrespläne zu erstellen.	DIDA
	S84	84. exemplarisch Inhalte auszuwählen.	DIDA
	Motivierung/Klassenführung (MOT)		
	M1	1. mich in konkreten Situationen in die Sicht- und Erlebensweise der Schüler oder Schülerinnen zu versetzen.	LSB
Unterrichten	M2	2. den Schülerinnen und Schülern fördernde Rückmeldung zu geben.	LSB
	M6	6. ängstlichen Schülerinnen und Schülern durch Erfolgserlebnisse Selbstsicherheit zu ermöglichen.	LSB
	M7	7. zu diagnostizieren, welche Ursachen Misserfolg, Aggression, Ängste, Blockierungen etc. haben und darauf angemessen zu reagieren.	DSH

Fortsetzung Tabelle 18: Finales Modell der Analyse fachübergreifender pädagogischer Kompetenzen.

Kompetenzbereiche (KMK, 2004b)	Skalen- und Variablenname	Itemwortlaut: „Ich habe in der Lehrerbildung gelernt, …" (Antwortskalierung: habe nichts davon gehört, nur theoretisch davon gehört, auch praktische Beispiele dazu kennen gelernt, und ausreichende Kompetenzen erworben)	Skalencode nach Oser und Oelkers (2001)
	Erziehen (ERZ)		
Erziehen	E10	10. unterschiedliche Gefährdungen (z. B. Gewalt, Drogen, Selbstmord usw.) in jedem Alter, das ich unterrichte, festzustellen und entsprechend einzugreifen.	BDS
	E16	16. wann ich bei Verletzungen (Auslachen, Kränkungen, Eifersucht, Diebstahl usw.) den Unterricht zu unterbrechen und unter den Aspekten von Gerechtigkeit, Fürsorglichkeit und Wahrhaftigkeit die Auseinandersetzung zu suchen habe.	BDS
	E22	22. wie Schülerinnen und Schüler befähigt werden, rational/konstruktiv Konflikte zu lösen.	AFSV
	E23	23. wie ich Kinder dahingehend unterstützen kann, dass sie Freundschaften aufbauen können.	AFSV
	Beurteilen (BEU)		
Beurteilen	B44	44. unterschiedliche Methoden der Evaluation anzuwenden.	LM
	B45	45. den Fortschritt der Leistung nach unterschiedlichen Kriterien und mit unterschiedlichen Instrumenten zu messen.	LM
	B46	46. wie man schriftliche und mündliche Arbeiten unterschiedlich beurteilen kann.	LM
	B47	47. wie der Schüler und die Schülerin die Kriterien dessen, was gefordert ist, kennenlernt, um erfolgreich zu sein.	LM
	Innovieren (INN)		
Innovieren	I52	52. wie die Kompetenzen zwischen Schulaufsicht, Schulleitung und Lehrerschaft verteilt sind und wie Konflikte in diesem Bereich bearbeitet werden können.	ZIS
	I60	60. wie die Anliegen von Schule und Lehrerschaft in der Öffentlichkeit und gegenüber den vorgesetzten Stellen vertreten werden können.	SUÖ
	I62	62. welche Möglichkeiten der Einflussnahme ich auf bildungspolitische Fragen habe (z. B. Budgetverteilung, Klassengröße, Erlasse und Richtlinien).	SUÖ
	I64	64. die öffentliche Aufgabe der Schule an Elternabenden und ähnlichen Veranstaltungen darzustellen und die Eltern in die Bildungsarbeit einzubeziehen.	SUÖ

5.1.1 Ergebnis der konfirmatorischen Faktorenanalyse (CFA) im Querschnitt

Das im vorausgegangenen Kapitel 5.1 zu Grunde gelegte Sechs-Faktoren-Modell soll nun differenzierter entlang seiner Eigenschaften beschrieben und anschließend auf die beiden weiteren querschnittlichen Messzeitpunkte übertragen werden.

Abbildung 17 stellt das Sechs-Faktoren-Modell des ersten Messzeitpunktes mitsamt entsprechender Koeffizienten dar. Diese können als Korrelationen zwischen den latenten Konstrukten interpretiert werden.

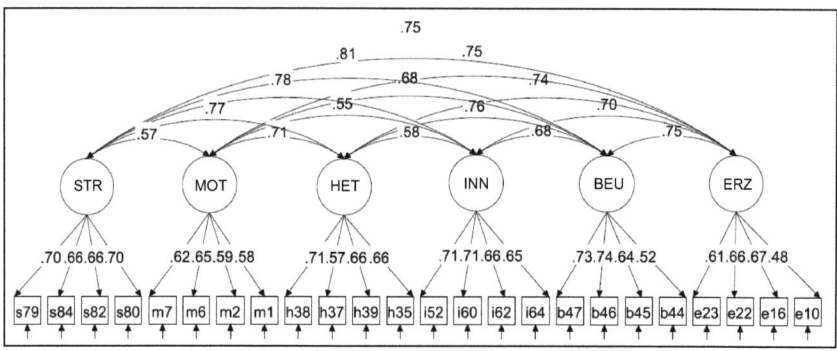

Abbildung 17:   Kompetenzeinschätzungen zum ersten Messzeitpunkt (CFA, 6F-Modell).

Anmerkungen: $n = 682$; Fit-Indikatoren s. Tab. 17; STR = Faktor Strukturierung von Unterricht; MOT = Faktor Motivierung/Klassenführung; HET = Faktor Umgang mit Heterogenität; INN = Faktor Innovieren; BEU = Faktor Beurteilen; ERZ = Faktor Erziehen.

Aus der Abbildung des Modells können bereits die Interkorrelationen zwischen den distinkten Faktoren abgelesen werden. Der durchschnittliche Skalenzusammenhang liegt mit einem Wert von $r = .71$ auf mittlerem Niveau. Darüber hinaus liegen die standardisierten Ladungen zwischen .48 und .74, was im Weitesten den Kennwerten von Wissenstests entspricht, die ähnliche Inhalte erfassen (vgl. Blömeke et al., 2010a, 2010b; König & Seifert, 2012b; Kunter et al., 2011).

Lediglich die hohe Interkorrelation zwischen Strukturierung von Unterricht und Beurteilen ($r = .81$) ist zu erwähnen. Insgesamt erlauben die Interkorrelationen zwischen den Skalen jedoch eine Trennung in sechs distinkte Faktoren, insbesondere da es sich hierbei um latente Korrelationen handelt. Diese fallen erwartungsgemäß höher aus als (hier nicht dargestellte) manifeste Korrelationen, da sie messfehlerbereinigt sind.

Transfer auf die beiden weiteren querschnittlichen Messzeitpunkte

Zum zweiten und dritten querschnittlichen Messzeitpunkt weist dieses Modell ebenfalls eine gute Passung auf die Daten auf, wenngleich mit einem zunehmend schlechteren Fit, wie an den stichprobenunabhängigen Indikatoren, z.B. *CFI* ($_{MZP2}$ = .95; $_{MZP3}$ = .93) und *TLI* ($_{MZP2}$ = .95; $_{MZP3}$ = .92), abgelesen werden kann (s. Tab. 19).

Tabelle 19: Fit-Indikatoren der konfirmatorischen Faktorenanalyse (CFA) zu den Einschätzungen fachübergreifender Kompetenzen (MZP 2 und MZP 3; 24 Variablen).

Modell	χ^2	p	χ^2/df	CFI	TLI	SRMR	RMSEA	90% CI um RMSEA	AIC
(6F)	400.00	<.001	1.69	.95	.95	.05	.04	.03–.05	22735
(6F)	376.37	<.001	1.59	.93	.92	.06	.05	.04–.06	10170

Anmerkungen: n_{MZP2} = 473; n_{MZP3} = 212; 6F = 6-Faktoren-Modell.

Neben diesen Modell-Fit-Indikatoren erlauben die Interkorrelationen zwischen den Skalen eine Aussage darüber (vgl. Tab. 20), inwiefern zu beiden Messzeitpunkten eine Trennung in sechs distinkte Faktoren möglich ist.

Der durchschnittliche latente Skalenzusammenhang liegt für beide Messzeitpunkte bei einem identischen Wert von r = .60. Für den zweiten Messzeitpunkt liegen die standardisierten Ladungen zwischen .54 und .78, für den dritten zwischen .45 bis .82.

Daher kann durchaus angenommen werden, dass die Skalen unterscheidungswürdig sind. Im Vergleich zum ersten Messzeitpunkt verringern sich zudem die Interskalenkorrelationen (vgl. Abb. 17) leicht.

Wie schon beim ersten korrelieren auch zu den beiden weiteren Messzeitpunkten Beurteilen und Strukturieren von Unterricht hoch miteinander (r_{MZP2} = .74; r_{MZP3} = .72). Ähnliches gilt für Beurteilen und Umgang mit Heterogenität (r_{MZP2} = .79; r_{MZP3} = .68) sowie Erziehen und Motivierung/Klassenführung (r_{MZP2} = .75; r_{MZP3} = .76), was darauf hindeutet, dass hier eine verhältnismäßig hohe inhaltlich Nähe vorliegt.

Tabelle 20: Messfehlerbereinigte Korrelationen zwischen den sechs latenten Konstrukten (MZP 2 und MZP 3; Querschnitt).

	(1)	(2)	(3)	(4)	(5)
(1) Strukturierung von Unterricht					
(2) Motivierung/Klassenführung	.56 (.60)				
(3) Umgang mit Heterogenität	.70 (.58)	.62 (.60)			
(4) Innovieren	.64 (.78)	.44 (.60)	.41 (.33)		
(5) Beurteilen	.74 (.72)	.55 (.60)	.79 (.68)	.44 (.41)	
(6) Erziehen	.57 (.62)	.75 (.76)	.56 (.50)	.62 (.70)	.54 (.47)

Anmerkungen: Werte vor den Klammern stehen für den zweiten, jene in Klammern für den dritten Messzeitpunkt; $n_{MZP2} = 473$; $n_{MZP3} = 212$.

Darüber hinaus ist der Zusammenhang zwischen Innovieren und Strukturierung von Unterricht zum dritten Messzeitpunkt ($r_{MZP3} = .78$) auffällig. Abbildung 18 stellt die Modelle des zweiten und dritten Messzeitpunktes graphisch dar.

Insgesamt sprechen die Ergebnisse des Modell-Fits und die latenten Skalen-interkorrelationen aller drei querschnittlichen Messzeitpunkte dafür, von einer inhaltsbezogenen Mehrdimensionalität (und zwar in sechs latente Konstrukte) der hier erfassten fachübergreifenden pädagogischen Kompetenzen auszugehen. Im Folgenden wird daher geprüft, inwiefern sich diese Annahmen auch für die Längsschnittstichprobe erhärten lassen.

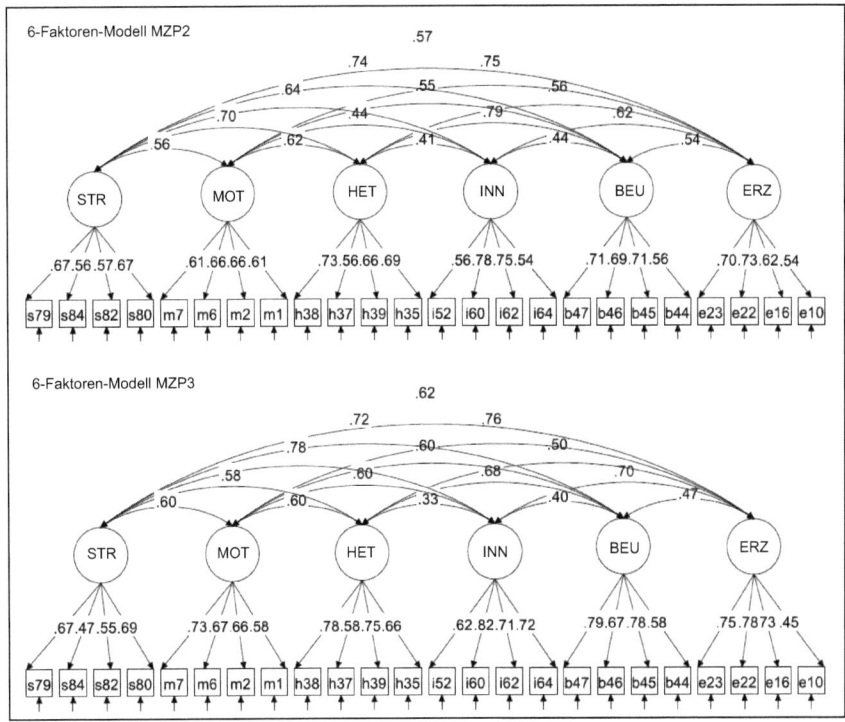

Abbildung 18:   Kompetenzeinschätzungen zum zweiten und dritten Messzeitpunkt (CFA, 6F-Modell).

Anmerkungen: n_{MZP2} = 473; n_{MZP3} = 212; Fit-Indikatoren s. Tab. 19; STR = Faktor Strukturierung
von Unterricht; MOT = Faktor Motivierung/Klassenführung; HET = Faktor Umgang mit Heterogenität; INN = Faktor Innovieren; BEU = Faktor Beurteilen; ERZ = Faktor Erziehen.

5.1.2 Ergebnis der konfirmatorischen Faktorenanalyse (CFA) im Längsschnitt

Nachdem die Passung der sechs-faktoriellen Lösung an allen drei querschnittlichen Messzeitpunkten überprüft wurde, wird sie nun anhand der entsprechenden Messzeitpunkte der Längsschnittstichprobe (n = 141) nachvollzogen.
    Tabelle 21 zeigt die Fit-Indikatoren des Modells zu allen drei Messzeitpunk-
ten der Längsschnittstichprobe. Hervorzuheben ist besonders der nicht signifikante Chi-Quadrat-Wert der beiden ersten Messzeitpunkte. D.h., dass das Modell zu diesen beiden Zeitpunkten relativ exakt auf die Population und damit die

Daten passt. Bei genauer Betrachtung deutet sich jedoch zwischen dem ersten und zweiten Messzeitpunkt eine Tendenz zur Signifikanz an, die zum dritten Messzeitpunkt zum Tragen kommt ($p < .001$). Daher kann die Passung des Sechs-Faktoren-Modells zum dritten Messzeitpunkt nur unter Berücksichtigung stichprobenunabhängiger Indikatoren bestätigt werden. Diese Indikatoren, *CFI* (.92) und *TLI* (.90), *SRMR* (.07) sowie *RMSEA* (.06) und das zugehörige Konfidenzintervall (.04–.07), sprechen jedoch noch für einen guten Modellfit. Zu allen drei Messzeitpunkten zeichnet sich das Modell durch ein relativ kleines Verhältnis zwischen Chi-Quadrat-Wert und Freiheitsgraden aus.

Tabelle 21:   Fit-Indikatoren der konfirmatorischen Faktorenanalyse (CFA) zu den Einschätzungen fachübergreifender Kompetenzen in der Längsschnittstichprobe (24 Variablen).

Modell	χ^2	p	χ^2/df	CFI	TLI	SRMR	RMSEA	90% CI um RMSEA	AIC
(6F)	259.36	.152	1.10	.98	.97	.05	.03	.00–.04	6485
(6F)	280.25	.028	1.18	.95	.94	.06	.04	.01–.05	6563
(6F)	345.80	<.001	1.46	.92	.90	.07	.06	.04–.07	7016

Anmerkungen: $n = 141$; 6F = 6-Faktoren-Modell.

Abbildung 19 veranschaulicht zudem die Dimensionierung des Modells zum ersten Messzeitpunkt. Hierin enthalten sind auch die latenten Korrelationen zwischen den einzelnen Faktoren. Im Durchschnitt liegt die Interskalenkorrelation auf einem geringen bis mittleren Niveau ($r = .62$). Lediglich die Zusammenhänge zwischen den Skalen Strukturierung von Unterricht und Erziehen sowie Strukturierung von Unterricht und Innovieren liegen mit $r = .78$ auf verhältnismäßig hohem Niveau. Der durchschnittliche latente Skalenzusammenhang liegt für die beiden anschließenden Messzeitpunkte ebenfalls auf einem geringen bis mittleren Niveau ($r_{MZP2} = .57$; $r_{MZP3} = .63$; vgl. Tab. 22).

Darüber hinaus zeichnen sich vergleichbare Interskalenkorrelationen ab wie bei den querschnittlichen Messzeitpunkten (vgl. Kap. 5.1.1). Beurteilen und Umgang mit Heterogenität ($r_{MZP2} = .80$; $r_{MZP3} = .82$) sowie Erziehen und Motivierung/Klassenführung ($r_{MZP2} = .91$; $r_{MZP3} = .75$) hängen stark miteinander zusammen, sodass eine große inhaltliche Nähe zwischen den jeweiligen Faktoren unterstellt werden kann.

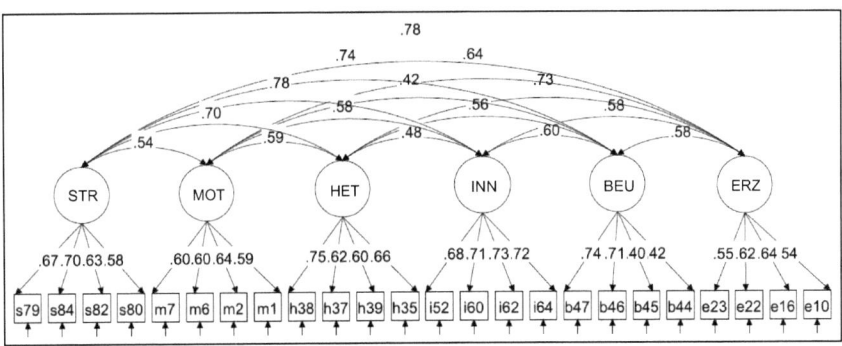

Abbildung 19: Kompetenzeinschätzungen zum ersten Messzeitpunkt der Längsschnittstichprobe (CFA, 6F-Modell).

Anmerkungen: $n = 141$; Fit-Indikatoren s. Tab. 21; STR = Faktor Strukturierung von Unterricht; MOT = Faktor Motivierung/Klassenführung; HET = Faktor Umgang mit Heterogenität; INN = Faktor Innovieren; BEU = Faktor Beurteilen; ERZ = Faktor Erziehen.

Tabelle 22: Messfehlerbereinigte Korrelationen zwischen den sechs latenten Konstrukten in der Längsschnittstichprobe (MZP 2 und MZP 3).

	(1)	(2)	(3)	(4)	(5)
(1) Strukturierung von Unterricht					
(2) Motivierung/Klassenführung	.40 (.59)				
(3) Umgang mit Heterogenität	.70 (.51)	.62 (.60)			
(4) Innovieren	.57 (.82)	.37 (.63)	.34 (.39)		
(5) Beurteilen	.75 (.70)	.52 (.65)	.80 (.82)	.30 (.46)	
(6) Erziehen	.50 (.77)	.91 (.75)	.63 (.49)	.61 (.80)	.53 (.54)

Anmerkungen: Werte vor den Klammern stehen für den zweiten, jene in Klammern für den dritten Messzeitpunkt.

Ebenso besteht ein großer Zusammenhang zwischen Innovieren und Strukturierung von Unterricht zum dritten Messzeitpunkt ($r_{MZP3} = .82$). Trotz dieser, im Einzelfall hohen Interskalenkorrelationen, wird auch für die Längsschnittstichprobe das sechs-faktorielle Modell angenommen, da es insgesamt gut auf die Daten passt.

Abbildung 20 veranschaulicht die Modelle des zweiten und dritten Messzeitpunktes der Längsschnittstichprobe mit den jeweiligen Skalenkorrelationen und standardisierten Ladungen.

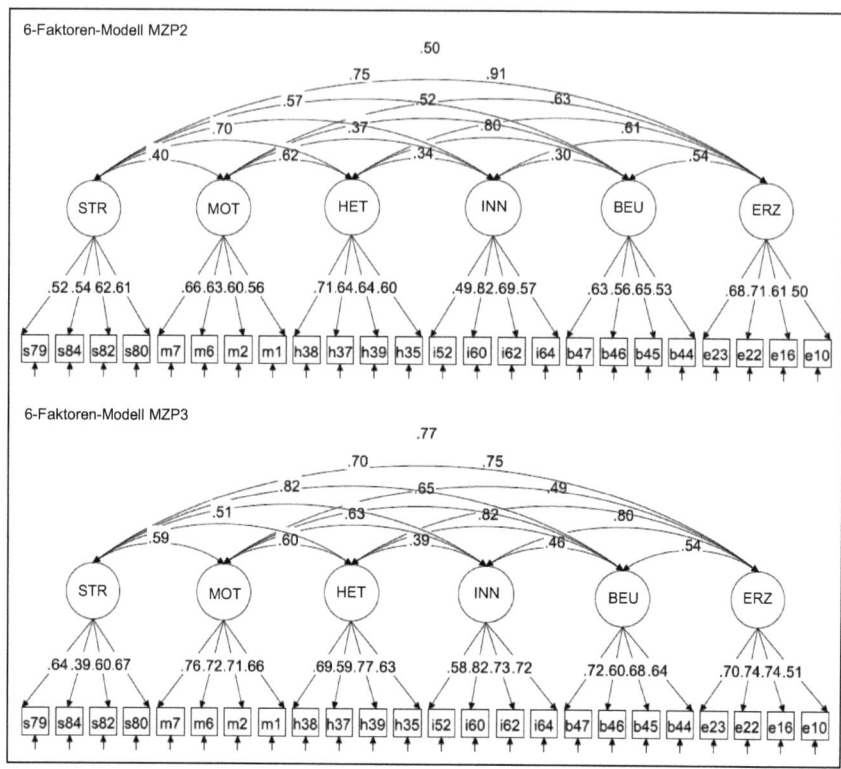

Abbildung 20:   Kompetenzeinschätzungen zum zweiten und dritten Messzeit-
                 punkt der Längsschnittstichprobe (CFA, 6F-Modell).

Anmerkungen: *n* = 141; Fit-Indikatoren s. Tab. 21; STR = Faktor Strukturierung von Unterricht;
MOT = Faktor Motivierung/Klassenführung; HET = Faktor Umgang mit Heterogenität; INN =
Faktor Innovieren; BEU = Faktor Beurteilen; ERZ = Faktor Erziehen.

5.1.3 Dimensionale Struktur: Bewertende Zusammenfassung

Die theoretisch angenommene und begründete Struktur des Testinstruments zur
Erfassung fachübergreifender pädagogischer Kompetenzen von Oser und Oelkers (2001) konnte empirisch nicht bestätigt werden. Auch unter Berücksichtigung stichprobenunabhängiger Fit-Indikatoren (vgl. Kap. 4.3.3) zeigt eine
zwölf-faktorielle Lösung mit allen 88 Variablen keine akzeptable Passung auf

die Daten. Daher wurde die vorgeschlagene Struktur verworfen und nach Alternativen gesucht.

Zielsetzung war es hierbei, das grundlegende weite Verständnis fachübergreifender Kompetenzen des ursprünglichen Verfahrens zu erhalten und damit über das Kerngeschäft Unterrichten hinaus zu gehen. Dies geschieht unter Berücksichtigung von Hinweisen, die auf der Rezeption des Verfahrens beruhen und Aufschluss über eine Zuordnung der Skalen (Standardgruppen) zu Faktoren bzw. Kompetenzbereichen geben (Helmke, 2009; König, 2012). Zusätzlich wurden jene Empfehlungen aufgegriffen, die die inhaltliche Ausgestaltung einzelner Faktoren betreffen (z.b. Baumert & Kunter, 2006; König & Blömeke, 2009; Seifert & König, 2012). Abgeleitet aus diesen Kriterien erfolgt eine begründete Auswahl von 24 Variablen.

Diese wurden, verteilt auf entsprechende Faktoren, in vier Modellen miteinander verglichen, wobei die sechs-faktorielle Lösung, nach Überprüfung an sämtlichen Messzeitpunkten, am besten auf die Daten passt. Wenngleich die Kontentvalidität, der in die konfirmatorischen Faktorenanalysen eingegangenen Variablen schwer zu beurteilen ist, kann davon ausgegangen werden, dass ihr sowohl die kriteriengeleitete Variablenauswahl, als auch die Anzahl der Variablen je zu erwartendem Faktor zuträglich ist. Darüber hinaus liegen die durchschnittlichen latenten Interskalenkorrelationen auf einem geringen bis mittleren Niveau ($.57 < r > .71$), was Verfahren entspricht, die inhaltlich Vergleichbares erfassen (vgl. Blömeke et al., 2010a, 2010b; König & Seifert, 2012b; Kunter et al., 2011). Lediglich der Faktor Beurteilen weist z.T. höhere Interskalenkorrelation zu bestimmten Faktoren des Kerngeschäfts Unterrichten auf.

Insgesamt wird jedoch von sechs distinkten Faktoren und damit einer mehrdimensionalen Struktur von fachübergreifenden Kompetenzen ausgegangen. In den weiteren Analysen werden daher diese sechs latenten Konstrukte, Strukturierung von Unterricht, Motivierung/Klassenführung, Umgang mit Heterogenität, Innovieren, Beurteilen und Erziehen betrachtet.

5.2 Niveau der Kompetenzeinschätzungen

Nachdem in den vorangegangenen Kapiteln das Modell fachübergreifender pädagogischer Kompetenzen vorgestellt und erläutert wurde, werden nun die Ausprägungen der Kompetenzeinschätzungen bezogen auf die sechs Skalen des vorgestellten Modells zu den verschiedenen Messzeitpunkten dargelegt. Für die

Skalen wurden jeweils Mittelwertscores berechnet (vgl. Kap. 4.3.3). Aufgrund des vierstufigen Antwortformats der Kompetenzeinschätzungen können die Skalenwerte zwischen 1 und 4 liegen (vgl. Kap. 4.1.1.1), wobei hohe Werte für hoch eingeschätzte Kompetenzen stehen.

Zuvor muss jedoch geklärt werden, inwiefern die Clusterstruktur der Stichprobe (s. Kap. 4.1.3) eine Auswirkung auf die Kompetenzeinschätzungen nimmt. Dafür werden unter Berücksichtigung des Stratifikationskriteriums „studiertes Lehramt" Regressionsanalysen auf die jeweiligen Dimensionen fachübergreifender Kompetenzen berechnet. Tabelle 23 enthält die Analyseergebnisse in Form von standardisierten Regressionskoeffizienten.

Tabelle 23: Regression der Kompetenzeinschätzungen auf die Kohortenzugehörigkeit im Querschnitt (MZP 1 – MZP 3).

Abhängige Variable	MZP 1 (n =681)		MZP 2 (n = 473)		MZP 3 (n =212)	
	β (SE)	R^2	β (SE)	R^2	β (SE)	R^2
STR	.20*** (.05)	.04	.08 (.06)	.01	.20** (.07)	.04
MOT	.06 (.05)	.00	.04 (.06)	.00	.22** (.07)	.05
HET	.13** (.05)	.02	-.02 (.05)	.00	.17* (.07)	.03
INN	.26*** (.05)	.07	.01 (.06)	.00	.19* (.08)	.04
BEU	.17*** (.05)	.03	.09 (.05)	.01	.18** (.07)	.03
ERZ	.20*** (.05)	.04	-.05 (.06)	.00	.21** (.08)	.04

Anmerkungen: n = Anzahl der zur Berechnung zu Grunde gelegten Fälle; β = standardisierter Regressionskoeffizient; SE = Standardfehler; R^2 = erklärte Varianz in der abhängigen Variable; STR = Strukturierung von Unterricht; MOT = Motivierung/Klassenführung; HET = Umgang mit Heterogenität; INN = Innovieren; BEU = Beurteilen; ERZ = Erziehen; dichotome Kodierung der Kohortenzugehörigkeit (0 = Ausbildungshalbjahr Sep. 2010–2012, 1 = Ausbildungshalbjahr Februar 2011–2013).

Hieraus wird ersichtlich, dass die Kohortenzugehörigkeit einen geringen Effekt auf die Kompetenzeinschätzungen ausübt: Die zweite Kohorte und damit das Ausbildungshalbjahr aus Februar 2011-2013 schätzt sich im Vergleich zur ersten Kohorte leicht besser ein. Dieser Effekt gilt allerdings lediglich für fünf Skalen des ersten Messzeitpunktes und alle des dritten; für den zweiten Messzeitpunkt liegen keine statistischen Unterschiede zwischen den beiden Kohorten vor. Des Weiteren liegt die Varianzaufklärung mit Werten zwischen zwei und acht Prozent auf einem relativ geringen Niveau.

Somit kann der zweiten Kohorte eine (leichte) Positivselektion gegenüber der ersten unterstellt werden, was u.U. auf den Befragungsmodus zurückzuführen sein könnte. Der Effekt liegt jedoch nicht konsistent über alle Messzeitpunkte bzw. Skalen fachübergreifender Kompetenzen vor, weswegen beide Kohorten in den weiteren Analysen gemeinsam betrachtet werden. Er muss jedoch insofern berücksichtigt werden, als dass eine leichte Positivverzerrung der Kompetenzeinschätzungen in der gesamten Stichprobe vorliegt.

Die Frage nach einer Positivselektion stellt sich ebenso im Hinblick auf die Längsschnittstichprobe. Diesbezüglich wurden Regressionsanalysen auf die Kompetenzeinschätzungen berechnet, die wie bereits bei den Berechnungen des Kohorteneffekts, das „studierte Lehramt" als Stratifikationskriterium berücksichtigen (vgl. Tab. 24).

Tabelle 24: Einfluss der Zugehörigkeit zur Längsschnittstichprobe auf die Kompetenzeinschätzungen zum ersten Messzeitpunkt.

Abhängige Variable	Gesamt zu MZP 1 (n =681)		Kohorte 1		Kohorte 2	
	β (SE)	R^2	β (SE)	R^2	β (SE)	R^2
STR	-.07 (.04)	.01	-.05 (.05)	.00	-.07 (.08)	.00
MOT	.07 (.04)	.00	.05 (.06)	.00	.13 (.08)	.02
HET	.01 (.05)	.00	.04 (.05)	.00	-.02 (.08)	.00
INN	-.12** (.04)	.01	-.10* (.05)	.01	-.09 (.08)	.01
BEU	-.01 (.04)	.00	.04 (.05)	.00	-.06 (.08)	.00
ERZ	-.02 (.04)	.00	-.02 (.06)	.00	.03 (.08)	.00

Anmerkungen: n = Anzahl der zur Berechnung zu Grunde gelegten Fälle; β = standardisierter Regressionskoeffizient; SE = Standardfehler; R^2 = erklärte Varianz in der abhängigen Variable; STR = Strukturierung von Unterricht; MOT = Motivierung/Klassenführung; HET = Umgang mit Heterogenität; INN = Innovieren; BEU = Beurteilen; ERZ = Erziehen; Kohorte 1 = Ausbildungshalbjahr Sep. 2010–2012; Kohorte 2 = Ausbildungshalbjahr Februar 2011–2013; dichotome Kodierung der Zugehörigkeit zur Längsschnittstichprobe (0 = nein, 1 = ja).

Grundsätzlich besteht zwar eine Tendenz zu geringeren Einschätzungen in der Längsschnittstichprobe, sie liegt jedoch größtenteils nicht auf dem Niveau praktischer Relevanz. Die Analysen zeigen insgesamt lediglich für den ersten Messzeitpunkt geringe Effekte der Längsschnittstichprobe auf die Kompetenzeinschätzungen der Skala Innovieren (β = -.12): Die Befragten schätzen ihre Kompetenzen in diesem Bereich etwas geringer ein als die übrigen, wobei sich bei genauerer Betrachtung der beiden Kohorten zeigt, dass dieser Effekt der ersten Kohorte zuzuschreiben ist. Somit ist die Längsschnittstichprobe insgesamt nicht positiver selektiert als die gesamte Stichprobe ohnehin.

Unter Berücksichtigung dieser stichprobenspezifischen Besonderheiten wird nun das Niveau der Kompetenzeinschätzungen dargestellt. Die Daten der querschnittlichen Messzeitpunkte werden getrennt von der Längsschnittstichprobe berichtet, da letztere auf Mittelwertunterschiede überprüft wird, um Aussagen über die (wahrgenommene) Kompetenzentwicklung treffen zu können.

5.2.1 Kompetenzeinschätzungen im Querschnitt

Tabelle 25 enthält die entsprechenden Kennwerte der drei querschnittlichen Messzeitpunkte.

Die interne Konsistenz der Skalen liegt für den ersten Messzeitpunkt zwischen $\alpha = .70$ und $\alpha = .77$, für den zweiten Messzeitpunkt zwischen $\alpha = .70$ und $\alpha = .76$ und für den dritten Messzeitpunkt zwischen $\alpha = .68$ und $\alpha = .80$. Damit befinden sich die Skalenreliabilitäten, mit Ausnahme der Skala Strukturierung von Unterricht zum dritten Messzeitpunkt ($\alpha = .68$), in einem zufriedenstellenden Bereich (vgl. Bortz & Döring, 2006; Rost, D. H., 2013).

Ferner interessieren die mittleren Ausprägungen der einzelnen Skalen. Diese liegen zum ersten Messzeitpunkt zwischen 1.43 (Innovieren) und 2.45 (Umgang mit Heterogenität). Damit liegen die Ausprägungen, bezogen auf die vierstufige Antwortskalierung (vgl. Kap. 4.1.1.1), in einem Bereich theoretischer, bis hin zu theoretischer und praktischer Auseinandersetzung. Letzteres bezieht sich jedoch eher auf die unterrichtsnahen Kompetenzbereiche, von denen das Strukturieren von Unterricht ($M = 1.89$) als am geringsten ausgeprägt wahrgenommen wird. Vergleichbar hoch wird lediglich das Beurteilen ($M = 2.05$) eingeschätzt, wohingegen Erziehen ($M = 1.83$) und Innovieren ($M = 1.43$) deutlich darunter liegen. Bezogen auf einzelne Items der Skalen fällt auf, dass neben unterrichtsferneren Items, z.B. Möglichkeiten der bildungspolitischen Einflussnahme ($M_{I62} = 1.24$), auch ein relativ unterrichtsnahes Item als gering ausgeprägt eingeschätzt wird: Das Erarbeiten von Tages- und Wochenplänen ($M_{S82} = 1.53$).

Insgesamt kann an dieser Stelle vorsichtig gefolgert werden, dass die universitäre Phase der Lehrerbildung aus der Perspektive der Befragten primär das Unterrichten und hiermit assoziierte Bereiche (Beurteilen) ansteuert, wobei die Auseinandersetzung größtenteils auf einer theoretischen Ebene stattfindet.

Zum zweiten Messzeitpunkt liegen sämtliche Skalenmittelwerte über denen des ersten Messzeitpunktes, wobei sich eine ähnliche Verteilung von eher hoch und eher geringer eingeschätzten Kompetenzbereichen ergibt. Erneut sind es die unterrichtsnahen Skalen mit besonders hohen Einschätzungen von 2.84 (Strukturierung von Unterricht) bis 3.34 (Umgang mit Heterogenität). Damit kann signalisieren die Befragten, dass nach ihrer Wahrnehmung in diesen Bereichen größtenteils theoretische und praktische Auseinandersetzung stattgefunden hat. Ein vergleichbares Niveau erreicht, wie schon zum ersten Messzeitpunkt, lediglich die Skala Beurteilen ($M = 3.23$). Auffällig ist zudem, dass das Erziehen ($M = 2.63$) höher bewertet wird als das Innovieren ($M = 2.22$). Wiederholt erleben die Befragten ihre Kompetenzen in den Bereichen als gering, die nicht in direkter Verbindung zum Unterrichtsgeschehen stehen, z.B. das Eingreifen bei Gefährdungen ($M_{E10} = 2.23$) oder, wie bereits zum ersten Messzeitpunkt, die Einflussnahme auf bildungspolitische Gegebenheiten ($M_{I62} = 1.83$).

Im Referendariat und damit der zweiten Phase der Lehrerbildung findet, aus der Sicht der Befragten, eine vertiefte theoretische und praktische Auseinandersetzung in den Bereichen statt, die dem Kerngeschäft Unterrichten zuzuordnen sind. Inhaltlich betrachtet ergibt sich so eine Parallelführung zu den Schwerpunkten der ersten Lehrerbildungsphase.

Die Kompetenzeinschätzungen des letzten Messzeitpunktes liegen allesamt leicht unter denen des zweiten Messzeitpunktes. Vom Ausprägungsniveau her betrachtet, liegen die Werte jedoch in etwa im Bereich theoretischer und praktischer Auseinandersetzung. Hohe Ausprägungen stammen aus unterrichtsnahen Bereichen und dem Beurteilen. Schwächere finden sich auf den Skalen Innovieren und Erziehen. Diese Verteilung des Ausprägungsniveaus entspricht damit jener des ersten und zweiten Messzeitpunktes.

Der eingangs beschriebene, leichte Rückgang der Kompetenzeinschätzungen kann als Indiz dafür gewertet werden, dass die Befragten ihre Kompetenzen aufgrund der veränderten beruflichen Situation in der dritten Lehrerbildungsphase überdenken.

Weitere Schlussfolgerungen können jedoch erst unter Bezugnahme auf die Längsschnittstichprobe erfolgen.

Skala/ Item	MZP 1				MZP 2				MZP 3			
	n	*M*	*SD*	*α*	*n*	*M*	*SD*	*α*	*n*	*M*	*SD*	*α*
STR	674	1.89	.59	.77	464	2.84	.57	.70	206	2.77	.56	.68
S79	674	1.97	.79		464	2.78	.79		206	2.69	.79	
S80	674	1.86	.80		464	2.92	.82		206	2.81	.82	
S82	674	1.53	.66		464	2.41	.84		206	2.39	.83	
S84	674	2.20	.83		464	3.24	.71		206	3.17	.70	
MOT	677	2.43	.52	.71	470	3.17	.52	.73	212	2.99	.56	.76
M1	677	2.45	.71		470	3.25	.70		212	3.00	.73	
M2	677	2.53	.71		470	3.33	.62		212	3.23	.67	
M6	677	2.58	.73		470	3.29	.72		212	3.09	.73	
M7	677	2.17	.71		470	2.82	.73		212	2.65	.78	
HET	671	2.45	.61	.74	466	3.34	.51	.74	208	3.25	.55	.77
H35	671	2.42	.87		466	3.43	.68		208	3.38	.63	
H37	671	2.09	.78		466	2.82	.82		208	2.79	.85	
H38	671	2.49	.76		466	3.51	.62		208	3.34	.66	
H39	671	2.80	.83		466	3.62	.60		208	3.46	.69	
INN	672	1.43	.49	.76	470	2.22	.62	.75	209	2.02	.65	.80
I52	672	1.55	.73		470	2.58	.84		209	2.34	.85	
I60	672	1.33	.59		470	2.01	.84		209	1.82	.79	
I62	672	1.24	.48		470	1.83	.81		209	1.57	.70	
I64	672	1.58	.72		470	2.47	.81		209	2.34	.92	
BEU	665	2.05	.60	.75	470	3.23	.57	.76	208	3.09	.61	.80
B44	665	2.16	.79		470	3.14	.77		208	3.11	.72	
B45	665	2.17	.79		470	3.24	.74		208	3.10	.78	
B46	665	1.88	.81		470	3.29	.76		208	3.01	.87	
B47	665	2.01	.79		470	3.24	.73		208	3.10	.77	
ERZ	676	1.83	.56	.70	469	2.63	.65	.74	208	2.42	.67	.76
E10	676	1.72	.70		469	2.23	.82		208	2.09	.82	
E16	676	1.85	.84		469	2.92	.90		208	2.67	.90	
E22	676	1.99	.76		469	2.82	.79		208	2.72	.83	
E23	676	1.74	.81		469	2.57	.97		208	2.27	.96	

Tabelle 25:   Kompetenzeinschätzungen im Querschnitt (MZP 1 – MZP 3).

Anmerkungen: n = Anzahl der zur Berechnung zu Grunde gelegten Fälle; M = Mittelwert; SD = Standardabweichung; α = Cronbachs Alpha; MZP = Messzeitpunkt; STR = Strukturierung von Unterricht; MOT = Motivierung/Klassenführung; HET = Umgang mit Heterogenität; INN = Innovieren; BEU = Beurteilen; ERZ = Erziehen.

5.2.2 Kompetenzeinschätzungen im Längsschnitt

Um die Entwicklung der Einschätzungen fachübergreifender pädagogischer Kompetenzen zu beschreiben, werden Vergleiche zwischen den einzelnen Messzeitpunkten der Längsschnittstichprobe vorgenommen. Anhand dieser können zudem die in Kapitel 5.2.1 beschriebenen Ergebnisse, die auf den querschnittlichen Daten beruhen, eingehender überprüft werden.

Tabelle 26 stellt die durchschnittliche Ausprägung der selbst eingeschätzten Kompetenzen der Befragten zu den drei Messzeitpunkten in der Längsschnittstichprobe zusammen.

Tabelle 26: Kompetenzeinschätzungen in der Längsschnittstichprobe ($n = 141$).

Skala	MZP1			MZP2			MZP3		
	M	*(SD)*	α	*M*	*(SD)*	α	*M*	*(SD)*	α
STR	1.84	.53	.74	2.89	.53	.66	2.74	.59	.66
MOT	2.49	.52	.70	3.23	.49	.70	2.95	.58	.81
HET	2.46	.62	.75	3.46	.44	.71	3.23	.56	.75
INN	1.34	.45	.79	2.26	.59	.72	2.02	.66	.79
BEU	2.06	.53	.65	3.28	.50	.67	3.10	.60	.76
ERZ	1.82	.53	.68	2.70	.61	.71	2.41	.67	.76

Anmerkungen: M = Mittelwert; SD = Standardabweichung; α = Cronbachs Alpha; MZP = Messzeitpunkt; STR = Strukturierung von Unterricht; MOT = Motivierung/Klassenführung; HET = Umgang mit Heterogenität; INN = Innovieren; BEU = Beurteilen; ERZ = Erziehen.

Die Ergebnisse ähneln insgesamt denen der jeweiligen querschnittlichen Messzeitpunkte (s. Kap. 5.2.1). Dieser Umstand entspricht den Erwartungen, da bereits berichtet wurde, dass es sich bei der Längsschnittstichprobe größtenteils, mit der Ausnahme der Skala Innovieren, nicht um eine positiv selektierte handelt (vgl. Kap. 5.2). Die Skalenreliabilität ist bis auf einige Ausnahmen (z.B. Beurteilen zum ersten und zweiten Messzeitpunkt) und in Anbetracht der Skalenkürze (vier Items je Skala) zufriedenstellend. Obschon sie etwas schlechter ausfällt als noch zu den jeweiligen querschnittlichen Messzeitpunkten (s. Kap. 5.2.1), ist sie für Gruppenvergleich noch ausreichend (vgl. Bortz & Döring, 2006; Rost, D. H., 2013).

Die mittleren Ausprägungen der Skalen sind zum ersten Messzeitpunkt am höchsten in den unterrichtsnahen Bereichen. Der Umgang mit Heterogenität ($M = 2.49$) und die Motivierung/Klassenführung ($M = 2.46$) markieren nach Abschluss der ersten Lehrerbildungsphase aus der Sicht der Befragten die Bereiche, in denen sie sich am kompetentesten fühlen. Lediglich das Strukturieren von Unterricht weicht hiervon leicht nach unten ab ($M = 1.84$). Auf vergleichbarem Niveau liegen das Beurteilen ($M = 2.06$) und Erziehen ($M = 1.82$), wohingegen das Innovieren ($M = 1.34$) am schlechtesten eingeschätzt wird.

Insgesamt kann aus der Höhe der Kompetenzeinschätzungen, bezogen auf die vierstufige Antwortskalierung (vgl. Kap. 4.1.1.1), gefolgert werden, dass die Auseinandersetzung mit derartigen Inhalten in der ersten Lehrerbildungsphase eher auf theoretischer Ebene stattgefunden hat. Lediglich zwei der drei unterrichtsnahen Skalen, Umgang mit Heterogenität und Motivierung/Klassenführung, erreichen Werte, bei denen vorsichtig unterstellt werden kann, dass teilweise eine theoretische und praktische Beschäftigung mit diesen Inhalten aus Sicht der Befragten erreicht wurde. Demgegenüber liegen die unterrichtsferneren Inhaltsbereiche eher auf dem Niveau theoretischer Bearbeitung, der Bereich Innovieren liegt zudem eher in Richtung gar keiner Thematisierung.

Zum Abschluss des Referendariats verändert sich die Verteilung der unterschiedlich stark bzw. schwach eingeschätzten Kompetenzbereiche kaum. Es zeigt sich ein ähnliches Bild, wenn auch sämtliche Skalenmittelwerte über denen des ersten Messzeitpunktes liegen. In den Kompetenzbereichen des Kerngeschäfts Unterrichten sind die höchsten angegebenen Ausprägungen zu verzeichnen. Wie schon zum ersten Messzeitpunkt erreicht dort das Strukturieren von Unterricht mit 2.89 den geringsten Wert.

Lediglich das Beurteilen erreicht eine ähnlich hohe Ausprägung ($M = 3.28$), was im Vergleich zum ersten Messzeitpunkt eine beträchtliche Steigerung bedeutet. Das Erziehen ($M = 2.70$) und das Innovieren ($M = 2.26$) liegen deutlicher darunter.

Damit erleben die Befragten ihre Kompetenzen in den unterrichtsnahen Bereichen und dem Beurteilen als besonders ausgeprägt wahr, wohingegen die übrigen Bereiche eher vernachlässigt werden. Insgesamt ergibt sich hierdurch, aus der Sicht der Befragten eine Parallelführung der als thematisiert wahrgenommenen Inhaltsbereiche der ersten und zweiten Lehrerbildungsphase. Den hoch eingeschätzten Bereichen (Unterrichten und Beurteilen) kann, gemessen an der Antwortskalierung, unterstellt werden, dass sie von den Befragten als theoretisch und praktisch bearbeitet erlebt werden. Dieses lässt sich weniger für das Erziehen und eher nicht für das Innovieren konstatieren.

Zum Berufseinstieg und damit zum dritten Messzeitpunkt werden die Kompetenzeinschätzungen von den Befragten in allen Bereichen leicht nach unten korrigiert. Es verdeutlicht sich, dass die hoch eingeschätzten Bereiche der beiden vorangegangenen Messzeitpunkte, Unterrichten und Beurteilen, weiterhin als am höchsten ausgeprägt wahrgenommen werden. Von ihrem Mittelwert her erreichen sie eine Höhe, bei der eine theoretische und praktische Auseinandersetzung mit diesen Inhalten unterstellt werden kann. Demgegenüber verbleibt das Erziehen ($M = 2.41$) zwischen diesen beiden Auseinandersetzungsebenen, das Innovieren ($M = 2.02$) wird als theoretisch thematisiert eingeschätzt.

Abbildung 21 veranschaulicht die relativ gleichförmig verlaufende Entwicklung der Kompetenzeinschätzungen über den Zeitraum aller drei Messzeitpunkte graphisch.

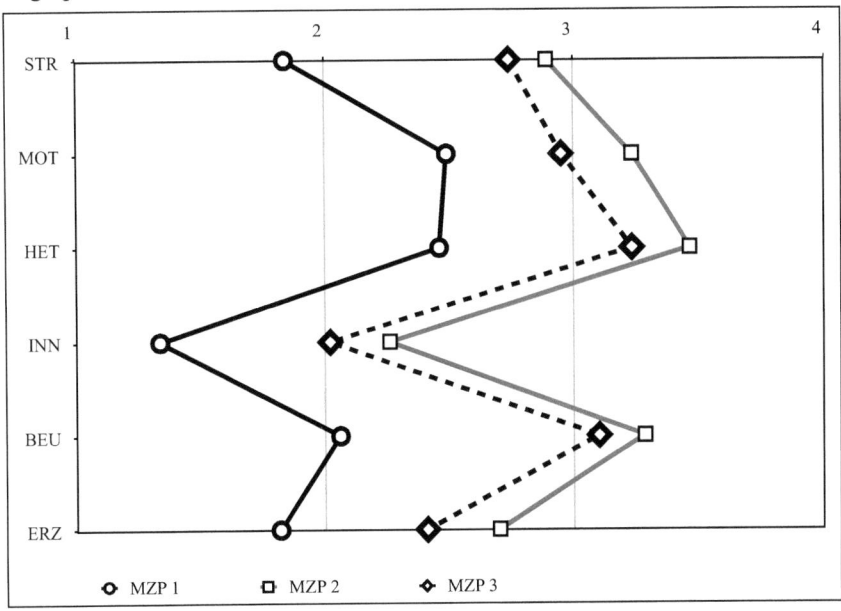

Abbildung 21:   Kompetenzeinschätzungen im Zeitverlauf.

Anmerkungen: $n = 141$; 1 = nichts davon gehört; 2 = nur theoretisch davon gehört; 3 = auch praktische Beispiele kennengelernt; 4 = und ausreichende Kompetenzen erworben; STR = Strukturierung von Unterricht; MOT = Motivierung/Klassenführung; HET = Umgang mit Heterogenität; INN = Innovieren; BEU = Beurteilen; ERZ = Erziehen.

Somit kann, wie schon bei den querschnittlichen Messzeitpunkten, gefolgert werden, dass der leichte Rückgang der Kompetenzeinschätzungen durch die veränderte berufliche Situation in der dritten Lehrerbildungsphase zustande kommt. Diese zeichnet sich schließlich gegenüber den beiden ersten Phasen durch eine geringere institutionelle Begleitung aus.

5.2.2.1 Differenzierte Betrachtung der Mittelwertunterschiede

Neben diesem Ausprägungsniveau der Kompetenzeinschätzungen interessiert zudem, ob die einzelnen Unterschiede der Skalenmittelwerte von statistischer und praktischer Relevanz sind. D.h. inwiefern eine Entwicklung der Kompetenzeinschätzungen über den Zeitverlauf eintritt. Wie aus Tabelle 27 zu entnehmen ist, zeigt sich diese für den gesamten Zeitraum auf allen erfassten Skalen fachübergreifender Kompetenzen.

Tabelle 27:   Entwicklung der Kompetenzeinschätzungen in der Längsschnittstichprobe: t-Tests für abhängige Stichproben.

Skala	Gesamt (MZP3 – MZP1)		MZP2 – MZP1		MZP3 – MZP2	
	t	d	t	d	t	d
STR	14.86	**1.59***	19.47	**1.98***	-3.15	**-0.27****
MOT	7.71	**0.84***	13.52	**1.46***	-5.83	**-0.52***
HET	12.64	**1.30***	17.67	**1.86***	-5.24	**-0.46***
INN	12.11	**1.20***	18.46	**1.75***	-4.32	**-0.38***
BEU	17.21	**1.84***	23.14	**2.37***	-3.10	**-0.33***
ERZ	9.83	**0.98***	14.93	**1.54***	-5.33	**-0.45***

Anmerkungen: t = T-Wert aus abhängigem T-Test; d = Effektstärkemaß Cohens d; MZP = Messzeitpunkt; STR = Strukturierung von Unterricht; MOT = Motivierung/Klassenführung; HET = Umgang mit Heterogenität; INN = Innovieren; BEU = Beurteilen; ERZ = Erziehen.

Über den gesamten Zeitraum liegt ein Unterschied von hoher praktischer Bedeutsamkeit vor ($d > 0.8$). Diese längsschnittliche Veränderung der Kompetenzeinschätzungen kann als Indikator dafür gewertet werden, dass sich die Befragten zunehmend in der Lage sehen, die berufsspezifischen Aufgaben von Lehrpersonen auszuführen. Am ausgeprägtesten ist diese Zunahme auf den Skalen Beurteilen ($d = 1.84$) und Strukturierung von Unterricht ($d = 1.59$). Daher kann angenommen werden, dass die Befragten ihre Kompetenzen im Zeitverlauf in diesen Bereichen als am stärksten entwickelt wahrnehmen.

Etwas weniger deutlich, aber immer noch von hoher praktischer Relevanz sind die Steigerungen der Kompetenzeinschätzungen in den Bereichen Umgang mit Heterogenität ($d = 1.30$) und Innovieren ($d = 1.20$). Am geringsten fallen die Effekte im Zeitverlauf zugunsten der Skalen Erziehen ($d = 0.98$) und Motivierung/Klassenführung ($d = 0.84$) aus.

Werden die eingangs berichteten mittleren Ausprägungen der Skalen zum ersten und dritten Messzeitpunkt bedacht (vgl. Tab. 27), ergeben sich aus Sicht der Befragten bedeutsame Unterschiede in den Inhaltsbereichen, die jeweils hoch eingeschätzt werden: Unterrichten mit Ausnahme von Motivierung/Klassenführung, Beurteilen. Zudem erfährt die Skala Innovieren einen Unterschied von großer praktischer Bedeutsamkeit.

Werden die einzelnen Messzeitpunkte separat voneinander betrachtet, ergeben sich differenziertere Aussagen zu den einzelnen Phasen der Lehrerbildung. Zwischen dem ersten und zweiten Messzeitpunkt konnten deutliche Steigerungen der wahrgenommenen Kompetenzen berichtet werden (vgl. Tab. 27), die allesamt deutlich zugunsten des Referendariats ausfallen. Die Effektstärken sind von hoher praktischer Relevanz. Am geringsten fallen sie für die Skala Erziehen ($d = 1.54$) aus, am stärksten für jene des Beurteilens ($d = 2.37$). Letztgenanntes scheint sich in der Wahrnehmung der Befragten besonders im Referendariat zu entwickeln; hier liegt ein Unterschied von mehr als zwei Standardabweichungen vor.

Des Weiteren zeigen sich für die drei Skalen, die dem Kerngeschäft des Unterrichtens zugeordnet sind, Unterschiede von großer Bedeutsamkeit zum zweiten Messzeitpunkt.

Bei Betrachtung der Entwicklung zwischen dem zweiten und dritten Messzeitpunkt ergibt sich ein anderes Bild. Die Befragten korrigieren ihre Kompetenzeinschätzungen auf allen Skalen nach unten, wobei die Effekte von mittlerer praktischer Relevanz sind. Am deutlichsten gilt dies für die beiden Skalen des Unterrichtens, Motivierung/Klassenführung ($d = -.052$) und Umgang mit Heterogenität ($d = -0.46$) sowie die Skala Erziehen ($d = -0.45$). D.h., dass die Befragten ihre Einschätzungen in diesen Bereichen zum Berufseinstieg am deutlichsten revidieren.

Am geringsten zeigt sich dieses demgegenüber für die Skalen Strukturieren von Unterricht ($d = -0.27$) und Beurteilen ($d = -0.33$). Die Ausprägungen werden in geringerem Maße korrigiert, was ein Indiz dafür sein kann, dass sich die wahrgenommenen Kompetenzen in diesen Bereichen als adäquat zur Bewältigung der beruflichen Anforderungen zum Berufseinstieg herausstellen.

Wenngleich über alle drei Messzeitpunkte hinweg ein Unterschied aller Skalenmittelwerte zugunsten des dritten Messzeitpunktes von hoher praktischer Bedeutsamkeit ($d > 0.8$) vorliegt, ermöglicht die differenzierte Betrachtung zwischen den einzelnen Messzeitpunkten jedoch weitergehende Aussagen.

So ist die berichtete Gesamtentwicklung der Kompetenzeinschätzungen aus der Sicht der Befragten primär auf das Referendariat zurückzuführen; die Steigerungen der Skalenmittelwerte liegen dort in Bereichen von 1.5 bis 2.5-Standardabweichungen. Dies kann ein Anzeichen dafür sein, dass das Referendariat als besonders wirksam für die eigene Kompetenzentwicklung wahrgenommen wird.

Demgegenüber verringert sich diese Kompetenzentwicklung aus Sicht der Befragten zum Berufseinstieg auf dem Niveau mittlerer praktischer Bedeutsamkeit. Es ist denkbar, dass die veränderte Situation des Berufseinstiegs zur Revision eigener Kompetenzeinschätzungen führt.

5.2.2.2 Lehramtsspezifische Unterschiede

Des Weiteren soll überprüft werden, ob lehramtsspezifische Unterschiede in den Kompetenzeinschätzungen bestehen und ob die studierte Lehramtsform einen Einfluss auf die Entwicklung der Kompetenzeinschätzungen nimmt (vgl. Kap. 4.3.3). Dies könnte z.B. auf eine von den Befragten wahrgenommene studiengangs- bzw. schulspezifische Profilierung hindeuten. Hierfür werden diejenigen Befragten aus der Längsschnittstichprobe berücksichtigt, die ein reguläres Lehramtsstudium absolviert haben ($n = 128$) und nicht solche, die ein lehramtsäquivalentes Studium abgeschlossen haben. Es werden zwei Gruppen von Lehramtsstudiengängen gegenübergestellt: Das Lehramt für die Sekundarstufe I und das für die Sekundarstufe II (vgl. Blömeke, Kaiser et al., 2008; Sandfuchs, 2004; s. hierzu auch Kap. 3.6.1).

Statistisch bedeutsame Unterschiede liegen zum zweiten und dritten Messzeitpunkt, jedoch nicht zum ersten und damit nach Abschluss des Ersten Staatsexamens, vor. Demnach bewerten die Befragten, unabhängig von der Zugehörigkeit zur jeweiligen Lehramtsgruppe, ihre Kompetenzen nach der ersten Lehrerbildungsphase nicht unterschiedlich hoch. Profilierungen der Lehramtsstudiengänge zeigen sich demnach für diesen Messzeitpunkt nicht.

Demgegenüber unterscheiden sich die beiden Gruppen zum zweiten Messzeitpunkt voneinander. Mit einem Effekt von nahezu mittlerer praktischer Bedeutsamkeit fällt dieser zugunsten höherer Einschätzungen der Sekundarstufe-I-Gruppe aus: Diese bewerten ihre Kompetenzen im Bereich Umgang mit Heterogenität ($d = 0.36$) und Motivierung/Klassenführung ($d = 0.48$) höher als die Sekundarstufe-II-Lehrämter.

Noch deutlicher fällt dieser Unterschied für die beiden Skalen Innovieren ($d = 0.63$) und Erziehen ($d = 0.88$) aus, wobei besonders letzterer eine hohe Relevanz zukommt. Es sind zudem diese beiden Skalen, die auch zum dritten Messzeitpunkt von der Sek-I-Gruppe höher eingeschätzt werden, wobei nunmehr ein mittlerer Effekt vorliegt (vgl. Tab. 28). In der Phase des Berufseinstiegs schätzen die Befragten diese eher unterrichtsfernen Kompetenzbereiche zur Vergleichsgruppe leicht höher ein. Die Gefahr von Verzerrungen, die z.B. durch Wechselbewegungen zwischen studiertem Lehramt und Schulform der aktuellen Tätigkeit zustande kommen könnten, besteht in der Stichprobe weniger, da die Befragten ihrem studierten Lehramt über den Zeitverlauf größtenteils treu bleiben (vgl. Kap. 4.2.5).

Tabelle 28 stellt die entsprechenden Kennwerte zu den drei Messzeitpunkten zusammen.

Tabelle 28: Entwicklung der Kompetenzeinschätzungen in der Längsschnittstichprobe: Vergleich nach Lehrämtern.

| | MZP1 | | | | | MZP2 | | | | | MZP3 | | | | |
| | Sek I (n = 54) | | Sek II (n = 74) | | | Sek I (n = 54) | | Sek II (n = 74) | | | Sek I (n = 54) | | Sek II (n = 74) | | |
	M	SD	M	SD	d	M	SD	M	SD	d	M	SD	M	SD	d
STR	1.91	.58	1.79	.46	0.22	2.98	.51	2.85	.54	0.25	2.80	.56	2.69	.62	0.19
MOT	2.58	.53	2.44	.52	0.27	3.39	.45	3.16	.50	**0.48****	3.03	.63	2.87	.56	0.27
HET	2.60	.56	2.41	.62	0.32	3.54	.45	3.38	.43	**0.36***	3.21	.63	3.20	.51	0.02
INN	1.37	.42	1.31	.42	0.14	2.46	.49	2.11	.61	**0.63****	2.16	.64	1.92	.63	**0.38***
BEU	2.14	.53	2.01	.54	0.24	3.26	.52	3.28	.49	-0.04	2.97	.64	3.18	.57	-0.35
ERZ	1.90	.54	1.78	.52	0.23	3.00	.54	2.51	.57	**0.88****	2.58	.66	2.30	.66	**0.42***

Anmerkungen: n = Anzahl der zur Berechnung zu Grunde gelegten Fälle; M = Mittelwert; SD = Standardabweichung; d = Effektstärkemaß Cohens d; AV = Abhängige Variable; MZP = Messzeitpunkt; STR = Strukturierung von Unterricht; MOT = Motivierung/Klassenführung; HET = Umgang mit Heterogenität; INN = Innovieren; BEU = Beurteilen; ERZ = Erziehen; Sek I = Lehrämter Grund-/Haupt-/Realschule und Sonderpädagogik; Sek II = Lehrämter Gymnasium/Gesamtschule/Berufskolleg; Sonstiges = äquivalente Studiengänge.

Werden zusätzlich die Entwicklungsverläufe in den beiden Lehramtsgruppen miteinander verglichen, ergibt sich folgendes Bild: Die studierte Lehramtsform nimmt auf den Entwicklungsverlauf von drei der sechs Skalen fachübergreifender Kompetenzeinschätzungen Einfluss und zwar auf Motivierung/Klassenführung (p = .026), Innovieren (p = .020) und Erziehen (p = .001). Zwischen den Kompetenzeinschätzungen der Befragten, die ein lehramtsäqivalentes Studium absolviert haben und jenen, die ein reguläres Lehramtsstudium abgeschlossen haben, bestehen keine Unterschiede. D.h., dass diese beiden Gruppen zu vergleichbaren Kompetenzeinschätzungen über den Zeitverlauf, unabhängig vom Studiengang, kommen.

5.2.3 Niveau der Kompetenzeinschätzungen: Bewertende Zusammenfassung

Das Niveau der Kompetenzeinschätzungen wird nicht maßgeblich von stichprobenspezifischen Besonderheiten, wie z.b. der Zugehörigkeit zu einer der
beiden Kohorten, beeinflusst. Allenfalls der zweiten Kohorte kann eine leichte
Positivselektion gegenüber der ersten unterstellt werden, was mitunter auf den
weniger verbindlichen Befragungsmodus zurückzuführen sein dürfte. Ähnliches
lässt sich für die Längsschnittstichprobe festhalten, die nicht bedeutsam von
den Querschnittstichproben abweicht.

Wenngleich diese Stichprobenspezifika bestehen, werden doch beide Kohorten gemeinsam beschrieben, schließlich handelt es sich bei der gesamten
Stichprobe um eine tendenziell positiv selektierte. Dieser Umstand sollte für die
weiteren Analysen und Aussagen mitbedacht werden.

Vor diesem Hintergrund kann für die Querschnittstichproben berichtet werden, dass stets die unterrichtsnahen Kompetenzskalen und jene des Beurteilens
zu allen drei Messzeitpunkten am höchsten eingeschätzt werden. Die beiden
übrigen Skalen, Erziehen und Innovieren, rangieren in dieser Reihenfolge dahinter. Aus der Sicht der Befragten und anhand des Ausprägungsniveaus der
Einschätzungen ($1.43 > M > 2.45$) kann der ersten Lehrerbildungsphase unterstellt werden, dass eine Auseinandersetzung mit den Inhaltsbereichen primär
auf einer theoretischen Ebene geschieht.

Die Einschätzungswerte des zweiten Messzeitpunktes liegen deutlich höher
und im Bereich theoretischer und praktischer Auseinandersetzung, obschon
sämtliche Skalenmittelwerte zum Berufseinstieg unter denen des Referendariats
liegen. Die leichte Abnahme zum Eintritt in die dritte Lehrerbildungsphase verdeutlicht, dass es sich nicht um einen gleichförmig wahrgenommenen Kompetenzaufbau handelt.

Diese Tendenzen bestätigen sich auch in der Längsschnittstichprobe. Anhand der Kompetenzausprägungen kann angenommen werden, dass die Befragten der ersten Lehrerbildungsphase eine theoretische Auseinandersetzung mit
den Kompetenzbereichen zuschreiben und den beiden folgenden zusätzlich eine
praktische Thematisierung. Erneut werden unterrichtsnahe Skalen und jene des
Beurteilens konstant hoch bewertet, wohingegen unterrichtsfernere Kompetenzbereiche deutlich dahinter zurückbleiben. Besonders hiervon betroffen ist
die Skala Innovieren. Dies kann vorsichtig als eine, von den Befragten wahrge-

nommene, Parallelführung der inhaltlichen Schwerpunkte aller drei tangierten Lehrerbildungsphasen bewertet werden.

Eine differenzierte Betrachtung der Unterschiede in den Skalenmittelwerten bestätigt die Vermutung aus den Querschnittstichproben: Über den gesamten Zeitverlauf zwischen dem Abschluss des Ersten Staatsexamens und dem Berufseinstieg kommt es über alle Skalen hinweg zu einer Steigerung und damit Entwicklung in den Kompetenzeinschätzungen von hoher praktischer Bedeutsamkeit ($d > 0.8$). Diese beruht jedoch maßgeblich auf der Entwicklung im Referendariat, in dem sich die Skalenmittelwerte um mehr als eine Standardabweichung verändern. Zum Berufseinstieg nehmen die Kompetenzeinschätzungen der Befragten auf dem Niveau mittlerer praktischer Bedeutsamkeit ab.

Schließlich können aus den Angaben der Befragten zur ersten Lehrerbildungsphase keine studiengangsspezifischen Besonderheiten, betrachtet an den Sekundarstufe-I- bzw. Sekundarstufe-II-Lehrämtern, abgelesen werden. Diese zeigen sich erst im Referendariat und zum Berufseinstieg, wo sich die erstgenannte Gruppe in unterrichtsferneren Kompetenzbereichen (Innovieren, Erziehen) höher einschätzt. Die Unterschiede liegen auf dem Niveau von mittlerer bis hoher Relevanz. Demgegenüber erzielt die zweitgenannte Gruppe besonders zum Berufseinstieg höhere Werte im Bewerten und Beurteilen von Leistungen. Die Entwicklungsverläufe dreier unterrichtsfernerer Kompetenzskalen werden zudem vom studierten Lehramt beeinflusst. Letztlich bestehen keine Differenzen in den Einschätzungen der Befragten, die ein reguläres Lehramtsstudium oder ein lehramtsäqivalentes Studium absolviert haben.

5.3 Zusammenhänge zu den Kompetenzeinschätzungen

Vor dem Hintergrund der subjektiv wahrgenommenen Kompetenzentwicklung interessiert zudem die Frage nach möglichen Zusammenhangsmaßen (s. Kap. 4.3.3). Daher werden in diesem Kapitel bivariate Zusammenhänge zwischen den im Untersuchungsmodell (vgl. Kap. 4.1) zu Grunde gelegten individuellen Voraussetzungen und selbstregulativen Fähigkeiten berichtet.

Als individuelle Lernvoraussetzungen kommen soziodemographische Merkmale (z.B. Alter, Geschlecht), durchschnittliche Benotungen (z.B. Abiturnote), spezifische Vorerfahrungen (z.B. als Vertretungslehrer) und die Absicht der späteren Berufsausübung sowie die selbstregulativen Fähigkeiten (AVEM-Muster) in Betracht.

Diese werden zu den jeweiligen drei querschnittlichen Messzeitpunkten mit den sechs Skalen fachübergreifender Kompetenzen korreliert. Nicht alle eingangs beschriebenen potentiellen Zusammenhangsgrößen wurden zu jedem Messzeitpunkt erfasst: Z.B. die Durchschnittsbenotung des Abiturs lediglich zum ersten Messzeitpunkt, dafür weitere wie beispielsweise das Zweite Staatsexamen zum zweiten Messzeitpunkt. Auf diesen Umstand wird in den jeweiligen Kapiteln gesondert hingewiesen.

5.3.1 Soziodemographische Merkmale

Als soziodemographische Merkmale können das Geschlecht und das Alter der Befragten in Beziehung mit den Kompetenzeinschätzungen gebracht werden.

Das Verhältnis zwischen Männern und Frauen ist wie bereits in Kapitel 4.3 berichtet in der Stichprobe relativ ausgewogen. Anhand der Stichprobengröße der Frauen aus Tabelle 29 kann dies ebenso nachvollzogen werden; der allgemeine Trend zu einer „Feminisierung" des Lehramts kann hier nicht bestätigt werden.

Geschlechtsspezifische Zusammenhänge bestehen lediglich zum ersten und zweiten, nicht zum dritten Messzeitpunkt. Diese liegen jedoch insgesamt auf einem geringen Niveau ($.12 < r < .15$).

Auffällig ist zudem das negative Vorzeichen bezüglich des Zusammenhangs zum ersten Messzeitpunkt und damit zum Ende der ersten Lehrerbildungsphase. Hier sind es die Männer, die sich höher auf der Skala Innovieren ($r = -.14$) einschätzen als die Frauen.

Demgegenüber nehmen die Frauen ihre Kompetenzen zum Abschluss des Referendariats als höher ausgeprägt wahr. Hiervon ausgenommen sind lediglich die beiden Skalen Innovieren und Beurteilen.

Tabelle 29: Korrelation zwischen Geschlecht und Kompetenzeinschätzungen im Querschnitt (MZP 1 – MZP 3).

	MZP1	MZP2	MZP3
n	384	264	131
STR	-.05	.12*	.11
MOT	.01	.15**	-.04
HET	.02	.13*	.05
INN	-.14***	.02	-.09
BEU	-.05	.04	.03
ERZ	-.03	.12*	-.04

Anmerkungen: n = Anzahl der zur Berechnung zu Grunde gelegten Fälle; MZP = Messzeitpunkt; STR = Strukturierung von Unterricht; MOT = Motivierung/Klassenführung; HET = Umgang mit Heterogenität; INN = Innovieren; BEU = Beurteilen; ERZ = Erziehen; dichotome Kodierung des Geschlechts (0 = männlich, 1 = weiblich).

Allerdings muss insgesamt angemerkt werden, dass sich kein konsistentes Bild ergibt. Darüber hinaus liegen die Effektstärken z.T deutlich unterhalb des Niveaus praktischer Bedeutsamkeit; von statistischer Relevanz ganz zu schweigen. Damit zeigt sich insgesamt   kein bedeutsamer Zusammenhang zwischen dem Geschlecht und den selbst wahrgenommenen Kompetenzen zu den jeweiligen Messzeitpunkten.

Ähnlich verhält es sich mit dem Alter der Befragten. Lediglich zum ersten Messzeitpunkt sind hier auf fünf der sechs Skalen geringe bis mittlere Zusammenhänge ($.16 < r < .29$) zugunsten älterer Befragter zu verzeichnen. Hiervon ausgenommen ist die Skala Umgang mit Heterogenität, da die Effektstärke weder ein Niveau geringer Bedeutsamkeit erreicht, noch statistisch signifikant ist. Zu den beiden weiteren Messzeitpunkten zeichnet sich kein konsistentes Bild ab.

5.3.2 Durchschnittliche Benotungen

Es wurden unterschiedliche Durchschnittsbewertungen von Abschlussprüfungen zu verschiedenen Messzeitpunkten erfasst. Sowohl die des Abiturs und des Ersten Staatsexamens wurden zum ersten, jene des Zweiten Staatsexamens wurde zum zweiten Messzeitpunkt erfasst.

Bezüglich der durchschnittlichen Abiturnote, aber auch der des ersten Staatsexamens ergeben sich keine bedeutsamen Zusammenhänge (vgl. Tab. 30).

Lediglich die Durchschnittsbewertung des Zweiten Staatsexamens korreliert negativ mit drei Skalen fachübergreifender Kompetenzen: Strukturierung von Unterricht ($r = -.19$), Umgang mit Heterogenität ($r = -.19$), Erziehen ($r = -.24$). Damit schätzen sich jene Befragte mit besseren Durchschnittsnoten in diesen Bereichen kompetenter ein. Diese Tendenz besteht auch für die übrigen Skalen, jedoch weder von mittlerer oder hoher Relevanz noch statistischer Signifikanz.

Tabelle 30: Korrelation zwischen kognitiven Fähigkeiten und Kompetenzeinschätzungen.

	Abitur	1. Staatsexamen	2. Staatsexamen
MZP	1	1	2
n	653	633	408
STR	.00	.04	-.02
MOT	-.01	.00	**-.19****
HET	.04	-.02	**-.19****
INN	.02	.07	-.10
BEU	-.03	-.09	-.13
ERZ	.00	-.01	**-.24*****

Anmerkungen: n = Anzahl der zur Berechnung zu Grunde gelegten Fälle; MZP = Messzeitpunkt; STR = Strukturierung von Unterricht; MOT = Motivierung/Klassenführung; HET = Umgang mit Heterogenität; INN = Innovieren; BEU = Beurteilen; ERZ = Erziehen.

5.3.3 Vorerfahrungen und Absicht der Berufsausübung

Spezifische Vorerfahrungen wurden zum ersten Messzeitpunkt und damit nach Abschluss der ersten Lehrerbildungsphase erhoben, wohingegen die Absicht der späteren Berufsausübung zu jedem einzelnen der drei Messzeitpunkte erfasst wurde.

Die unterschiedliche Ausgeprägtheit von verschiedenen Vorerfahrungen (vgl. Kap. 4.2.2) kann auch an den Stichprobengrößen aus Tabelle 31 abgelesen werden. Insgesamt zeigt sich, dass alle vier verschiedenen Typen von Vorerfahrungen moderat mit den Kompetenzausprägungen zusammenhängen, wenn auch jeweils unterschiedliche Skalen in Betracht kommen.

So korrelieren Vorerfahrungen als Nachhilfelehrer mit den Skalen Strukturierung von Unterricht und Innovieren ($r = .10$) und der Skala Beurteilen ($r = .11$). Wenngleich hier aufgrund der Nachhilfetätigkeit erwartbare Inhaltsbereich höher angegeben werden, sind die Effekte doch als klein zu bezeichnen.

Ähnlich starke Zusammenhänge bestehen für das Betreuen von Kindern und Jugendlichen, was von der überwiegenden Mehrheit der Befragten (59,0 %) als Vorerfahrung angegeben wird. Hier zeigen sich höhere Bewertungen der Skala Motivierung/Klassenführung ($r = .11$).

Tabelle 31: Korrelation zwischen spezifischen Vorerfahrungen und Kompetenzeinschätzungen im Querschnitt (MZP 1).

	NLK	BE	KU	VLK
n	181	404	128	140
STR	.10*	.04	.11*	.13**
MOT	.04	.11*	.16***	.18***
HET	.07	.06	.08	.06
INN	.10*	.05	.10*	.22***
BEU	.11*	.02	.09	.16***
ERZ	.09	.07	.07	.20***

Anmerkungen: n = Anzahl der zur Berechnung zu Grunde gelegten Fälle; MZP = Messzeitpunkt; STR = Strukturierung von Unterricht; MOT = Motivierung/Klassenführung; HET = Umgang mit Heterogenität; INN = Innovieren; BEU = Beurteilen; ERZ = Erziehen; NLK = Erfahrungen als Nachhilfelehrer; BE = Erfahrungen als Betreuer von Kindern/Jugendlichen (außerschulische Jugendarbeit, Sportverein etc.); KU = Erfahrungen in der Kurs- bzw. Seminarleitung (z.B. Weiterbildung, Erwachsenenbildung); VLK = Erfahrungen als Vertretungslehrer; dichotome Kodierung der Vorerfahrungen (0 = nie bzw. gelegentlich, 1 = häufig).

Größere Zusammenhänge bestehen zwischen Kurs- bzw. Seminarleitertätigkeiten und der Arbeit als Vertretungslehrer. Beide korrelieren mit einer höheren Einschätzung der Skalen Strukturierung von Unterricht ($r_{KU} = .11$, $r_{VLK} = .13$), Motivierung/Klassenführung ($r_{KU} = .16$, $r_{VLK} = .18$) und Innovieren ($r_{KU} = .10$, $r_{VLK} = .22$). Erfahrungen als Vertretungslehrer zudem mit Beurteilen ($r = .16$) und Erziehen ($r = .20$), womit ein Zusammenhang dieser Vorerfahrung zu fünf der sechs Skalen besteht.

Vertretungslehrertätigkeiten tangieren im Vergleich mit den übrigen Vorerfahrungen sämtliche Inhaltsbereiche fachübergreifender Kompetenzeinschätzungen. Zudem liegen die Effektstärken insgesamt auf dem höchsten Niveau, wenngleich diesem eine geringe bis praktische Relevanz unterstellt werden kann ($.13 < r < .22$).

Auch die Absicht der späteren Berufsausübung korreliert mit höheren Kompetenzeinschätzungen der Befragten (vgl. Tab. 32). Zum ersten Messzeitpunkt sind davon die Skalen Innovieren und Strukturieren von Unterricht betroffen. Es handelt sich zwar um signifikante Effekte, jedoch nicht auf dem Niveau praktischer Relevanz.

Demgegenüber bestehen sowohl zum zweiten, als auch zum dritten Messzeitpunkt deutlichere Zusammenhänge und zwar zu allen Skalen. Liegen die
Effektstärken zum Ende des Referendariats noch auf geringem Niveau
($.11 < r < .19$), erreichen sie zum Berufseinstieg Werte von mittlerer bis hoher
Bedeutung ($.43 < r < .63$).

Der artikulierte Wunsch, den Beruf auch in der Zukunft ausüben zu wollen,
hängt daher zum Abschluss des Referendariats und auch zum Berufseinstieg
deutlich mit höheren Kompetenzeinschätzungen zusammen.

Tabelle 32:   Korrelation zwischen der Absicht der späteren Berufsausübung
              und den Kompetenzeinschätzungen im Querschnitt
              (MZP 1 – MZP 3).

	MZP1	MZP2	MZP3
n	570	436	179
STR	.08*	.17**	.44***
MOT	.01	.19**	.62***
HET	.00	.13*	.51***
INN	.03**	.11*	.43***
BEU	.02	.16**	.46***
ERZ	.00	.16**	.63***

Anmerkungen: n = Anzahl der zur Berechnung zu Grunde gelegten Fälle; MZP = Messzeitpunkt;
STR = Strukturierung von Unterricht; MOT = Motivierung/Klassenführung; HET = Umgang mit
Heterogenität; INN = Innovieren; BEU = Beurteilen; ERZ = Erziehen; dichotome Kodierung der
Absicht der späteren Berufsausübung (0 = nein bzw. Entscheidung noch offen, 1 = auf jeden Fall).

5.3.4 Selbstregulative Fähigkeiten

Es wurde bereits dargelegt, dass die Stichprobe insofern positiv von Referenzgruppen abweicht, als dass ein deutlich geringerer Anteil an Risikomustern zu
verzeichnen ist und ein höherer der Muster G und S (s. Kap. 4.2.4). Neben diesen Deskriptionen stellt sich nunmehr die Frage danach, ob die Muster und damit die selbstregulativen Fähigkeiten der Befragten zu den querschnittlichen
Messzeitpunkten mit der Höhe der Kompetenzeinschätzungen zusammenhängen.

Tabelle 33 stellt die Analyseergebnisse der Korrelationsberechnungen zusammen. Hieraus wird ersichtlich, dass je nach Messzeitpunkt unterschiedliche
Zusammenhänge zwischen der Musterzugehörigkeit und den Kompetenzeinschätzungen bestehen.

Zum ersten Messzeitpunkt korrelieren sowohl Muster G als auch Risikomuster B mit den Kompetenzeinschätzungen. Beide jedoch in unterschiedlicher Weise. Korreliert die Zugehörigkeit zu Muster G positiv mit vier von sechs Skalen, zeigt sich für das Risikomuster B ein gegenteiliger Effekt auf zwei Skalen.

Der positive Effekt von Muster G zeigt sich auf allen Skalen des Kerngeschäfts Unterrichten und auf der Skala Beurteilen, die Stärke des Effektes ist jedoch als klein zu bezeichnen ($.10 < r < .12$). Die für das Muster typische Ausgeglichenheit von beruflichem Engagement und Widerstandsfähigkeit gegenüber beruflichen Belastungen hängt somit zum Ende der ersten universitären Phase positiv mit hohen Kompetenzausprägungen zusammen.

Tabelle 33: Korrelation zwischen selbstregulativen Fähigkeiten und Kompetenzeinschätzungen im Querschnitt (MZP 1 – MZP 3).

	Muster G			Muster S			Risikomuster A			Risikomuster B		
MZP	1	2	3	1	2	3	1	2	3	1	2	3
n	251	138	61	242	116	83	74	33	12	81	26	24
STR	.11**	.12	.25**	-.07	-.05	-.14	-.01	.09	.06	-.06	-.22***	-.18*
MO	.12**	.11	.16	.04	-.08	-.09	-.05	.06	.01	-.19***	-.12	-.11
HET	.10*	.14*	.21**	.07	-.06	-.12	-.06	.05	.01	-.19***	-.21***	-.12
INN	.07	.09	.20*	-.04	-.04	-.07	-.06	.20**	.00	-.02	-.18**	-.18*
BEU	.10*	.12	.19*	-.02	-.06	-.19*	-.04	.15*	.08	-.08	-.27***	-.04
ERZ	.07	.12	.16*	-.01	-.05	-.04	-.01	.04	.04	-.08	-.16*	-.19*

Anmerkungen: n = Anzahl der zur Berechnung zu Grunde gelegten Fälle; MZP = Messzeitpunkt; STR = Strukturierung von Unterricht; MOT = Motivierung/Klassenführung; HET = Umgang mit Heterogenität; INN = Innovieren; BEU = Beurteilen; ERZ = Erziehen; dichotome Kodierung der AVEM-Musterzugehörigkeit (0 = nein, 1 = ja).

Demgegenüber besteht ein negativer Zusammenhang des Risikomusters B zu zwei Skalen des Unterrichtens: Motivierung/Klassenführung ($r = -.19$) und Umgang mit Heterogenität ($r = -.19$). Das typische Charakteristikum des Musters, das Erleben von Überforderung und Resignation, korreliert damit negativ zu diesem Messzeitpunkt mit zwei Bereichen des Kerngeschäfts Unterrichten. Darüber hinaus werden Effektstärken von nahezu mittlerer Bedeutsamkeit erreicht.

Schließlich hängt die Zugehörigkeit zu Muster S und Risikomuster A nicht bedeutend mit den Kompetenzeinschätzungen nach Abschluss der ersten Lehrerbildungsphase zusammen.

Ähnlich verhält es sich auch mit der Zugehörigkeit zu Muster S zum zweiten Messzeitpunkt und damit zum Ende des Referendariats. Alle drei übrigen

Muster hingegen stehen in einem Zusammenhang zu den Einschätzungen. Muster G korreliert moderat positiv mit dem Kompetenzbereich Umgang mit Heterogenität ($r = .14$). Somit stehen ausgewogene selbstregulative Fähigkeiten zum zweiten Messzeitpunkt in einen positiven Zusammenhang zu einem Teilbereich des Kerngeschäfts Unterrichten.

Ein ähnlich positiver Zusammenhang besteht auch zwischen Risikomuster A und den Skalen Innovieren ($r = .20$) und Beurteilen ($r = .15$). Damit hängen diese unterrichtsferneren Bereiche mit der Tendenz zur Überforderung, als typisches Charakteristikum dieses Musters, zusammen.

Demgegenüber korrelieren fünf der sechs Skalen negativ mit der Zugehörigkeit zu Risikomuster B. Dieses tangiert damit zu diesem Messzeitpunkt sämtliche Bereiche gleichermaßen, unterrichtsnahe und -fernere. Deutlich geringer schätzen solche Befragte ihre Kompetenzen auf der Skala Beurteilen ($r = -.27$) ein, die Effektstärke liegt auf dem Niveau mittlerer praktischer Bedeutsamkeit. Lediglich leichte negative Zusammenhänge bestehen zur Skala Erziehen ($r = -.16$). Somit stehen das Erleben von Überforderung und Resignation, zum Ende des Referendariats, in einem negativen Zusammenhang zur wahrgenommenen Kompetenzeinschätzung der Befragten.

Zum dritten Messzeitpunkt und damit zum Berufseinstieg existieren wiederum zwischen drei Mustern selbstregulativer Fähigkeiten (G, S und B) und den Kompetenzausprägungen Zusammenhänge. Risikomuster A korreliert nicht bedeutsam mit den Einschätzungen der Befragten.

Positive Zusammenhänge bestehen zwischen Muster G und fünf von sechs Skalen. Damit tangiert dieses Muster nahezu sämtliche Bereiche fachübergreifender Kompetenzen. Am deutlichsten zeigt sich dieser Zusammenhang zum Strukturieren von Unterricht ($r = .25$). Am geringsten ausgeprägt ist er für das Erziehen ($r = .16$). Ausgeglichene selbstregulative Fähigkeiten korrelieren somit positiv mit den Kompetenzeinschätzungen zum Berufseinstieg.

Demgegenüber sind negative Zusammenhänge zwischen Muster S und Risikomuster B und der Wahrnehmung eigener Kompetenzen zu verzeichnen. Korreliert Muster S lediglich negativ mit der Einschätzung des Beurteilens ($r = -.19$), hängt Risikomuster B negativ mit drei unterschiedlichen Bereichen zusammen: Strukturierung von Unterricht ($r = -.18$), Innovieren ($r = -.18$) und Erziehen ($r = -.19$). Die für das Risikomuster B typische Erschöpfung und Resignation steht damit in einem negativen Zusammenhang zu weiten Teilen fachübergreifender Kompetenzen.

Insgesamt zeigt sich bei der bivariaten Betrachtung zwischen selbstregulativen Fähigkeiten und Kompetenzeinschätzungen, dass Muster G und Risikomuster B zu allen drei Messzeitpunkten mit den Wahrnehmungen eigener Kompetenzen der Befragten korrelieren. Muster S und Risikomuster A haben nur Effekte auf einzelne Messzeitpunkte. Die Effektstärken reichen von kleiner bis hin zu mittlerer praktischer Bedeutsamkeit. Insofern ist in den längsschnittlichen Analysen zu überprüfen, inwiefern die jeweiligen Muster geeignet sind, Aussagen über die Kompetenzentwicklung zu treffen.

5.3.5 Zusammenhänge zu den Kompetenzeinschätzungen: Bewertende Zusammenfassung

Die verschiedenen potentiellen Zusammenhangsgrößen, individuelle Lernvoraussetzungen und selbstregulative Fähigkeiten (vgl. Kap. 4.1), korrelieren sehr unterschiedlich mit den Einschätzungen fachübergreifender Kompetenzen der Befragten.

So hängen einzelne individuelle Lernvoraussetzungen (soziodemographische Merkmale, durchschnittliche Benotungen) nicht bedeutend mit den wahrgenommenen Kompetenzausprägungen der Befragten zusammen. Hierzu zählen besonders zum ersten Messzeitpunkt und damit nach Beendigung der universitären Lehrerbildungsphase die Durchschnittsbewertung des Abiturs und des Ersten Staatsexamens.

Auch die zu diesem Messzeitpunkt erfassten Vorerfahrungen als Nachhilfelehrer und in der Betreuung von Kindern und Jugendlichen, die die meisten Befragten angeben, korrelieren zwar mit erwartbaren Inhaltsbereichen, jedoch sind die Effekte als klein zu bezeichnen ($r = .11$). Deutlichere Zusammenhänge bestehen demgegenüber zu Vorerfahrungen in der Kurs- und Seminarleitung (durchschnittliche Korrelation aus 3 Korrelationen $|r| = .12$, eigene Berechnung) und der Arbeit als Vertretungslehrer (durchschnittliche Korrelation aus 5 Korrelationen $|r| = .18$, eigene Berechnung). Letzteres tangiert zudem im Vergleich mit den übrigen Vorerfahrungen alle Inhaltsbereiche fachübergreifender Kompetenzen. Ähnliches gilt auch für ältere Befragte zu diesem Messzeitpunkt auf fünf der sechs Skalen. Für die weiteren Messzeitpunkte besteht ein solcher Zusammenhang allerdings nicht.

Zum zweiten Messzeitpunkt korreliert das Geschlecht ($.12 < r < .15$) mit der Wahrnehmung eigener Kompetenzen: Hier sind es die Frauen, die ihre Kompetenzen auf unterrichtsnahen Skalen und jener des Erziehens höher bewerten.

Jene Skalen korrelieren zu diesem Messzeitpunkt und damit zum Ende des Referendariats auch mit der Durchschnittsnote des Zweiten Staatsexamens (durchschnittliche Korrelation aus 3 Korrelationen $|r|$ = .21, eigene Berechnung). Demnach gehen bessere Benotungen mit höheren Einschätzungen einher.

Deutlichere Effekte bestehen zu diesem und zum nächsten Messzeitpunkt lediglich zwischen dem artikulierten Wunsch, den Beruf auch in der Zukunft ausüben zu wollen und den Kompetenzwahrnehmungen der Befragten. Die Effektstärken liegen zum Berufseinstieg auf dem Niveau mittlerer bis hoher Bedeutung ($.43 < r < .63$).

Die zu allen drei Messzeitpunkten erfassten selbstregulativen Fähigkeiten stehen, betrachtet an den AVEM-Mustern, je nach Messzeitpunkt in unterschiedlichen Zusammenhängen zu den Kompetenzeinschätzungen. Die Effektstärken liegen hierbei auf dem Niveau geringer bis mittlerer praktischer Bedeutsamkeit. Muster G und Risikomuster B hängen zu allen drei Messzeitpunkten mit den Wahrnehmungen eigener Kompetenzen der Befragten zusammen: Muster G positiv (durchschnittliche Korrelation aus 10 Korrelationen $|r|$ = .16, eigene Berechnung) und Risikomuster B negativ (durchschnittliche Korrelation aus 10 Korrelation en $|r|$ = .20, eigene Berechnung). Risikomuster A und Muster S haben geringere Effekte auf die Einschätzungen zum zweiten (Risikomuster A) bzw. dritten Messzeitpunkt (Muster S).

Zusammenfassend lässt sich sagen, dass folgende Zusammenhangsgrößen aufgrund ihrer Effektstärke oder der Korrelation zu mehreren querschnittlichen Messzeitpunkten bedeutsam für die Kompetenzeinschätzungen sind: Selbstregulative Fähigkeiten, spezifische Vorerfahrungen (ausgenommen in der Betreuung von Kindern und Jugendlichen) und die Absicht der späteren Berufsausübung. Demgegenüber bestehen eher geringere Zusammenhänge zwischen den soziodemographischen Merkmalen (hier Alter und Geschlecht) sowie den durchschnittlichen Benotungen (hier Durchschnittsbewertung des Zweiten Staatsexamens).

Wenngleich sich aus den bivariaten Berechnungen einzelne Zusammenhänge besonders deutlich zeigen, bestehen doch für sämtliche potentielle Faktoren unterschiedlich hohe Korrelationen zu jeweils verschiedenen Skalen. Demnach ergibt sich insgesamt keine verlässliche Selektion für den anschließenden multivariaten Zugang (vgl. Kap. 4.3.3). Daher ist in den multivariaten Analysen anhand der Längsschnittstichprobe zu überprüfen, inwiefern sämtliche erfasste Faktoren geeignet sind, Aussagen über die Kompetenzentwicklung vorauszusagen.

5.4 Einfluss auf die Kompetenzeinschätzungen

Im Folgenden wird geprüft, inwiefern sich die Kompetenzeinschätzungen der Befragten auf ihre individuellen Lernvoraussetzungen (soziodemographische Merkmale, durchschnittliche Benotungen, spezifische Vorerfahrungen und die Absicht der späteren Berufsausübung) bzw. selbstregulativen Fähigkeiten zurückführen lassen. Da davon ausgegangen wird, dass einzelne Faktoren, bezogen auf ihre Prädiktionskraft, miteinander konkurrieren bzw. konfundieren, fließen zumeist mehrere Prädiktovariablen simultan in die Berechnungen ein. Das erste Modell (I) berücksichtigt dabei alle Prädiktorvariablen bis auf die entsprechenden abhängigen Variablen der vorangegangenen Messzeitpunkte. Diese werden wiederum zusätzlich zu den übrigen Prädiktorvariablen in das zweite Modell (II) aufgenommen (vgl. ausführlich hierzu Kap. 4.3.3).

In einem ersten Zugang wird der gesamte Zeitverlauf zwischen Erstem Staatsexamen und Berufseinstieg umfasst, um zeitstabile Prädiktoren zu identifizieren (Kap. 5.4.1). Hier werden sämtliche, zum ersten Messzeitpunkt erfassten, individuellen Lernvoraussetzungen für das Kriterium, die Kompetenzeinschätzungen zum dritten Messzeitpunkt, berücksichtigt. Selbstregulative Fähigkeiten sind hiervon bewusst ausgenommen, da eine deutliche Fluktuation der Musterzugehörigkeit zwischen den einzelnen Messzeitpunkten besteht (vgl. Kap. 4.2.5).

Um Verzerrungen und Ungenauigkeiten in den Analysen (möglichst) zu vermeiden, werden sie daher für zwei getrennte Zeiträume untersucht: Zwischen dem Abschluss der ersten Lehrerbildungsphase und dem Referendariat (Kap. 5.4.2) sowie zwischen Referendariat und Berufseinstieg (Kap. 5.4.3). Es werden jeweils Muster G und S als *Selbstregulationstypen* (Klusmann, 2011a, S. 290) und Risikomuster A und B unterschieden (vgl. Kap. 4.3.3). Ähnliches gilt auch für Einzelaspekte individueller Lernvoraussetzungen, die erst zum zweiten Messzeitpunkt erhoben wurden, die Durchschnittsbenotung des Zweiten Staatsexamens und die Absicht der späteren Berufsausübung. Diese wurde zwar zu allen Messzeitpunkten erfasst, unterliegt jedoch ebenso wie die Musterzugehörigkeit Schwankungen.

5.4.1 Einfluss individueller Lernvoraussetzungen über den gesamten Zeitverlauf

Dieses Kapitel beschreibt, in welchem Maße die unterschiedlichen individuellen Lernvoraussetzungen des ersten Messzeitpunktes einen Einfluss auf die Kompetenzeinschätzungen zum dritten Messzeitpunkt und damit zum Berufseinstieg nehmen. Tabelle 34 zeigt die Ergebnisse der multiplen Regressionsanalysen.

Alle Skalen der fachübergreifenden Kompetenzeinschätzungen lassen sich in unterschiedlichem Maße auf bestimmte Prädiktoren zurückführen (Modell I). Die vorhandenen signifikanten Effekte liegen auf dem Niveau geringer bis mittlerer praktischer Bedeutsamkeit ($.18 < \beta < .28$).

Die insgesamt höchsten Effekte sind bei der Willensbekundung, den Beruf später auch tatsächlich ausüben zu wollen und der Vorerfahrung als Kurs- und Seminarleiter zu finden. Beide haben höhere Einschätzungen auf der Skala Beurteilen zum Berufseinstieg zur Folge. Besonders mit der Absicht der späteren Berufsausübung gehen höhere Kompetenzeinschätzungen in diesem Inhaltsbereich einher ($\beta = .28$). Des Weiteren profitieren die Skalen Innovieren und Strukturierung von Unterricht hiervon. Somit tangiert diese Prädiktorvariable neben dem Kerngeschäft Unterrichten auch weitere Kompetenzbereiche.

In ähnlicher Weise wirken die eingangs erwähnten Kurs- und Seminarleitertätigkeiten, die zusätzlich zum Beurteilen auch Einfluss auf das Erziehen, den Umgang mit Heterogenität und Motivierung/Klassenführung nehmen. Damit können vier von sechs Skalen hierauf zurückgeführt werden, keine andere Prädiktorvariable erzielt eine größere Breitenwirkung bezogen auf die Skalen.

Werden die abhängigen Variablen der vorangegangenen Messzeitpunkte hinzugenommen (Modell II), bleiben die Effekte dieser beiden Faktoren jedoch ebenso wenig bestehen, wie jener der vom Nachhilfeunterricht erteilen auf Innovieren ($\beta = .20$) ausgeht.

So zeigt sich, dass alle Skalen deutlich auf den direkt davor liegenden zweiten Messzeitpunkt und damit die Einschätzungen, die zum Ende des Referendariats getroffen wurden, zurückgehen ($.48 < \beta. < .66$). Jene des ersten Messzeitpunktes erklären lediglich die Kompetenzeinschätzungen zum dritten Messzeitpunkt im Bereich Erziehen ($\beta = .22$). Die Einschätzungen der fünf übrigen Skalen gehen nicht auf jene des ersten Messzeitpunktes zurück.

Tabelle 34: Einfluss individueller Lernvoraussetzungen auf die Kompetenzeinschätzungen im Zeitverlauf.

	Abhängige Variable											
	STR		MOT		HET		INN		BEU		ERZ	
	I	II	I	II	I	II	I	II	I	II	I	II
Prädik	β	β	β	β	β	β	β	β	β	β	β	β
AV	-	.04	-	.10	-	.20	-	.16	-	.05	-	.22*
AV	-	.66***	-	.56***	-	.60***	-	.48***	-	.61***	-	.55***
Alter	.07	.17*	.15	.20*	-.02	.07	.03	.04	-.01	.03	-.09	-.01
Geschl	-.04	.07	.07	.16*	-.03	.10	-.19	-.09	-.15	.00	-.15	.00
Abi	-.16	-.09	.06	.09	.00	-.03	-.11	-.08	-.11	-.07	-.03	.00
1.Stex	.00	-.11	-.08	-.14	.00	-.01	.03	-.02	-.12	-.13	.18	.14
NLK	.18	.09	-.04	-.10	-.04	-.09	.20*	.11	.17	.09	.12	-.03
BE	.01	-.04	-.01	-.03	.02	.05	.05	.00	-.07	-.07	-.02	-.02
KU	.12	-.04	.21*	.05	.20*	.01	.18	.08	.20*	.06	.24*	.08
VLK	-.01	-.07	-.09	-.11	.00	-.07	.04	-.02	.04	-.04	-.02	-.06
BA	.19*	.04	.09	.02	.24	.07	.22*	.18	.28**	.14	.11	.02
n	138	138	138	138	138	138	138	138	138	138	138	138
R^2	.11	.52	.07	.42	.06	.50	.15	.38	.14	.45	.10	.47

Anmerkungen: n = Anzahl der zur Berechnung zu Grunde gelegten Fälle; R^2 = erklärte Varianz in der abhängigen Variable; Prädik = Prädiktoren; β = standardisierter Regressionskoeffizient; I = Modell I (simultaner Einbezug aller Prädiktorvariablen außer $AV_{MZP1/MZP2}$); II; Modell II (simultaner Einbezug aller Prädiktorvariablen, eingeschlossen $AV_{MZP1/MZP2}$); MZP = Messzeitpunkt; STR = Strukturierung von Unterricht; MOT = Motivierung/Klassenführung; HET = Umgang mit Heterogenität; INN = Innovieren; BEU = Beurteilen; ERZ = Erziehen; Geschl = Geschlecht (Referenzgruppe: Männer); Abi = Abiturnote; 1.Stex = Note des Ersten Staatsexamens; NLK = Erfahrungen als Nachhilfelehrer (Referenzgruppe: Nie bzw. gelegentlich Erfahrungen als Nachhilfelehrer gesammelt); BE = Erfahrungen als Betreuer von Kindern/Jugendlichen (außerschulische Jugendarbeit, Sportverein etc.) (Referenzgruppe: Nie bzw. gelegentlich Erfahrungen als Betreuer von Kindern/Jugendlichen gesammelt); KU = Erfahrungen in der Kurs- bzw. Seminarleitung (z.B. Weiterbildung, Erwachsenenbildung) (Referenzgruppe: Nie bzw. gelegentlich Erfahrungen in der Kurs- bzw. Seminarleitung gesammelt); VLK = Erfahrungen als Vertretungslehrer (Referenzgruppe: Nie bzw. gelegentlich Erfahrungen als Vertretungslehrer gesammelt); BA = Absicht der späteren Berufsausübung (Referenzgruppe: Ich möchte außerhalb von Schule tätig werden bzw. mir die Entscheidung noch offen lassen).

Weiterhin zeigen sich in diesem Modell (II) Effekte zweier weiterer Prädiktoren, Alter und Geschlecht. Beide tangieren Skalen, die dem Unterrichten zugeordnet sind. So schätzen ältere Befragte ihre Kompetenzen bezüglich des Strukturierens von Unterricht (β = .17) und der Motivierung bzw. Klassenführung (β = .20) zum Berufseinstieg höher ein als jüngere. Letzteres wird zudem von Frauen im Vergleich zu Männern als ausgeprägter wahrgenommen (β = .16).

Insgesamt zeigt sich, dass der Beitrag der Prädiktoren zur Varianzaufklärung in Modell II und damit unter Hinzunahme der abhängigen Variablen der voran-

gegangenen Messzeitpunkte ($38\% < R^2 < 52\%$) am größten ist. Das spricht da-
für, dass die Einschätzungen vorangegangener Messzeitpunkte in hohem Maße
jene zum Berufseinstieg erklären. Der größere Anteil entfällt jedoch auf die
Wahrnehmungen des zweiten Messzeitpunktes, was darauf hindeutet, dass die
Einschätzungen nach Abschluss der ersten Lehrerbildungsphase für solche zum
Berufseinstieg keine relevante Bedeutung mehr haben. Hiervon ausgenommen
ist lediglich die Skala Erziehen. Zudem schreiben sich ältere Befragte und
Frauen im Bereich des Kerngeschäfts Unterrichten höhere Kompetenzen zu.

Ohne Berücksichtigung der abhängigen Variablen zum vorigen Messzeitpunkt (Modell I) erweisen sich zudem bestimmte Vorerfahrungen als Nachhilfelehrer, in der Kurs- und Seminarleitung sowie die Absicht, den Beruf später
auszüben zu wollen als bedeutsam, wenngleich der aufgeklärte Varianzanteil in
diesen Berechnungen ($6\% < R^2 < 15\%$) deutlich geringer ist.

Die übrigen Prädiktoren liefern indes keinen signifikanten Beitrag zur Varianzaufklärung. Anzumerken ist hier, dass die Durchschnittsbenotungen und
Vorerfahrungen als Vertretungslehrer sowie in der Betreuung von Kindern und
Jugendlichen – was die Befragten am häufigsten angaben – keinen bedeutsamen Stellenwert als Prädiktoren einnehmen.

5.4.2 Einfluss auf die Kompetenzeinschätzungen zum Ende des Referendariats

Neben diesem Einfluss verschiedener Prädiktoren auf die Kompetenzeinschätzungen zum Berufseinstieg interessiert der Einfluss selbstregulativer Fähigkeiten, betrachtet an den AVEM-Mustern zwischen den einzelnen Messzeitpunkten. Hierzu wird der Einfluss, der über den gesamten Zeitverlauf bedeutsamen
Prädiktoren (Alter, Geschlecht, Vorerfahrungen als Nachhilfelehrer bzw. Kurs-
und Seminarleiter, Absicht der späteren Berufsausübung) jeweils zusammen mit
den beiden verschiedenen AVEM-Mustergruppen auf die Kompetenzeinschätzungen getestet: Auf der einen Seite die *Selbstregulationsstile* (Klusmann,
2011a, S. 290), Muster G und S, denen ein ausgewogeneres Verhältnis selbstregulativer Fähigkeiten zugeschrieben wird als den beiden Risikomustern A und
B auf der anderen Seite (vgl. Kap. 4.3.3).

Aus Tabelle 35 wird ersichtlich, dass lediglich von Muster G ein Effekt auf
die Kompetenzeinschätzungen der Skala „Beurteilen" ausgeht (Modell I).
Demnach schätzen sich die Befragten, die dieser Mustergruppe zugeordnet
werden, deutlich höher ein. Der Effekt bleibt auch unter Berücksichtigung der

abhängigen Variable des vorangegangenen Messzeitpunktes bestehen ($\beta_{Modell\ I}$ = .47, $\beta_{Modell\ II}$ = .50). Er liegt einerseits auf dem Niveau mittlerer praktischer Bedeutsamkeit und ist annähernd doppelt so groß wie die selbst wahrgenommene Kompetenzausprägung zum Abschluss der ersten Lehrerbildungsphase. Der aufgeklärte Varianzanteil in der abhängigen Variable erreicht zudem 29,0 Prozent (Modell II).

Tabelle 35: Einfluss der AVEM-Muster G und S auf die Kompetenzeinschätzungen zum Ende des Referendariats (MZP 2).

	Abhängige Variable											
	STR		MOT		HET		INN		BEU		ERZ	
	I	II	I	II	I	II	I	II	I	II	I	II
Prädik.	β	β	β	β	β	β	β	β	β	β	β	β
AV	-	.35**	-	.17	-	.40**	-	.39***	-	.28*	-	.41**
G	.29	.30	.21	.20	.08	.07	-.16	-.15	.47**	.50**	.21	.22
S	-.02	.01	-.07	-.06	-.08	-.06	-.24	-.19	.22	.28	.02	.05
Alter	-.10	-.11	-.08	-.10	-.14	-.13	.00	-.05	-.11	-.11	-.13	-.12
Geschl	-.05	.01	-.19	-.20	-.23*	-.20	-.17	-.09	-.23*	-.19	-.35**	-.28*
NLK	.15	.09	-.09	-.10	-.15	-.18	.08	.03	.20	.17	.22	.14
KU	.25*	.19	.41***	.40***	.30**	.23*	.26*	.21	.20	.15	.20	.14
BA	.27*	.23*	.17	.15	.27*	.22	.02	-.02	.11	.07	.02	-.04
n	106	106	106	106	106	106	106	106	106	106	106	106
R^2	.28	.33	.23	.24	.16	.27	.12	.22	.25	.29	.21	.30

Anmerkungen: n = Anzahl der zur Berechnung zu Grunde gelegten Fälle; R^2 = erklärte Varianz in der abhängigen Variable; Prädik = Prädiktoren; β = standardisierter Regressionskoeffizient; I = Modell I (simultaner Einbezug aller Prädiktorvariablen außer AV$_{MZP1}$); II; Modell II (simultaner Einbezug aller Prädiktorvariablen, eingeschlossen AV$_{MZP1}$); MZP = Messzeitpunkt; Geschl = Geschlecht (Referenzgruppe: Männer); NLK = Erfahrungen als Nachhilfelehrer (Referenzgruppe: Nie bzw. gelegentlich Erfahrungen als Nachhilfelehrer gesammelt); KU = Erfahrungen in der Kurs- bzw. Seminarleitung (z.B. Weiterbildung, Erwachsenenbildung) (Referenzgruppe: Nie bzw. gelegentlich Erfahrungen in der Kurs- bzw. Seminarleitung gesammelt); BA = Absicht der späteren Berufsausübung (Referenzgruppe: Ich möchte außerhalb von Schule tätig werden bzw. mir die Entscheidung noch offen lassen); G bzw. S = AVEM-Muster G bzw. S (Referenzgruppe: kein Muster G bzw. S); STR = Strukturierung von Unterricht; MOT = Motivierung/Klassenführung; HET = Umgang mit Heterogenität; INN = Innovieren; BEU = Beurteilen; ERZ = Erziehen.

Scheinbar begünstigt ein hohes, aber nicht überhöhtes berufliches Engagement bei gleichzeitig ausgeprägter Widerstandsfähigkeit die Bewertung persönlicher Kompetenzen. Diese Tendenz ist auch auf allen weiteren Skalen tendenziell zu erkennen, wenn auch keine statistische Signifikanz vorliegt.

Für das Muster S mit seiner typischen Schonungstendenz gegenüber beruflichen Anforderungen zeigt sich keine vergleichbar eindeutige Entwicklung, es wird auch keine statistische Signifikanz erreicht.

Unter Berücksichtigung der abhängigen Variablen zum vorigen Messzeitpunkt (Modell II) nehmen drei weitere Prädiktoren Einfluss auf die Kompetenzeinschätzungen der Befragten zum Ende des Referendariats: Das Geschlecht, Erfahrungen in der Kurs- und Seminarleitung und die Absicht der späteren Berufsausübung. Diese Effekte sind als gering bis mittel stark zu beurteilen. Männer schätzen ihre Kompetenzen im Bereich Erziehen (β = -.28) höher ein. Auf vergleichbarem Niveau liegt der höhere Einschätzungen begünstigende Einfluss der Absicht, den Beruf später ausüben zu wollen, wenn es um das Strukturieren von Unterricht geht (β = .23). Deutlicher fällt der Effekt zugunsten der Befragten aus, die als Kurs- oder Seminarleiter tätig waren, es werden zwei Bereiche des Unterrichtens tangiert: Motivierung/Klassenführung (β = .40) und Umgang mit Heterogenität (β = .23).

Werden die beiden Risikomuster A und B betrachtet (vgl. Tab. 36), zeigt sich erneut ein Einfluss auf das Beurteilen. Damit liegen Parallelen zur Prädiktion von Muster G vor. Jedoch gehen die beiden Risikomuster mit umgekehrtem Effekt einher, sie bewirken geringere Einschätzungen auf dieser Skala.

Die Einflüsse liegen auf vergleichbarem Niveau ($\beta_{RisikomusterA}$ = -.24, $\beta_{RisikomusterB}$ = -.22) und bestehen unter Berücksichtigung der abhängigen Variable zum vorigen Messzeitpunkt (Modell II). Möglicherweise führen die für das Risikomuster A typische Selbstüberforderung bei eingeschränkter Widerstandsfähigkeit und das Erleben von Erschöpfung und Resignation (Risikomuster B) dazu, die eigenen Kompetenzen in der Leistungsbeurteilung als besonders gering wahrzunehmen.

Wie auch schon bei Muster G und S wirken sich weitere Prädiktoren auf die wahrgenommenen Kompetenzen zum Abschluss des Referendariats aus (Modell I): Geschlecht, Vorerfahrungen als Nachhilfelehrer, als Seminarleiter und die Absicht der zukünftigen Berufsausübung. Unter Berücksichtigung der abhängigen Variablen zum vorigen Messzeitpunkt (Modell II) bestehen.

Höhere Einschätzungen auf der Skala Erziehen (β = -.21) und Umgang mit Heterogenität (β = -.29) liegen bei Männern vor. Ebenso begünstigen Vorerfahrungen als Nachhilfelehrer und Kurs- bzw. Seminarleiter sowie die Absicht, den Lehrerberuf später ausüben zu wollen, die Einschätzungen des Kerngeschäfts Unterrichten. Zusätzlich hierzu geht das Erteilen von Nachhilfe mit ausgeprägter wahrgenommenen Beurteilungskompetenzen (β = .24) einher.

Tabelle 36: Einfluss der AVEM-Risikomuster A und B auf die Kompetenzeinschätzungen zum Ende des Referendariats (MZP 2).

	Abhängige Variable											
	STR		MOT		HET		INN		BEU		ERZ	
	I	II	I	II	I	II	I	II	I	II	I	II
Prädik	β	β	β	β	β	β	β	β	β	β	β	β
AV	-	.37**	-	.19	-	.39**	-	.39***	-	.30*	-	.41**
A	-.11	-.12	-.05	-.04	-.06	-.05	.09	.08	-.21	-.24*	-.05	-.07
B	.06	-.08	-.06	-.06	.06	.04	.14	.12	-.20	-.22*	-.10	-.10
Alter	-.10	-.11	-.08	-.10	-.14	-.13	.00	-.05	-.10	-.10	-.12	-.12
Geschl	-.04	.02	-.21	-.21	-.24*	-.21*	-.17	-.09	.24*	-.20	-.36**	-.29*
NLK	.24*	.17	-.01	-.02	-.12	-.16	.09	.03	.27*	.24*	.29*	.20
KU	.25*	.19	.41***	.39***	.32**	.25*	.27*	.22	.19	.14	.19	.12
BA	.31**	.26*	.20	.17	.30*	.25*	.04	.00	.13	.09	.04	-.03
n	106	106	106	106	106	106	106	106	106	106	106	106
R^2	.21	.29	.18	.20	.14	.26	.11	.22	.20	.26	.19	.28

Anmerkungen: n = Anzahl der zur Berechnung zu Grunde gelegten Fälle; R^2 = erklärte Varianz in der abhängigen Variable; Prädik = Prädiktoren; β = standardisierter Regressionskoeffizient; I = Modell I (simultaner Einbezug aller Prädiktorvariablen außer AV$_{MZP1}$); II; Modell II (simultaner Einbezug aller Prädiktorvariablen, eingeschlossen AV$_{MZP1}$); MZP = Messzeitpunkt; Geschl = Geschlecht (Referenzgruppe: Männer); NLK = Erfahrungen als Nachhilfelehrer (Referenzgruppe: Nie bzw. gelegentlich Erfahrungen als Nachhilfelehrer gesammelt); KU = Erfahrungen in der Kurs- bzw. Seminarleitung (z.B. Weiterbildung, Erwachsenenbildung) (Referenzgruppe: Nie bzw. gelegentlich Erfahrungen in der Kurs- bzw. Seminarleitung gesammelt); BA = Absicht der späteren Berufsausübung (Referenzgruppe: Ich möchte außerhalb von Schule tätig werden bzw. mir die Entscheidung noch offen lassen); A bzw. B = AVEM-Risikomuster A bzw. B (Referenzgruppe: kein Risikomuster A bzw. B); STR = Strukturierung von Unterricht; MOT = Motivierung/Klassenführung; HET = Umgang mit Heterogenität; INN = Innovieren; BEU = Beurteilen; ERZ = Erziehen.

Zudem wird, gewissermaßen als Nebeneffekt deutlich, dass die Einschätzungen der Skala Motivierung/Klassenführung weder unter Einbezug der Muster G und S, noch der Risikomuster A und B auf die zum ersten Messzeitpunkt getätigten Einschätzungen zum identischen Kompetenzbereich zurückgehen (vgl. Tab. 35/36, jeweils Modell II). Es liegt nahe, dass die Befragten ihre, nach Abschluss der ersten Lehrerbildungsphase, wahrgenommenen Kompetenzen diesbezüglich im Laufe des Referendariats neu bewerten und auf andere Faktoren zurückführen. Alle anderen Skalen gehen deutlicher auf die Kompetenzbewertungen des ersten Messzeitpunktes zurück.

5.4.3 Einfluss auf die Kompetenzeinschätzungen
zum Berufseinstieg

In Analogie zu Kapitel 5.4.2 wird geprüft, wie sich die Musterzugehörigkeit, ausgehend vom Abschluss des Referendariats, auf die Kompetenzeinschätzungen zum Berufseinstieg auswirkt. Als potentieller weitere Prädiktor kommt die Durchschnittsbenotung des Zweiten Staatsexamens in Frage, die erst zum zweiten Messzeitpunkt erfasst und daher bisher nicht in den Berechnungen berücksichtigt wurde. Wenngleich nur marginale Abweichungen bei der Bekundung der späteren Berufsausübung zwischen den einzelnen Messzeitpunkten besteht (vgl. Kap. 4.2.2), wird hier jene zum zweiten Messzeitpunkt getätigte gewählt.

Zum Berufseinstieg gehen von beiden, aus der Perspektive selbstregulativer Fähigkeiten, positiv konnotierten Mustern G und S negative Effekt auf die Kompetenzeinschätzungen zum Berufseinstieg aus (s. Tab. 37). Diese bleiben größtenteils unter Berücksichtigung der abhängigen Variablen zum vorigen Messzeitpunkt (Modell II) erhalten.

Besonders jene Skalen, die dem Unterrichten zugeordnet sind, werden hiervon betroffen. So begünstigt Muster G geringere Einschätzungen der Skalen Motivierung/Klassenführung (β = -.28) und Umgang mit Heterogenität (β = -.26). Muster A wirkt sich ebenfalls negativ auf die erstgenannte Skala aus (β = -.34). Damit erreichen die Effekte Werte von mittlerer praktischer Bedeutsamkeit.

Zudem sind von Muster G, im Gegensatz zum ersten Vergleichszeitraum zwischen erster und zweiter Lehrerbildungsphase (s. Kap. 5.4.2), geringere Kompetenzbewertungen zum Berufseinstieg im Bereich Beurteilen (β = -.24) zu erwarten. Unter diesem Aspekt begünstigen ausgewogene selbstregulative Fähigkeiten geringere Kompetenzeinschätzungen zum dritten Messzeitpunkt, besonders jene, die dem Kerngeschäft Unterrichten zuzuordnen sind. Die aufgeklärte Varianz liegt zwischen 36 (Motivierung/Klassenführung) und 53 Prozent (Umgang mit Heterogenität).

Weiterhin führen, unter Berücksichtigung der abhängigen Variablen zum vorigen Messzeitpunkt (Modell II), gute Durchschnittsbenotungen des Zweiten Staatsexamens zu höheren Kompetenzzuschreibungen in den Bereichen Innovieren und Beurteilen (β jeweils -.21). Die Skala Innovieren profitiert zudem von der artikulierten Absicht, den Lehrerberuf später ausüben zu wollen (β = .27).

Tabelle 37: Einfluss der AVEM-Muster G und S auf die Kompetenzeinschätzungen zum Berufseinstieg (MZP 3).

Prädik.	STR I β	STR II β	MOT I β	MOT II β	HET I β	HET II β	INN I β	INN II β	BEU I β	BEU II β	ERZ I β	ERZ II β
Abhängige Variable												
AV	-	.63***	-	.51***	-	.68***	-	.50***	-	.63***	-	.71***
G_{MZP2}	.00	-.06	-.32*	-.28*	-.22	-.26*	-.14	-.12	-.29*	-.24*	-.29*	-.22
S_{MZP2}	-.07	-.04	-.44***	-.34**	-.29*	-.25	-.26*	-.19	-.39**	-.22	-.22	-.08
Alter	.21	.23	.21	.21*	.07	.11	.18	.18	.10	.06	.08	.08
Geschl	.02	.04	-.11	-.03	-.03	.03	-.23*	-.17	-.16	-.06	-.23	-.08
2.Stex	-.12	-.13	-.19	-.13	-.15	-.10	-.19	-.21*	.26*	-.21*	-.04	.04
NLK	.21	.12	-.07	-.09	-.13	-.11	.23*	.17	.09	.06	.15	.03
KU	.02	-.07	.09	.00	.13	.02	.02	-.07	.10	.03	.10	-.01
BA	.21	.12	.10	.03	.18	.10	.28***	.27***	.13	.01	.28***	.17
n	105	105	105	105	105	105	105	105	105	105	105	105
R^2	.14	.45	.19	.36	.13	.53	.27	.43	.21	.48	.20	.56

Anmerkungen: n = Anzahl der zur Berechnung zu Grunde gelegten Fälle; R^2 = erklärte Varianz in der abhängigen Variable; Prädik = Prädiktoren; β = standardisierter Regressionskoeffizient; I = Modell I (simultaner Einbezug aller Prädiktorvariablen außer AV_{MZP2}); II; Modell II (simultaner Einbezug aller Prädiktorvariablen, eingeschlossen AV_{MZP2}); MZP = Messzeitpunkt; Geschl = Geschlecht (Referenzgruppe: Männer); 2.Stex = Note des Zweiten Staatsexamens; NLK = Erfahrungen als Nachhilfelehrer (Referenzgruppe: Nie bzw. gelegentlich Erfahrungen als Nachhilfelehrer gesammelt); KU = Erfahrungen in der Kurs- bzw. Seminarleitung (z.B. Weiterbildung, Erwachsenenbildung) (Referenzgruppe: Nie bzw. gelegentlich Erfahrungen in der Kurs- bzw. Seminarleitung gesammelt); BA_{MZP2} = Absicht der späteren Berufsausübung zum zweiten Messzeitpunkt (Referenzgruppe: Ich möchte außerhalb von Schule tätig werden bzw. mir die Entscheidung noch offen lassen); G_{MZP2} bzw. S_{MZP2} = AVEM-Muster G bzw. S (Referenzgruppe: kein Muster G bzw. S zum zweiten Messzeitpunkt); STR = Strukturierung von Unterricht; MOT = Motivierung/Klassenführung; HET = Umgang mit Heterogenität; INN = Innovieren; BEU = Beurteilen; ERZ = Erziehen.

Demgegenüber weisen die beiden Risikomuster A und B unter Berücksichtigung der abhängigen Variablen zum vorigen Messzeitpunkt (Modell II) in entgegengesetzte Richtungen, wie Tabelle 38 zusammenstellt. Muster B geht mit geringer eingeschätzten Kompetenzen beim Strukturieren von Unterricht (β = -.34) einher. Damit führt die für dieses Muster charakteristische Erschöpfung und Resignation zu niedrigeren Kompetenzbewertungen im Bereich des Kerngeschäfts Unterrichten.

Muster A hingegen bewirkt höhere Einschätzungen, allerdings werden hiervon nicht nur eine, sondern vier der sechs Skalen tangiert (Modell II). Damit erweist sich die Prädiktionskraft dieses Muster als relativ breit.

Besonders betroffen sind die Skalen des Unterrichtens, aber auch jene des Innovierens (β = .18) und Beurteilens (β = .22). Die hohen Bewertungen lassen sich somit auf selbstregulative Fähigkeiten zurückführen, die als selbstüberfordernd beschrieben werden.

Tabelle 38: Einfluss der AVEM-Risikomuster A und B auf die Kompetenzeinschätzungen zum Berufseinstieg (MZP 3).

Prädik. β	STR I β	STR II β	MOT I β	MOT II β	HET I β	HET II β	INN I β	INN II β	BEU I β	BEU II β	ERZ I β	ERZ II β
AV	-	.56***	-	.50***	-	.68***	-	.51***	-	.62***	-	.68***
A$_{MZP2}$	.25**	.22***	.39***	.32***	.20*	.19	.26**	.18*	.32***	.22**	.30***	.19
B$_{MZP2}$	-.42***	-.34**	-.04	-.02	.10	.13	-.11	-.06	.03	.03	-.11	-.08
Alter	.25	.26*	.24*	.23*	.08	.10	.21*	.19*	.12	.07	.10	.08
Geschl	.09	.10	-.08	.00	-.02	.03	-.20	-.14	-.14	-.05	-.19	-.06
2.Stex	-.16	-.16	-.22*	-.15	-.16	-.10	-.22*	-.23*	-.29**	-.21*	-.04	.05
NLK	.15	.08	-.08	-.10	-.13	-.12	.22*	.15	.08	.05	.10	-.01
KU	-.01	-.08	.07	-.02	.13	.02	.00	-.01	.09	.02	-.09	-.02
BA	.11	.05	.06	.00	.18	.10	.24**	.24***	.11	.00	.23**	.14
n	105	105	105	105	105	105	105	105	105	105	105	105
R^2	.37	.55	.24	.39	.13	.53	.31	.45	.23	.48	.26	.55

Anmerkungen: n = Anzahl der zur Berechnung zu Grunde gelegten Fälle; R^2 = erklärte Varianz in der abhängigen Variable; Prädik = Prädiktoren; β = standardisierter Regressionskoeffizient; I = Modell I (simultaner Einbezug aller Prädiktorvariablen außer AV$_{MZP2}$); II; Modell II (simultaner Einbezug aller Prädiktorvariablen, eingeschlossen AV$_{MZP2}$); MZP = Messzeitpunkt; Geschl = Geschlecht (Referenzgruppe: Männer); 2.Stex = Note des Zweiten Staatsexamens; NLK = Erfahrungen als Nachhilfelehrer (Referenzgruppe: Nie bzw. gelegentlich Erfahrungen als Nachhilfelehrer gesammelt); KU = Erfahrungen in der Kurs- bzw. Seminarleitung (z.B. Weiterbildung, Erwachsenenbildung) (Referenzgruppe: Nie bzw. gelegentlich Erfahrungen in der Kurs- bzw. Seminarleitung gesammelt); BA$_{MZP2}$ = Absicht der späteren Berufsausübung zum zweiten Messzeitpunkt (Referenzgruppe: Ich möchte außerhalb von Schule tätig werden bzw. mir die Entscheidung noch offen lassen); A$_{MZP2}$ bzw. B$_{MZP2}$ = AVEM-Risikomuster A bzw. B (Referenzgruppe: kein Risikomuster A bzw. B zum zweiten Messzeitpunkt) STR = Strukturierung von Unterricht; MOT = Motivierung/Klassenführung; HET = Umgang mit Heterogenität; INN = Innovieren; BEU = Beurteilen; ERZ = Erziehen.

Unter Berücksichtigung der abhängigen Variablen zum vorigen Messzeitpunkt (Modell II) erweisen sich auch die Faktoren Alter, Geschlecht, Durchschnittsbewertung des Zweiten Staatsexamens, Nachhilfelehrtätigkeiten und die Absicht der späteren Berufsausübung als bedeutsam.

Ältere Befragte schätzen ihre Kompetenzen in den Bereichen Unterrichten (Strukturierung von Unterricht, Motivierung/Klassenführung) und Innovieren höher ein, Männer hingegen auf der Skala Erziehen. Der Effekt (β = .-06) ist jedoch als sehr gering zu bewerten. In ähnlicher Weise wirken sich auch schlechtere Durchschnittsnoten des Zweiten Staatsexamens auf diese Skala aus (β = .05). Jedoch erweist sich dieser Prädiktor mit umgekehrtem Vorzeichen als höhere Einschätzungen begünstigend auf das Beurteilen (β = -.21) und Innovieren (β = -.23) aus. Letzteres lässt sich auch auf die spätere Berufsabsicht zurückführen (β = .24).

5.4.4 Einfluss auf die Einschätzungen fachübergreifender Kompetenzen: Bewertende Zusammenfassung

Wird der gesamte Zeitverlauf, zwischen dem Abschluss der ersten Lehrerbildungsphase und dem Berufseinstieg, betrachtet, gehen höhere Kompetenzeinschätzungen im Bereich des Kerngeschäfts Unterrichten zum letzten Messzeitpunkt auf ältere Befragte und Frauen zurück. Diese Effekte bestehen jeweils unter Berücksichtigung der davor liegenden Kompetenzbewertungen (Modell II) und liegen auf dem Niveau geringer bis mittlerer praktischer Bedeutsamkeit (.16 < β < .20).

Demgegenüber bleiben die positiven Einflüsse aus Nachhilfelehrer-, Seminarleitertätigkeiten sowie der Willensbekundung, den Beruf später auszuüben, nicht erhalten. Vielmehr gehen die Kompetenzeinschätzungen zum Berufseinstieg auf jene Bewertungen zum Abschluss des Referendariats zurück und tragen somit zur Varianzaufklärung bei, die unter Berücksichtigung der abhängigen Variablen zum vorigen Messzeitpunkt (Modell II) mit Werten zwischen 38 und 52 Prozent deutlich größer ist, gegenüber dem ersten Modell, das diese nicht mit einschließt. Darüber hinaus wird deutlich, dass sich die wahrgenommenen Kompetenzen zum Berufseinstieg allenfalls sehr gering auf jene nach Abschluss der ersten Lehrerbildungsphase zurückführen lassen. Ausgenommen hiervon ist lediglich die Skala Erziehen. Es liegt nahe, dass diese Bewertungen über den Zeitverlauf revidiert werden und daher keine hohe Prognosetauglichkeit besitzen.

Dieser Umstand bestätigt sich bei Betrachtung des Zeitraumes zwischen erster und zweiter Lehrerbildungsphase für die Einschätzungen der Skala Motivierung/Klassenführung. Weder unter Einbezug der Muster G und S, noch der Risikomuster A und B und jeweils der Prädiktoren des gesamten Zeitverlaufs, lassen sich die wahrgenommenen Kompetenzen diesbezüglich auf jene des davor liegenden ersten Messzeitpunktes zurückführen (jeweils Modell II). Vielmehr erklären Vorerfahrungen in der Kurs- bzw. Seminarleitung diese Einschätzungen.

Die Zugehörigkeit zu Muster G nach Abschluss der universitären Lehrerbildungsphase wirkt sich jedoch deutlich positiv auf die Kompetenzausprägungen im Bereich Beurteilen aus, wobei der Effekt sowohl unter Berücksichtigung und Nicht-Berücksichtigung der abhängigen Variablen zum vorigen Messzeitpunkt (Modell I/II) ein Niveau mittlerer praktischer Relevanz erreicht. Damit ist er nahezu doppelt so groß wie die Einschätzung dieser Skala zum ersten Messzeitpunkt. Diese größtenteils geringe und statistisch nicht signifikante Tendenz zeigt sich auch auf allen übrigen Skalen, weswegen unterstellt werden kann, dass ein hohes berufliches Engagement bei gleichzeitig ausgeprägter Widerstandsfähigkeit die Bewertung persönlicher Kompetenzen positiv beeinflusst.

Einfluss auf diesen Kompetenzbereich üben auch die beiden Risikomuster A und B aus, jedoch in umgekehrter Weise. Sie gehen mit geringer wahrgenommenen Kompetenzausprägungen einher.

Bei Muster S hingegen erreichen weder die Effektstärken Werte von praktischer Bedeutsamkeit, noch von statistischer Signifikanz. Zudem weisen sie auch nicht konsistent in eine Richtung.

Dieses Bild ändert sich nach Abschluss des Referendariats zum Berufseinstieg. Nunmehr begünstigen beide Muster, G und S, geringere Kompetenzeinschätzungen in der Höhe mittlerer praktischer Relevanz und unter Berücksichtigung der abhängigen Variablen zum vorigen Messzeitpunkt (Modell II). Betroffen sind vor allen Dingen die Bereiche, die dem Unterrichten zugeordnet sind. Des Weiteren bedingt Muster G in diesem Zeitraum, gegenüber dem vorigen zwischen universitärer Phase und Referendariat, geringere Kompetenzeinschätzungen im Bereich Beurteilen. Die aufgeklärten Varianzanteile ($36\ \% < R^2 < 53\ \%$) sind jedoch weiterhin unter Berücksichtigung der abhängigen Variablen zum vorigen Messzeitpunkt (Modell II) größer, sodass davon ausgegangen werden kann, dass die Kompetenzbewertungen des vorangegangenen zweiten Messzeitpunktes in hohem Maße bedeutsam für die Einschätzungen zum Berufseinstieg sind.

Vergleichbares gilt auch für die beiden Risikomuster A und B, auch hier lassen sich die Einschätzungen zum Berufseinstieg am ehesten auf die Bewertungen nach dem Referendariat zurückführen. Nichtsdestotrotz beeinflusst Muster B deutlich negativ und unter Berücksichtigung der abhängigen Variablen zum vorigen Messzeitpunkt (Modell II) die Wahrnehmungen eigener Kompetenz auf der Skala Strukturierung von Unterricht, was den Schluss nahe legt, dass sich die für das Muster typische Resignation im Bereich des Kerngeschäfts Unterrichten niederschlägt.

Demgegenüber wirkt sich Risikomuster A neben dieser Skala auf nahezu alle übrigen aus, der Einfluss kann daher als inhaltlich relativ breit beschrieben werden. Jedoch weist er in die entgegengesetzte Richtung, die Befragten geben zum Berufseinstieg an, sich kompetenter zu fühlen. Damit gehen diese hohen Kompetenzbewertungen von selbstregulativen Fähigkeiten aus, die typischerweise als exzessiv überfordernd charakterisiert werden.

Neben diesen konstatierten Einflüssen selbstregulativer Fähigkeiten, gehen die Kompetenzeinschätzungen der Befragten in den beiden Zeiträumen auch auf weitere Prädiktoren zurück. Diese bleiben auch unter Berücksichtigung der abhängigen Variablen zum vorigen Messzeitpunkt (Modell II) bestehen und liegen tendenziell unterhalb des Niveaus mittlerer praktischer Relevanz (durchschnittliche Effektstärke aus 24 Prädiktionen $|\beta|$ = .23, eigene Berechnung).

Zusammenfassend lässt sich für den Zeitraum zwischen universitärer Phase und Referendariat festhalten, dass höhere Kompetenzbewertungen auf folgende Prädiktoren zurückgehen: Männliche Befragte, Vorerfahrungen (als Vertretungslehrer oder in der Kurs- bzw. Seminarleitung) und die Absicht der späteren Berufsausübung.

Demgegenüber gehen höhere Bewertungen zwischen dem Abschluss des Referendariats und dem Berufseinstieg mit diesen Faktoren einher: Höheres Alter der Befragten, gute Durchschnittsbewertungen des Zweiten Staatsexamens, die artikulierte Absicht, den Beruf zukünftig auszuüben und Tätigkeiten als Nachhilfelehrer (mit sehr geringer Effektstärke).

5.5 Überblicksartige Zusammenstellung der Ergebnisse

Im Folgenden werden die als zentral erachteten Ergebnisse, in der Chronologie der Ergebnisdarstellung, überblicksartig zusammengefasst.

Die empirische Überprüfung konnte die dem Testinstrument zugrunde gelegte dimensionale Struktur nach Oser und Oelkers (2001) nicht bestätigen (s. Kap. 5.1). Daher wurde kriteriengeleitet, in Anlehnung an verschiedene Autoren (Baumert & Kunter, 2006; Helmke, 2009; König, 2012; König & Blömeke, 2009) eine Modellalternative entwickelt. Der Fit dieser sechs-faktoriellen Lösung auf die vorliegenden Daten konnte an den jeweiligen Messzeitpunkten bestätigt werden, sodass ein mehrdimensionales Modell fachübergreifender Kompetenzen vorliegt. Dieses unterscheidet die latenten Konstrukte Strukturierung von Unterricht, Motivierung/Klassenführung, Umgang mit Heterogenität, Innovieren, Beurteilen und Erziehen. Lediglich der Faktor Beurteilen scheint, betrachtet an den z.T. hohen Interskalenkorrelationen, einzelnen unterrichtsnahen Faktoren inhaltlich näher zu stehen, was für die spätere Diskussion relevant sein wird.

Es galt zu klären, ob bzw. inwiefern sich die subjektiven Kompetenzeinschätzungen über die drei tangierten Phasen der Lehrerbildung hinweg entwickeln (Kap. 5.2). Es wird ersichtlich, dass eine Progression von mittlerer praktischer Bedeutsamkeit (d > 0.8) über den gesamten Zeitverlauf vorliegt, wobei ergänzt werden muss, dass diese Aussagen auf einer tendenziell positiv selektierten Stichprobe beruhen. Es handelt sich jedoch nicht um eine lineare Entwicklung, da zwischen dem Abschluss der universitären Phase und dem des Referendariats die deutlichsten Veränderungen vorliegen, wohingegen die Bewertungen zum Berufseinstieg nicht weiter steigen, sondern ein leicht gegenläufiger Effekt eintritt. Jedoch verläuft die Entwicklung sehr gleichförmig. D.h., dass sich die Befragten stets in den Kompetenzbereichen des Kerngeschäfts Unterrichten und des Beurteilens am kompetentesten fühlen, wohingegen das Erziehen und Innovieren in dieser Reihenfolge als deutlich geringer ausgeprägt wahrgenommen werden. Zwischen den beiden Lehramtsgruppen Sekundarstufe I und II bestehen tendenzielle Unterschiede zugunsten höherer Bewertungen der ersten Gruppe nach der universitären Phase. Diese werden nach Abschluss des Referendariats und zum Berufseinstieg deutlicher, vor allen Dingen in den Bereichen Innovieren und Erziehen. Demgegenüber erzielen die Sekundarstufe-II-Lehrer höhere Werte im Bereich Leistungsbeurteilung.

Zusammenhänge zu diesen Kompetenzeinschätzungen der Befragten bestehen zu verschiedenen Faktoren (Kap. 5.3). So korrelieren die selbstregulativen Fähigkeiten zu allen Messzeitpunkten mit der wahrgenommenen Kompetenz in unterschiedlichen Inhaltsbereichen. Wobei sich zeigt, dass Muster G stets mit höheren und Risikomuster B mit niedrigeren Bewertungen zu allen Messzeitpunkten in Verbindung stehen. Bezogen auf die individuellen Voraussetzungen bestehen positive Zusammenhänge, im Sinne höherer Kompetenzwahrnehmungen zugunsten folgender Faktoren: Vorerfahrungen in der Kurs- bzw. Seminarleitung, als Vertretungs- bzw. Nachhilfelehrer, älterer Befragter, Frauen und besserer Durchschnittsbewertungen des Zweiten Staatsexamens.

Bis auf Vertretungslehrertätigkeiten bedingen sämtliche dieser Faktoren höhere Kompetenzeinschätzungen zu späteren Messzeitpunkten (Kap. 5.4).

Abbildung 22 veranschaulicht die entsprechenden Einflüsse selbstregulativer Fähigkeiten und individueller Voraussetzungen in den beiden Zeiträumen in Anlehnung an das Untersuchungsmodell der Studie (s. Kap. 4.1) graphisch.

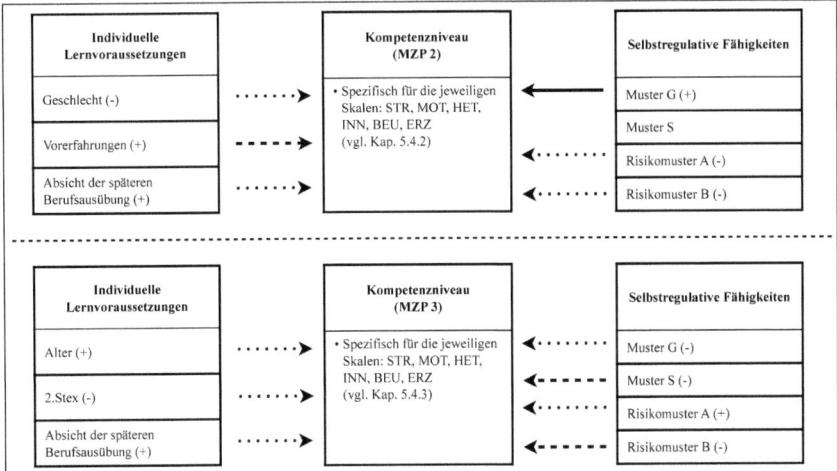

Abbildung 22: Einfluss individueller Lernvoraussetzungen und selbstregulativer Fähigkeiten (eigene Darstellung).

Anmerkungen:······▶ = kleiner Effekt (.10 < β < .30); ━━━▶ = mittlerer Effekt (.30 < β < .50); ━━━▶ = großer Effekt (ß > .50); MZP = Messzeitpunkt; 2.Stex = Note des Zweiten Staatsexamens; STR = Strukturierung von Unterricht; MOT = Motivierung/Klassenführung; HET = Umgang mit Heterogenität; INN = Innovieren; BEU = Beurteilen; ERZ = Erziehen. Die Effekte (β > 10) beziehen sich auf die kontrollierten Regressionsberechnungen, die Effekte der abhängigen Variablen zum vorangegangenen Messzeitpunkt sind übersichtshalber nicht aufgeführt (vgl. hierfür Kap. 5.4.2 und 5.4.3).

Unter Hinzunahme selbstregulativer Fähigkeiten und Differenzierung in die Zeiträume zwischen universitärer Phase und Referendariat sowie zwischen dem Abschluss des Referendariats und dem Berufseinstieg ergibt sich Folgendes: Im ersten Zeitraum ist lediglich der Kompetenzbereich Beurteilen betroffen und zwar positiv von Muster G und negativ von den beiden Risikomustern A und B. Muster S zeigt kein konsistentes Bild. Demgegenüber geht im zweiten Zeitraum ein negativer Effekt von Muster G, S und Risikomuster B aus. Betroffen sind neben weiteren Kompetenzbereichen vor allen Dingen jene, die dem Unterrichten zugeschrieben sind. Die Befragten, die diesen Mustern zugeordnet werden können, nehmen ihre Kompetenzen zum Berufseinstieg als deutlich geringer ausgeprägt wahr. Von Risikomuster A geht ein gegenteiliger Effekt aus, der sich zudem inhaltlich breit über die Kompetenzbereiche verteilt.

Darüber hinaus wurde ersichtlich, dass sich die Einschätzungen späterer Messzeitpunkte im Vergleich mit allen übrigen potentiellen Prädiktoren am ehesten auf die Einschätzungen vorangegangener zurückführen lassen. Ausgenommen hiervon sind lediglich die Bewertungen nach Abschluss der ersten Lehrerbildungsphase, die keine verlässliche Prognosetauglichkeit für jene zum Berufseinstieg besitzen. Darüber hinaus lassen sich die Kompetenzbewertungen im Bereich Klassenführung/Motivierung im ersten Zeitraum des Längsschnitts, zwischen dem Abschluss der universitären Phase und dem Referendariat, am ehesten durch Vorerfahrungen als Kurs- bzw. Seminarleiter erklären.

6 Diskussion der Ergebnisse

In diesem Kapitel werden ausgewählte zentrale Befunde der empirischen Studie diskutiert und interpretiert, deren Darstellung im vorangegangenen Ergebniskapitel eher deutungsarm gehalten wurde. Das Vorgehen orientiert sich an den in Kapitel 3.8 aufgestellten Zielsetzungen der Arbeit.

Zuerst wird die empirische Überprüfung des zugrunde gelegten Testverfahrens und die Dimensionierung fachübergreifender Kompetenzen in der vorliegenden Arbeit erörtert (Kap. 6.1). Anschließend wird das Niveau der Kompetenzeinschätzungen unter Bezugnahme auf die diskutierte Modellstruktur hinsichtlich einzelner Phasen der Lehrerbildung betrachtet (Kap. 6.2). Kapitel 6.3 greift Beziehungen und Einflüsse auf die Kompetenzeinschätzungen auf.

6.1 Zur Dimensionierung fachübergreifender Kompetenzeinschätzungen

Es galt, die theoretisch angenommene Dimensionierung des eingesetzten Testinstruments zur Erfassung fachübergreifender pädagogischer Kompetenzen von Oser und Oelkers (2001) empirisch zu überprüfen, um einem differenzierten Anspruch empirischer Lehrerbildungsforschung gerecht zu werden. Hiernach zeigte sich, dass die zu erwartende Struktur mit zwölf Faktoren, die die sogenannten Standardgruppen (s. Kap. 4.1.1.1) des Verfahrens bilden, weder entlang stichprobenabhängiger noch -unabhängiger Fit-Indikatoren (vgl. Kap. 4.3.3) eine akzeptable Passung auf die Daten auswies.

Dies ist insofern wenig verwunderlich, als dass hier ein typischer methodischer Mangel bisheriger Praxis in der Lehrerbildungsforschung zum Ausdruck kommt. Es wird eine Validitätsprüfung (vgl. Beck, 2009; Borsboom et al., 2004) der eingesetzten Testverfahren bzw. des angenommenen Kompetenzmodells unterlassen. Jedoch stellt ein auf der Basis empirischer wie auch theoretisch-normativer Zugänge entwickeltes Kompetenzmodell „zunächst nur ein hypothetisches Beschreibungsmodell über relevante Leistungsvoraussetzungen bzw. personale Ressourcen für die Bewältigung zentraler Anforderungen in einer Aufgabendomäne dar" (Schaper, 2009, S. 180). So wurde zwar häufig auf die Dimensionierung fachübergreifender Kompetenzen nach Oser und Oelkers (2001) zurückgegriffen (vgl. Kap. 3.6), jedoch zumeist ohne die angemahnte Validitätsprüfung durchzuführen. Insofern sind die auf dieser Grundlage getä-

tigten Aussagen, zumindest in Bezug auf die modelltheoretische Validität fachübergreifender Kompetenzen, zu relativieren.

Um diesem allgemein-methodischen Anspruch empirischer Lehrerbildung
unter Beibehaltung des inhaltlich weiten Verständnisses fachübergreifender
Kompetenzen des ursprünglichen Verfahrens weiterhin gerecht werden zu können, wurden über den konfirmatorischen Weg Alternativen geprüft. Diese orientieren sich an Kriterien, die zum einen auf der Rezeption des Testverfahrens
beruhen (z.b. Helmke, 2009; König, 2012) und zum anderen Bezug zur Diskussion fachübergreifender Kompetenzen nehmen (z.b. Baumert & Kunter, 2006;
König & Blömeke, 2009; Seifert & König, 2012). Vor diesem Hintergrund
konnten vier inhaltlich unterschiedliche Modelle miteinander verglichen werden, wobei die sechs-faktorielle Lösung am besten auf die Daten passte und an
allen Messzeitpunkten bestätigt werden konnte.

Diese unterscheidet sechs latente und damit messfehlerbereinigte Faktoren
(Strukturierung von Unterricht, Motivierung/Klassenführung, Umgang mit Heterogenität, Innovieren, Beurteilen und Erziehen) und erhält zudem die mehrdimensionale Struktur fachübergreifender Kompetenzen. Darüber hinaus liegen
die latenten Interskalenkorrelationen und standardisierten Ladungen auf dem
Niveau von Verfahren, die vergleichbare Inhalte erfassen (vgl. Blömeke et al.,
2010a, 2010b; König & Seifert, 2012b; Kunter et al., 2011). Eine deutlichere
Trennung einzelner Bereiche wäre trotzdem wünschenswert. Besonders die z.T.
hohen Interskalenkorrelationen der Skala Beurteilen zu bestimmten Skalen des
Unterrichtens deuten darauf hin, dass hier relativ ähnliche Inhalte tangiert werden. Dies wird für die weitere Diskussion von Bedeutung sein (s. Kap. 6.2).

Des Weiteren floss in diese Berechnungen nur ein geringer Anteil, nämlich
24 der insgesamt 88 Variablen aus dem Testverfahren, ein. Daher können, neben der Beurteilung des Modellfits anhand verschiedener Fit-Indikatoren, nur
begrenzt Aussagen zur Kontentvalidität getätigt werden. Besonders das Fehlen
einer ausführlichen Prüfung der Kontentvalidität, z.B. der Zuordnung der Items
zu den Konstrukten durch weitere Experten, muss hier angeführt und für weitergehende Forschungen berücksichtigt werden. Es kann jedoch angenommen
werden, dass die kriteriengeleitete Variablenauswahl und die Anzahl der Variablen je zu erwartendem Faktor der Kontentvalidität zutragen. Darüber hinaus
argumentieren sowohl Oser (2001, S. 242) selbst, als auch weitere Autoren
(z.B. Rauin & Meier, 2007; Reh, 2005), dass die Skalen begründet modifizier-
und veränderbar sind.

Insofern wurden die bereits erwähnten allgemein-methodischen Ansprüche an die empirische Lehrerbildungsforschung berücksichtigt, die zu keiner erschöpfenden, dafür aber begründeten Variablenauswahl führen. Diese finden sich schließlich in einem empirisch überprüften Modellkonstrukt fachübergreifender Kompetenzen wieder. Gewissermaßen als Nebeneffekt entsteht durch die zuerst fehlgeschlagene Modellüberprüfung und anschließende Neujustierung die Möglichkeit, die zu analysierenden Daten in Bezug zu weiteren Studien zu setzen, die sich vergleichbar validierter Modelle bedienen (z.b. König & Seifert, 2012b; Voss & Kunter, 2011). Dies eröffnet nicht nur einen größeren Interpretationsspielraum, in dem die dort zumeist über objektive Verfahren (Wissenstests) generierten Ergebnisse mit den hier erfassten in Zusammenhang gebracht werden können. Sondern es führt auch dazu, dass der Forderung nach anschlussfähiger und systematischer Kompetenzmodellierung nachgekommen wird (vgl. Kap. 3.8).

6.2 Das Niveau der Kompetenzeinschätzungen

Sowohl die beschriebenen Ergebnisse der Querschnittstichproben als auch jene der Längsschnittstichprobe zeigen, dass die Befragten ihre Kompetenzen zu den einzelnen Messzeitpunkten und damit nach Abschluss der jeweiligen Lehrerbildungsphasen als unterschiedlich ausgeprägt wahrnehmen. Die im Weiteren getroffenen Aussagen beruhen jedoch auf einer tendenziell positiv selektierten Stichprobe (vgl. Kap. 5.2): Das betrifft zum einen die Beteiligungsquoten. D.h. in der Konsequenz, dass nicht näher beziffert werden kann, inwiefern die Befragten ihren eigenen Kompetenzen besonders kritisch gegenüberstehen. Zum anderen unterliegen die Mittelwertvergleiche Messfehlern (vgl. Kap. 4.3.3), weswegen zumindest leichte Ungenauigkeiten angenommen werden müssen.

Nichtsdestotrotz kommt es über den gesamten Zeitverlauf zwischen dem Abschluss des Ersten Staatsexamens und dem Berufseinstieg über alle Skalen hinweg zu einer Steigerung und damit Entwicklung in den Kompetenzeinschätzungen von hoher praktischer Bedeutsamkeit ($d > 0.8$). Auch wenn es sich hier lediglich um die subjektiven Kompetenzbewertungen der Befragten handelt, kann doch die Frage danach (König & Tachtsoglou, 2012), ob und wie sich Kompetenzeinschätzungen entwickeln, beantwortet werden. Sie entwickeln sich in der Form, als dass die größten wahrgenommenen Entwicklungssprünge auf das Referendariat entfallen, wohingegen zum Berufseinstieg eine leichte Abnahme dieser Bewertungen stattfindet. Die Entwicklung ist daher nicht als linear zu bezeichnen. D.h., sie fällt phasenspezifisch unterschiedlich aus, was am Ausprägungsniveau der Skalenmittelwerte, die die wahrgenommene Verarbeitungstiefe der Kompetenzbereiche in den jeweiligen Phasen anzeigt, abgelesen werden kann. Vor diesem Hintergrund werden die entwicklungsspezifischen Besonderheiten einzelner Lehrerbildungsphasen separat diskutiert. Die Abfolge orientiert sich am erfassten Zeitraum, zuerst wird die erste (Kap. 6.2.1), anschließend die zweite (Kap. 6.2.2) und letztlich die dritte Phase (Kap. 6.2.3) der Lehrerbildung beschrieben.

6.2.1 Zur ersten Phase der Lehrerbildung

Die Befragten beschreiben die Ebene der Auseinandersetzung, die in der ersten Phase stattgefunden hat, größtenteils als theoretisch. Damit entsprechen die Einschätzungen der Befragten dem phasenspezifischen Schwerpunkt (vgl. Kap. 3.4): In der ersten Phase geht es primär um die Vermittlung von wissenschaftlichem Grundlagenwissen (Terhart, 2002), ergo einer theoretischen Beschäftigung mit den Kompetenzbereichen. Wenngleich dieses Niveau daher als erwartungskonform zu bezeichnen ist, wird ebenso deutlich, welche Inhaltsbereiche die Befragten als zentral markieren: Es sind die unterrichtsnahen Kompetenzbereiche und das Beurteilen, in denen die höchsten und die unterrichtsferneren, besonders das Innovieren, in denen die geringsten Werte erzielt werden. Die hohen Werte zum Beurteilen lassen sich in dieser Studie, wie bereits eingangs erwähnt (s. Kap. 6.1), vermutlich durch die z.T. hohen Interskalenkorrelationen zu bestimmten Aspekten des Unterrichtens erklären (vgl. Kap. 5.1), die darauf hindeuten, dass hier relativ ähnliche Inhalte tangiert werden.

Insgesamt werden jedoch die Ergebnisse von anderen Studien, die mit subjektiven (z.B. Oser & Oelkers, 2001; Seipp, 2003) und objektiven Verfahren (z.B. König & Blömeke, 2009; Seifert & Schaper, 2012) arbeiten, in weiten Teilen bestätigt (vgl. Kap. 3.6.2.1). Obschon diese nicht auf Daten von Sportlehrern beruhen, sind sie vom Ergebnis her doch vergleichbar. Zum einen konnten Oesterhelt et al. (2012) in ihrer Studie keine Unterschiede zwischen Lehramtsstudierenden im Fach Sport und Studierenden anderer Fächer feststellen und zum anderen haben die hier befragten Lehramtsstudierenden mindestens ein weiteres Unterrichtsfach studiert. Zudem werden Einschätzungen zu fachübergreifenden Kompetenzen erfasst, die, so wird angenommen, unabhängig vom jeweiligen Unterrichtsfach, die allgemeine Grundlage des Lehrerhandelns darstellen (vgl. Kap. 3.3.1.1).

Lediglich im Vergleich zur Studie von Rauin und Meier (2007) bestehen kleinere Differenzen. Die dort als schwach eingeschätzten Bereiche, Klassenmanagement und Diagnostik, werden hier verhältnismäßig hoch eingeschätzt. Somit kann deren Folgerung, Klassenmanagement sei kein Thema der universitären Lehrerbildung, in dieser Studie nicht bestätigt werden. Dies kann mitunter daran liegen, dass das hier gewählte Modell fachübergreifender Kompetenzen den Bereich Motivierung/Klassenführung unter Bezugnahme theoretischer Aspekte kriteriengeleitet (vgl. Kap. 5.1, Tab. 16) und letztendlich inhaltlich an das Kerngeschäft Unterrichten anschließt und sie nicht nach inhaltlicher Auswahl bestimmten Bereichen zuordnet, ohne darüber hinaus nach faktorenanalytischer Replikation zu fragen (ebd., S. 111). Bei genauerer Betrachtung fällt des Weiteren auf, dass der von Rauin und Meier beschriebene Kompetenzbereich Klassenmanagement eher dem hier modellierten Erziehen entspricht, der wiederum auf ähnlichem Ausprägungsniveau liegt.

Die hohen Einschätzungen von Sonderpädagogikstudierenden zur Diagnostik führen diese auf studiengangsspezifische Profilierungen zurück. Inhaltlich steht dieser Kompetenzbereich dem hier erfassten Beurteilen nahe. Dieser wird, wie alle übrigen Inhaltsbereiche, allenfalls tendenziell und ohne statistische Signifikanz höher von den Sekundarstufe-I-Lehrern gegenüber den Sekundarstufe-II-Lehrern bewertet (vgl. Kap. 5.2.2.2). Damit weisen die Ergebnisse zumindest leicht in eine vergleichbare Richtung, wenn sie auch auf relativ kleinen Stichprobengrößen beruhen. Sie lassen sich dennoch stützen von Befunden aus der Studie MT 21 (Blömeke, Kaiser et al., 2008), bei der das ausgeprägtere fachübergreifende Wissen angehender Sekundarstufe-I-Lehrer gegenüber den Sekundarstufe-II-Lehrern auf eine schulnähere erste Lehrerbildungsphase zurückgeführt wird (Blömeke, Felbrich & Müller, 2008a).

Da hier jedoch kein fachübergreifendes Wissen getestet, sondern Selbsteinschätzungen erfasst wurden, können sie nicht im Sinne einer Kompetenzdiagnostik als Indikator tatsächlicher Kompetenz interpretiert werden (vgl. Kap. 3.5). Vielmehr, so Cramer (2010, S. 89), besteht das Potenzial darin, sie als „*Kompetenzerwartungen zum (beruflichen) Selbstverständnis*" zu deuten. Somit sprechen die Ergebnisse dafür, dass sich die Befragten nach Abschluss der universitären Lehrerbildungsphase gegenüber den Inhalten des Kerngeschäfts Unterrichten als gerüstet wahrnehmen, weniger jedoch gegenüber den übrigen Kompetenzbereichen von Lehrern. Damit stellen die Selbsteinschätzungen einen Indikator beruflicher Selbstwirksamkeit dar, die zwar einen pro-spektiven und damit hypothetischen Charakter besitzen, jedoch als „bedeuten-der Faktor" (Döbrich & Abs, 2006, S. 96) zur Bewältigung beruflicher Aufga-ben verstanden werden (z.B. Bandura, 1997). Mithin begünstigen sie ausge-prägteres Engagement bei gleichzeitig höherer Berufszufriedenheit und werden als persönliche Ressource bewertet (Schwerdtfeger et al., 2008; Skaalvik & Skaalvik, 2010; Warner & Schwarzer, 2009).

Vor diesem Hintergrund muss zumindest angemerkt werden, dass sich die Selbstwirksamkeitserwartungen der Befragten zwar auf einen zentralen Kompe-tenzbereich des Lehrerhandelns, nämlich das Kerngeschäft Unterrichten, bezie-hen, in den übrigen Bereichen jedoch keine vergleichbaren Erwartungen zu verzeichnen sind.

6.2.2 Zur zweiten Phase der Lehrerbildung

Die zweite Phase zielt hingegen mehr auf das Herausbilden einer Handlungs-grammatik (Neuweg, 2004) ab, welche zusätzlich die praktische Erprobung verlangt (vgl. Kap. 3.4). Erwartungsgemäß spiegeln die Einschätzungswerte zum Abschluss des Referendariats diese auch wieder. Dieser Umstand stützt die Annahme, dass sich die praktische Auseinandersetzung mit den Kompetenzbe-reichen in der Praxis des Referendariats besonders förderlich auf das Kompe-tenzerleben auswirkt (Mayr, 2006b; vgl. auch Kap. 3.6.2.1).

Bezogen auf die Kompetenzbereiche, die aus Sicht der Befragten besonders thematisiert wurden, zeigen sich Ähnlichkeiten zu anderen Studien (vgl. Kap. 3.6.2.2). Sowohl aus den Studien PEB-SEM (Döbrich & Storch, 2012), der LAK-Studie (Schubarth et al., 2010), als auch COACTIV-R (Kunter et al., 2011) geht hervor, dass die Kompetenzen, die dem Unterrichten zuge-schrieben werden, am deutlichsten vom Referendariat profitieren. Deutlich ge-ringere Werte werden in den übrigen Bereichen erzielt. Die erneut hohen Aus-prägungen auf der Skala Beurteilen dürften auf die inhaltliche Nähe, gestützt auf die z.T. hohen Skaleninterkorrelationen (vgl. Kap. 5.1) zum Kerngeschäft Unterrichten, zurückgehen.

Damit liegen jedoch deutliche Parallelen zu den Bewertungen der ersten Lehrerbildungsphase vor. Am deutlichsten scheint sich das Referendariat auf die wahrgenommenen Kompetenzen mit dem Kerngeschäft des Unterrichtens auszuwirken. Allenfalls das Beurteilen erfährt vergleichbare Zuschreibungen.

Demgegenüber empfinden sich die Befragten hinsichtlich der übrigen Inhalts-bereichen als weniger gerüstet.

Im Gegensatz zu den in der ersten Phase nur tendenziell vorliegenden Un-terschieden zwischen den Lehrämtern, bewertet sich nunmehr die Gruppe der Sekundarstufe-I-Lehrer in nahezu sämtlichen Kompetenzbereichen höher. Le-diglich der Bereich Beurteilen fällt marginal zugunsten höherer Bewertungen der Sekundarstufe-II-Lehrer aus. Dieser Umstand spricht dafür, dass, in Analo-gie zur tendenziell erkennbaren schulformspezifischen Profilierung des Studi-ums (s. Kap. 6.2.1), auch eine schulartspezifische Sozialisation (Abs, 2006) im Referendariat und an den entsprechenden Ausbildungsschulen stattfindet. Die von Blömeke et al. (2008a) beschriebene schulnähere Ausbildung der Sekun-darstufe-I-Lehrer kann hiernach vorsichtig spezifiziert werden: Sie fokussiert neben ausdifferenzierten Unterrichtskompetenzen vor allen Dingen die unter-richtsferneren Bereiche Erziehung und Innovieren. Demgegenüber ist aus den Angaben der Sekundarstufe-II-Lehrer zum Referendariat zu entnehmen, dass eine Profilierung zur Beurteilung und Bewertung von Leistung vorliegt. Es ist durchaus plausibel, dass Leistungsaspekte in dieser Lehramtsgruppierung zen-traler sind als in der ersten.

Insgesamt fallen die Unterschiede zwischen den Kompetenzerwartungen zwischen der universitären Phase und dem Referendariat aber auf allen Skalen deutlich aus. Die Effektstärken sind stets von hoher praktischer Relevanz ($1.54 < d < 2.37$) und auf jeder Skala größer als für den Gesamtzeitraum oder den Zeitabschnitt zwischen zweiter und dritter Phase. Daher ist davon auszuge-hen, dass sich das Referendariat in besonderer Weise auf das berufliche Selbst-verständnis der Befragten auswirkt, was auch Studien, die mit Wissenstests arbeiten, konstatieren.

Hier liegen die höchsten Effektstärken z.B. in der Studie COACTIV-R im unterrichtsnahen Bereich Klassenführung allerdings bei $d = 0.22$ (Voss & Kun-ter, 2011, S. 206/207). Interessant an diesem Vergleich ist besonders die Höhe der Effektstärke, die deutlich niedriger ausfällt als bei den hier erfassten Selbst-einschätzungen. Dies eröffnet zumindest in Ansätzen, da hier nicht wie von König und Tachtsoglou (2012, S. 297) gefordert, beide Verfahren (subjektive und objektive) gleichzeitig eingesetzt wurden, Raum für Interpretationen.

So können die Unterschiede dahin gehend gedeutet werden, dass sich Wis-senszuwächse weniger stark im Referendariat entwickeln als Kompetenzerwar-tungen. Offensichtlich bewerten die Befragten diese zweite Lehrerbildungspha-se subjektiv als vergleichsweise wichtig, um sich mit den beruflichen Aufgaben und Anforderungen auseinanderzusetzen, was in der davor liegenden universitären Phase aus ihrer Perspektive eher weniger gelingt.

Es sind schwerpunktmäßig erneut, wie bereits in der ersten Lehrerbildungsphase, die Kompetenzbereiche des Kerngeschäfts Unterrichten, in denen die Befragten erwarten, adäquate Kompetenzen zur Bewältigung der beruflichen Aufgaben entwickelt zu haben. Somit führen sie ihr berufliches Selbstverständnis (Cramer, 2010) auf einen Teilbereich, der als notwendig erachteten fachübergreifenden Kompetenzen zurück. Das ist aus zwei Perspektiven zu problematisieren: Zum einen liegt aus Sicht der Befragten ein identischer inhaltlicher Fokus in den ersten beiden Phasen der Lehrerbildung vor. In Anlehnung an Rauin und Meier (2007, S. 130) kann daher gefragt werden, ob diese Akzentuierung zielführend ist oder nicht zumindest eine inhaltlich weitere Ausrichtung wünschenswert wäre. Zum anderen konnte gezeigt werden, dass die als schwach wahrgenommenen Kompetenzbereiche, z.B. Innovieren, sehr bedeutsam für das individuelle Belastungserleben sowie die Berufszufriedenheit und damit indirekt auch die Unterrichtsqualität sind (u.a. Gehrmann, 2007; Warner & Schwarzer, 2009).

6.2.3 Zur dritten Phase der Lehrerbildung

Die Einschätzungswerte liegen zum Berufseinstieg in einem Bereich, dem die Ebene theoretischer und praktischer Auseinandersetzung unterstellt werden kann. Es liegt nahe, dass dieses der eingeforderten Ausbildung einer Handlungsgrammatik (Neuweg, 2004) zuträglich sein dürfte (vgl. Kap. 3.4).

Bezüglich der unterschiedlich hoch eingeschätzten Kompetenzbereiche zeigt sich ein analoges Bild zu den beiden vorangegangenen Phasen: Erneut werden unterrichtsnahe Skalen und jene des Beurteilens konstant hoch bewertet, wohingegen unterrichtsfernere Kompetenzbereiche deutlich dahinter zurückbleiben. Besonders hiervon betroffen ist die Skala Innovieren. Dieser Umstand bestätigt die Annahme einer, von den Befragten wahrgenommenen, Parallelführung der inhaltlichen Schwerpunkte aller drei tangierten Lehrerbildungsphasen, die sich besonders in der sehr gleichförmigen Bewertung aller Skalen über den Zeitverlauf (graphisch) abbildet (s. Kap. 5.2.2, Abb. 21).

Darüber hinaus liegen sämtliche Skalenmittelwerte zum Berufseinstieg unter denen des Referendariats ($-0.27 < d < -0.52$). Die Abnahme eigener Kompetenzerwartungen spricht zumindest für eine Neubewertung der Kompetenzen als Resultat des Eintritts in die Berufstätigkeit mit zumeist vollumfänglichem, dem jeweiligen Lehramt entsprechenden Stundendeputat (vgl. Kap. 4.2.5): „Im erweiterten Bezugsrahmen der beruflichen Anforderungen entstehen Irritationen der bestehenden Schemata und Verunsicherung der individuellen Kompetenzüberzeugung. Was wirklich funktioniert, ist plötzlich nicht mehr klar" (Keller-Schneider & Hericks, 2011, S. 303). Insofern stellt die, im Vergleich zum Referendariat berufsnähere, da weniger institutionell begleitete praktische Erfahrung des Berufseinstiegs (vgl. Kap. 3.6.2.3), ein Korrektiv der eigenen beruflichen Selbstwirksamkeit dar. Dieser, sogenannte *Dunning-Kruger-Effekt* (Kruger & Dunning, 1999) steht sinnbildlich für die Selbstüberschätzung von Personen mit geringerem Wissensstand gegenüber jenen, die über mehr Wissen verfügen. Dieses Phänomen konnten Hartmann und Weiser (2007) bereits für Lehramtsstudierende vor und nach dem Absolvieren von Schulpraktika zeigen.

Transferiert auf die hier beschriebenen Ergebnisse zum Berufseinstieg kann dies dahin gehend interpretiert werden, dass nach dem Referendariat das Gefühl einer „unbewussten Kompetenz" vorliegt, die sich nach kurzzeitiger Berufstätigkeit als zu „relativierende Inkompetenz" (in bestimmtem Maße) herausstellt. An dieser Stelle kann nur vermutet werden, inwiefern sich dieses Korrektiv im anschließenden Zeitverlauf weiter auf das eigene Kompetenzempfinden auswirkt. Es ist aber deutlich, dass dieses „Habitat für seltene Ereignisse", so Rauin (2011, S. 444), ein bedeutsamer Ankerpunkt der wahrgenommenen Entwicklung fachübergreifender Kompetenzen ist. Dieser Umstand unterstreicht einmal mehr die Forderungen nach einer gezielten Unterstützung in der Berufseingangsphase (Blömeke, 2010; Keller-Schneider & Hericks, 2011; Schaefers, 2002; Terhart, 2000a).

Neben diesem, mutmaßlich durch das Korrektiv bewirkten Rückgang eigener Kompetenzbewertungen wird weiterhin deutlich, dass jene Bewertungen, nach Abschluss der universitären Phase, keine verlässliche Prognosefähigkeit für spätere Einschätzungen darstellen. Lediglich solche des Bereichs Erziehen sind hiervon ausgenommen. Dieser Umstand bestärkt die Annahme Mayrs (2010, S. 80), dass die Spuren des Studiums im Zeitverlauf verschwinden (vgl. Kap. 3.6.1). Zumindest scheinen sie aber für das Erleben beruflicher Wirksamkeit keine allzu große Rolle zu spielen.

Bezogen auf die Differenzen zwischen den beiden Lehramtsgruppen, erhärten sich die Vermutungen aus der zweiten Phase. Es liegt eine lehramtsspezifische Profilierung in der Form vor, als dass sich die Sekundarstufe-II-Lehrer im Bewerten von Leistungen als kompetenter empfinden, die Sekundarstufe-I-Lehrer hingegen deutlicher in den Bereichen Unterrichten, Erziehen und Innovieren. Zudem ist insgesamt ein Einfluss der studierten Lehramtsform auf die Entwicklung der Kompetenzeinschätzungen zu verzeichnen. Es ist anzunehmen, dass dieses lehramtsspezifisch unterschiedlich ausgeprägte berufliche Selbstverständnis auch damit zu tun hat, mit welchen beruflichen Anforderungen die Befragten ihrer Meinung nach konfrontiert werden.

Ergänzend angemerkt werden muss zudem aus den COACTIV-Daten (Kunter et al., 2011), dass die Sekundarstufe-II-Lehrer eine deutlich geringere Neigung (Richter, 2011) dazu besitzen, fachübergreifende Fortbildungsveranstaltungen zu besuchen. Unter Bezugnahme auf die vorliegenden Daten wäre dieses jedoch wünschenswert, damit sich die berufliche Selbstwirksamkeit nicht nur auf das Beurteilen und Unterrichten stützt.

6.3 „Auf den Lehrer kommt es an?"[53] Beziehungen und Beeinflussungen der Kompetenzeinschätzungen

Neben der bisher beschriebenen Entwicklung der Kompetenzeinschätzungen und damit des beruflichen Selbstverständnisses der Befragten, stellt sich nunmehr die Frage danach, welche Beziehungen zu bzw. Beeinflussungen auf jene Kompetenzbewertungen bestehen. Zumal angenommen werden kann, dass „ein positiver Zusammenhang zwischen dem (beruflichen) Selbstverständnis und den tatsächlichen Kompetenzleistungen künftiger Lehrkräfte besteht" (Cramer, 2010, S. 95). Wenngleich ein entsprechender Nachweis bisher nicht vorhanden ist, scheint er doch plausibel. Schließlich wird den Kompetenzen von Lehrern eine implizite Wirkung (Terhart, 2012; s. auch Kap. 3.2.4 und 3.5) unterstellt: „Lehrer haben mit ihren Kompetenzen und ihrem unterrichtlichen Handeln erheblichen Einfluss auf die Lernentwicklung von Schülern", argumentiert z.B. Lipowsky (2006, S. 64).

Daher werden im Folgenden die Zusammenhänge zu und die Einflussnahme individueller Lernvoraussetzungen (Kap. 6.3.1) und selbstregulativer Fähigkeiten (Kap. 6.3.2) auf die Kompetenzeinschätzungen besprochen.

---

53   Vgl. den gleichnamigen Aufsatz von Lipowsky (2006), in dem er empirische Evidenzen für den Zusammenhang zwischen Lehrerkompetenzen, Lehrerhandeln und dem Lernen von Schülern beschreibt.

6.3.1 Individuelle Lernvoraussetzungen

Besonders augenscheinlich ist die Bedeutung spezifischer Vorerfahrungen. Von ihnen gehen nicht nur positive Beziehungen zu den Kompetenzeinschätzungen aus (Kap. 5.3.3), sie begünstigen diese auch in gewissem Maße (Kap. 5.4).

Hiervon ausgenommen ist lediglich die Betreuung von Kindern und Jugendlichen, die zwar die große Mehrheit der Befragten (59,0 Prozent) mit in die Lehrerbildung einbringt (s. Kap. 4.2.2), auf die jedoch die späteren Kompetenzbewertungen nicht zurückgeführt werden können. Es liegt der Verdacht nahe, dass solche Tätigkeiten inhaltlich weiter von der späteren Berufstätigkeit entfernt sind. Auch König et al. (2012a, S. 240/241) finden in der LEK-Studie keinen positiven Effekt für derartige Vorerfahrungen. Insofern ist es zwar plausibel, dass sich angehende (Sport-)Lehrer vor Studienbeginn aufgrund ihrer Neigung häufiger als Betreuer, z.B. im Sportverein, engagieren. Dass sich diese außerschulischen Tätigkeiten jedoch positiv auf die Kompetenzentwicklung auswirken, ist nicht zu konstatieren.

Vielmehr zeigt sich, dass solche Vorerfahrungen, die einen explizit inhaltlichen Bezug zum späteren Beruf haben und daher als pädagogische Vorerfahrungen zu bezeichnen sind, eine positiv wahrgenommene Kompetenzentwicklung begünstigen. Das ist in dieser Studie z.B. daran zu erkennen, dass sich Vertretungslehrertätigkeiten gegenüber Kurs- bzw. Seminarleitungen oder dem Erteilen von Nachhilfeunterricht, am deutlichsten und inhaltlich am weitesten auf die Einschätzungen auswirken (s. Kap. 5.3.3). Die von Oesterhelt et al. (2012) getätigte Aussage, dass von pädagogischen Vorerfahrungen kein erkennbarer Einfluss ausgeht, ist bei genauerer Betrachtung zu relativieren. Sie beziehen sich auf außerschulische, sportbezogene Erfahrungen, die, so zeigen die Ergebnisse dieser und weiterer Studien (Cramer, 2012; König & Seifert, 2012b), nicht im engeren Sinne als pädagogische Vorerfahrungen betrachtet bzw. verallgemeinert werden können.

Vielmehr ist davon auszugehen, dass Vorerfahrungen, die eine große inhaltliche Nähe zum späteren Beruf aufweisen, systematisch-reflektiert aufbereitet werden (Hascher, 2005a) und sich dieser Erfahrungshorizont wiederum positiv auf die eigene Kompetenzbewertung niederschlägt.

Dieser Effekt scheint sich jedoch zum Berufseinstieg hin abzuschwächen (vgl. Kap. 5.4.3), sodass angenommen werden kann, dass pädagogische Vorerfahrungen, die bis zum Abschluss des Studiums getätigt wurden, für die Kompetenzerwartungen zum Ende des Referendariats von Bedeutung sind, jedoch weniger zum Berufseinstieg. Daher können sie als zeitlich limitierte persönliche Ressource interpretiert werden (Rothland, 2011b; Ziegler, 2009).

Besonders deutlich zeigt sich dieses für Aktivitäten in der Kurs- bzw. Seminarleitung. Diese tragen in hohem Maße zur Erklärung der Bewertungen im Bereich Motivierung/Klassenführung zum Abschluss des Referendariats bei. Der Effekt ist dabei doppelt so groß wie die Einschätzungen dieses Bereichs zum Abschluss der ersten Lehrerbildungsphase. D.h., dass die Befragten einer solchen Tätigkeit für ihre Kompetenzentwicklung eine größere Bedeutung zuschreiben, als der Kompetenzwahrnehmung, die aus der universitären Phase resultiert.

Da spezifische Vorerfahrungen zumindest moderat mit einer intrinsischen Berufswahlmotivation zusammenhängen, die sich positiv auf die Kompetenzentwicklung auswirkt (Rothland, 2011a; Schreiber et al., 2012), verwundert es wenig, dass sich die Absichtsbekundung, den Beruf später ausüben zu wollen, ebenso als vergleichsweise günstig erweist (Kap. 5.3.3). Für den gesamten Zeitraum zeigt sich ein positiver Einfluss auf das Kerngeschäft Unterrichten und das Innovieren. Interessant ist jedoch, was sich nach differenzierterer Betrachtung zeigt: Offenbar wirkt sich jene Absicht zum Abschluss des Referendariats besonders positiv auf die Kompetenzbewertungen des Unterrichtens aus (Kap. 5.4.2), wohingegen zum Berufseinstieg das Innovieren höher bewertet wird (Kap. 5.4.3).

Vor dem Hintergrund der Erfahrungen der entsprechenden Lehrerbildungsphasen könnte dieser Umstand für eine Relativierung wahrgenommener Kompetenzen sprechen. Dadurch, dass die Befragten in der ersten Lehrerbildungsphase primär das Unterrichten als thematisierten Gegenstand empfinden (s. Kap. 6.2.1), beschränkt sich die eigene Motivation zur beruflichen Tätigkeit auch hierauf. Dieser Fokus erweitert sich wiederum im Referendariat, sodass die Befragten nunmehr auch weitere Inhaltsbereiche wahrnehmen. Folgt man der Annahme Cramers (2010), es handele sich bei Kompetenzeinschätzungen um einen Ausdruck beruflicher Selbstwirksamkeit, kann unterstellt werden, dass sich die Befragten im Referendariat besonders im Bereich Innovieren als wirksam erlebt haben. Diese berufliche Selbstwirksamkeitserwartung (Bandura, 1997) prägt in der Konsequenz die Motivation der Befragten zum Beruf selbst.

Von den weiterhin erfassten soziodemographischen Merkmalen scheint vor allen Dingen dem Alter der Befragten eine Bedeutung für die Kompetenzeinschätzungen zuzukommen.

So bestehen zum Abschluss der universitären Phase positive Beziehungen: Ältere Befragte erreichen besonders im unterrichtsnahen Bereich höhere Werte als jüngere (Kap. 5.3.1). Dieser Umstand könnte darin begründet liegen, dass sie eher spezifische Vorerfahrungen gesammelt haben (vgl. Kap. 4.2.2) und dadurch bereits in der Vergangenheit ähnlichen Aufgaben gegenüberstanden. Sofern sie sich dort als wirksam erlebt haben, besteht Grund zur Annahme, dass sich diese selbstwertförderliche Ursachenzuschreibung (Bandura, 1997) positiv im Sinne höherer Bewertungen eigener Kompetenzen auswirkt. Auch unter Betrachtung der Vorhersagekraft höherer Kompetenzen im Bereich des Kerngeschäfts Unterrichten bleibt dieser positive Effekt bestehen (Kap. 5.4.1).

Wenngleich sich diese Annahmen auf wahrgenommene Kompetenzen beziehen, lässt sich doch mit Blick auf Klusmann (2011c) vorsichtig vermuten, dass es sich weniger um einen direkten als einen indirekten Effekt soziodemographischer Merkmale, zumindest des Alters, handelt (vgl. Kap. 3.7.1). Dieser könnte hiernach dort zu finden sein, wo ein höheres Alter eher spezifische Vorerfahrungen mit sich bringt, die sich positiv auf das eigene Kompetenzempfinden auswirken. Demgegenüber weist das Geschlecht nicht in eine konsistente Richtung. Allenfalls kann argumentiert werden, dass sich Männer nach Absolvierung des Referendariats eher schlechter einschätzen als Frauen, sich dieser Effekt jedoch in der Folge relativiert.

Bezüglich der durchschnittlichen Benotungen zeigen sich hier weniger deutliche Zusammenhänge wie in anderen Studien (vgl. Kap. 3.7.1). Wenngleich sich auch für diese Studie eine Binnenselektion (Cramer, 2012; Klusmann, 2011c; Kunina-Habenicht et al., 2013) ergibt, wonach besonders gute Abiturienten zur Aufnahme eines Sekundarstufe-II-Lehramtes neigen (s. Kap. 4.2.1), hängen diese Benotungen insgesamt doch eher nicht mit den wahrgenommenen Kompetenzen zusammen. Dies gilt in vergleichbarer Weise auch für die Durchschnittsbewertung des Ersten Staatsexamens. Konstatieren andere Autoren (z.B. König et al., 2012a; Voss & Kunter, 2011) einen zumindest kleinen bis mittleren Zusammenhang besserer Abiturdurchschnittsnoten und der Testleistung des jeweiligen Wissenstests, findet sich dieser Zusammenhang zu den erfassten subjektiven Bewertungen hier nicht. Jedoch zeigt sich auch in der ELKIR-Studie (Cramer, 2012, S. 389), die ebenfalls mit Selbsteinschätzungen agiert, kein deutlicher Einfluss von Benotungen, wenn dies hier auch nur eingeschränkt für das Abitur gilt. Daher liegt es nahe, diese beiden durchschnittlichen Benotungen (Abitur und Erstes Staatsexamen) als zwar bedeutsam für Wissenstests, jedoch weniger wichtig für das eigene Empfinden von Kompetenzen zu bewerten. Da Wissenstests eng umgrenzte Wissensbestände abprüfen, ist dieser Zusammenhang auch nachvollziehbar. Offenbar stehen sich hier die eigene subjektive Wahrnehmung und eine, zumindest vom Anspruch her, objektive und externe Beurteilung der eigenen Leistung gegenüber, die nicht substanziell miteinander in Deckung zu bringen sind.

Anders verhält es sich demgegenüber mit der Durchschnittsbewertung des Zweiten Staatsexamens. Hier besteht zumindest tendenziell für alle Kompetenzbereiche ein negativer Zusammenhang: Bessere Bewertungen gehen hier also mit höheren Kompetenzbewertungen einher. Es ist zu vermuten, dass es sich um eine Positivselektion handeln könnte, da nur jene Befragte mit guten Durchschnittsnoten bereit waren, diese auch anzugeben und auch der Stichprobenausfall hier besonders groß war (vgl. Kap. 4.3.2). Folgt man diesem Gedankengang weiter, kann angenommen werden, dass gute Benotungen des Zweiten Staatsexamens eine positive Bestärkung der eigenen Kompetenzwahrnehmung bedeuten. Interessant ist dann ebenfalls, dass die größte Voraussagekraft auf die Inhaltsbereiche Innovieren und Beurteilen besteht, sich die angenommene Positivbestärkung auf diese Inhaltsbereiche auswirkt. Hier zeigt sich eine Analogie zur eingangs besprochenen Motivation, den Beruf später ausüben zu wollen. Auch diese führte zu höheren Kompetenzbewertungen im Bereich Innovieren. Somit liegt nahe, dass jene, durch die Note des Zweiten Staatsexamens positiv bestärkte Befragte und solche, die festen Willens sind, später als Lehrer zu arbeiten, ein Berufsbild wahrnehmen, dass über das Kerngeschäft des Unterrichtens hinausgeht.

6.3.2 Selbstregulative Fähigkeiten

Die Zusammenhänge selbstregulativer Fähigkeiten zu den Kompetenzeinschätzungen fallen insofern erwartungskonform aus (vgl. Kap. 3.3.2.2), als dass das positiv konnotierte Muster G und das negativ besetzte Risikomuster B in eben jener Zielrichtung mit den Kompetenzbewertungen der Befragten korrelieren (Kap. 5.3.4). Damit werden in weiten Teilen die Ergebnisse anderer Studien wiedergegeben (u.a. Gehrmann, 2007; Mayr, 2010; Schubarth et al., 2010).

Hohe Kompetenzerwartungen stehen zu allen Messzeitpunkten in Verbindung mit einer für das Muster G typischen Ausgeglichenheit von beruflichem Engagement und Widerstandsfähigkeit gegenüber beruflichen Belastungen. Entgegengesetztes lässt sich für erschöpfte und der Resignation nahe stehende Befragte und damit das Risikomuster B festhalten. Für das Muster S und das

Risikomuster A ergibt sich kein vergleichbar stringentes Bild. Nichtsdestotrotz deuten die Ergebnisse zu Muster G und Risikomuster B darauf hin, dass ein ausbalancierter Selbstregulationsstil (Muster G) als persönliche Ressource interpretiert werden kann (Warner & Schwarzer, 2009).

Bezogen auf die Prognosetauglichkeit der Selbstregulationsstile gehen von Muster G insgesamt die positivsten Effekte, im Sinne höherer Kompetenzbewertungen, aus. Das effektive Haushalten mit den eigenen Ressourcen begünstigt zum Abschluss des Referendariats besonders eine hohe Kompetenzbewertung im Bereich Leistungsbeurteilung (Kap. 5.4.2). Zudem ist bekannt, dass diese Musterausprägung in Verbindung steht mit einem, von Schülern bewerteten, angemesseneren Interaktionstempo, höherer kognitiver Aktivierung sowie Sozialorientierung. Darüber hinaus nehmen die Schüler solche Lehrer als gerechter im Unterrichtsgeschehen wahr (Klusmann, 2011a; Klusmann et al., 2006). Daher kann die hohe Mustertreue dieses Selbstregulationsstils vorerst als positiv bewertet werden (vgl. Kap. 4.2.5).

Denn die Einschätzungen in den unterrichtsnahen Bereichen (vgl. Kap. 5.4.3) werden zum Berufseinstieg von dieser Gruppe geringer eingeschätzt. Das kann ein Indiz dafür sein, dass dieser wünschenswerte Selbstregulationsstil nur aufrecht erhalten werden kann, indem eigene Kompetenzerwartungen aufgrund der im Referendariat erfahrenen beruflichen Anforderungen und Aufgaben nach unten korrigiert werden. Aus der Perspektive verstärkt sich der Eindruck, dass eine gezielte Unterstützung in der Berufseingangsphase angeraten ist (Blömeke, 2010; Keller-Schneider & Hericks, 2011; Schaefers, 2002; Terhart, 2000a).

Bei Betrachtung der übrigen Muster ergeben sich Parallelen: So scheint sich der Schonungstyp (Muster S) zwar nicht deutlich auf die Kompetenzbewertungen zum Abschluss des Referendariats auszuwirken. Jedoch beeinflusst die diesem Muster charakteristische Schutztendenz gegenüber beruflichen Anforderungen den Bereich Motivierung/Klassenführung zum Berufseinstieg in negativer Weise. Ob diese Geringschätzung eigener beruflicher Wirksamkeit im Bereich des Kerngeschäfts Unterrichten nicht zu einer dauerhaft hohen Belastung führen kann, darf zumindest in Frage gestellt werden. Zumal zum Berufseinstieg eine erhöhte Wechseltendenz von Muster S zu Risikomuster B besteht (s. Kap. 4.2.5.), die auch aus vergleichbaren Studien bekannt ist und sich mitunter im weiteren Zeitverlauf noch verstärken könnte (Schaarschmidt & Kieschke, 2007b).

Des Weiteren nehmen auch die beiden Risikomuster A und B negativen Einfluss auf das Kompetenzempfinden. Zum Abschluss des Referendariats beschränkt sich dieser bei beiden auf den Kompetenzbereich Beurteilen (Kap. 5.4.2). Wohingegen von Muster B zum Berufseinstieg (Kap. 5.4.3) deutlich negative Auswirkungen auf das Strukturieren von Unterricht zu verzeichnen sind. Das für dieses Muster typische Erleben von Überforderung und Resignation scheint sich somit besonders im Bereich des Kerngeschäfts Unterrichten niederzuschlagen. Vergleichsweise weiter wirkt sich das Risikomuster A auf die Kompetenzbewertungen zum Berufseinstieg aus, wobei die höheren beruflichen Erwartungen hier als Ausdruck von Selbstüberforderung interpretiert werden können.

Insgesamt bestätigen die Ergebnisse dieser Studie, dass die berufliche Selbstregulation eine bedeutende Komponente fachübergreifender Kompetenzen von Lehrern ist (vgl. Kunter et al., 2011; Schubarth et al., 2010). Sie nimmt, im Sinne einer persönlichen Ressource, einen indirekt vermittelnden Effekt auf die Kompetenzbewertungen. Die Befunde der vorliegenden Studie ergänzen bestehende Erkenntnisse in der Form, als dass sie einerseits zeigen, dass sich Selbstregulationsstile zwischen Studienabschluss und Berufseinstieg verändern (vgl. Kap. 4.2.5). Damit ist zumindest ansatzweise, für diesen vergleichsweise kurzen Zeitraum, die Frage nach der Veränderbar-, wenn auch nicht die nach der Modifizierbarkeit tangiert (Krause et al., 2011; vgl. Kap. 3.3.2.2).

Andererseits verdichtet sich der Eindruck, dass gerade in der Berufseingangsphase Handlungsbedarf angezeigt ist, da hier die am wenigsten wünschenswertesten Einflüsse auf das Kompetenzempfinden der Befragten zu verzeichnen sind. Es kann unterstellt werden, dass sich dieses, bei längerfristigem Bestehen, negativ auf die Berufszufriedenheit und den Verbleib im Beruf (Guglielmi, 2001; Rudow, 1999) und hierüber indirekt auf das Unterrichtsgeschehen auswirkt (Klusmann, 2011a; Klusmann et al., 2006), von dem die Schüler letztlich weniger profitieren.

6.4 Implikationen für die Lehrerbildung

Lehrer sehen sich einer Vielzahl von Aufgaben und beruflichen Anforderungen gegenübergestellt, die über das Kerngeschäft Unterrichten hinausgehen. Bildungspolitisch manifestiert sich dieses in den fachübergreifend geltenden „Standards für die Lehrerbildung: Bildungswissenschaften" (KMK, 2004a, 2004b). In diesen wird die Zielsetzung vorgegeben, dass neben dem Unterrichten auch Kompetenzen in den Bereichen Beurteilen, Erziehen und Innovieren entwickelt werden sollen. Es zeigt sich jedoch in dieser Studie erneut (vgl. auch Kap. 3.6), dass dies aus Sicht der hier betroffenen Lehrer nur schwer gelingt. Allenfalls in den unterrichtsnahen Bereichen nehmen sie sich als gerüstet wahr, was der eingeforderten Handlungsgrammatik (Neuweg, 2004) zuträglich sein dürfte. Das soll nicht die Bedeutsamkeit der übrigen Kompetenzbereiche schmälern. Vielmehr zeigt sich, dass es ungleich schwieriger ist, ein berufliches Kompetenzempfinden diesbezüglich zu entwickeln. Die Bildungspolitik sollte diese Besonderheit berücksichtigen, indem sie der Kompetenzentwicklung dienliche Unterstützungsmöglichkeiten in die Lehrerbildung integriert. Daher kann in Analogie zu Lipowsky (2006; s. auch Kap. 6.3) gefolgert werden, dass es nicht nur auf die Lehrer, sondern auch auf die begleitende Unterstützung der Kompetenzentwicklung von Lehrern in der Lehrerbildung ankommt.

Die Bemühungen in Nordrhein-Westfalen, z.B. in Form des verbindlichen, sogenannten Eignungspraktikums (LZV, 2009, § 9), zielen zumindest indirekt darauf ab. So sollen hier zwar primär erste Handlungserfahrungen getätigt werden, die der Reflexion der Studien- und Berufswahl dienen. Es scheint allerdings plausibel, dass dieser erste Einblick auch verdeutlicht, dass neben dem Unterrichten weitere Kompetenzbereiche zur Bewältigung der beruflichen Aufgaben notwendig sind. Diese Annahme zum Eignungspraktikum wird auch von der KMK (2013, S. 2) gestützt:

„Die Anforderungen an die Tätigkeit als Lehrkraft werden von Bewerberinnen und Bewerbern, die sich für den Beruf interessieren, teilweise unterschätzt. Häufig beginnen Studierende, die das Lehramt anstreben, erst spät im Studium oder im Vorbereitungsdienst darüber zu reflektieren, inwiefern sie die für den Beruf erforderlichen Voraussetzungen mitbringen bzw. bereit und in der Lage sind erforderliche Kompetenzen im Verlauf des Studiums und des Vorbereitungsdienstes zu erwerben."

Als vergleichbar förderlich für die Entwicklung eines inhaltlich weiten beruflichen Selbstverständnisses, wenn auch zeitlich später angesiedelt, kann das Portfolio Praxiselemente (LZV, 2009, § 13) verstanden werden, das den Kompetenzerwerb als berufsbiographischen Prozess in der ersten und zweiten Phase Dokumentieren und Reflektieren unterstützen soll. Auch das sogenannte Praxissemester (ebd., § 8) soll zu dieser Entwicklung beitragen. Ähnliches wird für die personenorientierte Beratung (OVP, 2011, § 10, Abs. 14) in der zweiten Phase konstatiert (vgl. auch Braunisch & Brenken, 2012).

Es bleibt abzuwarten, inwiefern diese Maßnahmen geeignet sind, zu einer weniger gleichförmig wahrgenommenen Kompetenzentwicklung, als hier für alle drei tangierten Phasen konstatiert wurde (s. Kap. 5.2.2), bei zukünftigen Lehrern führen. Dies ist sowohl vom bildungspolitischen Anspruch her (KMK, 2004a), als auch aus der Perspektive der Forschung zur Lehrerbildung (z.b. König & Seifert, 2012b; Rauin, 2007; vgl. auch Kap. 3.6) wünschenswert.

Neben diesen Implikationen für die ersten beiden Phasen der Lehrerbildung, kann in der vorliegenden Arbeit gezeigt werden, dass sich besonders der Berufseinstieg aus Sicht der Befragten als bedeutsam für die eigenen Kompetenzerwartungen darstellt (s. Kap. 5.2.2 und 5.4.3). Es ist bereits angemerkt worden, dass hier Unterstützung angeraten scheint (Blömeke, 2010; Keller-Schneider & Hericks, 2011; Schaefers, 2002; Terhart, 2000a). Zumal es sich um eine für die berufliche Sozialisation besonders sensible Phase handelt, die sich wie ein Korrektiv auf die eigene berufliche Selbstwirksamkeit (vgl. Kap. 6.2.3) auswirkt.

Zumindest Selbstwirksamkeitserwartungen, die neben Auswirkungen auf die berufliche Zufriedenheit und emotionale Ausgeglichenheit (Bandura, 1997; Warner & Schwarzer, 2009), auch mittelbar Einfluss auf die Unterrichtsqualität von Lehrern nehmen, wird jedoch unterstellt, dass sie z.b. über Erfolgserlebnisse (Döbrich & Abs, 2008) systematisch modifizierbar sind. Jüngere Lehrer benötigen hierfür jedoch eher externe Unterstützung (Tschannen-Moran & Hoy, 2007). Dies spricht dafür, die Berufseingangsphase stärker zu begleiten, um die eintretenden korrigierenden Effekte auf das berufliche Selbstverständnis auffangen zu können. „Entsprechende Angebote [...] umfassen in der Regel kollegiale Begleitung, berufsphasenspezifische Weiterbildung, Praxisberatungsgruppen und teilweise auch Einzel- und Gruppensupervision" (Keller-Schneider & Hericks, 2011, S. 307).

Neben dem Berufseinstieg bedarf es sodann auch einer Weiterentwicklung der dritten Lehrerbildungsphase (Huth & Weishaupt, 2012), die sich systematisch den Kompetenzprofilen der ca. 900000 im Beruf befindlichen Lehrer (Terhart, 2006, S. 30) annimmt. Schließlich geht aus der COACTIV-Studie (Kunter et al., 2011) hervor, dass sich z.b. die Sekundarstufe-II-Lehrer in den Bereichen fortbilden, in denen sie bereits verhältnismäßig ausgeprägte Kompetenzen entwickelt haben. Wünschenswert wäre im Sinne eines systematischen und kumulativen Kompetenzaufbaus aber, dass sie nicht nur ihren persönlichen Neigungen nachgehen, sondern auch weniger stark entwickelte Inhaltsbereiche ansteuern. Dies spricht dafür, die mehr oder weniger freiwillige Aktualisierung und Weiterentwicklung eigener Kompetenzen in der dritten Phase (Daschner, 2004; Huber, 2009) zumindest zu überdenken. Den vorliegenden Erkenntnissen folgend (vgl. Kap. 3.6.2.3) bedarf es eines *conceptual change* (Kleickmann & Möller, 2007; Möller et al., 2006), dem eine nachhaltige Modifikation von Einstellungen und Überzeugungen eigener Kompetenzen zugrunde liegt (Lipowsky, 2011). Ob dies durch einen auf Freiwilligkeit beruhenden Modus, der gegenüber den ersten beiden Phasen vergleichsweise weniger institutionell unterstützt und von persönlichen Neigungen der Lehrer beeinflusst wird, erzielt werden kann, darf zumindest in Frage gestellt werden.

Schließlich sprechen auch die Selbstregulationsstile der Befragten (Kap. 4.2.5) dafür, Unterstützungsangebote zu schaffen, die dazu geeignet sind, die eigenen Ressourcen adäquat, im Sinne eines persönlichen Resilienzfaktors gegenüber beruflichen Beanspruchungen einzusetzen (Maslach et al., 2001). Andernfalls, so kann vor dem Hintergrund der Ergebnisse dieser Studie gefolgert werden, besteht die Gefahr eines negativen Effektes auf die eigenen Kompetenzerwartungen, der sich mitunter bis auf das Unterrichtsgeschehen auswirkt (Klusmann, 2011a). Daher schlägt z.B. Cramer (2012, S. 286) für die erste Lehrerbildungsphase Einführungsveranstaltungen vor, die über die Bedeutung der Selbstregulation aufklären.

Es sind diese dargelegten phasenspezifischen Besonderheiten, die dazu führen, dass die Lehrerbildung als ein Konglomerat einzelner Phasen wahrgenommen wird, weswegen die Entwicklung und Implementation eines phasenübergreifenden Gesamtkonzepts der Kompetenzentwicklung angeraten scheint (hierzu auch Schubarth et al., 2010, S. 345/346).

Die Ergebnisse können schließlich auch Anhaltspunkte für einen Transfer auf andere Lehrerbildungssysteme liefern, wenn dies auch vor dem Hintergrund der bereits erläuterten kulturellen Besonderheiten lediglich eine begrenzte Aussagekraft impliziert (vgl. Kap. 3.6.1).

Die Struktur der Erst- bzw. Grundausbildung der deutschen Lehrerbildung ist im internationalen Vergleich verhältnismäßig aufwendig und steht einer vernachlässigten dritten Phase gegenüber (Larcher, S. & Oelkers, 2004, S. 143). Der vergleichsweise hohe Aufwand der Erstausbildung bezieht sich auf die ersten beiden, voneinander getrennten Phasen. Einerseits das Studium an der Universität und andererseits das Referendariat am Studienseminar. Beispielsweise in den USA dient ein entsprechender Bachelor-Abschluss als Lehrbefugnis, die erste Phase der Lehrerbildung ist hiermit abgeschlossen, die zweite Phase ist der anschließende Berufseinstieg, was auch für viele weitere Länder gilt (Terhart, 2007). Somit wird die praktische Einführung ins Unterrichten in Deutschland stärker institutionell begleitet, es ist eine separate Lehrerbildungsphase, das Referendariat angelegt, wohingegen dies in anderen Ländern gleichzeitig mit dem eigentlichen Berufseinstieg erfolgt. Vor diesem Hintergrund lässt sich fragen, ob die Entwicklung der Kompetenzeinschätzungen diese aufwendige Konstruktion der Lehrerbildung legitimieren. Auf den ersten Blick könnten die enormen Steigerungen (vgl. Kap. 5.2.2) in den Kompetenzeinschätzungen zwischen Studienabschluss und Beendigung des Referendariats hierfür sprechen. Bei genauerer Betrachtung und damit auf den zweiten Blick, stellt sich jedoch die Frage, wodurch genau eben jene Steigerungen zu Stande kommen. Schließlich legen vergleichbare Ergebnisse z.B. aus der Schweiz (Larcher, Susanna et al., 2010; Oser & Oelkers, 2001) und Österreich (Mayr, 2010) nahe, dass es ausschließlich auf eine Auseinandersetzung mit den Kompetenzbereichen in der Praxis ankommt. Und in diesen Ländern finden Zuwächse in den Kompetenzeinschätzungen in einer einphasigen Lehrerbildung (mit integriertem Referendariat) statt. Eine entscheidende Frage lautet demnach, welchen Beitrag der institutionelle Rahmen des Referendariats zur Steigerung der Kompetenzeinschätzungen beiträgt. Dies kann unter Berufung auf das hier gewählte Untersuchungsmodell (s. Kap. 4.1) aufgrund der Einschränkung auf die individuelle Ebene nicht beantwortet werden. Vielmehr zeigt sich hierin, dass eine Erweiterung um die institutionelle und systemische Ebene der Lehrerbildung angeraten scheint, um solche Fragen klären zu können (Blömeke, 2007).

Die eingangs angesprochene Vernachlässigung in der dritten Lehrerbildungsphase geht auf das nicht-Vorhandensein eines Berufseinstiegsprogramms zurück:

„Von den industrialisierten Ländern haben viele irgendeine Form an Berufseinstiegs-Programmen. Von den 25 Ländern [...] wiesen zum damaligen Zeitpunkt nur acht Länder – darunter Deutschland – keine entsprechenden Programme auf. Zehn Länder hatten dagegen verpflichtende Einstiegsprogramme [...] In sieben weiteren Ländern bestand keine Teilnahmepflicht, es wurden aber Einstiegsprogramme angeboten." (Blömeke, 2011, S. 355)

Auch wenn sich diese Programme in ihrer Art und Weise sehr stark voneinander unterscheiden, nicht zuletzt aufgrund ihrer unterschiedlichen kulturspezifischen Kontextmerkmale (Blömeke & Paine, 2008) und so kaum gesicherte Aussagen über einzelne Gelingensfaktoren benannt werden können (Lipowsky, 2011), wird angenommen, solche Programme tragen zur Unterstützung und Weiterentwicklung der Kompetenzentwicklung bei. Besonders der Berufseinstieg scheint dafür prädestiniert zu sein, da die bisherigen Kompetenzüberzeugungen irritiert werden und plötzlich nicht mehr klar ist, was wirklich funktioniert (vgl. Kap. 6.2.3). Und so scheint doch in einem Punkt Übereinstimmung zu bestehen: „Die ersten Jahre im Lehrerberuf werden weltweit als stark belastend angesehen" (Blömeke, 2011, S. 355). Vor diesem Hintergrund erscheint es beinahe paradox, dass die Struktur der Erstausbildung in Deutschland vergleichsweise aufwendig gestaltet ist und gerade der Berufseinstieg kaum bedacht wird. Einen Beleg dafür liefert das in dieser Arbeit beschriebene Korrektiv der Kompetenzwahrnehmungen (zwischen dem Abschluss des Referendariats und zum Berufseinstieg). Auch wenn dieses aufgrund der veränderten Anforderungen wenig verwunderlich ist, so stellt sich doch die Frage danach, weshalb an dieser Stelle wenig investiert wird und die jungen Lehrer vergleichsweise allein gelassen werden (vgl. Kap. 3.6.2.3).

In der Gesamtschau könnte auf der Grundlage der Ergebnisse daher auch für eine modifizierte Struktur der Lehrerbildung in Deutschland argumentiert werden, die in der Erstausbildung weniger aufwendig gestaltet ist und wie z.B. in der Schweiz ein integriertes Referendariat beinhaltet. Dies ist tendenziell auch in der Verkürzung des Referendariats und der damit verbundenen Einführung des Praxissemesters erkennbar (vgl. LZV, 2009). In Weiterführung dessen müsste dann aber auch die Berufseingangsphase (und der weitere Verlauf in der dritten Lehrerbildungsphase insgesamt) verändert werden. Und zwar in der Form, dass sich Berufseinstiegsprogramme der erwartbaren Irritationen der jungen Lehrer annehmen. Da angenommen wird, dass „die Qualität der Berufseinführung vermutlich stark von den Qualifikationen des begleitenden Personals abhängt" (Blömeke, 2011, S. 357), sind hier weitere Arbeitsbereiche angesprochen, die wohl auch auf den Kontext des Praxissemesters übertragen werden können. Hierbei könnte man sich durchaus von anderen Ländern etwas abschauen, z.B. wie solche Mentoren entsprechend geschult werden können (z.B. Britton, Paine, Pimm & Raizen, 2003).

7 Fazit und Ausblick

Die vorliegende Arbeit hat sich mit den fachübergreifenden Kompetenzen von angehenden Lehrern befasst, konnte dabei bisherige Forschungserkenntnisse bestätigen und an einigen Stellen zumindest ansatzweise darüber hinausgehen. Letztlich ist es aber auch hier so wie in vielen anderen Arbeiten: Je intensiver man sich mit einer Sache beschäftigt, desto mehr stellt man fest, was man alles *nicht weiß*. So entstehen im Forschungsprozess mitunter neue Fragen, die mittelbar auftauchen mussten oder sich unmittelbar aufdrängten. Beide lassen sich als Anknüpfungspunkte für zukünftige Forschungsvorhaben nutzen.

Vergegenwärtigt man sich die Bedeutung, die dem Kompetenzbegriff für Bildungsprozesse und damit auch den Lehrern als Akteuren des Bildungssystems auferlegt wird (vgl. Kap. 3), verwundert die erst in Ansätzen erkennbare, jedoch eingeforderte Evidenz diesbezüglich. Dass sich diese Situation für die Lehrerbildung in den letzten Jahren (Terhart et al., 2011; Zlatkin-Troitschanskaia et al., 2009) verändert hat, ist insbesondere auf die Etablierung eines metatheoretisch gerahmten Fundaments (Baumert & Kunter, 2006) zurückzuführen. Dieses eröffnet die Möglichkeit, künftige Forschungsergebnisse stärker über *Angebots-Nutzungsmodelle* (Fend, 2008c; Helmke, 2009) an die Unterrichtsforschung anzuschließen und damit weiterhin Erkenntnisse über die *implizite Wirkungskette* (Terhart, 2012) zwischen Lehrerkompetenzen und Schülerleistungen zu erhalten.

Hierzu bedarf es jedoch der Entwicklung dafür geeigneter und geprüfter Kompetenzmodelle, respektive Verfahren zur Erfassung eben jener Kompetenzen (vgl. Schaper, 2009). Dies wurde einmal mehr auch in dieser Arbeit deutlich.

Des Weiteren gilt es zu klären, in welchem Verhältnis subjektive und objektive Verfahren (vgl. Kap. 3.5) der Kompetenzerfassung stehen, um den Aussagewert der vielen vorhandenen Studien (vgl. Kap. 3.6), wie auch dieser, die mit subjektiven Verfahren arbeiten, genauer beziffern zu können. Dies soll nicht als Plädoyer *pro* objektiver Verfahren und damit Wissenstests verstanden werden. Vielmehr wird auch hier die Position vertreten und bestärkt (Cramer, 2010, 2012; König & Seifert, 2012b), dass subjektive Verfahren notwendig sind.

Um den Zusammenhang zwischen beiden Verfahren zu prüfen, werden unterschiedliche Vorgehensweisen benannt. Ein Vorschlag ist die Berechnung von Differenzscores zwischen Wissens- und Einschätzungskonstrukten wie sie z.B. König und Tachtsoglou (2012) empfehlen. Kritisch anzumerken ist hier jedoch deren unterschiedliche Konstruktionsgrundlage (vgl. auch Kap. 3.5), die die Aussagekraft solcher Differenzscores einschränken könnte. So werden bei Einschätzungs- gegenüber Wissenskonstrukten „Skalen verwendet, die die interessierenden Konstrukte in einer allgemeinen, nicht situationsbezogenen Form" (Schaper, 2009, S. 186) erfassen. Wissenstests zielen jedoch stärker auf inhaltlich eng umgrenztes und (zumeist auch) verbal explizierbares Wissen ab. Diese differente Konstruktionsstrategie zeigt sich auch in dieser Arbeit. Schließlich wurden Items eines subjektiven Verfahrens unter Nutzung von Kriterien, die der Konstruktion objektiver Verfahren entstammen, in der Anzahl reduziert. Vor diesem Hintergrund erscheinen die niedrigen Zusammenhangsmuster zwischen Wissens- und Einschätzungskonstrukten weniger *erwartungswidrig* als z.B. in der LEK-Studie (König & Seifert, 2012b) beschrieben. Vielmehr gilt es, die Spezifika der konstruierten Strukturen der jeweiligen Verfahren für die Interpretation von Differenzscores zu beachten. Mitunter könnte es gewinnbringender sein, Einschätzungskonstrukte durch andere ergänzende Verfahren, z.B. videogestützt, Fremdbeurteilungen u.a. zu ergänzen, um ihre Aussagekraft genauer beziffern zu können (König & Tachtsoglou, 2012; Maag-Merki & Werner, 2011; Terhart, 2007).

Zudem bietet es sich zukünftig an, auf die geforderten Längsschnittstudien (Allemann-Ghionda & Terhart, 2006; Schaefers, 2002) zurückzugreifen. Schließlich konnte über dieses hier gewählte Studiendesign neben der gleichförmigen Entwicklung des Kompetenzempfindens der Befragten auch der Umstand sichtbar gemacht werden, dass es zu einer ebensolchen Korrektur dieser Wahrnehmungen zum Berufseinstieg kommt. Über die weitere Entwicklung kann aufgrund der wenig schmeichelhaften Feststellung Rauins (2011, S. 444) zur dritten Phase der Lehrerbildung, es handle sich um ein Habitat seltener Forschungsaktivitäten, wenig ausgesagt werden. Hier bedarf es also einer Erweiterung der Forschungsperspektive.

Wünschenswert wäre neben der Berücksichtigung aller (drei) Phasen der Lehrerbildung, die im Untersuchungsmodell (vgl. Kap. 4.1) aufgeführten phasenspezifischen Lerngelegenheiten und weiterer möglichen Faktoren (z.B. motivationale Orientierung, Werthaltungen und Überzeugungen; s. Kap. 3.3.2) zu untersuchen. Eine solche Ausdifferenzierung sollte auch die in der Arbeit erfassten selbstregulativen Fähigkeiten betreffen, um neben subjektiven auch objektive Merkmale (z.B. strukturelle Gegebenheiten) des Lehrerberufs zu erfassen, die zu Belastungen führen können wie z.B. Rothland (2009) vorschlägt.

Um weiteren geforderten Differenzierungen nachzukommen, z.b. der Berücksichtigung der institutionellen und der systemischen Ebene der Lehrerbildung (Blömeke, Felbrich et al., 2008b), dem Einbezug spezieller Lehrergruppen wie älteren Lehrern, Seiteneinsteigern und dergleichen mehr (Terhart, 2011a) oder der Betrachtung der reformierten Lehrerbildung (Terhart et al., 2012), bedarf es jedoch größerer Stichprobenumfänge. Erst dieses ermöglicht die mehrebenen-analytische Modellierung der Ergebnisse, um „daraus verlässliche Aussagen zur Optimierung der Lehrerbildung ableiten zu können" (König et al., 2012a, S. 283) oder den Einsatz weiterer Testverfahren wie Cramer (2012, S. 533) resümiert:

> „Erst in der Zusammenschau dieser methodischen Palette werden übergreifende Analysen möglich, die etwa individuelle Eingangsbedingungen Lehramtsstudierender, die Prozessmerkmale ihrer professionellen Entwicklung, ihre Ausbildungserfahrungen und den tatsächlich von ihnen gehaltenen Unterricht sowie die Lernleistungen ihrer Schüler miteinander in Verbindung setzen können."

Das gilt für die Betrachtung (der hier fokussierten) fachübergreifenden wie fachspezifischen Kompetenzen gleichermaßen. Wobei zu ergänzen ist, dass lediglich die mathematisch-naturwissenschaftlichen Domänen annähernd aufgearbeitet sind und werden (vgl. Kap. 3.3). Für die Domäne Sport ist daher die Forderung der Klieme-Expertise (2003, S. 75), auf den Theorie- und Forschungsstand der Fachdidaktiken aufzubauen, nachdrücklich zu unterstreichen und die ersten existierenden Forschungsbemühungen weiter voranzutreiben (Kehne et al., 2013). Daran anschließend wäre zu klären, in welchem Verhältnis fachübergreifende und fachbezogene Kompetenzen bei (Sport-)Lehrern stehen, ähnlich wie es z.B. in den Forschungsprojekten COACTIV (Kunter et al., 2011) und TEDS-M (Blömeke et al., 2010a, 2010b) geschieht.

Literatur

Abs, H. J. (2006). Zur Bildung diagnostischer Kompetenz in der zweiten Phase der Lehrerausbildung. *Zeitschrift für Pädagogik, 51. Beiheft*, 217-234.

Abs, H. J. (2007). Überlegungen zur Modellierung diagnostischer Kompetenz bei Lehrerinnen und Lehrern. In M. Lüders & J. Wissinger (Hrsg.), *Forschung zur Lehrerbildung. Kompetenzentwicklung und Programmevaluation* (S. 63-84). Münster: Waxmann.

Abs, H. J., Döbrich, P., Jahn-Gerlach, A. & Klieme, E. (2009). *Pädagogische Entwicklungsbilanzen an Studienseminaren (PEB-Sem). Auswahl und statistische Analyse der Erhebungsinstrumente.* Frankfurt am Main: Gesellschaft zur Förderung Pädagogischer Forschung.

Abs, H. J., Döbrich, P., Vögele, E. & Klieme, E. (2005). *Skalen zur Qualität der Lehrerbildung. Dokumentation der Erhebungsinstrumente: Pädagogische Entwicklungsbilanzen (PEB-Sem).* Frankfurt am Main: Gesellschaft zur Förderung Pädagogischer Forschung.

Aebli, H. (1980). *Denken: das Ordnen des Tuns.* Bd. 1: Kognitive Aspekte der Handlungstheorie. Stuttgart: Klett-Cotta.

Aebli, H. (2011). *Zwölf Grundformen des Lehrens.* Stuttgart: Klett-Cotta.

Allemann-Ghionda, C. & Terhart, E. (Hrsg.). (2006). *Kompetenzen und Kompetenzentwicklung von Lehrerinnen und Lehrern. Ausbildung und Beruf.* Weinheim und Basel: Beltz.

Altrichter, H. & Feindt, A. (2011). Lehrerinnen und Lehrer erforschen ihren Unterricht: Aktionsforschung. In E. Terhart, H. Bennewitz & M. Rothland (Hrsg.), *Handbuch der Forschung zum Lehrerberuf* (S. 214-231). Münster: Waxmann.

Altrichter, H. & Fichten, W. (2005). Lehrerbildung und praxisnahe Forschung. Konzepte – Erfahrungen – Effekte. In J. Bastian (Hrsg.), *Lehrerbildung in der Entwicklung* (S. 94-105). Weinheim und Basel: Beltz.

Altrichter, H. & Maag-Merki, K. (Hrsg.). (2010). *Handbuch Neue Steuerung im Schulsystem.* Wiesbaden: VS.

Altrichter, H. & Mayr, J. (2004). Forschung in der Lehrerbildung. In S. Blömeke, P. Reinhold, G. Tulodziecki & J. Wildt (Hrsg.), *Handbuch Lehrerbildung* (S. 164-184). Bad Heilbrunn/Obb.: Klinkhardt.

Anderson, L. W., Krathwohl, D. R. & Bloom, B. S. (2001). *A taxonomy for learning, teaching, and assessing: a revision of Bloom's taxonomy of educational objectives.* New York: Longman.

Artelt, C., Stanat, P., Schneider, W. & Schiefele, U. (2001). Lesekompetenz. Testkonzeption und Ergebnisse. In J. Baumert, E. Klieme, M. Neubrand, M. Prenzel, U. Schiefele, W. Schneider, P. Stanat, K.-J. Tillmann & M. Weiß (Hrsg.), *PISA 2000: Basiskompetenzen von Schülerinnen und Schülern im internationalen Vergleich* (S. 69-137). Opladen: Leske und Budrich.

Asendorpf, J. B. (2007). *Psychologie der Persönlichkeit*. Heidelberg: Springer.

Backhaus, K., Erichson, B., Plinke, W. & Weiber, R. (2006). *Multivariate Analysemethoden. Eine anwendungsorientierte Einführung*. Berlin: Springer.

Baer, M., Dörr, G., Fraefel, U., Kocher, M., Küster, O., Larcher, S., Müller, P., Sempert, W. & Wyss, C. (2007). Werden angehende Lehrpersonen durch das Studium kompetenter? – Kompetenzaufbau und Standarderreichung in der berufswissenschaftlichen Ausbildung an drei Pädagogischen Hochschulen in der Schweiz und in Deutschland. *Unterrichtswissenschaft, 35*(1), 15-47.

Ball, D. L. (1990). The mathematical understandings that prospective teachers bring to teacher education. *The Elementary School Journal, 90*(4), 449-466.

Ball, D. L. & Bass, H. (2000). Interweaving content and pedagogy in teaching and learning to teach: Knowing and using mathematics. In J. Boaler (Ed.), *Multiple perspectives on the teaching and learning of mathematics* (pp. 83-104). Westport: Ablex.

Ball, D. L. & Bass, H. (2003). Toward a practice-based theory of mathematical knowledge for teaching. In B. Davis & E. Simmt (Eds.), *Proceedings of the 2002 Annual Meeting of the Canadian Mathematics Education Study Group* (pp. 3-14). Edmonton.

Bandura, A. (1990). Conclusion: Reflections on nonability determinants of competence. In R. Sternberg & J. Kolligian (Eds.), *Competence considered* (pp. 315-362). New Haven/London: Yale University Press.

Bandura, A. (1992). Exercise of personal agency through the self-efficacy mechanism. In R. Schwarzer (Ed.), *Self-efficacy: Thought control of action* (pp. 3-38). Washington: Hemisphere.

Bandura, A. (1993). Perceived self-efficacy in cognitive development and functioning. *Educational Psychologist, 28*(2), 117-148.

Bandura, A. (1997). *Self-efficacy: The exercise of control*. New York: Freeman.

Bandura, A. (2001). Social cognitive theory: An agentic perspective. *Annual Review of Psychology, 52*, 1-26.

Barrett, G. V. & Depinet, R. L. (1991). A reconsideration of testing for competence rather than for intelligence. *American Psychologist, 46*, 1012-1024.

Baumert, J. (2003). Deutschland im internationalen Bildungsvergleich. In N. Killius, J. Kluge & L. Reisch (Hrsg.), *Die Zukunft der Bildung* (S. 100-150). Frankfurt am Main: Suhrkamp.

Baumert, J., Klieme, E., Neubrand, M., Prenzel, M., Schiefele, U., Schneider, W., Stanat, P., Tillmann, K.-J. & Weiß, M. (2001). *PISA 2000: Basiskompetenzen von Schülerinnen und Schülern im internationalen Vergleich.* Opladen: Leske und Budrich.

Baumert, J. & Kunter, M. (2006). Stichwort: Professionelle Kompetenz von Lehrkräften. *Zeitschrift für Erziehungswissenschaft,* 9(4), 469-520.

Baumert, J. & Kunter, M. (2011a). Das Kompetenzmodell von COACTIV. In M. Kunter, J. Baumert, W. Blum, U. Klusmann, S. Krauss & M. Neubrand (Hrsg.), *Professionelle Kompetenz von Lehrkräften. Ergebnisse des Forschungsprogramms COACTIV* (S. 29-53). Münster: Waxmann.

Baumert, J. & Kunter, M. (2011b). Das mathematikspezifische Wissen von Lehrkräften, kognitive Aktivierung im Unterricht und Lernfortschritte von Schülerinnen und Schülern. In M. Kunter, J. Baumert, W. Blum, U. Klusmann, S. Krauss & M. Neubrand (Hrsg.), *Professionelle Kompetenz von Lehrkräften. Ergebnisse des Forschungsprogramms COACTIV* (S. 163-192). Münster: Waxmann.

Baumert, J., Stanat, P. & Demmrich, A. (2001). PISA 2000: Untersuchungsgegenstand, theoretische Grundlagen und Durchführung der Studie. In J. Baumert, E. Klieme, M. Neubrand, M. Prenzel, U. Schiefele, W. Schneider, P. Stanat, K.-J. Tillmann & M. Weiß (Hrsg.), *PISA 2000: Basiskompetenzen von Schülerinnen und Schülern im internationalen Vergleich* (S. 15-68). Opladen: Leske und Budrich.

Beck, K. (2009). Strategien empirischer Forschung zur Professionalität von Lehrpersonen. In O. Zlatkin-Troitschanskaia, K. Beck, D. Sembill, R. Nickolaus & R. Mulder (Hrsg.), *Lehrprofessionalität: Bedingungen, Genese, Wirkungen und ihre Messung* (S. 237-247). Weinheim und Basel: Beltz.

Bellmann, J. & Müller, T. (Hrsg.). (2011). *Wissen was wirkt. Kritik evidenzbasierter Pädagogik.* Wiesbaden: VS.

Benner, D. (2005). Schulische Allgemeinbildung versus allgemeine Menschenbildung? Von der doppelten Gefahr einer wechselseitigen Beschädigung beider. *Zeitschrift für Erziehungswissenschaft,* 8(4), 563-575.

Bennewitz, H. (2011). "doing teacher" – Forschung zum Lehrerberuf in kulturtheoretischer Perspektive. In E. Terhart, H. Bennewitz & M. Rothland (Hrsg.), *Handbuch der Forschung zum Lehrerberuf* (S. 192-213). Münster: Waxmann.

Berliner, D. C. (2001). Learning about and learning from expert teachers. *International Journal of Educational Research, 35*, 463-482.

Berliner, D. C. & Carter, K. J. (1989). Differences in processing classroom information by expert and novice teachers. In J. Lowyck & C. M. Clark (Eds.), *Teacher thinking and professional action* (pp. 55-74). Leuven: University Press.

Besser, M. & Krauss, S. (2009). Zur Professionalität als Expertise. In O. Zlatkin-Troitschanskaia, K. Beck, D. Sembill, R. Nickolaus & R. Mulder (Hrsg.), *Lehrprofessionalität: Bedingungen, Genese, Wirkungen und ihre Messung* (S. 71-82). Weinheim und Basel: Beltz.

Blömeke, S. (2002). *Universität und Lehrerausbildung.* Bad Heilbrunn/Obb.: Klinkhardt.

Blömeke, S. (2004). Empirische Befunde zur Wirksamkeit der Lehrerbildung. In S. Blömeke, P. Reinhold, G. Tulodziecki & J. Wildt (Hrsg.), *Handbuch Lehrerbildung* (S. 59-91). Bad Heilbrunn/Obb.: Klinkhardt.

Blömeke, S. (2006). KMK-Standards für die LehrerInnenbildung in Deutschland. Ein Kommentar. *journal für lehrerInnenbildung, 6*(1), 25-33.

Blömeke, S. (2007). Qualitativ-quantitativ, induktiv-deduktiv, Prozess-Produkt, national-international. Zur Notwendigkeit multikriterialer und multiperspektivischer Zugänge in der Lehrerbildungsforschung. In M. Lüders & J. Wissinger (Hrsg.), *Forschung zur Lehrerbildung. Kompetenzentwicklung und Programmevaluation* (S. 13-36). Münster: Waxmann.

Blömeke, S. (2010). Unterrichten lernen. Ein empirischer Blick auf die Lehreraus- und -fortbildung. *Friedrich Jahresheft XXVIII: Lehrerarbeit, Lehrer sein,* 12-15.

Blömeke, S. (2011). Forschung zur Lehrerbildung im internationelen Vergleich. In E. Terhart, H. Bennewitz & M. Rothland (Hrsg.), *Handbuch der Forschung zum Lehrerberuf* (S. 345-361). Münster: Waxmann.

Blömeke, S., Bremerich-Vos, A., Haudeck, H., Kaiser, G., Nold, G., Schwippert, K. & Willenberg, H. (Hrsg.). (2011). *Kompetenzen von Lehramtsstudierenden in gering strukturierten Domänen. Erste Ergebnisse aus TEDS-LT.* Münster: Waxmann.

Blömeke, S., Felbrich, A. & Müller, C. (2008a). Messung des erziehungswissenschaftlichen Wissens angehender Lehrkräfte. In S. Blömeke, G. Kaiser & R. Lehmann (Hrsg.), *Professionelle Kompetenz angehender Lehrerinnen und Lehrer. Wissen, Überzeugungen und Lerngelegenheiten deutscher Mathematikstudierender und -referendare. Erste Ergebnisse zur Wirksamkeit der Lehrerausbildung.* (S. 171-194). Münster: Waxmann.

Blömeke, S., Felbrich, A. & Müller, C. (2008b). Theoretischer Rahmen und Untersuchungsdesign. In S. Blömeke, G. Kaiser & R. Lehmann (Hrsg.), *Professionelle Kompetenz angehender Lehrerinnen und Lehrer. Wissen, Überzeugungen und Lerngelegenheiten deutscher Mathematikstudierender und -referendare. Erste Ergebnisse zur Wirksamkeit der Lehrerausbildung* (S. 15-48). Münster: Waxmann.

Blömeke, S. & Kaiser, G. (2012). Homogenity or heterogenity? Profiles of opportunities to learn in primary teacher education and their relationship to cultural context and outcomes. *ZDM – The International Journal on Mathematics Education, 44*, 249-264.

Blömeke, S., Kaiser, G. & Lehmann, R. (Hrsg.). (2008). *Professionelle Kompetenz angehender Lehrerinnen und Lehrer. Wissen, Überzeugungen und Lerngelegenheiten deutscher Mathematikstudierender und -referendare. Erste Ergebnisse zur Wirksamkeit der Lehrerausbildung.* Münster: Waxmann.

Blömeke, S., Kaiser, G. & Lehmann, R. (2010a). *TEDS-M 2008. Professionelle Kompetenz und Lerngelegenheiten angehender Primarstufenlehrkräfte im internationalen Vergleich.* Münster: Waxmann.

Blömeke, S., Kaiser, G. & Lehmann, R. (2010b). *TEDS-M 2008. Professionelle Kompetenz und Lerngelegenheiten angehender Mathematiklehrkräfte für die Sekundarstufe I im internationalen Vergleich.* Münster: Waxmann.

Blömeke, S. & König, J. (2010). Pädagogisches Wissen angehender Mathematiklehrkräfte für die Sekundarstufe I im internationalen Vergleich. In S. Blömeke, G. Kaiser & R. Lehmann (Hrsg.), *TEDS-M 2008. Professionelle Kompetenz und Lerngelegenheiten angehender Mathematiklehrkräfte für die Sekundarstufe I im internationalen Vergleich* (S. 265-278). Münster: Waxmann.

Blömeke, S., Müller, C., Felbrich, A. & Kaiser, G. (2008). Entwicklung des erziehungswissenschaftlichen Wissens und der professionellen Überzeugungen in der Lehrerausbildung. In S. Blömeke, G. Kaiser & R. Lehmann (Hrsg.), *Professionelle Kompetenz angehender Lehrerinnen und Lehrer. Wissen, Überzeugungen und Lerngelegenheiten deutscher Mathematikstudierender und -referendare. Erste Ergebnisse zur Wirksamkeit der Lehrerausbildung.* (S. 303-326). Münster: Waxmann.

Blömeke, S. & Paine, L. (2008). Getting the fish out of the water: Considering benefits and problems of doing research on teacher education at an international level. *Teaching and Teacher Education, 24*(8), 2027-2037.

Blömeke, S., Reinhold, P., Tulodziecki, G. & Wildt, J. (Hrsg.). (2004). *Handbuch Lehrerbildung.* Bad Heilbrunn/Obb.: Klinkhardt.

Blömeke, S. & Suhl, U. (2010). Modellierung von Lehrerkompetenzen. Nutzung unterschiedlicher IRT-Skalierungen zur Diagnose von Stärken und Schwächen deutscher Referendarinnen und Referendare im internationalen Vergleich. *Zeitschrift für Erziehungswissenschaft,* 13(3), 473-505.

Blömeke, S., Suhl, U. & Döhrmann, M. (2012). Zusammenfügen was zusammengehört. Kompetenzprofile am Ende der Lehrerausbildung im internationalen Vergleich. *Zeitschrift für Pädagogik,* 58(4), 422-440.

Bong, M. & Skaalvik, E. M. (2003). Academic self-concept and self-efficacy: How different are they really? *Educational Psychological Review,* 15(1), 1-40.

Borkenau, P. & Ostendorf, F. (2008). *NEO-FFI. NEO-Fünf-Faktoren-Inventar nach Costa und McCrae.* Göttingen: Hogrefe.

Borko, H., Eisenhart, M., Brown, C. A., Underhill, R. G., Jones, D. & Agard, P. C. (1992). Learning to teach hard mathematics: Do novice teachers and their instructors give up too easily? *Journal for Research in Mathematics Education,* 23(3), 194-222.

Borko, H. & Putnam, R. T. (1996). Learning to teach. In D. C. Berliner & R. C. Calfee (Eds.), *Handbook of Educational Psychology* (pp. 673-708). New York: Macmillan.

Borsboom, D., Mellenbergh, G. J. & Heerden, J. v. (2004). The concept of validity. *Psychological Review,* 111(4), 1061-1071.

Bortz, J. & Döring, N. (2006). *Forschungsmethoden und Evaluation für Human- und Sozialwissenschaftler.* Heidelberg: Springer.

Bos, W., Bonsen, M., Baumert, J., Prenzel, M., Selter, C. & Walther, G. (2008). *TIMSS 2007. Mathematische und naturwissenschaftliche Kompetenzen von Grundschulkindern in Deutschland und im internationalen Vergleich.* Münster: Waxmann.

Braunisch, M. & Brenken, A. (2012). *Neue Wege in der Lehrerausbildung. Coaching als Personalentwicklungsinstrument.* Baltmannsweiler: Schneider.

Britton, E., Paine, L., Pimm, D. & Raizen, S. (2003). *Comprehensive teacher induction. Systems for early career learning.* Dordrecht: Kluwer.

Bromme, R. (1992). *Der Lehrer als Experte: Zur Psychologie des professionellen Wissens.* Bern: Huber.

Bromme, R. (1995). Was ist "paedagogical content knowledge"? Kritische Anmerkungen zu einem fruchtbaren Forschungsprogramm. In S. Hopmann & K. Riquarts (Hrsg.), *Didaktik und/oder Curriculum* (S. 105-115). Weinheim: Beltz.

Bromme, R. (1997). Kompetenzen, Funktionen und unterrichtliches Handeln des Lehrers. In F. E. Weinert (Hrsg.), *Psychologie des Unterrichts und der Schule. Enzyklopädie der Psychologie. Pädagogische Psychologie* (S. 177-212). Göttingen: Hogrefe.

Bromme, R. (2001). Teacher expertise. In N. J. Smelser & P. B. Baltes (Eds.), *International encyclopedia of the social and behavioral science* (pp. 15459-15465). Amsterdam: Elsevier.

Bromme, R. (2004). Das implizite Wissen des Experten. In B. Koch-Priewe, F. U. Kolbe & J. Wildt (Hrsg.), *Grundlagenforschung und mikrodidaktische Reformansätze zur Lehrerbildung* (S. 22-48). Bad Heilbrunn: Klinkhardt.

Bromme, R. (2008). Lehrerexpertise. In W. Schneider & M. Hasselhorn (Hrsg.), *Handbuch der Pädagogischen Psychologie* (S. 159-167). Göttingen: Hogrefe.

Bromme, R. & Haag, L. (2008). Forschung zur Lehrerpersönlichkeit. In W. Helsper & J. Böhme (Hrsg.), *Handbuch der Schulforschung* (S. 803-819). Wiesbaden: VS-Verlag.

Brookhart, S. M. & Freeman, D. J. (1992). Characteristics of entering teacher candidates. *Review of educational research, 62*(1), 37-60.

Brüderl, J. (2010). Kausalanalyse mit Paneldaten. In C. Wolf & H. Best (Hrsg.), *Handbuch der sozialwissenschaftlichen Datenanalyse* (S. 963-994). Wiesbaden: VS.

Brühwiler, C. (2001). Die Bedeutung von Motivation in der Lehrerinnen- und Lehrerausbildung. In F. Oser & J. Oelkers (Hrsg.), *Die Wirksamkeit der Lehrerbildungssysteme. Von der Allrounderbildung zur Ausbildung professioneller Standards* (S. 343-397). Chur/Zürich: Rüegger.

Caspi, A., Roberts, B. W. & Shiner, R. L. (2005). Personality Development: Stability and Change. *Annual Review of Psychology, 56*, 453-484.

Cattell, R. B. (1965). *The scientific analysis of personality*. Harmondsworth: Penguin.

Chi, M., Glaser, R. & Farr, M. (1988). *The nature of expertise*. New Jersey: Erlbaum.

Chomsky, N. (1957). Verbal Behavior by B. F. Skinner. *Language, 35*(1), 26-58.

Chomsky, N. (1968). *Language and mind*. New York: Harcourt, Brace & World.

Christ, O. & Schlüter, E. (2012). *Strukturgleichungsmodelle mit Mplus. Eine praktische Einführung*. München: Oldenbourg.

Cloos, P. (2007). *Die Inszenierung von Gemeinsamkeit. Eine vergleichende Studie zu Biographie, Organisationskultur und beruflichem Habitus von Teams in der Kinder- und Jugendhilfe*. Weinheim: Juventa.

Cochran-Smith, M. & Feiman-Nemser, S. (2008). *Handbook of research on teacher education. Enduring questions in changing contexts*. London: Routledge.

Cochran-Smith, M. & Zeichner, K. M. (2005). *Studying teacher education. The report of the AERA Panel on research and teacher education.* Washington: American Educational Research Association.

Cohen, J. (1988). *Statistical power analysis for the behavioral sciences.* New York: Erlbaum.

Combe, A. (2001). Fallgeschichten in der universitären Lehrerbildung und die Rolle der Einbildungskraft. In U. Hericks, J. Keuffer, H.-C. Kräft & I. Kunze (Hrsg.), *Bildungsgangdidaktik* (S. 19-32). Opladen: Leske und Budrich.

Combe, A. (2005). Lernende Lehrer. Professionalisierung und Schulentwicklung im Lichte der Bildungsgangforschung. In B. Schenk (Hrsg.), *Bausteine einer Bildungstheorie* (S. 69-90). Wiesbaden: VS.

Combe, A. (2006). „Hatten die schon Schuhe?" Zur Theorie des Erfahrungslernens. *Pädagogik,* 58(6), 32-38.

Combe, A. & Kolbe, F.-U. (2008). Lehrerprofessionalität: Wissen, Können, Handeln. In W. Helsper & J. Böhme (Hrsg.), *Handbuch der Schulforschung* (S. 857-875). Wiesbaden: VS.

Connell, M. W., Sheridan, K. & Gardner, H. (2003). On Abilities and Domains. In R. J. Sternberg & E. L. Grigorenko (Eds.), *The Psychology of Abilities, Competencies, and Expertise* (pp. 126-155). New York: Cambridge University Press.

Costa, P. T. & McCrae, R. R. (1985). *The NEO Personality Inventory manual.* Odessa: Psychological Assessment Resources.

Cramer, C. (2010). Kompetenzerwartungen Lehramtsstudierender. Grenzen und Perspektiven selbsteingeschätzter Kompetenzen in der Lehrerbildungsforschung. In A. Gehrmann, U. Hericks & M. Lüders (Hrsg.), *Bildungsstandards und Kompetenzmodelle. Beiträge zu einer aktuellen Diskussion über Schule, Lehrerbildung und Unterricht* (S. 85-97). Bad Heilbrunn: Klinkhardt.

Cramer, C. (2012). *Entwicklung von Professionalität in der Lehrerbildung. Empirische Befunde zu Eingangsbedingungen, Prozessmerkmalen und Ausbildungserfahrungen Lehramtsstudierender.* Bad Heilbrunn: Klinkhardt.

Dann, H.-D. (2000). Lehrerkognitionen und Handlungsentscheidungen. In M. K. W. Schweer (Hrsg.), *Lehrer-Schüler-Interaktion. Pädagogisch-psychologische Aspekte des Lehrens und Lernens in der Schule* (S. 79-108). Opladen: Leske und Budrich.

Dann, H.-D., Cloetta, B., Müller-Fohrbrodt, G. & Helmreich, G. (1978). *Umweltbedingungen innovativer Kompetenz. Eine Längsschnittuntersuchung zur Sozialisation von Lehrern in Ausbildung und Beruf.* Stuttgart: Klett.

Dann, H.-D., Müller-Fohrbrodt, G. & Cloetta, B. (1981). Sozialisation junger Lehrer im Beruf: „Praxisschock" drei Jahre später. *Zeitschrift für Entwicklungspsychologie und Pädagogische Psychologie, 13*(3), 251-262.

Darling-Hammond, L. (2000). Teacher Quality and Student Achievement: A Review of State Policy Evidence. *Education Policy Analysis Archives, 8*(1), 1-46.

Darling-Hammond, L. & Bransford, J. (2005). *Preparing teachers for a changing world. What teachers should learn and be able to do.* San Francisco: Jossey-Bass.

Daschner, P. (2004). Dritte Phase an Einrichtungen der Lehrerfortbildung. In S. Blömeke, P. Reinhold, G. Tulodziecki & J. Wildt (Hrsg.), *Handbuch Lehrerbildung* (S. 290-301). Bad Heilbrunn/Obb.: Klinkhardt.

Deng, Z. (2007). Knowing the subject matter of a secondary school science subject. *Journal of Curriculum Studies, 39*(5), 503-535.

Destatis (2012). Mikrozensus. Bevölkerung und Erwerbstätigkeit. Stand und Entwicklung der Erwerbstätigkeit in Deutschland 2011 (Fachserie 1 Reihe 4.1.1). Zugriff am 06.08.2013 unter: https://www.destatis.de/DE/Publikationen /Thematisch/Arbeitsmarkt/Erwerbstaetige/StandEntwicklungErwerbstaetigkeit2010411117004.pdf?__blob=publicationFile.

Ditton, H. (2000). Qualitätskontrolle und Qualitätssicherung in Schule und Unterricht. Ein Überblick zum Stand der empirischen Forschung. *Zeitschrift für Pädagogik, 41. Beiheft*, 73-92.

Döbrich, P. & Abs, H. J. (2006). Pädagogische Entwicklungsbilanzen an Studienseminaren in Hessen. *Seminar Lehrerbildung und Schule, 1*, 93-100.

Döbrich, P. & Abs, H. J. (2008). Evaluation der zweiten Phase der Lehrerbildung. Pädagogische Entwicklungsbilanzen mit Studienseminaren in Hessen. *Schulverwaltung: Ausgabe Hessen und Rheinland-Pfalz, 13*(3), 70-73.

Döbrich, P. & Storch, H. (2012). *Pädagogische Entwicklungsbilanzen an Studienseminaren oder: Lehrerausbildung ohne Bilanzierung?* Frankfurt am Main: Gesellschaft zur Förderung Pädagogischer Forschung.

Döring, W. O. (1931). *Pädagogische Psychologie.* Osterwieck: Zickfeldt.

Dreyfus, H. L. & Dreyfus, S. E. (1986). *Mind over machine: The power of human intuition and expertise in the era of the computer.* New York: The Free Press.

Duell, O. K. & Schommer-Aikins, M. (2001). Measures of people´s beliefs about knowledge and learning. *Educational Psychology Review, 13*(4), 419-449.

ED.GOV (2004). Attracting, developing and retaining effective teachers: Background report for the United States Zugriff am 07.08.2013 unter: http://www.oecd.org/edu/school/33947533.pdf.

Eder, F. (2008). Persönlichkeitsmerkmale von Lehramtsstudierenden. In F. Eder & G. Hörl (Hrsg.), *Gerechtigkeit und Effizienz im Bildungswesen. Unterricht, Schulentwicklung und LehrerInnenbildung als professionelle Handlungsfelder* (S. 273-293). Münster: LIT.

Elliott, J. (1998). *The Curriculum Experiment: Meeting the challenge of social change.* Buckingham: Open University Press.

Elo, A. E. (1986). *The rating of chess players, past and present.* New York: Arco.

Ericsson, K. A., Krampe, R. T. & Tesch-Römer, C. (1993). The Role of Delibertae Practice in the Acquisition of Expert Performance. *Psychological Review,* 100(3), 363-406.

Ericsson, K. A. & Smith, J. (1991). *Toward a general theory of expertise: Prospects and Limits.* Cambridge: Cambridge University Press.

Eysenck, H. J. & Eysenck, M. W. (1985). *Personality and individual differences. A natural science approach.* New York: Plenum.

Faust, G. & Foerster, F. (2008). Offenheit für Ideen und Handlungen bei Grundschullehramtsstudierenden. In A. Hartinger, R. Bauer & R. Hitzler (Hrsg.), *Veränderte Kindheit. Konsequenzen für die Lehrerbildung* (S. 129-140). Bad Heilbrunn: Klinkhardt.

Feindt, A. (2007). *Studentische Forschung im Lehramtsstudium.* Opladen: Budrich.

Feldon, D. F. (2007). Cognitive load and classroom teaching: The double-edged sword of automaticity. *Educational Psychologist,* 42(3), 123-137.

Fend, H. (1980). Die kompetenztheoretische Perspektive in der Sozialforschung. In J. Domnick (Hrsg.), *Aspekte grundlagenorientierter Bildungsforschung* (Vol. 23 Sonderforschungsbereich Bildungsforschung). Konstanz: Zentrum Bildungsforschung.

Fend, H. (2008a). Bildungsstandards im Kontext von Educational Governance. *Beiträge zur Lehrerbildung,* 26(3), 292-303.

Fend, H. (2008b). *Neue Theorie der Schule. Einführung in das Verstehen von Bildungssystemen.* Wiesbaden: VS.

Fend, H. (2008c). *Schule gestalten. Systemsteuerung, Schulentwicklung und Unterrichtsqualität.* Wiesbaden: VS.

Fenstermacher, G. (1994). The knower and the known. The nature of knowledge in research on teaching. In L. Darling-Hammond (Ed.), *Review of Research in Education* (pp. 3-56). Washington: American Educational Research Associa-tion.

Flach, H., Lück, J. & Preuss, R. (1995). *Lehrerausbildung im Urteil ihrer Studenten. Zur Reformbedürftigkeit der deutschen Lehrerbildung.* Frankfurt am Main: Lang.

Foundation, A. (2001). Teacher certification reconsidered, Stumbling for quality. In A. Foundation (Ed.), Zugriff am 10.04.2013 unter: http://www.abell.org/ pubsitems/ed_cert_1101.pdf.

Frey, A. (2004). Die Kompetenzstruktur von Studierenden des Lehrerberufs. Eine internationale Studie. *Zeitschrift für Pädagogik, 50*(6), 903-925.

Frey, A. (2006). Methoden und Instrumente zur Diagnose beruflicher Kompetenzen von Lehrkräften. Eine erste Standortbestimmung zu bereits publizierten Instrumenten. *Zeitschrift für Pädagogik, 51. Beiheft*, 30-46.

Frey, A. & Jung, C. (2011). Kompetenzmodelle und Standards in Lehrerbildung und Lehrerberuf. In E. Terhart, H. Bennewitz & M. Rothland (Hrsg.), *Handbuch der Forschung zum Lehrerberuf* (S. 540-572). Münster: Waxmann.

Fried, L. (1997). Zwischen Wissenschaft und Berufspraxis – Bilanz der Lehrerbildungsforschung. In M. Bayer, U. Carle & J. Wildt (Hrsg.), *Brennpunkt: Lehrerbildung. Strukturwandel und Innovationen im europäischen Kontext* (S. 19-54). Opladen: Leske und Budrich.

Garfinkel, H. (1967). *Ethnomethodological studies of work*. London: Routledge.

Garfinkel, H. (1972). Remarks on ethnomethodology. In J. Gumperz & D. Hymes (Eds.), *Directions in Sociolinguistics* (pp. 301-324). New York: Rinehart & Winston.

Geertz, C. (1999). *Dichte Beschreibung. Beiträge zum Verstehen kultureller Systeme*. Frankfurt am Main: Suhrkamp.

Gehrmann, A. (2003). *Der professionelle Lehrer. Muster der Begründung – Empirische Rekonstruktionen*. Opladen: Leske und Budrich.

Gehrmann, A. (2007). Kompetenzentwicklung im Lehramtsstudium. Eine Untersuchung an der Universität Rostock. In M. Lüders & J. Wissinger (Hrsg.), *Forschung zur Lehrerbildung. Konzeptentwicklung und Programmevaluation* (S. 85-102). Münster: Waxmann.

Geiser, C. (2011). *Datenanalyse mit Mplus. Eine anwendungsorientierte Einführung*. Wiesbaden: VS.

Geißler, K. A. & Orthey, F. M. (2002). Kompetenz: Ein Begriff für das verwertbare Ungefähre. In E. Nuissl, C. Schiersmann & H. Siebert (Hrsg.), *Literatur- und Forschungsreport Weiterbildung* (S. 69-79). Bielefeld: Bertelsmann.

Getzels, J. W. & Jackson, P. W. (1963). The teachers' personality and characteristics. In N. L. Gage (Ed.), *Handbook of research on teaching* (pp. 506-582). Chicago: American Educational Research Association.

Glaser, R. & Chi, M. (1988). Overview. In M. Chi, R. Glaser & M. Farr (Eds.), *The nature of expertise* (pp. 15-28). New Jersey: Erlbaum.

Gobet, F. (2001). Cognitive psychology of chess expertise. In N. J. Smelser & P. B. Baltes (Eds.), *International encyclopedia of the social and behavioral science* (pp. 1663-1667). Amsterdam: Elsevier.

Goffman, E. (1971). *Interaktionsrituale. Über Verhalten in direkter Kommunikation.* Frankfurt am Main: Suhrkamp.

Goldberg, L. R. (1981). Language and individuel differencees: The search for universals in personality lexicons. In L. Wheeler (Ed.), *Review of Personality and Social Psychology* (pp. 141-165). Beverly Hills: Sage.

Goldhaber, D. D. & Anthony, E. (2004). *Can teacher quality be effectively assessed?* Zugriff am 18.12.2012 unter: http://www.urban.org/uploadedpdf/410958 _N-BPTSOutcomes.pdf.

Goldhaber, D. D. & Brewer, D. J. (2000). Does Teacher Certification Matter? High School Teacher Certification Status and Student Achievement. *Educational Evaluation and Policy Analysis,* 22(2), 129-145.

Good, T. L. & Brophy, J. E. (2007). *Looking in Classrooms.* Boston: Allyn & Bacon.

Goodson, I. F., Hopmann, S. & Riquarts, K. (1999). *Das Schulfach als Handlungsrahmen. Vergleichende Untersuchung zur Geschichte und Funktion der Schulfächer.* Köln: Böhlau.

Graham, J. W. (2012). *Missing data. Analysis and design.* New York: Springer.

Groeben, N. & Scheele, B. (1977). *Argumente für eine Psychologie des reflexiven Subjekts.* Darmstadt: Steinkopff.

Groeben, N. & Scheele, B. (1982). Einige Sprachregelungsvorschläge für die Erforschung subjektiver Theorien. In H. D. Dann, W. Humpert, F. Krause & K. C. Tennstädt (Hrsg.), *Analyse und Modifikation subjektiver Theorien von Lehrern* (S. 13-39). Konstanz: Universität.

Gröschner, A. & Schmitt, C. (2008). „Fit für das Studium?" – Studien- und Berufswahlmotive, Belastungserfahrungen und Kompetenzerwartungen am Beginn der Lehramtsausbildung. Empirische Befunde der wissenschaftlichen Begleitforschung zum Praxissemester an der Universität Jena. *Lehrerbildung auf dem Prüfstand,* 1(2), 605-624.

Gröschner, A. & Schmitt, C. (2012). Kompetenzentwicklung im Praktikum? Entwicklung eines Instruments zur Erfassung von Kompetenzeinschätzungen und Ergebnisse einer Befragung von Lehramtsstudierenden im betreuten Blockpraktikum. *Lehrerbildung auf dem Prüfstand,* 5(2), S. 112-128.

Grossman, P. L. & Stodolsky, S. S. (1995). Content as context: The role of school subjects in secondary school teaching. *Educational Researcher,* 24(8), 5-23.

Gruber, H. (1994). *Expertise. Modelle und empirische Untersuchungen.* Opladen: Westdeutscher Verlag.

Gruber, H. (2001). Acquisition of expertise. In N. J. Smelser & P. B. Baltes (Eds.), *International encyclopedia of the social and behavioral sciences* (pp. 5145-5150). Amsterdam: Elsevier.

Gudjons, H. (1982). Lehrerpersönlichkeit im Aufwind. Kein Beitrag zur Verringerung der Bildungskosten. *Westermanns Pädagogische Beiträge,* 36(6), 249-252.

Guglielmi, S. R. (2001). Teacher stress and burnout: Methodological perspectives. In N. J. Smelser & P. B. Baltes (Eds.), *International encyclopedia of the social and behavioral sciences* (pp. 15465-15468). Amsterdam: Elsevier.

Halbheer, U. & Reusser, K. (2008). Outputsteuerung, Accountability, Educational Governance – Einführung in Geschichte, Begrifflichkeiten und Funktionen von Bildungsstandards. *Beiträge zur Lehrerbildung,* 26(3), 253-266.

Halbheer, U. & Reusser, K. (2009). Innovative Settings und Werkzeuge der Weiterbildung als Bedingung für die Professionalisierung von Lehrpersonen In O. Zlatkin-Troitschanskaia, K. Beck, D. Sembill, R. Nickolaus & R. Mulder (Hrsg.), *Lehrprofessionalität: Bedingungen, Genese, Wirkungen und ihre Messung* (S. 465-476). Weinheim und Basel: Beltz.

Hartig, J. (2008). Kompetenzen als Ergebnisse von Bildungsprozessen. In N. Jude, J. Hartig & E. Klieme (Hrsg.), *Kompetenzerfassung in pädagogischen Handlungsfeldern. Theorien, Konzepte und Methoden* (S. 15-26). Bonn und Berlin: BMBF.

Hartig, J. (2009). Modelle der Item-Response-Theorie. In O. Zlatkin-Troitschanskaia, K. Beck, D. Sembill, R. Nickolaus & R. Mulder (Hrsg.), *Lehrprofessionalität: Bedingungen, Genese, Wirkungen und ihre Messung* (S. 295-310). Weinheim und Basel: Beltz.

Hartig, J. & Klieme, E. (2006). Kompetenz und Kompetenzdiagnostik. In K. Schweizer (Hrsg.), *Leistung und Leistungsdiagnostik* (S. 127-143). Heidelberg: Springer.

Hartinger, A., Kleickmann, T. & Hawelka, B. (2006). Der Einfluss von Lehrervorstellungen zum Lernen und Lehren auf die Gestaltung des Unterrichts und auf motivationale Schülervariablen. *Zeitschrift für Erziehungswissenschaft,* 9(1), 110-126.

Hartmann, M. & Weiser, B. (2007). Unbewusste Inkompetenz? Selbstüberschätzung bei StudienanfängerInnen. In C. Kraler & M. Schratz (Hrsg.), *Ausbildungsqualität und Kompetenz im Lehrerberuf* (S. 37-55). Wien: LIT.

Hascher, T. (2005a). Die Erfahrungsfalle. *journal für lehrerInnenbildung,* 5(1), 39-45.

Hascher, T. (2005b). Pädagogische Standards in der Lehrerbildung. *Pädagogik,* 57(9), 35-38.

Hascher, T. (2011). Forschung zur Wirksamkeit der Lehrerbildung. In E. Terhart, H. Bennewitz & M. Rothland (Hrsg.), *Handbuch der Forschung zum Lehrerberuf* (S. 418-440). Münster: Waxmann.

Hattie, J. (2009). *Visible learning. A synthesis of over 800 meta-analysis relating to achievement.* London: Routledge.

Hattie, J. (2012). *Visible learning for teachers. Maximizing impact on learning.* London: Routledge.

Heid, H. (2007). Was vermag die Standardisierung wünschenswerter Lernoutputs zur Qualitätsverbesserung des Bildungswesens beizutragen? In D. Benner (Hrsg.), *Bildungsstandards. Chancen und Grenzen. Beispiele und Perspektiven* (S. 29-48). München: Schöningh.

Helmke, A. (2009). *Unterrichtsqualität und Lehrerprofessionalität. Diagnose, Evaluation und Verbesserung des Unterrichts.* Seelze-Velber: Klett Kallmeyer.

Helsper, W. (1996). Antinomien des Lehrerhandelns in modernisierten pädagogischen Kulturen. In A. Combe & W. Helsper (Hrsg.), *Pädagogische Professionalität* (S. 521-569). Frankfurt am Main: Suhrkamp.

Helsper, W. (2000). Antinomien des Lehrerhandelns und die Bedeutung der Fallrekonstruktion. In E. Cloer, D. Klika & H. Kunert (Hrsg.), *Welche Lehrer braucht das Land?* (S. 142-177). Weinheim: Juventa.

Helsper, W. (2004). Antinomien, Widersprüche, Paradoxien: Lehrerarbeit – ein unmögliches Geschäft? Eine strukturtheoretisch-rekonstruktive Perspektive auf das Lehrerhandeln. In B. Koch-Priewe, F.-U. Kolbe & J. Wildt (Hrsg.), *Grundlagenforschung und mikrodidaktische Reformansätze zur Lehrerbildung.* (S. 49-98). Bad Heilbrunn: Klinkhardt.

Helsper, W. (2007). Eine Antwort auf Jürgen Baumerts und Mareike Kunters Kritik am strukturtheoretischen Professionsansatz. *Zeitschrift für Erziehungswissenschaft,* 10(4), 567-579.

Helsper, W. (2011). Lehrerprofessionalität – der strukturtheoretische Professionsansatz zum Lehrerberuf. In E. Terhart, H. Bennewitz & M. Rothland (Hrsg.), *Handbuch der Forschung zum Lehrerberuf* (S. 149-170). Münster: Waxmann.

Helsper, W. & Kolbe, F.-U. (2002). Bachelor/Master in der Lehrerbildung – Potential für Innovation oder ihre Verhinderung? *Zeitschrift für Erziehungswissenschaft,* 5(3), 384-400.

Herrmann, U. (2002). *Wie lernen Lehrer ihren Beruf? Empirische Befunde und praktische Vorschläge.* Weinheim und Basel: Beltz.

Herzog, W. (1999). Die Schule und die Pluralität ihrer Kulturen. Für eine Neufassung des pädagogischen Kuturbegriffs. *Zeitschrift für Erziehungswissenschaft,* 2(2), 229-245.

Herzog, W. (2002). *Zeitgemässe Erziehung. Die Konstruktion pädagogischer Wirklichkeit.* Weilerswist: Velbrück.

Herzog, W. (2005). Müssen wir Standards wollen? Skepsis gegenüber einem theoretisch (zu) schwachen Konzept. *Zeitschrift für Pädagogik,* 51(2), 252-258.

Herzog, W. (2008a). Unterwegs zur 08/15-Schule? Wider die Instrumentalisierungspolitik der Erziehungswissenschaft durch die Bildungspolitik. *Schweizerische Zeitschrift für Bildungswissenschaften,* 30(1), 13-31.

Herzog, W. (2008b). Verändern Bildungsstandards den Lehrerberuf? *Beiträge zur Lehrerbildung,* 26 (3), 395-412.

Hill, H. C., Rowan, B. & Ball, D. L. (2005). Effects of teachers' mathematical knowledge for teaching on student achievement. *American Educationl Research Journal,* 42(2), 371-406.

Hill, H. C., Schilling, S. G. & Ball, D. L. (2004). Developing measures of teachers' mathematics knowledge for teaching. *The Elementary School Journal,* 105(1), 11-30.

Hofer, B. K. & Pintrich, P. R. (1997). The development of epistemological theories: Beliefs about knowledge and knowing and their relation to learning. *Review of educational research,* 67(1), 88-140.

Hörning, K. H. & Reuter, J. (2006). Doing Material Culture: Soziale Praxis als Ausgangspunkt einer „realistischen" Kulturanalyse. In A. Hepp & R. Winter (Hrsg.), *Kultur – Medien – Macht. Cultural Studies und Medienanalyse* (S. 109-123). Wiesbaden: VS.

Horst, I. (1995). Lehrerausbildung im Urteil ost- und westdeutscher Studierender aus Bamberg, Bielefeld, Greifswald und Halle nach 1989. In H. Flach, J. Lück & R. Preuss (Hrsg.), *Lehrerausbildung im Urteil ihrer Studenten. Zur Reformbedürftigkeit der deutschen Lehrerbildung.* (S. 253-272). Frankfurt am Main: Lang.

Hu, L. & Bentler, P. M. (1999). Cutoff criteria for fit indexes in covariance structure analysis: Conventional criteria versus new alternatives. *Structural Equiation Modeling*, 6(1), 1-55.

Huber, S. G. (2009). Wirksamkeit von Fort- und Weiterbildung. In O. Zlatkin-Troit-schanskaia, K. Beck, D. Sembill, R. Nickolaus & R. Mulder (Hrsg.), *Lehrpro-fessionalität: Bedingungen, Genese, Wirkungen und ihre Messung* (S. 451-463). Weinheim und Basel: Beltz.

Huth, R. & Weishaupt, H. (2012). Was wissen wir über die Bedingungen der Lehrertätigkeit? *Pädagogik*, 64(3), 42-47.

IT.NRW (2010). Der Lehrerberuf in Nordrhein-Westfalen wird weiblicher (Statistische Analysen und Studien NRW, Band 65). Letzter Zugriff am 06.08.2013 unter: http://www.it.nrw.de/statistik/analysen/stat_studien/2010/band_65/ven-haus_65.pdf.

John, O. P., Naumann, L. P. & Soto, C. J. (2008). Paradigm shift to the integrative big five trait taxonomy. History, measurement, and conceptual issues. In O. P. John, R. W. Robins & L. A. Pervin (Eds.), *Handbook of personality* (pp. 114-158). New York: Guilford.

Kanfer, R. (1990). Motivation and individual differences in learning: An integration of developmental, differential, and cognitive perspectives. *Learning and Individual Differences, 2*, 221-239.

Kauffeld, S., Frieling, E. & Grote, S. (2002). Soziale, personale, methodische oder fachliche: Welche Kompetenzen zählen bei der Bewältigung von Optimierungsaufgaben in betrieblichen Gruppen. *Zeitschrift für Psychologie, 210*(4), 197-208.

Kehne, M., Seifert, A. & Schaper, N. (2013). Struktur eines Instruments zur Kompetenzerfassung in der Sportlehrerausbildung. *sportunterricht, 62*(2), 53-57.

Keller-Schneider, M. & Hericks, U. (2011). Forschungen zum Berufseinstieg. Übergang von der Ausbildung in den Beruf. In E. Terhart, H. Bennewitz & M. Rothland (Hrsg.), *Handbuch der Forschung zum Lehrerberuf* (S. 296-313). Münster: Waxmann.

Klafki, W. (1959). *Das pädagogische Problem des Elementaren und die Theorie der kategorialen Bildung.* Weinheim: Beltz.

Klafki, W. (2007). *Neue Studien zur Bildungstheorie und Didaktik. Zeitgemäße Allgemeinbildung und kritisch-konstruktive Didaktik.* Weinheim: Beltz.

Kleickmann, T. & Anders, Y. (2011). Lernen an der Universität. In M. Kunter, J. Baumert, W. Blum, U. Klusmann, S. Krauss & M. Neubrand (Hrsg.), *Professionelle Kompetenz von Lehrkräften. Ergebnisse des Forschungsprogramms COACTIV* (S. 305-315). Münster: Waxmann.

Kleickmann, T. & Möller, K. (2007). Haben Lehrerfortbildungen einen Effekt auf Lernzuwächse bei Schülerinnen und Schülern? In D. Höttecke (Hrsg.), *Naturwissenschaftlicher Unterricht im internationalen Vergleich* (S. 506-508). Berlin: LIT.

Klieme, E. (2004). Was sind Kompetenzen und wie lassen sie sich messen? *Pädagogik, 56*(6), 10-13.

Klieme, E., Avenarius, H., Blum, W., Döbrich, P., Gruber, H., Prenzel, M., Reiss, K., Riquarts, K., Rost, J., Tenorth, H.-E. & Vollmer, H. J. (Hrsg.). (2003). *Zur Entwicklung nationaler Bildungsstandards. Eine Expertise.* Bonn und Berlin: BMBF.

Klieme, E. & Hartig, J. (2007). Kompetenzkonzepte in den Sozialwissenschaften und im erziehungswissenschaftlichen Diskurs. *Zeitschrift für Erziehungswissenschaft, Sonderheft 8*, 11-29.

Klieme, E. & Leutner, D. (2006). Kompetenzmodelle zur Erfassung individueller Lernergebnisse und zur Bilanzierung von Bildungsprozessen. Beschreibung eines neu eingerichteten Schwerpunktprogramms der DFG. *Zeitschrift für Pädagogik, 52*(6), 876-903.

Klieme, E., Maag-Merki, K. & Hartig, J. (2007). Kompetenzbegriff und Bedeutung von Kompetenzen im Bildungswesen. In J. Hartig & E. Klieme (Hrsg.), *Möglichkeiten und Voraussetzungen technologiebasierter Kompetenzdiagnostik. Eine Expertise im Auftrag des Bundesministeriums für Bildung und Forschung* (S. 5-16). Belrin: BMBF.

Kline, R. B. (2010). *Principles and practice of structural equation modeling.* New York: Guilford.

Klinzing, H. G. (1990). Research on teacher education in West Germany. In R. P. Tisher & M. F. Wideen (Eds.), *Research in teacher education: International perspectives* (pp. 89-103). New York: Falmer Press.

Klusmann, U. (2011a). Allgemeine berufliche Motivation und Selbstregulation. In M. Kunter, J. Baumert, W. Blum, U. Klusmann, S. Krauss & M. Neubrand (Hrsg.), *Professionelle Kompetenz von Lehrkräften. Ergebnisse des Forschungsprogramms COACTIV* (S. 277-294). Münster: Waxmann.

Klusmann, U. (2011b). Belastung und Beanspruchung im Lehrerberuf: Zwischen beruflicher Praxis und unterschiedlichen Forschungsansätzen. In E. Terhart, H. Bennewitz & M. Rothland (Hrsg.), *Handbuch der Forschung zum Lehrerberuf* (S. 814-820). Münster: Waxmann.

Klusmann, U. (2011c). Individuelle Voraussetzungen von Lehrkräften. In M. Kunter, J. Baumert, W. Blum, U. Klusmann, S. Krauss & M. Neubrand (Hrsg.), *Professionelle Kompetenz von Lehrkräften. Ergebnisse des Forschungsprogramms COACTIV* (S. 297-304). Münster: Waxmann.

Klusmann, U., Kunter, M., Trautwein, U. & Baumert, J. (2006). Lehrerbelastung und Unterrichtsqualität aus der Perspektive von Lehrenden und Lernenden. *Zeitschrift für pädagogische Psychologie,* 20(3), 161-173.

Klusmann, U., Trautwein, U., Lüdtke, O., Kunter, M. & Baumert, J. (2009). Eingangsvoraussetzungen beim Studienbeginn. Werden die Lehramtskandidaten unterschätzt? *Zeitschrift für pädagogische Psychologie,* 23(3-4), 265-278.

KMK. (2004a). *Standards für die Lehrerbildung: Bildungswissenschaften. Beschluss der Kultusministerkonferenz vom 16.12.2004.*

KMK. (2004b). *Standards für die Lehrerbildung. Bericht der Arbeitsgruppe.*

KMK. (2005). *Bildungsstandards der Kultusministerkonferenz. Erläuterungen zur Konzeption und Entwicklung.* München: Luchterhand.

KMK. (2008). *Ländergemeinsame inhaltliche Anforderungen für die Fachwissenschaften und Fachdidaktiken in der Lehrerbildung.*

KMK. (2013). *Empfehlungen zur Eignungsabklärung in der ersten Phase der Lehrerausbildung. Beschluss der Kultusministerkonferenz vom 07.03.2013.*

Koch, L. (2004). Allgemeinbildung und Grundbildung, Identität oder Alternative? *Zeitschrift für Erziehungswissenschaft,* 7(2), 183-191.

Kolbe, F.-U., Reh, S. & Idel, T.-S. (2008). LUGS – ein Forschungsprojekt zur Lernkultur- und Unterrichtsentwicklung an Ganztagsschulen. In S. Appel, H. Ludwig, U. Rother & G. Rutz (Hrsg.), *Leitthema Lernkultur* (S. 30-41). Schwalbach: Wochenschau-Verlag.

Köller, O. (2007). Bildungsstandards, einheitliche Prüfungsanforderungen und Qualitätssicherung in der Sekundarstufe II. In D. Benner (Hrsg.), *Bildungsstandards. Chancen und Grenzen. Beispiele und Perspektiven* (S. 13-28). München: Schöningh.

Köller, O., Baumert, J. & Neubrand, J. (2000). Epistemologische Überzeugungen und Fachverständnis im Mathematik- und Physikunterricht. In J. Baumert, W. Bos & R. Lehmann (Hrsg.), *TIMSS/III. Dritte Internationale Mathematik- und Naturwissenschaftsstudie. Mathematische und naturwissenschaftliche Bildung am Ende der Schullaufbahn. Mathematische und physikalische Kompetenzen am Ende der gymnasialen Oberstufe* (S. 229-269). Opladen: Leske und Budrich.

König, J. (2010). Längsschnittliche Erhebung pädagogischer Kompetenzen von Lehramtsstudierenden (LEK): Theoretischer Rahmen, Fragestellungen, Untersuchungsanlage und erste Ergebnisse zu Lernvoraussetzungen von angehenden Lehrkräften. *Lehrerbildung auf dem Prüfstand, 3*(1), 56-83.

König, J. (2012). Die Entwicklung von pädagogischem Unterrichtswissen: Theoretischer Rahmen, Testinstrument, Skalierung und Ergebnisse. In J. König & A. Seifert (Hrsg.), *Lehramtsstudierende erwerben pädagogisches Professionswissen. Ergebnisse der Längsschnittstudie LEK zur Wirksamkeit der erziehungswissenschaftlichen Lehrerausbildung* (S. 141-182). Münster: Waxmann.

König, J. & Blömeke, S. (2009). Pädagogisches Wissen von angehenden Lehrkräften. Erfassung und Struktur von Ergebnissen der fachübergreifenden Lehrerausbildung. *Zeitschrift für Erziehungswissenschaft, 12*(3), 499-527.

König, J. & Blömeke, S. (2010). Pädagogisches Wissen angehender Primarstufenlehrkräfte im internationalen Vergleich. In S. Blömeke, G. Kaiser & R. Lehmann (Hrsg.), *TEDS-M 2008. Professionelle Kompetenz und Lerngelegenheiten angehender Primarstufenlehrkräfte im internationalen Vergleich* (S. 275-296). Münster: Waxmann.

König, J. & Seifert, A. (2012a). Der Erwerb von pädagogischem Professionswissen: Ziele, Design und zentrale Ergebnisse der LEK-Studie. In J. König & A. Seifert (Hrsg.), *Lehramtsstudierende erwerben pädagogisches Professionswissen. Ergebnisse der Längsschnittstudie LEK zur Wirksamkeit der erziehungswissenschaftlichen Lehrerausbildung* (S. 7-31). Münster: Waxmann.

König, J. & Seifert, A. (Hrsg.). (2012b). *Lehramtsstudierende erwerben pädagogisches Professionswissen. Ergebnisse der Längsschnittstudie LEK zur Wirksamkeit der erziehungswissenschaftlichen Lehrerausbildung.* Münster: Waxmann.

König, J. & Tachtsoglou, S. (2012). Pädagogisches Professionswissen und selbsteingeschätzte Kompetenz. In J. König & A. Seifert (Hrsg.), *Lehramtsstudierende erwerben pädagogisches Professionswissen. Ergebnisse der Längsschnittstudie LEK zur Wirksamkeit der erziehungswissenschaftlichen Lehrerausbildung* (S. 284-297). Münster: Waxmann.

König, J., Tachtsoglou, S. & Seifert, A. (2012). Individuelle Voraussetzungen, Lerngelegenheiten und der Erwerb von pädagogischem Professionswissen. In J. König & A. Seifert (Hrsg.), *Lehramtsstudierende erwerben pädagogisches Professionswissen. Ergebnisse der Längsschnittstudie LEK zur Wirksamkeit der erziehungswissenschaftlichen Lehrerausbildung* (S. 234-283). Münster: Waxmann.

Krammer, K. & Reusser, K. (2005). Unterrichtsvideos als Medium der Aus- und Weiterbildung von Lehrpersonen. *Beiträge zur Lehrerbildung,* 23(1), 35-50.

Krause, A., Dorsemagen, C. & Alexander, T. (2011). Belastung und Beanspruchung im Lehrerberuf - Arbeitsplatz- und bedingungsbezogene Forschung In E. Terhart, H. Bennewitz & M. Rothland (Hrsg.), *Handbuch der Forschung zum Lehrerberuf* (S. 788-813). Münster: Waxmann.

Krauss, S. (2011). Das Experten-Paradigma in der Forschung zum Lehrerberuf. In E. Terhart, H. Bennewitz & M. Rothland (Hrsg.), *Handbuch der Forschung zum Lehrerberuf* (S. 171-191). Münster: Waxmann.

Kron, F. W. (2009). *Grundwissen Pädagogik.* München: Reinhardt.

Krüger, H.-H. & Marotzki, W. (2006). *Handbuch erziehungswissenschaftliche Biographieforschung.* Wiesbaden: VS.

Kruger, J. & Dunning, D. (1999). Unskilled and unaware of it: How difficulties in recognizing one's own incompetence lead to inflated self-assessments. *Journal of Personality and Social Psychology,* 77(6), 1121-1134.

Kühnel, S. M. & Krebs, D. (2012). Grundlagen des statistischen Schließens. In C. Wolf & H. Best (Hrsg.), *Handbuch der sozialwissenschaftlichen Datenanalyse* (S. 165-189). Wiesbaden: VS.

Kunina-Habenicht, O., Lohse-Bossenz, H., Kunter, M., Dicke, T., Förster, D., Gößling, J., Schulze-Stocker, F., Schmeck, A., Baumert, J., Leutner, D. & Terhart, E. (2012). Welche bildungswissenschaftlichen Inhalte sind wichtig in der Lehrerbildung? Ergebnisse einer Delphi-Studie. *Zeitschrift für Erziehungswissenschaft,* 15(4), 649-682.

Kunina-Habenicht, O., Schulze-Stocker, F., Kunter, M., Baumert, J., Leutner, D., Förster, D., Lohse-Bossenz, H. & Terhart, E. (2013). Die Bedeutung der Lerngelegenheiten im Lehramtsstudium und deren individuelle Nutzung für den Aufbau des bildungswissenschaftlichen Wissens. *Zeitschrift für Pädagogik,* 59(1), 1-23.

Künsting, J., Billich, M. & Lipowsky, F. (2009). Der Einfluss von Lehrerkompetenzen und Lehrerhandeln auf den Schulerfolg von Lernenden. In O. Zlatkin-Troitschanskaia, K. Beck, D. Sembill, R. Nickolaus & R. Mulder (Hrsg.), *Lehrprofessionalität: Bedingungen, Genese, Wirkungen und ihre Messung* (S. 655-667). Weinheim und Basel: Beltz.

Künsting, J. & Lipowsky, F. (2011). Studienwahlmotivation und Persönlichkeitseigenschaften als Prädiktoren für Zufriedenheit und Strategienutzung im Lehramtsstudium. *Zeitschrift für Pädagogische Psychologie, 25*(2), 105-114.

Kunter, M. (2011a). Forschung zur Lehrermotivation. In E. Terhart, H. Bennewitz & M. Rothland (Hrsg.), *Handbuch der Forschung zum Lehrerberuf* (S. 527-539). Münster: Waxmann.

Kunter, M. (2011b). Motivation als Teil der professionellen Kompetenz – Forschungsbefunde zum Enthusiasmus von Lehrkräften. In M. Kunter, J. Baumert, W. Blum, U. Klusmann, S. Krauss & M. Neubrand (Hrsg.), *Professionelle Kompetenz von Lehrkräften. Ergebnisse des Forschungsprogramms COACTIV* (S. 259-275). Münster: Waxmann.

Kunter, M., Baumert, J., Blum, W., Klusmann, U., Krauss, S. & Neubrand, M. (Hrsg.). (2011). *Professionelle Kompetenz von Lehrkräften. Ergebnisse des Forschungsprogramms COACTIV.* Münster: Waxmann.

Kunter, M., Tsai, Y.-M., Klusmann, U., Brunner, M., Krauss, S. & Baumert, J. (2008). Students' and mathematics teachers' perceptions of teacher enthusiasm and instruction. *Learning and Instruction, 18*(5), 468-482.

Kurtz, T. (2009). Professionalität aus soziologischer Perspektive. In O. Zlatkin-Troitschanskaia, K. Beck, D. Sembill, R. Nickolaus & R. Mulder (Hrsg.), *Lehrprofessionalität* (S. 45-54). Weinheim und Basel: Beltz.

LABG. (2009). *Gesetz über die Ausbildung für Lehrämter an öffentlichen Schulen vom 12. Mai 2009.*

Laczko-Kerr, I. & Berliner, D. C. (2002). The effectiveness of "Teach for America" and other under-certified teachers on student academic achievement: A case of harmful public policy. *Education Policy Analysis Archives, 10*(37), 1-53.

Larcher, S., Müller, P., Baer, M., Dörr, G., Edelmann, D., Guldimann, T., Kocher, M. & Wyss, C. (2010). Unterrichtskompetenz über die Zeit. Unterrichten lernen zwischen Studienbeginn und Ende des ersten Berufsjahres. In J. Abel & G. Faust (Hrsg.), *Wirkt Lehrerbildung? Antworten aus der empirischen Forschung* (S. 57-72). Münster: Waxmann.

Larcher, S. & Oelkers, J. (2004). Deutsche Lehrerbildung im internationalen Vergleich. In S. Blömeke, P. Reinhold, G. Tulodziecki & J. Wildt (Hrsg.), *Handbuch Lehrerbildung* (S. 128-150). Bad Heilbrunn/Obb.: Klinkhardt.

Lehmann-Grube, S. K. & Nickolaus, R. (2009). Professionalität als kognitive Disposition. In O. Zlatkin-Troitschanskaia, K. Beck, D. Sembill, R. Nickolaus & R. Mulder (Hrsg.), *Lehrprofessionalität. Bedingungen, Genese, Wirkungen und ihre Messung* (S. 59-70). Weinheim: Beltz.

Leinhardt, G. & Greeno, J. G. (1986). The cognitive skill of teaching. *Journal of Educational Psychology,* 78(2), 75-95.

Lewin, K. (1946). Action research and minority problems. *Journal of Social Issues,* 2(4), 34-46.

Lewin, K. (1948). *Resolving social conflicts.* New York: Harper Row.

Liebau, E. & Zirfas, J. (2004). Kulturpädagogik, pädagogische Ethnographie und kulturelle Stile. *Pädagogische Rundschau,* 58(5), 579-592.

Lipowsky, F. (2003). *Wege von der Hochschule in den Beruf. Eine empirische Studie zum beruflichen Erfolg von Lehramtsabsolventen in der Berufseinstiegsphase.* Bad Heilbrunn: Klinkhardt.

Lipowsky, F. (2006). Auf den Lehrer kommt es an. Empirische Evidenzen für Zusammenhänge zwischen Lehrerkompetenzen, Lehrerhandeln und dem Lernen der Schüler. *Zeitschrift für Pädagogik, 51. Beiheft,* 47-70.

Lipowsky, F. (2009). Unterrichtsentwicklung durch Fort- und Weiterbildungsmaßnahmen für Lehrpersonen. *Beiträge zur Lehrerbildung,* 27(3), 346-360.

Lipowsky, F. (2011). Theoretische Perspektiven und empirische Befunde zur Wirksamkeit von Lehrerfort- und -weiterbildung. In E. Terhart, H. Bennewitz & M. Rothland (Hrsg.), *Handbuch der Forschung zum Lehrerberuf* (S. 389-417). Münster: Waxmann.

Long, J. F. & Hoy, A. W. (2006). Interested instructors: A composite portrait of individual differences and effectiveness. *Teaching and Teacher Education,* 22(3), 303-314.

Lortie, D. C. (2002). *Schoolteacher.* Chicago: The University of Chicago Press.

Löwen, K., Baumert, J., Kunter, M., Krauss, S. & Brunner, M. (2011). Methodische Grundlagen des Forschungsprogramms. In M. Kunter, J. Baumert, W. Blum, U. Klusmann, S. Krauss & M. Neubrand (Hrsg.), *Professionelle Kompetenz von Lehrkräften. Ergebnisse des Forschungsprogramms COACTIV* (S. 69-84). Münster: Waxmann.

Löwisch, D.-J. (2000). *Kompetentes Handeln: Bausteine für eine lebensweltbezogene Bildung.* Darmstadt: Wissenschaftliche Buchgesellschaft.

Lüders, M. & Wissinger, J. (Hrsg.). (2007). *Forschung zur Lehrerbildung. Kompetenzentwicklung und Programmevaluation.* Münster: Waxmann.

Lüdtke, O., Robitzsch, A., Trautwein, U. & Köller, O. (2007). Umgang mit fehlenden Werten in der psychologischen Forschung. Probleme und Lösungen. *Psychologische Rundschau, 58*(2), 103-117.

Luhmann, N. (1977). *Funktion der Religion.* Frankfurt am Main: Suhrkamp.

Luhmann, N. (1984). *Soziale Systeme. Grundriß einer allgemeinen Theorie.* Frankfurt am Main: Suhrkamp.

Luhmann, N. (1985). Erziehender Unterricht als Interaktionssystem. In J. Diederich (Hrsg.), *Erziehender Unterricht – Fiktion oder Faktum* (Vol. 17, S. 77-94). Frankfurt: GFPF-Materialien.

Luhmann, N. (1986). *Ökologische Kommunikation. Kann die moderne Gesellschaft sich auf ökologische Gefährdungen einstellen?* Wiesbaden: VS.

Luhmann, N. (1996). *Die Realität der Massenmedien.* Opladen: Westdeutscher Verlag.

LZV (2009). *Verordnung über den Zugang zum nordrhein-westfälischen Vorbereitungsdienst für Lehrämter an Schulen und Voraussetzungen bundesweiter Mobilität vom 18. Juni 2009.*

Ma, L. (1999). *Knowing and Teaching Elementary Mathematics. Teacher's Understanding of Fundamental Mathematics in China and the United States.* Mahwah: Lawrence Erlbaum Associates.

Maag-Merki, K. & Werner, S. (2011). Erfassung und Bewertung professioneller Kompetenz von Lehrpersonen. In E. Terhart, H. Bennewitz & M. Rothland (Hrsg.), *Handbuch der Forschung zum Lehrerberuf* (S. 573-591). Münster: Waxmann.

MacCorquodale, K. (1970). On Chomsky's review of Skinner's Verbal Behavior. *Journal of the Experimental Analysis of Behavior, 13*(1), 83-99.

Marquard, O. (1974). Inkompetenzkompensationskompetenz? Über Kompetenz und Inkompetenz in der Philosophie. *Philosophisches Jahrbuch 81,* 341-349.

Marshall, T. H. (1963). *Sociology at the crossroads and other essays.* London: Heinemann.

Maslach, C., Schaufeli, W. B. & Leiter, M. P. (2001). Job Burnout. *Annual Review of Psychology, 52,* 397-422.

Mayer, R. E. (2003). What Causes Individual Differences in Cognitive Performance? In R. J. Sternberg & E. L. Grigorenko (Eds.), *The Psychology of Abilities, Competencies, and Expertise* (pp. 263-274). Cambridge: Cambridge University Press.

Mayr, J. (2006a). Persönlichkeitsentwicklung im Studium. Eine Pilotstudie zum Wirkungspotential von Lehrerausbildung. In A. H. Hilligus (Hrsg.), *Standards und Kompetenzen – neue Qualität in der Lehrerausbildung?* (S. 249-260). Berlin: Lit.

Mayr, J. (2006b). Theorie + Übung + Praxis = Kompetenz? Empirisch begründete Rückfragen zu den „Standards in der Lehrerbildung". *Zeitschrift für Pädagogik, 51.* *Beiheft*, 149-163.

Mayr, J. (2007a). Empirische Befunde zur Kompetenzentwicklung und deren Bedingungen bei (angehenden) LehrerInnen. In F. Kostrzewa (Hrsg.), *Lehrerbildung im Diskurs* (S. 8-24). Berlin: Lit.

Mayr, J. (2007b). Wie Lehrer/innen lernen. Befunde zur Beziehung von Lernvoraussetzungen, Lernprozessen und Kompetenz. In M. Lüders & J. Wissinger (Hrsg.), *Forschung zur Lehrerbildung. Kompetenzentwicklung und Programmevaluation* (S. 151-168). Münster: Waxmann.

Mayr, J. (2009). LehrerIn werden in Österreich: empirische Befunde zum Lehramtsstudium. *Erziehung und Unterricht, 159*(1/2), 14-33.

Mayr, J. (2010). Selektieren und/oder qualifizieren? Empirische Befunde zu guten Lehrpersonen In J. Abel & G. Faust (Hrsg.), *Wirkt Lehrerbildung? Antworten aus der empirischen Forschung* (S. 73-89). Münster: Waxmann.

Mayr, J. (2011). Der Persönlichkeitsansatz in der Lehrerforschung. In E. Terhart, H. Bennewitz & M. Rothland (Hrsg.), *Handbuch der Forschung zum Lehrerberuf* (S. 125-148). Münster: Waxmann.

Mayr, J. & Neuweg, G. H. (2006). Der Persönlichkeitsansatz in der Lehrer/innen/forschung. Grundsätzliche Überlegungen, exemplarische Befunde und Implikationen für die Lehrer/innen/bildung. In M. Heinrich & U. Greiner (Hrsg.), *Schauen, was 'rauskommt. Kompetenzförderung, Evaluation und Systemsteuerung im Bildungswesen* (S. 183-206). Wien: LIT.

McClelland, D. C. (1973). Testing for competemde rather than for intelligence. *American Psychologist, 28*, 1-14.

McCrae, R. R. & Costa, P. T. (1987). Validation of the five-factor modell of personality across instruments and observers. *Journal of Personality and Social Psychology, 52*, 81-90.

McCrae, R. R. & Costa, P. T. (1999). The five-factor theory of personality. In L. A. Pervin & O. P. John (Eds.), *Handbook of personality. Theory and research* (pp. 139-153). New York: Guilford.

McCrae, R. R., Costa, P. T., Ostendorf, F., Angleitner, A., Hřebíčková, M., Avia, M. D., Sanz, J., Sánchez-Bernardos, M. L., Kusdil, M. E., Woodfield, R., Saunders, P. R. & Smith, P. B. (2000). Nature over nurture: Temperament, personality, and life span development. *Journal of Personality and Social Psychology*, 78(1), 173-186.

Meier, M. (2007). Nicht ‚aufpassen‘, sondern ‚zugucken‘. Komplexität des schulischen Geschehens ethnographisch erschließen. In A.-V. Fries (Hrsg.), *Ph akzente* (S. 17-20). Zürich: Pädagogische Hochschule.

Merzyn, G. (2004). *Lehrerausbildung – Bilanz und Reformbedarf. Ein Überblick über die Diskussion.* Baltmannsweiler: Schneider.

Michalek, R. & Spitz, S. (2004). Arbeitszusammenhang und „radikaldemokratisches Setting". In A. I. P. Freiburg (Hrsg.), *Studieren und Forschen* (S. 9-18). Herbolzheim: Centaurus.

Minnameier, G. (2005). Wissen und Können im Kontext inferentiellen Denkens. In H. Heid & C. Harteis (Hrsg.), *Verwertbarkeit: Ein Qualitätskriterium (erziehungs-)wissenschaftlichen Wissens?* (S. 183-203). Wiesbaden: VS.

Minsky, M. & Papert, S. (1974). *Artificial Intelligence.* Eugene: Oregon State System of Higher Education.

Mischel, W. & Peak, P. K. (1968). Beyond déjà vu in the search for cross-situational consistency. *Psychological Review*, 89(6), 730-755.

Möller, K., Hardy, I., Jonen, A., Kleickmann, T. & Blumberg, E. (2006). Naturwissenschaften in der Primarstufe. Zur Förderung konzeptuellen Verständnisses durch Unterricht und zur Wirksamkeit von Lehrerfortbildungen. In M. Prenzel & L. Allolio-Näcke (Hrsg.), *Untersuchungen zur Bildungsqualität von Schule* (S. 161-193). Münster: Waxmann.

Monk, D. H. (1994). Subject Area Preparation of Secondary Mathematics and Science Teachers and Student Achievement. *Economics of Education Review*, 13(2), 125-145.

Monk, D. H. & King, J. A. (1994). Multilevel teacher resource effects in pupil performance in secondary mathematics and science: The case of teacher subject matter preparation. In R. G. Ehrenberg (Ed.), *Choices and Consequences: Contemporary policy issues in education* (pp. 29-58). New York: ILR Press.

Moosbrugger, H. (2012). Item-Response-Theorie. In H. Moosbrugger & A. Kelava (Hrsg.), *Testtheorie und Fragebogenkonstruktion* (S. 227-274). Berlin: Springer.

MSW-NRW (2006a). Die Abiturstatistik des Jahres 2005. Zugriff am 07.08.2013 unter: http://www.schulministerium.nrw.de/BP/Schulsystem/Statistik/Veroeffentlichungen/empirischeSeite/2006/2006_05.pdf.

MSW-NRW (2006b). Ergebnisse der Ersten und Zweiten Staatsprüfung für Lehrämter an Schulen bis 2005 (Statistische Übersicht 358). Zugriff am 06.08.2013 unter: http://www.schulministerium.nrw.de/BP/Schulsystem/Statistik/Veroeffentlichungen/Staatspruefungen_2005.pdf.

MSW-NRW (2012). Das Schulwesen in Nordrhein-Westfalen aus quantitativer Sicht 2011/2012 (Statistische Übersicht 375). Zugriff am 06.08.2013 unter: http://www.schulministerium.nrw.de/BP/Schulsystem/Statistik/2011_12/StatUebers375-Quantita2011.pdf.

Müller-Fohrbrodt, G. (1973). *Wie sind Lehrer wirklich? Ideale – Vorurteile – Fakten. Eine empirische Untersuchung für angehende Lehrer.* Stuttgart: Klett.

Müller-Fohrbrodt, G., Cloetta, B. & Dann, H.-D. (1978). *Der Praxisschock bei jungen Lehrern. Formen – Ursachen – Folgerungen. Eine zusammenfassende Bewertung der theoretischen und empirischen Erkenntnisse.* Stuttgart: Klett.

Müller-Ruckwitt, A. (2008). *„Kompetenz" – Bildungstheoretische Untersuchungen zu einem aktuellen Begriff.* Würzburg: Ergon.

Munby, H., Russell, T. & Martin, A. K. (2001). Teacher's knowledge and how it develops. In V. Richardson (Ed.), *Handbook of Research on Teaching* (pp. 877-904). Washington: American Educational Research Association.

Muthén, L. K. & Muthén, B. O. (1998-2012). *Mplus User's Guide.* Los Angeles: Muthén & Muthén.

Neuweg, G. H. (2004). Figuren der Relationierung von Lehrerwissen und Lehrerkönnen. In B. Hackl & G. H. Neuweg (Hrsg.), *Zur Professionalisierung pädagogischen Handelns* (S. 1-26). Münster: LIT.

Neuweg, G. H. (2005a). Emergenzbedingungen pädagogischer Könnerschaft. In H. Heid & C. Harteis (Hrsg.), *Verwertbarkeit. Ein Qualitätskriterium (erziehungs-)wissenschaftlichen Wissens?* (S. 205-228). Wiesbaden: VS.

Neuweg, G. H. (2005b). Vorsichtsstandards für den Umgang mit Bildungsstandards. *Berufs- und Wirtschaftspädagogik Online* (8), 1-12.

Neuweg, G. H. (2010). Grundlagen und Dimensionen der Lehrerkompetenz. In R. Nickolaus, G. Pätzold, H. Reinisch & T. Tramm (Hrsg.), *Handbuch Berufs- und Wirtschaftspädagogik* (S. 26-30). Bad Heilbrunn: Klinkhardt.

Neuweg, G. H. (2011). Das Wissen der Wissensvermittler. Problemstellungen, Befunde und Perspektiven der Forschung zum Lehrerberuf. In E. Terhart, H. Bennewitz & M. Rothland (Hrsg.), *Handbuch der Forschung zum Lehrerberuf* (S. 451-477). Münster: Waxmann.

Nieskens, B. (2009). *Wer interessiert sich für den Lehrerberuf – und wer nicht? Berufswahl im Spannungsfeld von subjektiver und objektiver Passung*. Göttingen: Cuvillier.

Oelkers, J. (2003). *Wie man Schule entwickelt. Eine bildungspolitische Analyse nach PISA*. Weinheim und Basel: Beltz.

Oelkers, J. (2009). *"I wanted to be a good teacher..." Zur Ausbildung von Lehrkräften in Deutschland*. Berlin: Friedrich-Ebert-Stiftung.

Oelkers, J. & Reusser, K. (2008). *Expertise: Qualität entwickeln – Standards sichern – mit Differenz umgehen*. Bonn und Berlin: BMBF.

Oesterhelt, V., Gröschner, A., Seidel, T. & Sygusch, R. (2012). Pädagogische Vorerfahrungen und Kompetenzeinschätzungen im Kontext eines Praxissemesters – Domänenspezifische Betrachtungen am Beispiel der Sportlehrerbildung. *Lehrerbildung auf dem Prüfstand,* 5(1), 29-46.

Oesterreich, R. (2008). Konstrukte und Methoden in der Forschung zur Lehrerbelastung. In A. Krause, H. Schüpbach, E. Ulich & M. Wülser (Hrsg.), *Arbeitsort Schule. Organisations- und arbeitspsychologische Perspektiven* (S. 48-74). Wiesbaden: Gabler.

Oevermann, U. (1996). Theoretische Skizze einer revidierten Theorie professionalisierten Handelns. In A. Combe & W. Helsper (Hrsg.), *Pädagogische Professionalität. Untersuchungen zum Typus pädagogischen Handelns.* (S. 70-183). Frankfurt am Main: Suhrkamp.

Oevermann, U. (2002). Professionalisierungsbedürftigkeit und Professionalisiertheit pädagogischen Handelns. In M. Kraul, W. Marotzki & C. Schweppe (Hrsg.), *Biographie und Profession* (S. 19-64). Bad Heilbrunn: Klinkhardt.

Oser, F. (1997). Standards in der Lehrerbildung. Teil 2: Wie werden Standards in der Lehrerbildung erworben? Erste empirische Ergebnisse. *Beiträge zur Lehrerbildung,* 15(2), 210-228.

Oser, F. (1998). *Ethos – Die Vermenschlichung des Erfolgs. Zur Psychologie der Berufsmoral von Lehrern*. Opladen: Leske und Budrich.

Oser, F. (2001). Standards: Kompetenzen von Lehrpersonen. In F. Oser & J. Oelkers (Hrsg.), *Die Wirksamkeit der Lehrerbildungssysteme. Von der Allrounderbildung zur Ausbildung professioneller Standards* (S. 215-342). Chur/Zürich: Rüegger.

Oser, F. (2009). Moral jenseits von organisierter Erlaubtheit. Zur inneren und äußeren Effizienz eines professionellen Ethos. In O. Zlatkin-Troitschanskaia, K. Beck, D. Sembill, R. Nickolaus & R. Mulder (Hrsg.), *Lehrprofessionalität: Bedingungen, Genese, Wirkungen und ihre Messung* (S. 389-400). Weinheim und Basel: Beltz.

Oser, F. & Baeriswyl, F. J. (2001). Choreographies of teaching: Bridging instruction to learning. In V. Richardson (Ed.), *Handbook of research on teaching* (pp. 1031-1065). Washington: American Educational Research Association.

Oser, F. & Oelkers, J. (Hrsg.). (2001). *Die Wirksamkeit der Lehrerbildungssysteme. Von der Allrounderbildung zur Ausbildung professioneller Standards.* Chur/Zürich: Rüegger.

Oser, F. & Renold, U. (2005). Kompetenzen von Lehrpersonen – über das Auffinden von Standards und ihre Messung. *Zeitschrift für Erziehungswissenschaft, Beiheft 4*, 119-140.

Ostendorf, F. & Angleitner, A. (2004). *NEO-Persönlichkeitsinventar (NEO-PI-R).* Göttingen: Hogrefe.

OVP (2011). *Ordnung des Vorbereitungsdienstes und der Staatsprüfung für Lehrämter an Schulen vom 10. April 2011.*

Pajares, M. F. (1992). Teachers' beliefs and educational research: Cleaning up a messy construct. *Review of educational research, 62*(3), 307-332.

Palmer, D. J., Stough, L. M., Burdenski, T. K. & Gonzales, M. (2005). Identifying teacher expertise: An examination of researchers´decision marking. *Educational Psychologist, 40*(1), 13-25.

Parsons, T. (1951). *The Social System.* London: Routledge.

Patrick, B. C., Hisley, J. & Kempler, T. (2000). "What's everybody so excited about?": The effects of teacher enthusiasm on student intrinsic motivation and vitality. *Journal of Experimental Education, 68*(3), 217-236.

Pauli, C. & Reusser, K. (2006). Von international vergleichenden Video Surveys zur videobasierten Unterrichtsforschung und -entwicklung. *Zeitschrift für Pädagogik, 52*(6), 774-798.

Pause, G. (1970). Merkmale der Lehrerpersönlichkeit. In K. Ingenkamp & E. Parey (Hrsg.), *Handbuch der Unterrichtsforschung. Teil II: Zentrale Faktoren der Unterrichtsforschung* (S. 1353-1526). Weinheim: Beltz.

Petermann, F. & Petermann, U. (2011). *Wechsler intelligence scale for children (WISC-IV)*. London/Frankfurt: Pearson.

Pintrich, P. R. (2003). Motivation and classroom learning. In W. M. Reynolds & G. E. Miller (Eds.), *Handbook of psychology* (pp. 103-122). New York: Wiley.

Plöger, W. (2006). Was ist Kompetenz? Ein theoretischer Rahmen mit Blick auf die beruflichen Fähigkeiten von Lehrerinnen und Lehrern. *Pädagogische Rundschau, 60*(3), 255-270.

Pohlmann, B. & Möller, J. (2010). Fragebogen zur Erfassung der Motivation für die Wahl des Lehramtsstudiums (FEMOLA). *Zeitschrift für pädagogische Psychologie, 24*(1), 73-84.

Popham, W. J. (1997). The Moth and the flame – Student learning as a criterion of instructional competence. In J. Millman (Ed.), *Grading teachers, grading schools: Is student Achievement a valid evaluation measure?* (pp. 264-274). Thousand Oaks: Crowin Press.

Pötschke, M. (2010). Datengewinnung und Datenaufbereitung. In C. Wolf & H. Best (Hrsg.), *Handbuch der sozialwissenschaftlichen Datenanlyse* (S. 41-64). Wiesbaden: VS.

Probst, G., Raub, S. & Romhardt, K. (2010). *Wissen managen. Wie Unternehmen ihre wertvollste Ressource optimal nutzen*. Wiesbaden: Gabler.

Prondczynsky, A. v. (2001). Evaluation der Lehrerausbildung in den USA: Geschichte, Methoden, Befunde. In E. Keiner (Hrsg.), *Evaluation (in) der Erziehungswissenschaft* (S. 91-140). Weinheim und Basel: Beltz.

Putnam, R. T. (1987). Structuring and adjusting content for students: A study of live and simulated tutoring of addition. *American Educational Research Journal, 24*(1), 13-48.

Raithel, J. (2008). *Quantitative Forschung. Ein Praxiskurs*. Wiesbaden: VS.

Ratzka, N., Lipowsky, F. & Krammer, K. (2005). Lernen mit Unterrichtsvideos. Ein Fortbildungskonzept zur Entwicklung von Unterrichtsqualität. *Pädagogik, 57*(5), 30-33.

Rauin, U. (2007). Im Studium wenig engagiert – im Beruf schnell überfordert. Studierverhalten und Karrieren im Lehrerberuf – Kann man Risiken schon im Studium prognostizieren? *Forschung Frankfurt, 3*, 60-64.

Rauin, U. (2011). Forschung zur Lehrerbildung aus nationaler und internationaler Perspektive. In E. Terhart, H. Bennewitz & M. Rothland (Hrsg.), *Handbuch der Forschung zum Lehrerberuf* (S. 441-447). Münster: Waxmann.

Rauin, U. & Meier, U. (2007). Subjektive Einschätzungen des Kompetenzerwerbs in der Lehramtsausbildung. In M. Lüders & J. Wissinger (Hrsg.), *Forschung zur Lehrerbildung. Kompetenzentwicklung und Programmevaluation* (S. 103-131). Münster: Waxmann.

Reckwitz, A. (2003). Grundelemente einer Theorie sozialer Praktiken. Eine sozialtheoretische Perspektive. *Zeitschrift für Soziologie, 32*(4), 282-301.

Reckwitz, A. (2008). Praktiken und Diskurse. Eine sozialtheoretische und methodologische Relation. In H. Kalthoff, S. Hirschauer & G. Lindemann (Hrsg.), *Theoretische Empirie. Zur Relevanz qualitativer Forschung* (S. 188-209). Frankfurt am Main: Suhrkamp.

Reckwitz, A. (2009). Praktiken der Reflexivität: Eine kulturtheoretische Perspektive auf hochmodernes Handeln. In F. Böhle & M. Weihrich (Hrsg.), *Handeln unter Unsicherheit* (S. 169-182). Wiesbaden: VS.

Reh, S. (2005). Die Begründung von Standards in der Lehrerbildung. Theoretische Perspektiven und Kritik. *Zeitschrift für Pädagogik, 51*(2), 259-265.

Reh, S. & Rabenstein, K. (2008). Über die Emergenz von Sinn in pädagogischen Praktiken. Möglichkeiten der Videographie im ‚Offenen Unterricht'. In H.-C. Koller (Hrsg.), *Sinnkonstruktionen und Bildungsgang* (S. 137-156). Opladen: Budrich.

Reh, S. & Schelle, C. (2000). „Lehr-Forschungs-Projekte" als Beitrag zur Professionalisierung von Studierenden. In A. Feindt & H. Meyer (Hrsg.), *Professionalisierung und Forschung* (S. 77-85). Oldenburg: Didaktisches Zentrum.

Reiber, K. (2007). Die Neuvermessung der Lehrerbildung. Konsequente Kompetenzorientierung durch Standards? *Die Deutsche Schule, 99*(2), 164-174.

Reichenbach, R. (1994). *Moral, Diskurs und Einigung. Zur Bedeutung von Diskurs und Konsens für das Ethos des Lehberufs.* Bern: Lang.

Reichenbach, R. & Oser, F. (1998). Die Verpflichtungsaspekte. In F. Oser (Hrsg.), *Ethos – Die Vermenschlichung des Erfolgs. Zur Psychologie der Berufsmoral von Lehrern* (S. 43-63). Opladen: Leske und Budrich

Reimann, P. (1998). Novizen- und Expertenwissen. In F. Klix & H. Spada (Hrsg.), *Wissen. Enzyklopädie der Psychologie. Themenbereich C: Theorie & Forschung. Serie II: Kognition* (S. 325-367). Göttingen: Hogrefe.

Reinders, H., Ditton, H., Gräsel, C. & Gniewosz, B. (2011). *Empirische Bildungsforschung. Strukturen und Methoden.* Wiesbaden: VS.

Reinders, H. & Gniewosz, B. (2011). Quantitative Auswertungsverfahren. In H. Reinders, H. Ditton, C. Gräsel & B. Gniewosz (Hrsg.), *Empirische Bildungsforschung. Strukturen und Methoden* (S. 121-129). Wiesbaden: VS.

Reinecke, J. (2005). *Strukturgleichungsmodelle in den Sozialwissenschaften.* München: Oldenbourg.

Reinisch, H. (2009). „Lehrporfessionalität" als theoretischer Term. In O. Zlatkin-Troitschanskaia, K. Beck, D. Sembill, R. Nickolaus & R. Mulder (Hrsg.), *Lehrprofessionalität. Bedingungen, Genese, Wirkungen und ihre Messung.* (S. 33-43). Weinheim: Beltz.

Renkl, A. (2009). Lernen. Wissenserwerb. In E. Wild & J. Möller (Hrsg.), *Pädagogische Psychologie* (S. 3-26). Heidelberg: Springer.

Reusser, K. (2001). Unterricht zwischen Wissensvermittlung und Lernen lernen. Alte Sackgassen und neue Wege in der Bearbeitung eines pädagogischen Jahrhundertproblems. In C. Finkbeiner & G. W. Schnaitmann (Hrsg.), *Lehren und Lernen im Kontext empirischer Forschung und Fachdidaktik* (S. 106-140). Donauwörth: Auer.

Reusser, K. (2005). Situiertes Lernen mit Unterrichtsvideos. *journal für lehrerInnenbildung, 5*(2), 8-18.

Reusser, K., Pauli, C. & Elmer, A. (2011). Berufsbezogene Überzeugungen von Lehrerinnen und Lehrer. In E. Terhart, H. Bennewitz & M. Rothland (Hrsg.), *Handbuch der Forschung zum Lehrerberuf* (S. 478-495). Münster: Waxmann.

Rheinberg, F., Bromme, R., Minsel, B., Winteler, A. & Weidenmann, B. (2001). Die Erziehenden und Lehrenden. In A. Krapp & B. Weidenmann (Hrsg.), *Pädagogische Psychologie* (S. 271-355). Weinheim: Psychologie Verlags Union.

Rheinberg, F. & Vollmeyer, R. (2012). *Motivation.* Stuttgart: Kohlhammer.

Richardson, V. (1996). The role of attitudes and beliefs in learning to teach. In J. Sikula (Ed.), *Handbook of research on teacher edu-cation* (pp. 102-119). New York: Macmillan.

Richter, D. (2011). Lernen im Beruf. In M. Kunter, J. Baumert, W. Blum, U. Klusmann, S. Krauss & M. Neubrand (Hrsg.), *Professionelle Kompetenz von Lehrkräften. Ergebnisse des Forschungsprogramms COACTIV* (S. 317-325). Münster: Waxmann.

Riese, J. (2009). *Professionelles Wissen und professionelle Handlungskompetenz von (angehenden) Physiklehrkräften.* Berlin: Logos.

Riesenhuber, F. (2007). Großzahlige empirische Forschung. In S. Albers, D. Klapper, U. Konradt, A. Walter & J. Wolf (Hrsg.), *Methodik der empirischen Forschung* (S. 1-16). Wiesbaden: Gabler.

Robinsohn, S. B. (1969). *Bildungsreform als Revision des Curriculums.* Neuwied/Berlin: Luchterhand.

Rogers, C. R. (1976). *Entwicklung der Persönlichkeit.* Stuttgart: Klett.

Rosenshine, B. & Furst, N. (1973). Research on teacher performance criteria. In B. O. Smith (Ed.), *Research in teacher education: A symposium* (pp. 37-72). New York: Prentice-Hall.

Rost, D. H. (2013). *Interpretation und Bewertung pädagogisch-psychologischer Studien. Eine Einführung.* Bad Heilbrunn: Klinkhardt.

Rost, J. (2004). *Lehrbuch Testtheorie – Testkonstruktion.* Bern: Huber.

Roth, H. (1971). *Pädagogische Anthropologie. Entwicklung und Erziehung. Grundlagen einer Entwicklungspädagogik.* Hannover: Schroedel.

Rothland, M. (2007). *Belastung und Beanspruchung im Lehrerberuf. Modelle, Befunde, Interventionen.* Wiesbaden: VS.

Rothland, M. (2009). Das Dilemma des Lehrerberufs sind ... die Lehrer? Anmerkungen zur persönlichkeitspsychologisch dominierten Lehrerbelastungsforschung. *Zeitschrift für Erziehungswissenschaft,* 12(1), 111-125.

Rothland, M. (2011a). Warum entscheiden sich Studierende für den Lehrerberuf? Interessen, Orientierungen und Berufswahlmotive angehender Lehrkräfte im Spiegel der empirischen Forschung. In E. Terhart, H. Bennewitz & M. Rothland (Hrsg.), *Handbuch der Forschung zum Lehrerberuf* (S. 268-295). Münster: Waxmann.

Rothland, M. (2011b). Wer entscheidet sich für den Lehrerberuf? Forschung zum soziodemographischen Profil sowie zu Persönlichkeits- und Leistungsmerkmalen angehender Lehrkräfte. In E. Terhart, H. Bennewitz & M. Rothland (Hrsg.), *Handbuch der Forschung zum Lehrerberuf* (S. 243-267). Münster: Waxmann.

Rothland, M. & Terhart, E. (2010). Forschung zum Lehrerberuf. In R. Tippelt & B. Schmidt (Hrsg.), *Handbuch Bildungsforschung* (S. 791-810). Wiesbaden: VS.

Rowan, B., Chiang, F. S. & Miller, R. J. (1997). Using research on employees' performance to study the effects of teachers on students' achievement. *Sociology of Education,* 70(4), 256-284.

Rudow, B. (1999). Stress and burnout in the teaching profession: European studies, issues, and research perspectives. In R. Vandenberghe & M. A. Huberman (Eds.), *Understanding and preventing teacher burnout. A sourcebook of international research and practice* (pp. 38-58). Cambridge: Cambridge University Press.

Ryan, R. M. & Deci, E. L. (2000). Intrinsic and extrinsic motivations: Classic definitions and new directions. *Contemporary Educational Psychology,* 25(1), 54-67.

Sandfuchs, U. (2004). Geschichte der Lehrerbildung in Deutschland. In S. Blömeke, P. Reinhold, G. Tulodziecki & J. Wildt (Hrsg.), *Handbuch Lehrerbildung* (S. 14-37). Bad Heilbrunn/Obb.: Klinkhardt.

Schaarschmidt, U. (Hrsg.) (2005a). *Halbtagsjobber? Psychische Gesundheit im Lehrerberuf – Analyse eines veränderungsbedürftigen Zustandes.* Weinheim und Basel: Beltz.

Schaarschmidt, U. (2005b). Situationsanalyse. In U. Schaarschmidt (Hrsg.), *Halbtagsjobber? Psychische Gesundheit im Lehrerberuf – Analyse eines veränderungsbedürftigen Zustandes* (S. 41-87). Weinheim und Basel: Beltz.

Schaarschmidt, U. (2009). Beanspruchung und Gesundheit im Lehrerberuf. In O. Zlatkin-Troitschanskaia, K. Beck, D. Sembill, R. Nickolaus & R. Mulder (Hrsg.), *Lehrprofessionalität. Bedingungen, Genese, Wirkungen und ihre Messung.* (S. 605-616). Weinheim: Beltz.

Schaarschmidt, U. & Fischer, A. (2008). *Arbeitsbezogenes Verhaltens- und Erlebensmuster.* London/Frankfurt: Pearson.

Schaarschmidt, U. & Kieschke, U. (2007a). *Gerüstet für den Schulalltag. Psychologische Unterstützungsangebote für Lehrerinnen und Lehrer.* Weinheim und Basel: Beltz.

Schaarschmidt, U. & Kieschke, U. (2007b). Kapitel 1: Einführung und Überblick. In U. Schaarschmidt & U. Kieschk (Hrsg.), *Gerüstet für den Schulalltag. Psychologische Unterstützungsangebote für Lehrerinnen und Lehrer* (S. 17-43). Weinheim und Basel: Beltz.

Schaefers, C. (2002). Forschung zur Lehrerausbildung in Deutschland – eine bilanzierende Übersicht der neueren empirischen Studien. *Schweizerische Zeitschrift für Bildungswissenschaften,* 24(1), 65-90.

Schaper, N. (2009). Aufgabenfelder und Perspektiven bei der Kompetenzmodellierung und -messung in der Lehrerbildung. *Lehrerbildung auf dem Prüfstand,* 2(1), 166-199.

Schaper, N., Ulbricht, T. & Hochholdinger, S. (2008). Zusammenhang von Anforderungsmerkmalen und Schwierigkeitsparametern der *MT21*-Items. In S. Blömeke, G. Kaiser & R. Lehmann (Hrsg.), *Professionelle Kompetenz angehender Lehrerinnen und Lehrer. Wissen, Überzeugungen und Lerngelegenheiten deutscher Mathematikstudierender und -referendare. Erste Ergebnisse zur Wirksamkeit der Lehrerausbildung* (S. 453-480). Münster: Waxmann.

Scheele, B. & Groeben, N. (1988). *Dialog-Konsens-Methoden zur Rekonstruktion Subjektiver Theorien. Die Heidelberger Struktur-Lege-Technik (SLT), konsensuale Ziel-Mittel-Argumentation und kommunikative Flußdiagramm-Beschreibung von Handlungen.* Tübingen: Francke.

Schendera, C. F. G. (2007). *Datenqualität mit SPSS.* München: Oldenbourg.

Schermelleh-Engel, K., Moosbrugger, H. & Müller, H. (2003). Evaluating the fit of structural equation models: Tests of significance and descriptive goodness-of-fit measures. *Methods of Psychological Research-Online,* 8(2), 23-74.

Schlee, J. (1992). Empirische Forschung zur Lehrerbildung. In K. Ingenkamp, R. S. Jaeger, H. Petillon & B. Wolf (Hrsg.), *Empirische Pädagogik 1970-1990. Eine Bestandsaufnahme der Forschung in der Bundesrepublik Deutschland* (S. 558-565). Weinheim: Deutscher Studien-Verlag.

Schmitz, G. S. & Schwarzer, R. (2002). Individuelle und kollektive Selbstwirksamkeitserwartungen. *Zeitschrift für Pädagogik, 44. Beiheft,* 192-214.

Schoenfeld, A. H. (1998). Toward a theory of teaching-in-context. *Issues in Education,* 4(1), 1-94.

Schoenfeld, A. H., Minstrell, J. & Zee, E. v. (2000). The detailed analysis of an established teacher's non-traditional lesson. *Journal of Mathematical Behavior,* 18(3), 281-325.

Schön, D. (1983). *The Reflective Practitioner.* London: Temple Smith.

Schreiber, M., Darge, K., König, J. & Seifert, A. (2012). Individuelle Voraussetzungen von zukünftigen Lehrkräften. In J. König & A. Seifert (Hrsg.), *Lehramtsstudierende erwerben pädagogisches Professionswissen. Ergebnisse der Längsschnittstudie LEK zur Wirksamkeit der erziehungswissenschaftlichen Lehrerausbildung* (S. 119-140). Münster: Waxmann.

Schröder, M. (2006). *Burnout unvermeidlich? Ein Kompendium zur Lehrerbelastungsforschung unter Berücksichtigung des Persönlichkeitsaspekts und eine empirische Untersuchung zur Passungsproblematik im Lehrerberuf.* Potsdam: Universitätsverlag.

Schubarth, W., Speck, K. & Seidel, A. (2007). *Endlich Praxis! Die zweite Phase der Lehrerbildung. Potsdamer Studien zum Referendariat.* Frankfurt am Main: Peter Lang.

Schubarth, W., Speck, K. & Seidel, A. (2010). Die zweite Phase der Lehrerausbildung aus Sicht aller Beteiligten. Ergebnisse der Potsdamer Studien zum Referendariat. In J. Abel & G. Faust (Hrsg.), *Wirkt Lehrerbildung? Antworten aus der empirischen Forschung.* (S. 339-347). Münster: Waxmann.

Schulte, K., Bögeholz, S. & Watermann, R. (2008). Selbstwirksamkeitserwartungen und Pädagogisches Professionswissen im Verlauf des Lehramtsstudiums. *Zeitschrift für Erziehungswissenschaft*, 11(2), 268-287.

Schunk, D. H. (1995). Self-efficacy and education and instruction. In J. E. Maddux (Ed.), *Self-efficacy, adaption, and adjustment. Theory, research, and application* (pp. 281-303). New York: Plenum.

Schwerdtfeger, A., Konermann, L. & Schönhofen, K. (2008). Self-efficacy as a health-protective resource in teachers? A biopsychological approach. *Health Psychology, 27* (3), pp. 358-368.

Seidel, T. & Shavelson, R. J. (2007). Teaching Effectiveness Research in the Past Decade. The Role of Theory and Research Design in Disentangling Meta-Analysis Results. *Review of educational research*, 77(4), 454-499.

Seifert, A., Hilligus, A. H. & Schaper, N. (2009). Entwicklung und psychometrische Überprüfung eines Messinstruments zur Erfassung pädagogischer Kompetenzen in der universitären Lehrerbildung. *Lehrerbildung auf dem Prüfstand*, 2(1), 82-103.

Seifert, A. & König, J. (2012). Pädagogisches Unterrichtswissen – bildungswissenschaftliches Wissen: Konstruktvalidierung zweier Testkonzeptionen. In J. König & A. Seifert (Hrsg.), *Lehramtsstudierende erwerben pädagogisches Professionswissen. Ergebnisse der Längsschnittstudie LEK zur Wirksamkeit der erziehungswissenschaftlichen Lehrerausbildung* (S. 216-233). Münster: Waxmann.

Seifert, A. & Schaper, N. (2010). Überprüfung eines Kompetenzmodells und Messinstruments zur Strukturierung allgemeiner pädagogischer Kompetenz in der universitären Lehrerbildung. *Lehrerbildung auf dem Prüfstand*, 3(2), 158-178.

Seifert, A. & Schaper, N. (2012). Die Entwicklung von bildungswissenschaftlichem Wissen: Theoretischer Rahmen, Testinstrument, Skalierung und Ergebnisse. In J. König & A. Seifert (Hrsg.), *Lehramtsstudierende erwerben pädagogisches Professionswissen. Ergebnisse der Längsschnittstudie LEK zur Wirksamkeit der erziehungswissenschaftlichen Lehrerausbildung.* (S. 183-214). Münster: Waxmann.

Seifried, J. (2009). *Unterricht aus der Sicht von Handelslehrern*. Frankfurt am Main: Lang.

Seifried, J. & Ziegler, B. (2009). Domänenbezogene Professionalität. In O. Zlatkin-Troitschanskaia, K. Beck, D. Sembill, R. Nickolaus & R. Mulder (Hrsg.), *Lehrprofessionalität. Bedingungen, Genese, Wirkungen und ihre Messung.* (S. 83-92). Weinheim und Basel: Beltz.

Seipp, B. (2003). *Standards in der Lehrerbildung. Eine Befragung zur Vermittlung der OSERschen Standards in der Ersten Phase der Lehramtsausbildung.* Bochum: projekt

Sembill, D. & Seifried, J. (2009). Konzeptionen, Funktionen und intentionale Veränderungen von Sichtweisen. In O. Zlatkin-Troitschanskaia, K. Beck, D. Sembill, R. Nickolaus & R. Mulder (Hrsg.), *Lehrprofessionalität: Bedingungen, Genese, Wirkungen und ihre Messung* (S. 345-354). Münster: Waxmann.

Shulman, L. S. (1986). Those who understand: Knowledge growth in teaching. *Educational Researcher,* 15(2), 4-14.

Shulman, L. S. (1987). Knowledge and teaching. Foundations of the new reform. *Harvard educational review,* 57(1), 1-22.

Shulman, L. S. (1991). Von einer Sache etwas verstehen: Wissensentwicklung bei Lehrern. In E. Terhart (Hrsg.), *Unterrichten als Beruf: neuere amerikanische und englische Arbeiten zur Berufskultur und Berufsbiographie von Lehrern und Lehrerinnen* (S. 145-160). Köln: Böhlau.

Shulman, L. S. (1998). Theory, practice and the education of professionals. *The Elementary School Journal,* 98(5), 511-526.

Shulman, L. S. & Quinlan, K. M. (1996). The comparative psychology of school subjects. In D. C. Berliner & R. C. Calfee (Eds.), *Handbook of Educational Psychology* (pp. 399-422). New York: Macmillan.

Shulman, L. S. & Sherin, M. G. (2004). Fostering communities of teachers as learners: Disciplinary perspectives. *Journal of Curriculum Studies,* 36(2), 135-140.

Skaalvik, E. M. & Skaalvik, S. (2010). Teacher self-efficacy and teacher burnout: A study of relations. *Teaching and Teacher Education,* 26, 1059-1069.

Skinner, B. F. (1957). *Verbal Behavior.* New York: Appleton-Century-Crofts.

Slavin, R. E. (1994). Quality, appropriateness, incentive, and time: A model of instructional effectiveness. *International Journal of Educational Research,* 21, 141-157.

Somekh, B. (2006). *Action research: A methodology for change and development.* Maidenhead: Open University Press.

Sparrow, S. & Robinson, J. (1994). Action research: an appropriate design for researching in nursing? *Educational Action Research,* 2(3), 347-356.

Spranger, E. (1958). *Der geborene Erzieher.* Heidelberg: Quelle & Meyer.

Stern, E. (2009). Implizite und explizite Lernprozesse bei Lehrerinnen und Lehrer. In O. Zlatkin-Troitschanskaia, K. Beck, D. Sembill, R. Nickolaus & R. Mulder (Hrsg.), *Lehrprofessionalität: Bedingungen, Genese, Wirkungen und ihre Messung* (S. 355-364). Weinheim und Basel: Beltz.

Sternberg, R. J. & Grigorenko, E. L. (2003). *The Psychology of Abilities, Competencies, and Expertise.* Cambridge: Cambridge University Press.

Steward, B. (1994). Researching fieldwork practice in occupational therapy. *Educational Action Research,* 2(2), 259-266.

Stichweh, R. (1996). Professionen in einer funktional differenzierten Gesellschaft. In A. Combe & W. Helsper (Hrsg.), *Pädagogische Professionalität* (S. 49-69). Frankfurt am Main: Suhrkamp.

Strietholt, R. & Terhart, E. (2009). Referendare beurteilen. Eine explorative Analyse von Beurteilungsinstrumenten in der Zweiten Phase der Lehrerbildung. *Zeitschrift für Pädagogik,* 55(4), 622-645.

Tenorth, H.-E. (1994). *„Alles zu lehren." Möglichkeiten und Perspektiven allgemeiner Bildung.* Darmstadt: Wissenschaftliche Buchgesellschaft.

Tenorth, H.-E. (1999). Unterrichtsfächer: Möglichkeit, Rahmen und Grenze. In I. F. Goodson, S. Hopmann & K. Riquarts (Hrsg.), *Das Schulfach als Handlungsrahmen. Vergleichende Untersuchung zur Geschichte und Funktion der Schulfächer* (S. 191-208). Köln: Böhlau.

Tenorth, H.-E. (2003). „Wie ist Bildung möglich?" Einige Antworten – und die Perspektive der Erziehungswissenschaft. *Zeitschrift für Pädagogik,* 49(3), 422-430.

Tenorth, H.-E. (2004a). Bildungsstandards und Kerncurriculum. Systematischer Kontext, bildungstheoretische Probleme. *Zeitschrift für Erziehungswissenschaft,* 50(5), 650-661.

Tenorth, H.-E. (2004b). „Grundbildung" und „Basisikompetenzen". Herkunft, Bedeutung und Probleme im Kontext allgemeiner Bildung. *Zeitschrift für Erziehungswissenschaft,* 7(2), 169-182.

Tenorth, H.-E. (2006). Professionalität im Lehrerberuf. Ratlosigkeit der Theorie, gelingende Praxis. *Zeitschrift für Erziehungswissenschaft,* 9(4), 580-597.

Terhart, E. (2000a). *Perspektiven der Lehrerbildung in Deutschland. Abschlussbericht der von der Kultusministerkonferenz eingesetzten Kommission.* Weinheim und Basel: Beltz.

Terhart, E. (2000b). Reform der Lehrerbildung. In E. Cloer, D. Klika & H. Kunert (Hrsg.), *Welche Lehrer braucht das Land? Notwendige und mögliche Reformen der Lehrerbildung* (S. 75-92). Weinheim: Juventa.

Terhart, E. (2002). *Standards für die Lehrerbildung. Eine Expertise für die Kultusministerkonferenz.* Münster.

Terhart, E. (2006). Standards und Kompetenzen in der Lehrerbildung. In A. H. Hilligus & H.-D. Rinkens (Hrsg.), *Standards und Kompetenzen – neue Qualität in der Lehrerausbildung?* (S. 29-41). Berlin: Lit.

Terhart, E. (2007). Erfassung und Beurteilung der beruflichen Kompetenz von Lehrkräften. In M. Lüders & J. Wissinger (Hrsg.), *Forschung zur Lehrerbildung. Kompetenzentwicklung und Programmevaluation* (S. 37-62). Münster: Waxmann.

Terhart, E. (2009). Erste Phase: Lehrerbildung an der Universität. In O. Zlatkin-Troitschanskaia, K. Beck, D. Sembill, R. Nickolaus & R. Mulder (Hrsg.), *Lehrprofessionalität. Bedingungen, Genese, Wirkungen und ihre Messung* (S. 425-437). Weinheim: Beltz.

Terhart, E. (2011a). Forschung zu Berufsbiographien von Lehrerinnen und Lehrern: Stichworte. In E. Terhart, H. Bennewitz & M. Rothland (Hrsg.), *Handbuch der Forschung zum Lehrerberuf* (S. 339-342). Münster: Waxmann.

Terhart, E. (2011b). Lehranstalt und Lernwerkstatt zugleich? Anforderungen an das Bildungsprofil von Schule heute. In M. Krüger & N. Neuber (Hrsg.), *Bildung im Sport. Beiträge zu einer zeitgemäßen Bildungsdebatte* (S. 53-67). Wiesbaden: VS.

Terhart, E. (2012). Was wissen wir über Lehrerinnen und Lehrer? *Pädagogik*, 64(1), 43-47.

Terhart, E., Bennewitz, H. & Rothland, M. (Hrsg.). (2011). *Handbuch der Forschung zum Lehrerberuf.* Münster: Waxmann.

Terhart, E., Czerwenka, K., Ehrich, K., Jordan, F. & Schmidt, H. J. (1994). *Berufsbiographien von Lehrern und Lehrerinnen.* Frankfurt am Main: Lang.

Terhart, E., Schulze-Stocker, F., Kunina-Habenicht, O., Dicke, T., Förster, D., Lohse-Bossenz, H., Gößling, J., Kunter, M. & Baumert, J. (2012). Bildungswissenschaftliches Wissen und der Erwerb professioneller Kompetenz in der Lehramtsausbildung : Eine Kurzdarstellung des BilWiss-Projekts. *Lehrerbildung auf dem Prüfstand*, 5(1), 96-106.

Thole, W. (2010). Ethnographie des Pädagogischen. Geschichte, konzeptionelle Kontur und Validität einer erziehungswissenschaftlichen Ethnographie. In F. Heinzel, W. Thole, P. Cloos & S. Köngeter (Hrsg.), *„Auf unsicherem Terrain". Ethnographische Forschung im Kontext des Bildungs- und Sozialwesens* (S. 17-38). Wiesbaden: VS.

Tillmann, K.-J. (2007). Qualitätssicherung durch Leistungsvergleiche und Bildungsstandards? Oder: Kritische Anmerkungen zum bildungspolitischen Zeitgeist. In N. Fessler & G. Stibbe (Hrsg.), *Bewegungs- und Sportpädagogik in Theorie und Forschung* (S. 21-40). Baltmannsweiler: Schneider.

Tillmann, K.-J. (2011). Konzepte der Forschung zum Lehrerberuf. In E. Terhart, H. Bennewitz & M. Rothland (Hrsg.), *Handbuch der Forschung zum Lehrerberuf* (S. 232-240). Münster: Waxmann.

Tillmann, K.-J., Rauschenbach, T., Tippelt, R. & Weishaupt, H. (2008). *Datenreport Erziehungswissenschaft 2008.* Opladen: Budrich.

Torff, B. & Warburton, E. C. (2005). Assessment of teacher's beliefs about classroom use of critical-thinking activities. *Educational and Psychologist Measurement,* 65(1), 155-179.

Townsend, T. & Bates, R. (2007). *Handbook of teacher education. Globalization, standards and professionalism in times of change.* Dordrecht: Springer.

Tschannen-Moran, M. & Hoy, A. W. (2007). The differential antecedents of self-efficacy beliefs of novice and experienced teachers. *Teaching and Teacher Education,* 23(6), 944-956.

Tulodziecki, G. & Grafe, S. (2006). Stellenwert und Kritik von Standards für die Lehrerbildung aus internationaler Sicht. Vergleiche und Einschätzungen zur Situation *journal für lehrerInnenbildung, 6* (1), 34-44.

Ulich, K. (2004). *„Ich will Lehrer, -in werden": Eine Untersuchung zu den Berufsmotiven von Studierenden.* Weinheim und Basel: Beltz.

Unger, H. v., Block, M. & Wright, M. T. (2007). *Aktionsforschung im deutschsprachigen Raum. Zur Geschichte und Aktualität eines kontroversen Ansatzes aus Public Health Sicht.* Berlin: Wissenschaftszentrum Berlin für Sozialforschung.

Valla, V. V. (1994). Popular education and knowledge. *Educational Action Research,* 2(3), 403-414.

Vehmeyer, J., Kleickmann, T. & Möller, K. (2007). Zusammenhänge von Vorstellungen zum Lehren und Lernen mit unterrichtlichen Handlungen von Lehrkräften. In K. Möller, P. Hanke, C. Beinbrech, A. K. Hein, T. Kleickmann & R. Schages (Hrsg.), *Qualität von Grundschulunterricht entwickeln, erfassen und bewerten. Jahrbuch Grundschulforschung* (S. 317-320). Wiesbaden: VS.

Vonken, M. (2005). *Handlung und Kompetenz. Theoretische Perspektiven für die Erwachsenen- und Berufspädagogik.* Wiesbaden: VS.

Voss, T., Kleickmann, T., Kunter, M. & Hachfeld, A. (2011). Überzeugungen von Mathematiklehrkräften. In M. Kunter, J. Baumert, W. Blum, U. Klusmann, S. Krauss & M. Neubrand (Hrsg.), *Professionelle Kompetenz von Lehrkräften. Ergebnisse des Forschungsprogramms COACTIV* (S. 235-257). Münster: Waxmann.

Voss, T. & Kunter, M. (2011). Pädagogisch-psychologisches Wissen von Lehrkräften. In M. Kunter, J. Baumert, W. Blum, U. Klusmann, S. Krauss & M. Neubrand (Hrsg.), *Professionelle Kompetenz von Lehrkräften. Ergebnisse des Forschungsprogramms COACTIV* (S. 193-214). Münster: Waxmann.

Wahl, D. (1981). Methoden zur Erfassung handlungssteuernder Kognitionen von Lehrpersonen. In M. Hofer & L.-M. Alisch (Hrsg.), *Informationsverarbeitung und Entscheidungsverhalten von Lehrern. Beiträge zu einer Handlungstheorie des Unterrichts* (S. 49-75). München: Urban und Schwarzenberg.

Warner, L. M. & Schwarzer, R. (2009). Selbstwirksamkeit bei Lehrkräften. In O. Z. Troitschanskaia, K. Beck, D. Sembill, R. Nickolaus & R. Mulder (Hrsg.), *Lehrprofessionalität: Bedingungen, Genese, Wirkungen und ihre Messung* (S. 629-640). Weinheim und Basel: Beltz.

Watt, H. M. & Richardson, P. W. (2007). Motivational factors influencing teaching as a career choice: Development and validation of the FIT-Choice scale. *The Journal of Experimental Education,* 75(3), 167-202.

Wayne, A. J. & Youngs, P. (2003). Teacher Characteristics and Student Achievement Gains: A Review. *Review of educational research,* 73(1), 89-122.

Wayne, A. J. & Youngs, P. (2006). Die Art der Ausbildung von Lehrern und die Lerngewinne ihrer Schüler. Eine Übesicht über aktuelle empirische Forschung. *Zeitschrift für Pädagogik, 51. Beiheft*, 71-96.

Weber, M. (1972). *Wirtschaft und Gesellschaft. Grundriß der verstehenden Soziologie.* Tübingen: Mohr.

Weinert, F. E. (2001). Concept of Competence: A Conceptual Clarification. In D. S. Rychen & L. H. Salganik (Eds.), *Defining and Selecting Key Competencies* (pp. 45-65). Göttingen: Hogrefe & Huber.

Weinert, F. E. (2002). *Leistungsmessungen in Schulen.* Weinheim und Basel: Beltz.

Wenglinsky, H. (2002). How schools matter: The link between teacher classroom practices and student academic performance. *Education Policy Analysis Archives,* 10(12), 1-30.

White, R. W. (1959). Motivation Reconsidered: The Concept of Competence. *Psychological Review,* 66, 297-333.

Wild-Näf, M. (2001). Die Ausbildungen für Lehrkräfte der Deutschschweiz im Urteil der Studierenden: Ein Strukturmodell des Zusammenhangs von Person, Organisation und Ausbildungsprozess. In F. Oser & J. Oelkers (Hrsg.), *Die Wirksamkeit der Lehrerbildungssysteme. Von der Allrounderbildung zur Ausbildung professioneller Standards.* (S. 141-214). Chur/Zürich: Rüegger.

Wilson, S. M., Floden, R. E. & Ferrini-Mundy, J. (2001). *Teacher preparation research: Current knowledge, gaps, and recommendations.* Washington: Center for the Study of Teaching and Policy.

Withall, J. & Lewis, W. W. (1963). Social interaction in the class. In N. L. Gage (Ed.), *Handbook of research on teaching* (pp. 683-714). Chicago: American Educational Research Association.

Wolf, C. & Best, H. (2010). *Handbuch der sozialwissenschaftlichen Datenanalyse.* Wiesbaden: VS.

Ziegler, B. (2009). Zur Genese von Professionalität – Berufsfindungs und Berufswahlprozess. In O. Zlatkin-Troitschanskaia, K. Beck, D. Sembill, R. Nickolaus & R. Mulder (Hrsg.), *Lehrprofessionalität: Bedingungen, Genese, Wirkungen und ihre Messung* (S. 413-423). Weinheim und Basel: Beltz.

Zimbardo, P. G. (1995). *Psychologie.* Berlin: Springer.

Zlatkin-Troitschanskaia, O., Beck, K., Sembill, D., Nickolaus, R. & Mulder, R. (Hrsg.). (2009). *Lehrprofessionalität: Bedingungen, Genese, Wirkungen und ihre Messung.* Weinheim und Basel: Beltz.

Abbildungen

Tabellen